W0056470

westermann

Herausgegeben von
Henning Körner
Arno Lergenmüller
Martin Zacharias

MATHEMATIK
NEUE WEGE 5

MATHEMATIK
NEUE WEGE 5

Herausgegeben von:

Henning Körner, Arno Lergenmüller, Martin Zacharias

Erarbeitet von:

Miriam Dolić, Christiane Dornemann, Erdmann Fricke, Aloisius Görg, Hermann Gora, Bernd Grave, Gaby Heintz, Charlotte Jahn, Martin Janssen, Holger Kleinfeld, Henning Körner, Edmund Kronabel, Arno Lergenmüller, Lisa Julia Makus, Hülya Malatyali, Jürgen Mutzberg, Kerstin Peuser, Elke Renwanz, Miriam Ruschhaupt, Burkhard Rüsing, Michael Rüsing, Jan Schaper, Olga Scheid, Angelika Siekmann, Günter Schmidt, Paul Tyrichter, Thomas Vogt, Laura Witowski, Martin Zacharias, Bärbel Zettner

Für Niedersachsen bearbeitet von:

Henning Körner, Edmund Kronabel

Zum Schülerband erscheinen:
Lösungen: Best.-Nr. 978-3-14-125678-9
Arbeitsheft mit Lösungen: Best.-Nr. 978-3-14-125666-6
Die Webcodes aus den Basiswissen können auf **www.westermann.de/webcode** eingegeben werden.

Vorbereiten. Organisieren. Durchführen.
BiBox ist das umfassende Digitalpaket zu diesem Lehrwerk mit zahlreichen Materialien und dem digitalen Schulbuch. Für Lehrkräfte und für Schülerinnen und Schüler sind verschiedene Lizenzen verfügbar.
Nähere Informationen unter **www.bibox.schule**

© 2023 Westermann Bildungsmedien Verlag GmbH, Georg-Westermann-Allee 66, 38104 Braunschweig
www.westermann.de

Das Werk und seine Teile sind urheberrechtlich geschützt. Jede Nutzung in anderen als den gesetzlich zugelassenen bzw. vertraglich zugestandenen Fällen bedarf der vorherigen schriftlichen Einwilligung des Verlages. Nähere Informationen zur vertraglich gestatteten Anzahl von Kopien finden Sie auf www.schulbuchkopie.de.

Für Verweise (Links) auf Internet-Adressen gilt folgender Haftungshinweis: Trotz sorgfältiger inhaltlicher Kontrolle wird die Haftung für die Inhalte der externen Seiten ausgeschlossen. Für den Inhalt dieser externen Seiten sind ausschließlich deren Betreiber verantwortlich. Sollten Sie daher auf kostenpflichtige, illegale oder anstößige Inhalte treffen, so bedauern wir dies ausdrücklich und bitten Sie, uns umgehend per E-Mail davon in Kenntnis zu setzen, damit beim Nachdruck der Verweis gelöscht wird.

Druck A^2 / Jahr 2024
Alle Drucke der Serie A sind im Unterricht parallel verwendbar.

Redaktion: Marcel Orban, Björn Deling
Umschlagentwurf: Lio Designagentur, Braunschweig
Innenlayout: Janssen Kahlert Design & Kommunikation GmbH, Hannover
Illustrationen: Mario Valentinelli, Rostock
Druck und Bindung: Westermann Druck GmbH, Georg-Westermann-Allee 66, 38104 Braunschweig

ISBN 978-3-14-**125660**-4

Inhalt

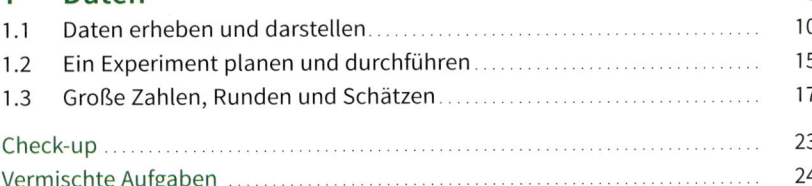

Auf neuen Wegen
sicher durch den Unterricht.

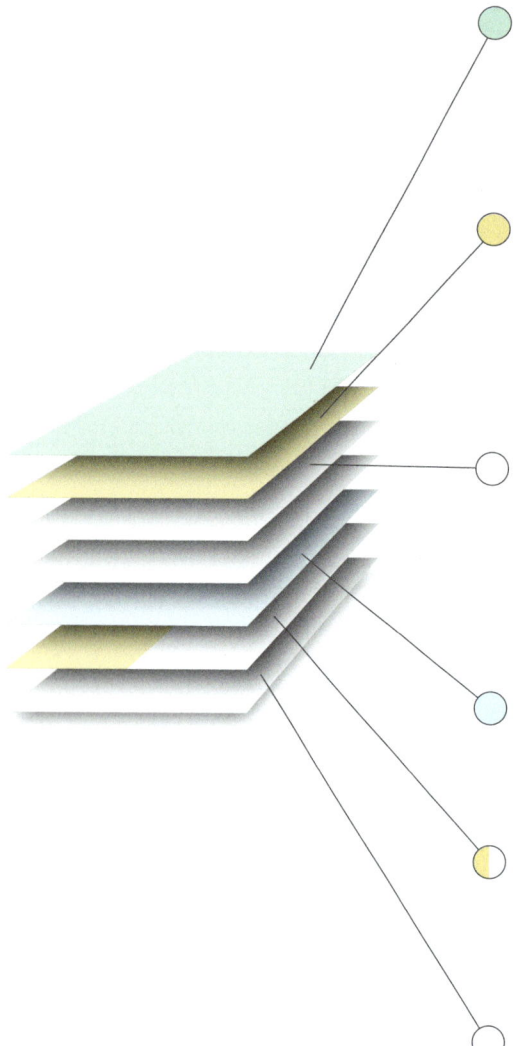

EINSTIEG

Es werden verschiedene Zugänge zum Thema angeboten. Damit kann in Kontexten der Kerninhalt des Lernabschnitts selbst erarbeitet werden. Die letzte Aufgabe stellt meist einen direkten Zugang zum Basiswissen dar. Kooperative Lernformen stehen im Vordergrund.

BASISWISSEN MIT QR- UND WEB-CODE

Die Pflichtinhalte und grundlegenden Strategien werden in schülernaher Sprache kurz und bündig formuliert. Ergänzt wird dies durch konkrete Beispiele mit Lösungen.
QR-Codes und Web-Codes führen zu Erklärvideos, die den Schülern das Basiswissen näher bringen. Dazu einfach den QR-Code scannen oder den Webcode auf **www.westermann.de/webcode** eingeben.

ÜBUNGEN

Zunächst werden Aufgaben angeboten, die in ihrer Grundstruktur an die Beispiele angelehnt sind, sodass grundlegende Kompetenzen erworben und gefestigt werden können. Im weiteren Verlauf der Übungsphase werden die Inhalte variiert. Es treten auch Anwendungen und Vernetzungen auf, um ein „intelligentes Üben" zu ermöglichen.

ÜBUNGEN PLUS

Die blauen Seiten sind ein Zusatzangebot zur binnendifferenzierenden Erweiterung und Vertiefung. Zusätzlich gibt es auch anschaulich gestaltete Lesetexte und Informationen.

CHECK-UP

Das Wichtigste des Kapitels ist als Inhaltskatalog mit Aufgaben zusammengefasst. Die Inhalte beschränken sich auf Pflichtinhalte, die Aufgaben beschränken sich auf alle Basiskompetenzen. Die Lösungen befinden sich am Ende des Buches.

SICHERN UND VERNETZEN

Während die Lernabschnitte inhaltlich geordnet sind, werden sichernde und vertiefende Übungen nach prozessorientierter Strukturierung zum Trainieren, Verstehen und Anwenden angeboten. Die Lösungen sind im Internet einsehbar. Dieser Teil ist damit ein weiterer Baustein für Binnendifferenzierung.

WES-125660-001

An Stellen mit QR Code stehen digitale Zusatzmaterialien wie Videos oder Dateien dynamischer Geometriesoftware zur Verfügung. Dazu einfach den QR-Code scannen oder den Webcode unter **www.westermann.de/webcode** eingeben.

Das Konzept von Neue Wege ist so angelegt, dass in modularer Weise mit dem Buch auf unterschiedliche schulische und lerngruppenspezifische Rahmenbedingungen reagiert werden kann.

So können Sie auch bei Zeitknappheit erfolgreich Stoff vermitteln:

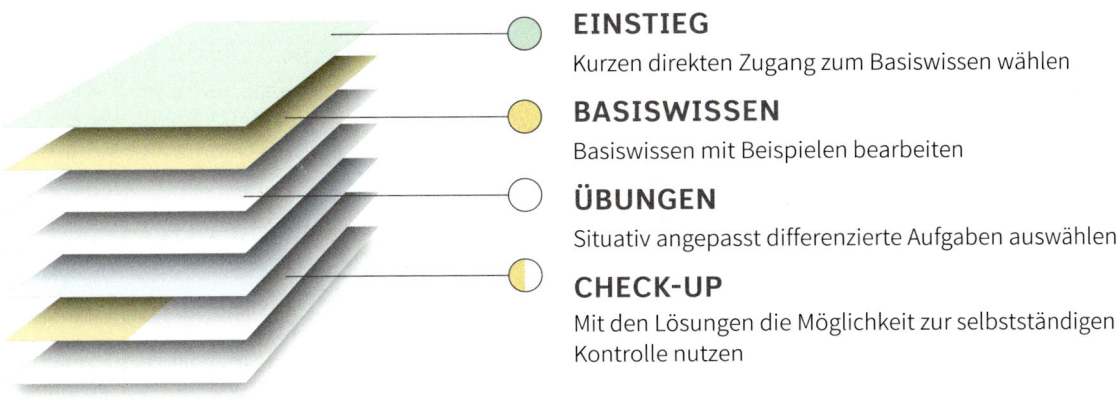

EINSTIEG
Kurzen direkten Zugang zum Basiswissen wählen

BASISWISSEN
Basiswissen mit Beispielen bearbeiten

ÜBUNGEN
Situativ angepasst differenzierte Aufgaben auswählen

CHECK-UP
Mit den Lösungen die Möglichkeit zur selbstständigen Kontrolle nutzen

So können Sie in der Übungsphase auch sehr heterogene Klassen fördern und fordern:

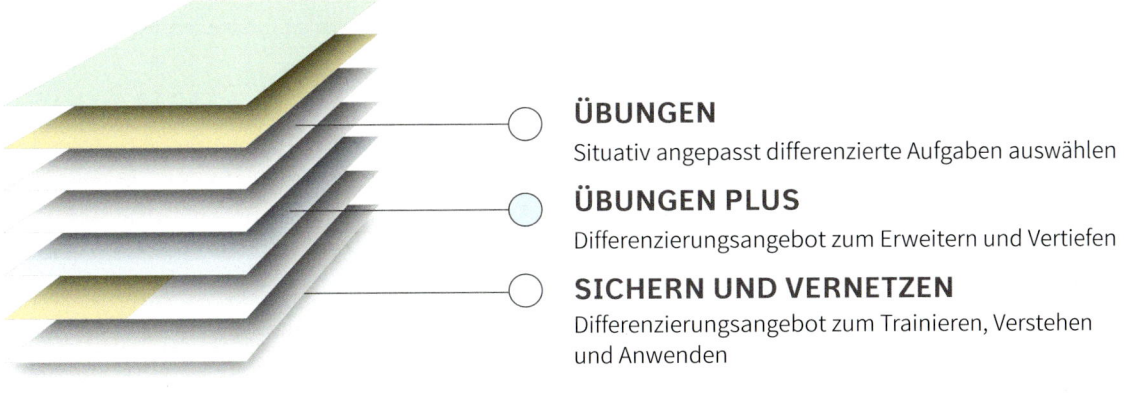

ÜBUNGEN
Situativ angepasst differenzierte Aufgaben auswählen

ÜBUNGEN PLUS
Differenzierungsangebot zum Erweitern und Vertiefen

SICHERN UND VERNETZEN
Differenzierungsangebot zum Trainieren, Verstehen und Anwenden

So können Schülerinnen und Schüler eigenständig Inhalte erschließen und üben:

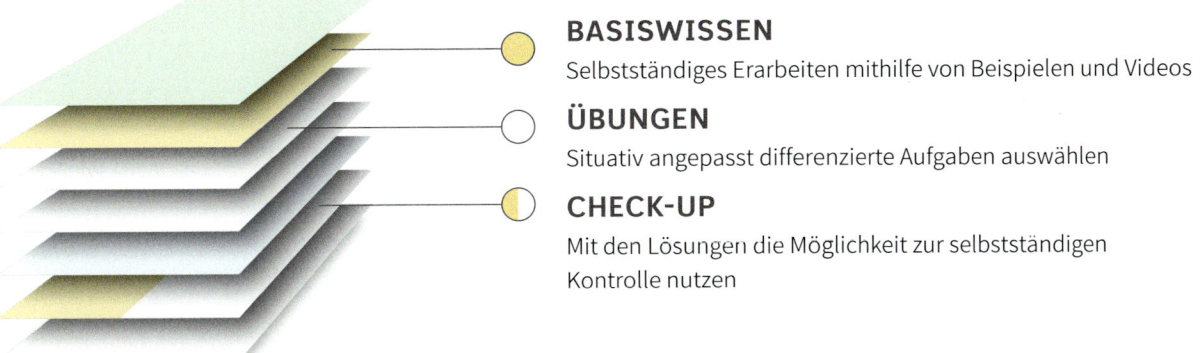

BASISWISSEN
Selbstständiges Erarbeiten mithilfe von Beispielen und Videos

ÜBUNGEN
Situativ angepasst differenzierte Aufgaben auswählen

CHECK-UP
Mit den Lösungen die Möglichkeit zur selbstständigen Kontrolle nutzen

1 Daten

Welches ist das beliebteste Haustier in Deutschland? Stimmt es, dass mehr Mädchen als Jungs eine Katze zuhause haben? Wie viele aus deiner Klasse haben mehr als ein Haustier? Wie viele haben einen Hund?

Fragen über Fragen. Will man Antworten haben, helfen häufig Umfragen. Die Ergebnisse solcher Umfragen können ganz unterschiedlich genutzt werden. Es können damit Diagramme erstellt werden oder die Daten kommen in Berichten und Nachrichten vor. Wenn man mit großen Zahlen umgehen muss, ist das Runden ein wichtiges Hilfsmittel.

Wie viele Autos stehen in einem Stau auf der Autobahn? Das kann man kaum exakt berechnen, aber sinnvoll schätzen. Dafür gibt es auch Verfahren.

Daten erheben und darstellen

1 **Du und deine Klasse**

Zu Beginn der 5. Klasse gibt es viel über die neuen Mitschülerinnen und Mitschüler zu erfahren.

Eine Methode, mit der ihr Gemeinsamkeiten schnell erkennen könnt, ist ein Fragebogen. So lernt ihr euch schnell besser kennen. Dieser könnte so aussehen:

Geschlecht	☐ Junge	☐ Mädchen
1.	In welchem Monat hast du Geburtstag?	
2.	Von welcher Grundschule kommst du?	
3.	Was ist deine Lieblingssportart?	
4.	Welches ist dein Lieblingstier?	
5.	Welches Musikinstrument gefällt dir am besten?	

Denkt euch weitere Fragen aus (z. B. Lieblingsmusik, Lieblingsessen, Hobby, …). Entscheidet dann gemeinsam, ob ihr bei der Beantwortung der Fragen eure Namen bekannt geben wollt. Welche Gründe sprechen dafür, welche dagegen?

Jeder bekommt so viele farbige Kärtchen, wie es Fragen gibt.
Schreibe auf das rote Kärtchen deine Antwort zu der ersten Frage, auf das gelbe Kärtchen die Antwort zu der zweiten Frage usw.

Gruppenarbeit

Die Arbeitsgruppe „Rot" bekommt alle roten Kärtchen. Sie wird sich also nur mit den Antworten auf die 1. Frage beschäftigen. Die Arbeitsgruppe „Gelb" bekommt alle gelben Kärtchen usw.

Jede Arbeitsgruppe sortiert ihre Kärtchen und klebt sie geordnet auf ein Poster.

Auswerten

Diskutiert in euren Arbeitsgruppen:
Was könnt ihr aus den Daten erkennen?
Was folgt daraus? Schreibt einen Bericht dazu.

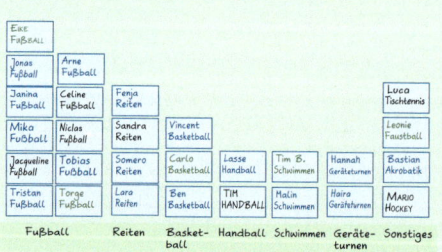

Was ist deine Lieblingssportart?

- Die meisten Geburtstage in unserer Klasse sind in den Monaten …
- Nur wenigen Schülerinnen und Schülern der Klasse gefällt …

Jede Gruppe präsentiert die Ergebnisse zu „ihrer" Frage. Die verschiedenen Diagramme und Berichte lassen sich zu einem „Klassenprofil" zusammenstellen und mit anderen Klassen vergleichen.

Basiswissen

WES-125660-001

Daten erheben durch Befragung

Gut geplante Befragungen tragen dazu bei, mehr über eine Gruppe von Menschen zu erfahren. Durch eine Befragung kann eine frühere Vermutung oder Behauptung bestätigt oder widerlegt werden. Eine Befragung kann auch helfen, Entscheidungen zu treffen. Um die Daten „auf einen Blick" zu zeigen, werden oft Diagramme verwendet.

Planung

Was interessiert uns?	Für unser Sportturnier sollen Sportarten gewählt werden: Welche Sportarten kommen infrage, was wird gern gespielt? Mehr als vier Sportarten können wir bei dem Turnier nicht spielen. Es sollen keine Wintersportarten genannt werden.
Fragestellung?	*Nenne deine Lieblingssportart für diese Jahreszeit.*
Wer wird befragt?	Alle Schülerinnen und Schüler, die bei dem Turnier mitmachen.
Vermutung?	Fußball wird wahrscheinlich am häufigsten gewählt.
Durchführung?	Wir nennen unsere Vorschläge. Sie werden alle an der Tafel notiert. Jeder entscheidet sich für eine der vorgeschlagenen Sportarten und setzt dafür an der Tafel genau einen Strich. Oder: Wir stimmen per Handzeichen ab und jemand zählt.

Auswertung und Darstellung

Strichliste

Sportart		Anzahl
Tischtennis	⦀⦀	5
Badminton	⦀⦀⦀	3
Laufen	⦀⦀	2
Fußball	⦀⦀⦀⦀ ⦀⦀⦀	8
Schwimmen	⦀⦀⦀⦀ ⦀	6
Kampfsport	⦀⦀⦀⦀ ⦀	6

Säulendiagramm

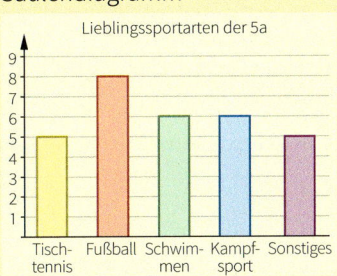

Balkendiagramm

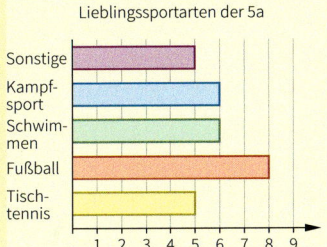

Ergebnis

An der Befragung nahmen 30 Kinder teil. Die Vermutung über Fußball hat sich bestätigt. Neben Fußball gehören Schwimmen, Kampfsport und Tischtennis zu den vier Sportarten, die am häufigsten genannt wurden.

Übungen

2 ‖‖ **Haustiere**

a) Welche Haustiere sind bei deinen Mitschülerinnen und Mitschülern besonders beliebt? Formuliere zunächst eine Vermutung.

b) Plant eine Befragung ähnlich wie im Basiswissen und führt sie durch.
   Legt dabei zunächst fest, was ihr unter Haustieren versteht:
   • Sollen Hühner und andere Nutztiere berücksichtigt werden?
   • Werden die 20 Aquarienfische von Tobias einmal oder 20-mal in die Strichliste eingetragen?

c) Wird deine Vermutung aus a) durch die Befragung bestätigt?

3 ||| Arbeitsgemeinschaften

Die Kinder der 5. Jahrgangsstufe haben Arbeits-
gemeinschaften gewählt.
Zeichne zu der Übersicht ein passendes Säulendiagramm.

Arbeitsge- meinschaft	Anzahl der Kinder
Chor	30
Fußball	20
Robotik	10
Schüler- experimente	15
Umwelt	20

4 ||| Geburtstage

Erstelle eine Strichliste für die Anzahl der Geburtstage der
Schülerinnen und Schüler deiner Klasse in den Monaten
Januar, Februar, ... Dezember. Stelle die Strichliste in einem Säulendiagramm dar.

5 ||| Freizeit in der 5 b

Hier sind die Ergebnisse einer Befragung in der 5 b auf
zwei Arten dargestellt.

Das Beste für meine Freizeit ist ...

Art	Anzahl
Sport treiben	ⅢⅢ ⅢⅢ Ⅱ
Fernsehen	Ⅲ
ins Kino gehen	Ⅱ
Lesen	ⅢⅢ Ⅲ
Musik hören	Ⅲ
Malen	Ⅱ

a) Was wollte man vermutlich durch die Befragung erfahren?

b) Beschreibe, soweit möglich, die Durchführung der Befragung: Kannst du erkennen,
welche Personen daran teilnahmen und wie viele es waren?

c) Zu welchen Ergebnissen ist man gekommen? Deute auch die Antwort „Sonstiges".
Welche der beiden Darstellungen ist übersichtlicher, welche enthält mehr Informationen?

Diagramme

Manchmal ist es sinnvoll, mehrere kleine Ergebnisse z. B. als „Sonstiges" zusammen-
zufassen. Man gewinnt so an Übersichtlichkeit, verliert aber einen Teil der Details.

Fach	Anzahl
Kunst	7

6 ||| Lieblingsfächer in der 5b

Beschreibe, soweit möglich, die Ziele,
die Durchführung und die Ergebnisse
der Befragung.
Erstelle die zugehörige Tabelle. Welche
Details sind bei der Darstellung der Daten im
Diagramm verloren gegangen?

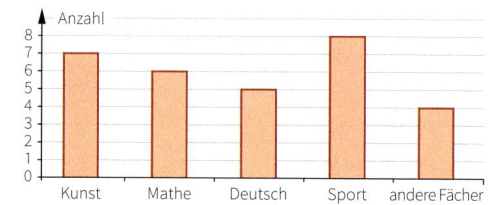

7 ||| Der Herzschlag der Tiere

Hast du schon einmal bemerkt, wie wild das Herz eines
Goldhamsters schlägt? Er hat nicht etwa Angst, sein Herz
schlägt auch normalerweise etwa 400-mal pro Minute.

a) Fertige ein Balkendiagramm für die Anzahl der Herzschläge
pro Minute der Tiere in der Tabelle an. Miss deinen Puls,
indem du die Anzahl deiner Pulsschläge pro Minute zählst.
Trage sie dann in das Diagramm ein.

Tier	Herzschläge pro Minute
Goldhamster	400
Kaninchen	200
Katze	120
Igel	300
Igel (Winterschlaf)	18
Pferd	40

b) Welches Tier interessiert dich noch? Finde die Anzahl der
Herzschläge pro Minute im Lexikon, im Internet, in einem
Biologiebuch heraus oder frage deine Biologielehrerin oder deinen Biologielehrer.

8 II Grundschulen

Die Schülerinnen und Schüler des Mariengymnasiums haben in den Klassenstufen 5 und 6 die Befragung durchgeführt: „Von welcher Grundschule bist du zu uns gekommen?"
Die Ergebnisse sind in der Tabelle festgehalten.

Grundschule	Torstedt	Ritterplatz	Petersfeld	Inselburg	Ulmenweg
Anzahl	55	42	35	21	10

Tim, Susanne, Lars und Aylin wollen ein Diagramm zu der Tabelle zeichnen. Alle haben unterschiedliche Einteilungen der Hochachse gewählt. Was meinst du dazu? Begründe deine Antwort.

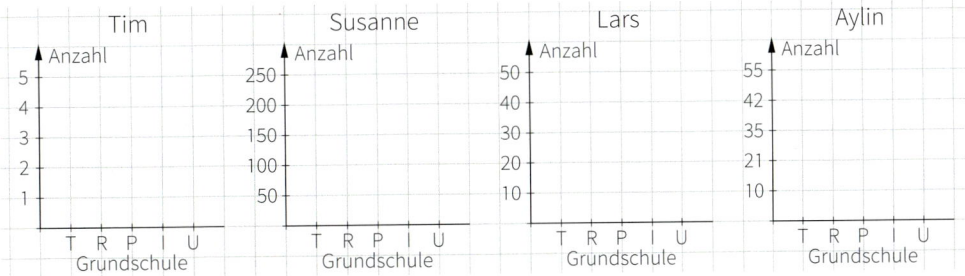

Vorbereitungen für das Zeichnen eines Säulendiagramms

- Finde zunächst die größte Zahl heraus.
- Überlege, wie hoch die Säule für die größte Zahl werden soll.
  So lang zeichnest du die Hochachse.
- Teile die Hochachse in gleiche Abstände ein und beschrifte sie.

9 II Reiselustige Vögel

Manche Vögel sind reiselustig. Sie verlassen uns im Herbst und ziehen in den Süden. Einige treten eine Weltreise an, andere verbringen den Winter in Europa.

Star	1 400 km
Storch	10 000 km
Kuckuck	9 000 km
Kranich	6 500 km
Singdrossel	5 000 km
Küstenseeschwalbe	20 000 km

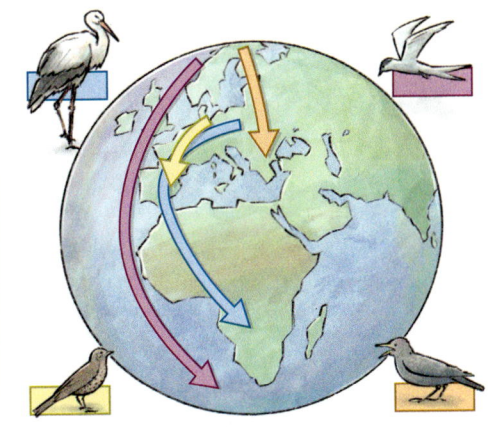

a) Zeichne ein Säulendiagramm der Reisestrecken der Zugvögel.

b) Viele Urlauber fahren im Sommer mit dem Auto nach Süden. Von Köln nach Barcelona (Spanien) sind es etwa 1500 km. Trage auch diese Reise in das Diagramm aus Aufgabenteil a) ein. Kann die „Menschenreise" einen Storch beeindrucken?

c) Im Frühjahr fliegen die Zugvögel die ganze Strecke wieder zurück. Erstelle eine Tabelle mit den jährlichen Gesamtflugstrecken.

Grundwissen
zum Wiederholen

1	Addiere:	a) 21 + 27	b) 35 + 18	c) 64 + 46
2	Subtrahiere:	a) 37 − 15	b) 35 − 18	c) 64 − 46
3	Multipliziere:	a) 8 · 7	b) 12 · 3	c) 11 · 9

10 **III Stängel-Blatt-Diagramm**

Die meisten Diagrammtypen in diesem Kapitel kennst du aus der Zeitung. Hier lernst du ein ganz neues Diagramm kennen: In einer Basketballmannschaft kamen während einer Saison insgesamt 16 Spieler zum Einsatz. In der Tabelle findest du die höchste Punktzahl, die jeder dieser Spieler in einem Spiel erzielt hat. Der Trainer möchte die Daten so darstellen, dass er schnell die höchste Punktzahl und die niedrigste Punktzahl ablesen kann. Zudem möchte er sehen, welche Punktzahlen häufig vorkamen.

Name	Punkte	Name	Punkte
Leon	5	Nadim	18
Aynur	9	Nils	11
Daniel	20	Pascal	25
Felix	14	Robert	32
Jan	18	Stefan	10
Kim	31	Sven	46
Max	6	Till	17
Michael	50	Tobias	21

Exkurs

Darstellen von Daten in einem Stängel-Blatt-Diagramm

In dem Diagramm werden die Zehner als Stängel benutzt. Dann werden Blätter eingefügt, in die die Einer geschrieben werden. In dem Diagramm sind bereits Michaels und Leons Punkte eingetragen.
Es gibt drei Ergebnisse bei den Zwanzigern: Daniel 20, Tobias 21 und Pascal 25.
Das wird so notiert: 2 | 0 1 5
Die Zahlen sind in jedem Blatt der Größe nach geordnet. Im „Zehner-Blatt" sind die Zahlen 10, 11, 14, 17, 18, 18. Gleiche Messwerte erscheinen im Diagramm mehrfach.

Zehner	Einer
5	0
4	
3	
2	
1	
0	5

Stängel	Blätter
5	0
4	6
3	1 2
2	0 1 5
1	0 1 4 7 8 8
0	5 6 9

a) Welches war das beste (viertbeste) Wurfergebnis?
b) Gibt es einen Spieler, der nie mehr als vier Punkte erreicht hat?
c) In welchem Zehnerbereich liegen die meisten der erzielten Punktzahlen?

11 **III Fußball**

Am Ende einer Bundesligasaison haben die Mannschaften die folgenden Anzahlen von Toren geschossen: 86, 81, 58, 65, 56, 52, 69, 47, 55, 33, 46, 40, 39, 43, 42, 51, 40, 36.

a) Zeichne ein Stängel-Blatt-Diagramm für die Anzahl der Tore.
b) Eileens Lieblingsmannschaft hat 42 Tore geschossen. Ist das „torgefährlich"? Begründe deine Antwort an dem Diagramm.
c) Wie lag deine Lieblingsmannschaft in der vergangenen Bundesligasaison? Zeichne dazu ein Stängel-Blatt-Diagramm für den Punktestand in der Bundesliga nach dem letzten Spieltag.

12 **III Geschwindigkeitskontrolle**

Die Polizei hat vor einer Schule die Geschwindigkeiten der Autofahrer gemessen. Erlaubt sind dort $30 \frac{km}{h}$. Die Ergebnisse der Geschwindigkeitskontrolle waren in $\frac{km}{h}$:
35, 30, 29, 51, 42, 32, 52, 63, 25, 33, 48, 46, 49, 19, 42, 48, 48, 43, 32.

a) Zeichne ein Stängel-Blatt-Diagramm für die gemessenen Geschwindigkeiten.
b) Wie viele Autofahrer müssen mit einem Bußgeld rechnen, wenn jeder, der schneller als $33 \frac{km}{h}$ gefahren ist, bestraft wird? Warum wird nicht jeder direkt ab $1 \frac{km}{h}$ zu viel bestraft?
c) Arne meint: „Ich glaube, viele Autofahrer denken, vor unserer Schule dürfen sie bis zu $50 \frac{km}{h}$ fahren." Wie kommt Arne auf diese Idee?

Ein Experiment planen und durchführen

1 **Arbeiten mit oder ohne Musik?**

> Ein Gespräch in der Pause: Tom: „Welche Musik hörst du, wenn du die Hausaufgaben machst?" Lena: „Musik? Bei Musik kann ich mich nicht so gut konzentrieren …"

a) Wie machst du die Hausaufgaben, mit oder ohne Musik? Wie ist es bei deinen Mitschülerinnen und Mitschülern?

b) Was meint ihr, hat die Musik beim Arbeiten Einfluss darauf, ob ihr bei den Rechenübungen zu richtigen Lösungen kommt? Schreibt eine Vermutung auf. Plant einen Versuch in eurer Klasse.

Planung: Welche Musik wird gespielt? Was soll gezählt werden? Wo trägt man die Ergebnisse zusammen? Hier die Aufgaben:

> **Tipps zur Durchführung:**
> Bittet eine Lehrerin oder einen Lehrer, euch zu helfen: ein Musikstück einspielen, die Zeit stoppen, die Aufgabenlösungen mitteilen.

Mit Musik

(1) Nenne eine Zahl, die man durch 4, durch 7 und durch 5 ohne Rest teilen kann.

(2) 300 Minuten sind wie viele Stunden?

(3) Wie viele Würfel benötigt man zum Bau der Figur?

(4) Setze fort: 14, 28, 42, 56, ▪, ▪, ▪

(5) Wie viele Fichten (F), Tannen (T) und Buchen (B) wachsen in dem Waldstück?

TTF BFT BBF TBB BBF
TBB FBB FTT TFB FTB
BTF BTF FTB BFF TTT

Ohne Musik

(1) Nenne eine Zahl, die man durch 2, durch 11 und durch 5 ohne Rest teilen kann.

(2) 120 Stunden sind wie viele Tage?

(3) Wie viele Würfel benötigt man zum Bau der Figur?

(4) Setze fort: 16, 32, 48, 64, ▪, ▪, ▪

(5) Wie viele Karpfen (K), Hechte (H) und Zander (Z) leben in dem See?

HZZ KKH ZHH HHK KKH
ZKH HKK ZZH ZZK HHK
HZH ZZK ZHH KHK KKK

Anzahl richtiger Lösungen	mit Musik	ohne Musik
0		
1	‖	
2				
3	‖	
4		‖
5			

c) Führt den Versuch durch und wertet die Ergebnisse aus. Hat sich eure Vermutung bestätigt?

2 **Schulranzen**

Svea: „In meinen Schulranzen passt alles hinein, was ich gebrauchen könnte, und noch viel mehr. Nur schaffe ich damit keine Treppe mehr hoch …"

Wie viele Schülerinnen und Schüler deiner Klasse haben zu schwere Schultaschen? Plant einen Versuch, bei dem ihr das herausfinden könnt.

Schultasche zu schwer?	Anzahl
nein	3
höchstens 1 kg zu schwer	6
1 bis 2 kg zu schwer	…
…	

Faustregel:
Deine Schultasche darf nicht schwerer sein als dein Körpergewicht, geteilt durch 8. Beispiel:
Körpergewicht: 40 kg
Schultasche: 6,5 kg
40 kg : 8 = 5 kg. Die Schultasche ist zu schwer.

Ein Experiment planen und durchführen

Wenn man genauere Informationen und besseres Wissen haben möchte, führt man oft Beobachtungen und Experimente (Versuche) durch.

Planung

Was interessiert uns?	Unsere Lehrerin meint, dass wir sehr lange brauchen, um nach dem Unterricht unsere Schultaschen zu packen und den Arbeitsplatz aufzuräumen. Wie schnell sind wir wirklich?
Fragestellung?	Wie lange brauchen wir zum Einpacken und Aufräumen?
Vermutung?	Einige werden mindestens 5 Minuten brauchen.
Durchführung?	Wir bitten unsere Lehrerin, einmal am Ende einer Stunde im Minutentakt die Zeit zu nennen: „Los geht's, 1 Minute, 2 Minuten, ...". Wenn jemand fertig ist, merkt er sich die nächste Ansage. Er setzt entsprechend einen Strich in die Liste ein und kann gehen.

Auswertung und Darstellung

Zeit in Minuten	Anzahl der Kinder
1	卌 |
2	卌 卌
3	||||
4	卌 卌
5	
6 *und mehr*	

Für Einpacken der Schulsachen und Aufräumen benötige ich...

Ergebnis

In unserer Klasse gab es 16 Schülerinnen und Schüler, die sehr schnell waren und höchstens zwei Minuten für das Packen und das Aufräumen benötigten. Auf der anderen Seite gab es 14 Kinder, die mehr als zwei Minuten brauchten. Unsere Vermutung hat sich aber nicht bestätigt. Wir schaffen es als Klasse sogar in 4 Minuten!

Übungen

3 ‖‖ **Einpacken und Aufräumen**
Führt den Versuch aus dem Basiswissen in eurer Klasse durch.

4 ‖‖ **Papierflieger**
Welcher Papierflieger fliegt am weitesten? Führt einen Wettbewerb durch. Notiert die Ergebnisse und stellt sie in einem Diagramm dar. Was war die größte Weite, die erzielt wurde? Wie weit flogen die meisten Papierflieger? Gab es einen knappen Sieg?

Grundwissen
zum Wiederholen

1 Der Mount Everest ist 8848 m hoch. Die Zugspitze ist 5886 m niedriger. Wie hoch ist die Zugspitze?

2 Die Ortsteile von Altdorf haben 2410, 2830 und 3905 Einwohner. Wie viele Einwohner hat der gesamte Ort?

1.3 Große Zahlen, Runden und Schätzen

1 Fußballarenen

Die Tabelle mit verschiedenen Fußballarenen in Deutschland zeigt die mögliche Gesamt-zuschauerzahl in den jeweiligen Stadien – also Sitz- und Stehplätze.

Stadt	Mannschaft	Zuschauer-plätze
Stuttgart	VfB Stuttgart	60 441
Berlin	Hertha BSC	74 244
Dortmund	Borussia Dortmund	81 365
Hamburg	Hamburger SV	57 000
Gelsenkirchen	FC Schalke 04	61 673
Düsseldorf	Fortuna Düsseldorf	54 600
München	FC Bayern	75 021
Mainz	1. FSV Mainz 05	34 034
Köln	1. FC Köln	50 374

a) Runde die jeweilige Anzahl der Zuschauerplätze auf Tausender. Erstelle eine Tabelle, in der die Stadien nach ihren (gerundeten) Zuschauerplätzen geordnet sind.

b) Zeichne ein Balkendiagramm für die Zuschauerplätze der Fußballstadien. Ein Kästchen sollte dabei 5000 Zuschauern entsprechen. Bevor du mit dem Zeichnen anfängst, musst du überlegen, wie groß dein Diagramm wird. Denke auch über eine sinnvolle Achsen-beschriftung nach.

2 Bericht vom Spieltag

Zwei Zeitungen berichten über die Zuschauerzahlen der Fußballspiele des gleichen Spielta-ges:

	Exakt-Express
Dortmund	79 617
Freiburg	25 387
Köln	37 825
Mainz	26 781
Berlin	52 768

	Das Runde Blatt
Dortmund	80 000
Freiburg	25 000
Köln	38 000
Mainz	27 000
Berlin	53 000

a) Warum gibt Das Runde Blatt andere Zahlen an als der Exakt-Express?

b) Welche der Tabellen ist übersichtlicher?

3 Voll automatisch

	A	B
1	123 456 789	123 456 790
2	123 456 789	123 456 800
3	123 456 789	123 457 000
4	123 456 789	123 460 000
5	123 456 789	123 500 000
6	123 456 789	123 000 000
7	123 456 789	120 000 000
8	123 456 789	100 000 000
9	123 456 789	0
10		

Ein Tabellenkalkulationsprogramm hat aus den Zahlen in der Spalte A die Zahlen in der Spalte B berechnet.

Erkläre möglichst genau, wie die Zahlen in der Spalte B entstanden sind.

Kein Druckfehler in Zeile 9 der Tabelle

Runden

Manchmal ist der genaue Zahlenwert nicht so wichtig, dann werden Zahlen gerundet. Gerundete Zahlen sind übersichtlicher. Man kann sich gerundete Zahlen auch leichter merken. Beim Runden muss zuerst die Rundungsstelle festgelegt werden, auf die gerundet wird.

Auf Zehner runden: 172**3**8
Auf Tausender runden: 1**7**238

...	ZT	T	H	Z	E
	1	7	2	**3**	8
	1	**7**	2	3	8

Nun muss entschieden werden, ob abgerundet oder aufgerundet wird.
Das hängt von der Ziffer hinter der Rundungsstelle ab.

Folgt nach der Rundungsstelle
0, 1, 2, 3 oder 4, so wird **abgerundet**.
Die Ziffer an der Rundungsstelle bleibt dann unverändert.

Folgt nach der Rundungsstelle
5, 6, 7, 8 oder 9, so wird **aufgerundet**.
Die Ziffer an der Rundungsstelle wird um 1 erhöht.

Alle Ziffern nach der Rundungsstelle werden durch Nullen ersetzt.

Beispiele: $1\underline{7}238 \approx 1\underline{7}\,000$ Beim Runden auf die Tausender-Stelle wurde abgerundet.
$172\underline{3}8 \approx 172\underline{4}0$ Beim Runden auf die Zehner-Stelle wurde aufgerundet.
$9\underline{5}0 \approx 1\underline{0}00$ Beim Runden auf die Hunderter-Stelle wurde aufgerundet.

Das Symbol „≈" bedeutet „ist ungefähr gleich".

Merke: Beim Runden entsteht eine neue Zahl.

Der Unterschied zwischen der ursprünglichen und der gerundeten Zahl wird auch „Rundungsfehler" genannt.

Beispiel

A Flächen im Vergleich

Ulrike findet im Internet die Flächen der Bundesländer. Damit sie die Zahlen leichter vergleichen kann, rundet sie die Fläche von Niedersachsen und die Fläche von Bremen.

Bremen
404 km²

Niedersachsen
47 635 km²

a) Runde die Fläche von Niedersachsen auf Tausender und die von Bremen auf Hunderter.

b) Wievielmal so groß wie Bremen ist Niedersachsen?

Lösung:

a) Fläche von Niedersachsen: Auf Tausender runden:
47 635 km² ≈ 48 000 km²

Fläche von Bremen: Auf Hunderter runden: 404 km² ≈ 400 km²

b) 120 · 400 = 48 000: Niedersachsen ist ungefähr 120-mal so groß wie Bremen.

Übungen

4 ‖‖ Training im Runden

Runde die Zahlen ...

a) auf Zehner:	94 315	8 209	4 401	9 999
b) auf Hunderter:	19 436	78 294	67 450	213 000
c) auf Tausender:	146 721	535 353	5 353 535	999 903
d) auf Zehntausender:	124 456	115 000	114 999	4 299
e) auf Hunderttausender:	144 729	59 999	7 143 538	109 103

5 III **Richtig oder falsch?**

Entscheide, ob richtig oder falsch auf Hunderter gerundet wurde, und notiere jeweils den Buchstaben. Du erhältst ein Lösungswort.

a)

Rundung	richtig	falsch
8317 ≈ 8300	F	K
2189 ≈ 2190	O	L
981 ≈ 1000	U	P
8721 ≈ 8700	G	U

b)

Rundung	richtig	falsch
2352 ≈ 2300	I	B
4121 ≈ 4200	V	A
4900 ≈ 5000	O	L
8293 ≈ 8300	L	R

6 II **Beim Runden aufgepasst**

Anne sagt: „Auf Zehner gerundet bekomme ich alle zwei Wochen 10 € Taschengeld."
Pascal sagt: „Ich auch." Um wie viel Euro kann sich das Taschengeld von Anne und Pascal unterscheiden? Gib verschiedene Möglichkeiten an.

7 II **Zuschauerzahlen**

Die Redakteurin des Runden Blattes schreibt: In Hannover und Frankfurt besuchten jeweils 12 000 begeisterte Zuschauer das Konzert von „Lautn' lauter". Die Zuschauerzahlen sind auf Tausender gerundet.
a) Wie können die Zuschauerzahlen vor dem Runden ausgesehen haben?
b) Für wen sind die exakten Zuschauerzahlen wichtig, wem genügen die gerundeten Zahlen?

8 II **Sinnvoll runden**

Der Redakteur dieses Artikels war wohl etwas übereifrig.
Kannst du den Artikel so ändern, dass die Zahlenangaben vernünftig werden?

Abenteuerspielplatz eröffnet

Gestern wurde der neue Abenteuerspielplatz am Stadtwald nach einer Bauzeit von 3 Monaten, 2 Wochen und 4 Tagen eröffnet. Die Kosten für das 1894 m² große Gelände mit den 17 Spielgeräten betrugen 67 328,92 €.
Besonders beliebt bei den 243 Kindern, die zur Eröffnung gekommen sind, waren der 8,79 m hohe Kletterturm und die 21,32 m lange Rutschbahn. In der Festrede, die 11 Minuten und 23 Sekunden dauerte, bedankte sich der Bürgermeister bei allen Helfern.

9 II **Wörtlich genommen**

Die Klasse 5 a hat am Mittwoch ein Museum besucht. Bei der Führung sahen die Schülerinnen und Schüler eine alte römische Münze.
Die Museumspädagogin erklärte: „Die Münze ist 2000 Jahre alt."
In der nächsten Stunde am Freitag fragt der Lehrer die Klasse nach dem Alter der Münze. Kai antwortet: „Die Münze ist 2000 Jahre und 2 Tage alt." Die Klasse lacht.

10 II **Länge einiger Reptilien**

In der Tabelle sind die größten jemals gemessenen Längen von einigen Reptilien angegeben.
a) Wo leben diese Tiere?
Schaue im Internet nach.

Lederschildkröte	281 cm
Alligator	425 cm
Komodowaran	313 cm
Netzpython	767 cm
Würfelnatter	102 cm

b) Runde die Längen auf 100 cm.
Stelle im Klassenraum die Länge einer „ausgestreckten" Netzpython da.

WES-125660-004

11 ||| Große Zahlen lesen

Arbeitet zu zweit: Einer liest die Zahl vor, der andere notiert mit Ziffern. Überprüft: Wurde die Zahl von euch richtig wiedergegeben?

a)   16 341 000   48 245 000

b) 245 641 000   7 250 360 400

c) 141 521 010   487 954 000

d)   69 274 315   13 420 778 350

e)   35 827 014   1 200 000 000 000

f) 691 419 311   831 500 031

g) 123 456 789   10 305 000 500 000

Große Zahlen lesen

1 000	eintausend
10 000	zehntausend
100 000	einhunderttausend
1 000 000	eine Million
1 000 000 000	eine Milliarde
1 000 000 000 000	eine Billion

6 543 472 135 wird gelesen als:
6 Milliarden 543 Millionen 472 tausend 135
oder sechs Milliarden fünfhundertdreiundvierzig Millionen vierhundertzweiundsiebzigtausendeinhundertfünfunddreißig

12 ||| Wie gehört, so notiert

a) Schreibe die Zahlen mit Ziffern.
   • sieben Millionen vierhundertneunzehntausend
   • dreizehn Millionen achthunderteinundvierzigtausendsiebenhundertfünfzehn
   • zweihundertvierundvierzig Millionen dreihundertviertausendzweihundert
   • zwei Millionen zweitausendzwei
   • drei Millionen dreihundertdreiunddreißigtausenddrei
   • sieben Milliarden zweihundert Millionen
   • zwei Billionen fünfhundert Milliarden

b) Die Zahlen kann man mit Worten oder mit Ziffern aufschreiben. Vergleiche die beiden Schreibweisen. Nenne jeweils Vor- und Nachteile.

13 ||| Von den Daten zum Artikel im „Runden Blatt"

Wie würde Das Runde Blatt die folgenden Meldungen drucken?

a) Im Jahre 2022 wurden in Deutschland insgesamt 909 404 499 Tonnen Kohlenstoffdioxid freigesetzt, davon 166 814 538 Tonnen durch Transport und Verkehr.

b) In der Erntesaison 2021 haben die deutschen Baumobstbauern eine Apfelernte von 10 329 127 Tonnen eingebracht, 2022 waren es nur 5 966 663 Tonnen.

c) Im November 2022 gab es in Deutschland 4 100 863 Milchkühe, 849 192 davon allein in Niedersachsen und 409 449 in Nordrhein-Westfalen.

14 ||| Flusslängen

Der Amazonas ist der längste Fluss in Südamerika. Sein Unterlauf ist so tief und breit, dass auf ihm große Ozeanschiffe fahren können. Auch in Deutschland gibt es große Flüsse wie z. B. den Rhein, die Donau und die Elbe.

Amazonas	6992 km
Nil	6852 km
Mississippi	6051 km
Niger	4184 km
Donau	2857 km
Rhein	1239 km
Elbe	1094 km

a) Wo liegen die Flüsse? Schaue in einem Atlas nach.

b) Zeichne ein Säulendiagramm für die Längen der Flüsse. Der längste Fluss ist 6992 km lang. Bevor du mit dem Zeichnen anfängst, runde die Längen auf die nächsten 1000 km und notiere die Werte in einer Tabelle. Überlege dir, wie viele Kilometer ein Kästchen im Heft sein sollen.

c) Stell dir vor, zwei Flüsse haben gerundet die gleiche Länge. Um wie viele Kilometer können sich ihre Längen maximal unterscheiden?

d) Suche im Atlas weitere große Flüsse. Schlage deren Länge im Lexikon oder im Internet nach. Ergänze sie im Diagramm.

Tukane leben am Amazonas.

15 || **Einwohnerzahlen**

Die Tabelle gibt die Einwohnerzahlen der Bundesländer an.

Bundesland	Einwohnerzahl
Baden-Württemberg	11 023 424
Bayern	12 997 204
Berlin	3 613 495
Brandenburg	2 504 040
Bremen	681 032
Hamburg	1 810 438
Hessen	6 243 262
Mecklenburg-Vorpommern	1 611 119
Niedersachsen	7 962 775
Nordrhein-Westfalen	17 912 134
Rheinland-Pfalz	4 073 679
Saarland	994 187
Sachsen	4 081 308
Sachsen-Anhalt	2 223 081
Schleswig-Holstein	2 889 821
Thüringen	2 151 205

a) Stelle die Einwohnerzahlen der sechs bevölkerungsreichsten Bundesländer in einem Säulendiagramm dar. Runde zum Zeichnen des Säulendiagramms die Einwohnerzahlen der betreffenden Länder auf Hunderttausend.

b) Erstelle mit Hilfe des Internets eine Tabelle der Bevölkerungszahlen der Länder: Australien, China, Deutschland, Indien, Russland, Südafrika, USA. Runde die Daten auf Millionen und stelle diese in einem Balkendiagramm dar.

16 || **Am Flughafen**

Frankfurt, 15. Januar 2018

Neuer Rekord bei der Zahl der Fluggäste

Die Zahl der Fluggäste im Jahr 2017 übertraf mit 64 505 151 die Rekordmarken aus den vergangenen Jahren.

Die Zahl der Starts und Landungen betrug 475 537. Der Flughafen Frankfurt am Main gibt vielen Menschen Arbeit. Es sind dort 80 360 Menschen beschäftigt, davon 22 650 beim Betreiber.

Dagegen ist Köln/Bonn ein recht kleiner Flughafen. Im Jahr 2017 betrug das Passagieraufkommen 12 384 223, man zählte 141 338 Starts und Landungen. Am Flughafen arbeiten 13 424 Personen, davon ca. 1800 beim Betreiber des Flughafens.

a) Runde die Daten so, dass man sie leicht vergleichen kann.

b) Um das Wievielfache ist die Zahl der Fluggäste (Starts und Landungen, Beschäftigte) in Frankfurt ungefähr größer als in Köln/Bonn? Verwende die gerundeten Zahlen.

c) Die Zeitung hat die Zahl gerundet. Zwischen welchen Zahlen kann die genaue Zahl liegen?

„240 000 Passagiere pro Tag können es in Spitzenzeiten zwischen Juni und Oktober am Frankfurter Flughafen werden."

WES-125660-005

Schätzen

Häufig kann man die genaue Anzahl gar nicht angeben, weil es zum Beispiel sehr lange dauern würde, alles zu zählen. Manchmal ist es sogar unmöglich, alles zu zählen. Dann benötigt man eine Schätzmethode, um einen Näherungswert zu erhalten.

Zählgitter

Bakterienkolonien werden auf einer Nährbodenplatte gezogen. Das Zählen aller Kolonien ist kaum möglich. Man verwendet daher häufig ein Zählgitter, um die Anzahl zu schätzen.

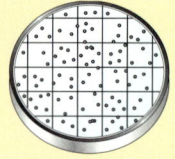 

Hochrechnung

Wie hoch ist ein Stapel von 10 000 Ein-Euro-Münzen? Man misst die Höhe eines Stapels mit 10 Münzen und rechnet dann hoch auf 10 000.

17 II **Bakterien und Euro-Münzen**
a) Schätze die Anzahl der Bakterienkolonien im Bild.
b) Schätze die Höhe des Stapels der Ein-Euro-Münzen.
Vergleicht die Ergebnisse mit denen eurer Mitschülerinnen und Mitschüler.

18 II **Bügelperlen und Ameisen**
a) Wie viele Perlen liegen auf dem Tisch?   b) Wie viele Ameisen sind hier zu sehen?

19 III **Bohnen und Stau auf der Autobahn**

(1) Wie viele Bohnen sind in einem Kilogramm Bohnen?

(2) Wie viele Autos stehen auf der zweispurigen Autobahn im 3 km langen Stau?

20 III **Klinker am Haus**
Die 10 m breite Frontseite des Hauses ist mit Klinkern verkleidet. Wie viele Klinker wurden ungefähr benötigt? Beschreibe, wie du zu deinem Schätzwert gekommen bist. Vergleicht eure Ergebnisse.

Klinker:

7 cm
24 cm

Grundwissen
zum Wiederholen

1 Nenne zwei Zahlen, die durch 2 und durch 7 teilbar sind.

2 Zeichne ein Viereck und verbinde alle Eckpunkte. Wie viele Dreiecke entstehen?

3 Welche zweistelligen Zahlen kannst du aus den Ziffern 2 und 5 bilden?

Check-up

✓

Planung einer Befragung
- Was interessiert uns?
- Wie kann die Frage lauten?
- Wer wird befragt?
- Unsere Vermutung?

Ergebnisse
- Daten auswerten und darstellen
- Daten deuten

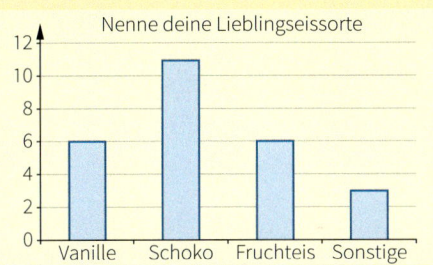

Nenne deine Lieblingseissorte

Das **Säulendiagramm** zeigt:
An der Befragung nahmen 26 Kinder teil.
Die meisten bevorzugen das Schoko-Eis
(11 Kinder), je 6 Kinder bevorzugen Vanille-
eis oder Fruchteis, 3 weitere Kinder mögen
andere Eissorten.

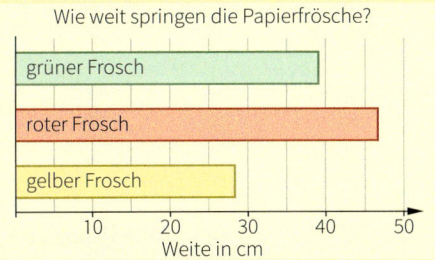

Wie weit springen die Papierfrösche?

Das **Balkendiagramm** zeigt die Ergebnisse
des Weitsprungs dreier Papierfrösche.
Der rote Frosch hat gewonnen. Mit 47 cm
sprang er am weitesten. Der grüne Frosch
sprang 39 cm und der gelbe nur 28 cm weit.

Runden
Betrachte die Ziffer, die nach der
Rundungsstelle folgt. Ist diese Ziffer
0, 1, 2, 3 oder 4, rundest du ab.
Ist diese Ziffer 5, 6, 7, 8 oder 9,
rundest du auf.
Beispiel: Runde 1827 auf Hunderter:
1<u>8</u>27 ≈ 1800

1 **Alter von Haustieren**
Wenn man sich ein Haustier wünscht, dann sollte man auch
wissen, wie alt es werden kann. Häufig muss man sich viele Jahre
um das Tier kümmern. Wie alt können die Tiere werden? Lies das
Diagramm und erstelle die zugehörige Tabelle.

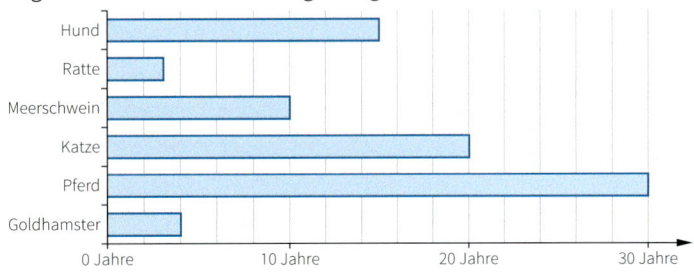

2 **Körpertemperaturen**
Zeichne ein Säulendiagramm für die Körpertemperaturen der
folgenden Tiere. Wähle 2 mm für 1 °C.

Tier	Temperatur	Tier	Temperatur
Fledermaus	31 °C	Haselmaus	30 °C
Ziege	40 °C	Schimpanse	37 °C
Spitzmaus	42 °C	Igel (wach)	35 °C
Katze	39 °C	Igel (Winterschlaf)	6 °C

3 **Runden**
a) Lies die Zahlen zuerst laut vor. Runde dann auf Tausender.
   13 567,   27 195,   356 023,   1 789 627,   19 823,   12 390
b) Runde auf Hunderter.
   1286,   2397,   888,   209,   904,   1096,   5604,   16 006

4 **Fläche und Einwohner verschiedener Bundesländer**
Runde die Zahlen geeignet und zeichne jeweils ein Balkendiagramm.

	Fläche in km²	Einwohnerzahl
Niedersachsen	47 614	7 962 775
Nordrhein-Westfalen	34 110	17 912 134
Schleswig-Holstein	15 763	2 889 821
Hessen	21 115	6 243 262
Baden-Württemberg	35 751	11 023 424

5 **Der 10 km-Straßenlauf**
Zeichne ein Balkendiagramm zu den Laufzeiten der Starter bei
einem 10 km-Straßenlauf.

Startnummer	1	2	3	4	5	6	7	8	9	10	11
Zeit in Minuten	52	34	45	52	52	45	72	60	60	61	45

Sichern und Vernetzen
Vermischte Aufgaben zu Kapitel 1

Trainieren

WES-125660-060

Lösungen

1 ||| **Geschwister**

Lies aus dem Diagramm möglichst viele Informationen ab. Mach dann eine Aussage über die Familiengrößen der Kinder der 5 a. Kannst du aus dem Diagramm ablesen,

a) wie viele Kinder daran teilgenommen haben?

b) wie viele Kinder in der kleinsten Familie sind?

c) wie viele Kinder in der größten Familie sind?

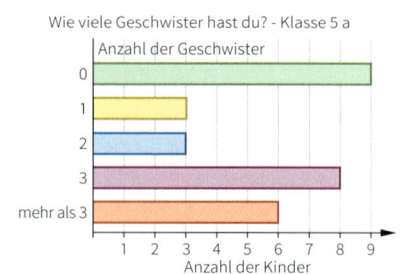

Wie viele Geschwister hast du? - Klasse 5 a

Anzahl der Geschwister

Anzahl der Kinder

2 ||| **Tiere und ihre Geschwindigkeiten**

In der Tierwelt gibt es wahre Hochleistungssportler. Für viele Tiere ist Schnelligkeit lebenswichtig. Einige Tiere können sogar längere Zeit sehr schnell laufen oder schwimmen. Pferde, Gazellen, Delfine und Wale sind sehr ausdauernd. Die meisten Tiere sind allerdings keine Marathonläufer, sondern eher Sprinter.

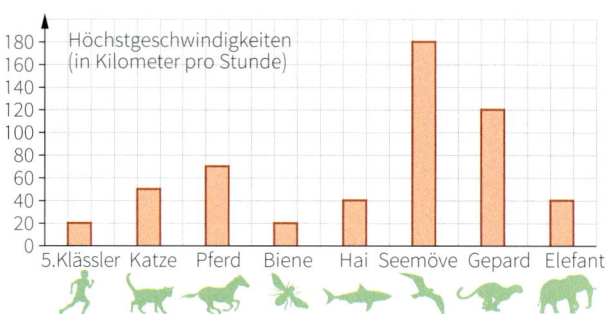

Höchstgeschwindigkeiten (in Kilometer pro Stunde)

5.Klässler Katze Pferd Biene Hai Seemöve Gepard Elefant

Die Höchstgeschwindigkeiten einiger Lebewesen sind in dem Säulendiagramm dargestellt. Übertrage sie in eine Tabelle. Ordne dabei die Lebewesen so an, dass das schnellste an erster Stelle steht, das zweitschnellste an zweiter usw.

3 ||| **Trainingsrunde im Runden**

Runde die Zahlen auf   ① Tausender   ② Hunderter   ③ Zehner

a) 19 827   b) 102 708   c) 66 666   d) 2 481 632   e) 481

4 ||| **Größer oder kleiner**

Die Zeichen > (größer) und < (kleiner) kennst du bereits aus der Grundschule.

a) Übertrage die Zahlenpaare in dein Heft und setze das richtige Zeichen ein:

3469 ■ 3491   12 591 ■ 10 934   123 496 ■ 98 311

b) Schreibe die Zahlen geordnet nach Größe und durch < getrennt auf:

457 391, 589, 3219, 297, 17 621, 3491, 391, 181 999

> **Beispiel**
> $489 < 531$
> $5387 > 5378$
> $12 < 19 < 24 < 31$

5 ||| **Große Zahlen: Von der Zahl zum Wort**

Schreibe die Zahl in Worten.

a) 3 256 781   b) 170 820 104 092   c) 918 027 604 055   d) 11 110 001 101

6 ||| **Große Zahlen: Vom Wort zur Zahl**

a) Vier Millionen siebenhundertneuntausendfünfhundertdrei

b) Neun Milliarden elf Millionen einhundertzehntausend

c) Sechs Billionen vierhundertviertausendvier

Verstehen

7 |II| Diagramm deuten

An einer Befragung haben 2000 Erwachsene teilgenommen. Welche Deutungen sind richtig?

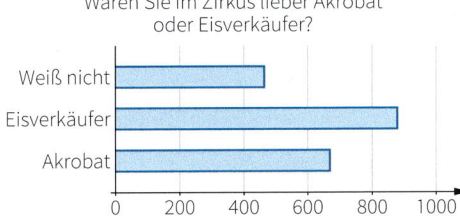

Wären Sie im Zirkus lieber Akrobat oder Eisverkäufer?

① Die Befragten meinen, dass es 880 Eisverkäufer im Zirkus geben soll.

② 460 Befragte wissen nichts.

③ 660 Akrobaten wären lieber Eisverkäufer.

④ 880 Personen wären lieber Eisverkäufer als Akrobaten, wenn sie sich zwischen den beiden Berufen entscheiden müssten.

8 |II| Kilometerstand

Frau Becker möchte ein Auto kaufen. Im Internet liest sie nebenstehende Anzeige. Als sie mit ihrer Tochter Jana das Auto besichtigt, finden sie auf dem Kilometerzähler die Zahl 14 456. Jana kann schon runden. Sie sagt: „Die Angabe im Internet ist in Ordnung."

> VW Golf, Zulassung 08 / 2017,
> 14 000 km, 81 kW,
> 17 960 €,
> Tel. 0123 / 45 67 89

a) Welche der folgenden Kilometerstände hätten auch zu der Anzeige gepasst?

14 689   14 510   14 399   138 321   13 495

b) Welche Kilometerstände hätte Jana gerade noch hingenommen?

Anwenden

9 |II| Wasserfälle

Vielleicht habt ihr auch schon staunend vor dem Rheinfall von Schaffhausen an der deutsch-schweizerischen Grenze gestanden. Vielleicht habt ihr sogar schon die Niagarafälle in den USA und Kanada gesehen, welche im Bild zu sehen sind. Aber auch die sind klein neben den höchsten Wasserfällen der Welt.

Berühmte hohe Wasserfälle

Angel Falls, Venezuela	979 m
Yosemite Falls, USA	739 m
Sutherlandfälle, Neuseeland	571 m
Kalambofälle, Tansania	235 m
Niagarafälle, Kanada	58 m
Plästerlegge, Nordrhein-Westfalen	32 m
Rheinfall, Deutschland/Schweiz	23 m

a) Fertige ein Säulendiagramm an.

b) Trage zum Vergleich die Höhe des Kölner Doms in das Diagramm ein. Der Dom ist 157 m hoch.

10 |II| Unser Sonnensystem

Unser Sonnensystem besteht aus der Sonne und 8 Planeten. Die Tabelle zeigt, wie groß die einzelnen Planeten sind. Geordnet sind sie nach der Entfernung von der Sonne. Der Merkur ist der Sonne am nächsten, der Neptun ist am weitesten von der Sonne entfernt.

a) Runde alle Durchmesser auf Tausend Kilometer. Erstelle eine Tabelle, in der die Planeten nach ihrem (gerundeten) Durchmesser geordnet sind.

b) Welches ist der größte, welches der kleinste Planet? Der größte ist etwa 11-mal so groß wie die Erde. Gib die ungefähren Größenverhältnisse der anderen Planeten zur Erde an.

Planet	Durchmesser in km
Merkur	4 878
Venus	12 100
Erde	12 742
Mars	6 792
Jupiter	142 800
Saturn	120 500
Uranus	50 800
Neptun	49 500

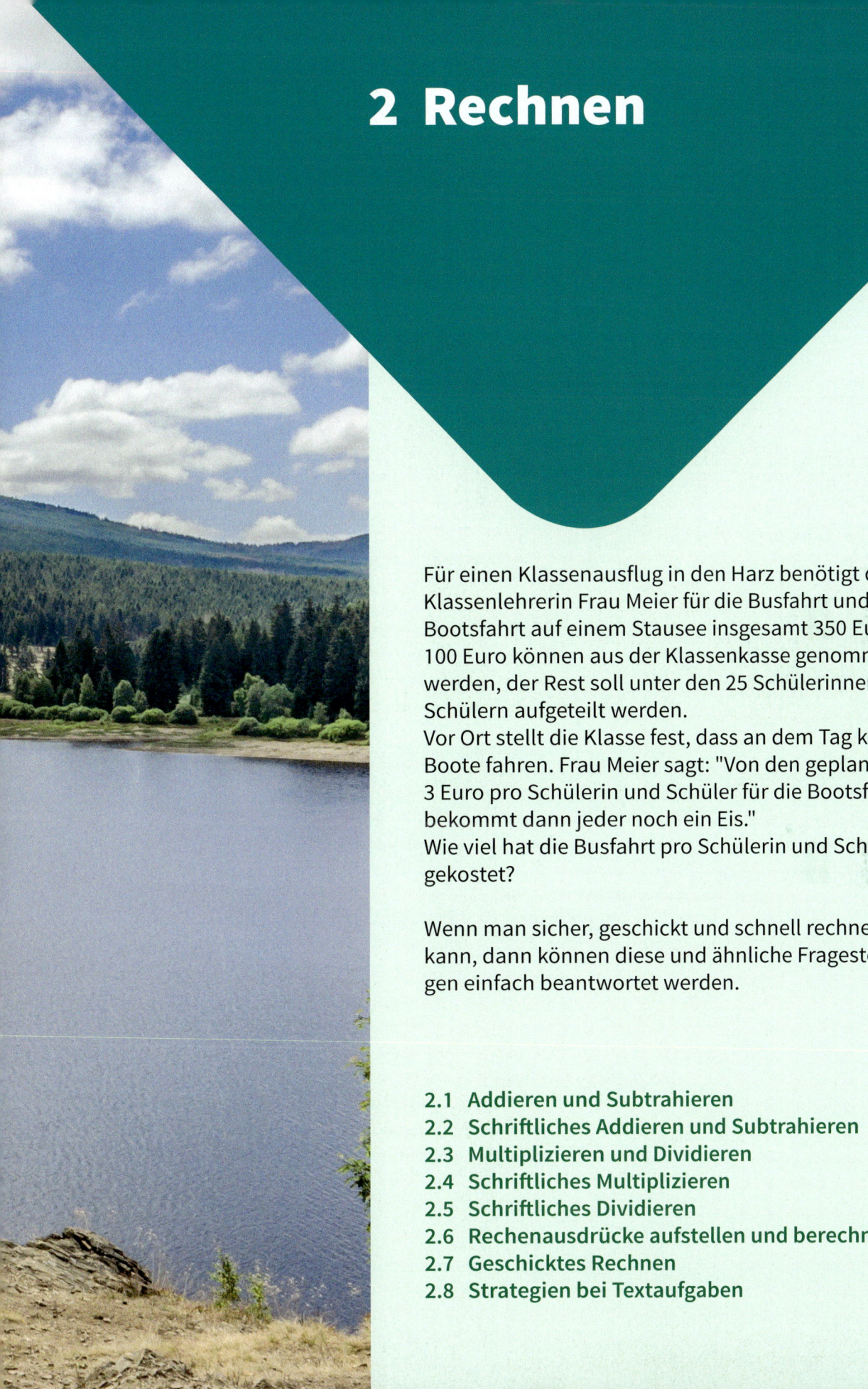

2 Rechnen

Für einen Klassenausflug in den Harz benötigt die Klassenlehrerin Frau Meier für die Busfahrt und die Bootsfahrt auf einem Stausee insgesamt 350 Euro. 100 Euro können aus der Klassenkasse genommen werden, der Rest soll unter den 25 Schülerinnen und Schülern aufgeteilt werden.
Vor Ort stellt die Klasse fest, dass an dem Tag keine Boote fahren. Frau Meier sagt: "Von den geplanten 3 Euro pro Schülerin und Schüler für die Bootsfahrt bekommt dann jeder noch ein Eis."
Wie viel hat die Busfahrt pro Schülerin und Schüler gekostet?

Wenn man sicher, geschickt und schnell rechnen kann, dann können diese und ähnliche Fragestellungen einfach beantwortet werden.

Addieren und Subtrahieren

1 **Kinoplätze**

Christoph geht mit seinen Freunden Benedikt, Lisa und Lilli ins Kino. Das *CineMini* ist recht klein. Die Sitzreihen sind schon gut besetzt. Wie viele Besucher finden im *CineMini* einen Sitzplatz? Christoph zählt die Sitze in den Reihen und addiert die Zahlen.

a) Zu welchem Ergebnis kommt Christoph?

b) Lilli sagt: „Das kannst du einfacher haben. Du musst nur die Reihenfolge der Zahlen vertauschen. Das ist so, als würdest du in Gedanken die Sitzreihen anders anordnen."
Rechne wie Lilli. Was geht schneller?

c) Lisa sagt: „So genau will ich das gar nicht wissen. Ich weiß, dass es 9 Reihen sind. Die erste Reihe hat 11 Sitzplätze, in der letzten sind es dann 19. Dann rechne ich einfach $9 \cdot 15$.
Wie ist Lisa vorgegangen? Vergleiche mit dem Ergebnis aus a).

2 **Die Zollstockrechenmaschine**

Wir basteln eine Rechenmaschine. Als Material benötigen wir nur zwei Zollstöcke.
Zur Not tun es auch zwei längere Lineale. Mit dem Zollstock kann man messen – aber rechnen?

a) Addiere 6 und 11 mit der Rechenmaschine.

b) Berechne $17 - 9$ mithilfe von zwei Zollstöcken. Wie muss man die zwei Zollstöcke legen? Fertige eine Zeichnung in deinem Heft an.

c) Erfinde selbst Aufgaben, die du mit zwei Zollstöcken oder Linealen lösen kannst.
Wie groß dürfen die Zahlen höchstens sein, damit du mit deinen Geräten noch zur Lösung kommst?

Basiswissen

WES-125660-006

Addieren

$$2 + 5 = 7$$

„laufe nach rechts"

Man nennt $2 + 5$ Summe.

1. Summand   2. Summand

Subtrahieren

$$8 - 6 = 2$$

„laufe nach links"

Man nennt $8 - 6$ Differenz.

Minuend   Subtrahend

Rechnen mit mehr als zwei Zahlen

- Beim Rechnen mit mehr als zwei Zahlen rechnet man von links nach rechts.
- Mit Klammern wird die Reihenfolge festgelegt, in der man rechnen soll.

Rechne von links nach rechts

$30 - 8 - 6 = 22 - 6 = 16$

Klammern sind Vorfahrtszeichen

$30 - (8 - 6) = 30 - 2 = 28$

Rechengesetze ermöglichen geschicktes Addieren

Kommutativgesetz
Beim Addieren darf man die Reihenfolge
der Summanden vertauschen.

$\quad 25 + 37 + 75$
$= 25 + 75 + 37$
$= 100 + 37$
$= 137$

Kommutativgesetz: $a + b = b + a$

Für a, b und c können Zahlen eingesetzt werden.

Assoziativgesetz
Beim Addieren darf man die Reihenfolge,
in der man rechnet, frei festlegen.

$18 + 94 + 6$	$18 + 94 + 6$
$= (18 + 94) + 6$	$= 18 + (94 + 6)$
$= 112 + 6$	$= 18 + 100$
$= 118$	$= 118$

Assoziativgesetz: $(a + b) + c = a + (b + c)$

Achtung: Beim Subtrahieren gelten die Gesetze nicht. Man darf Zahlen nicht vertauschen.
Auch die Reihenfolge, in der man rechnet, darf man nicht frei festlegen.

Überschlagen

Oft wird gar kein genaues Ergebnis benötigt oder es soll das Ergebnis einer Rechnung überprüft
werden. Dann ist ein Überschlag sinnvoll.
Aufgabe: $185 + 434$ Überschlag: $200 + 400 = 600$

Beispiel

A **Geschickt addieren**

Berechne: $43 + 238 + 157 + 25 + 12$. Mache zuerst einen Überschlag.

Lösung:
Strategie für einen sinnvollen Überschlag:
„Mal etwas mehr, mal etwas weniger."

Überschlag:
$\quad 43 + 238 + 157 + 25 + 12$
$= 50 + 250 + 150 + 30 + 10 = 490$

Strategie für eine geschickte Rechnung:
In diesem Fall ist es möglich, in Zwischen-
schritten volle Zehner und Hunderter zu
erreichen.

Rechnung:
$\quad 43 + 238 + 157 + 25 + 12$ Kommutativgesetz
$= (43 + 157) + (238 + 12) + 25$ Assoziativgesetz
$= \quad 200 \quad + \quad 250 \quad + 25 = 475$

Übungen

Summe
Differenz
Summand
Minuend
Subtrahend

3 III Kopfrechnen

Mache zunächst einen Überschlag. Rechne dann.

a) 13 + 29   b) 24 + 27   c) 76 − 41   d) 102 − 48
e) 47 + 75   f) 63 + 76   g) 92 − 37   h) 88 − 39
i) 124 + 56   j) 236 + 45   k) 222 − 53   l) 261 − 112

4 III Fachbegriffe

Benenne zuerst den Teil, der in dem Rechenausdruck fehlt. Rechne ihn danach aus.

a) 84 + ■ = 100   b) ■ − 15 = 86   c) 333 + 65 = ■   d) 345 − ■ = 299
e) ■ + 87 = 214   f) 177 − ■ = 34   g) ■ − 24 = 213   h) 317 − 88 = ■

5 III Tausender-Igel

Immer zwei Igel gehören zusammen. Ihre Summe ergibt 1000. Schreibe mögliche Summen auf.

6 III „Vorfahrt" durch Klammern

Lorenz will bei seiner Rechnung mit „freundlichen Summanden" beginnen. Dazu fasst er zunächst zwei Summanden mit einer Klammer zusammen.

$$57 + 890 + 110 + 8$$
$$= 57 + (890 + 110) + 8$$
$$= 57 + \quad 1000 \quad + 8 = 1065$$

Rechne geschickt. Verwende Klammern, um deutlich zu machen, was du zuerst berechnest.

a) 13 + 64 + 36
b) 48 + 25 + 75 + 13 + 37
c) 1 + 330 + 170 + 256 + 44 + 174
d) 12 + 8 + 12 + 8 + 12 + 8 + 12 + 8
e) 1 + 2 + 3 + 4 + 1 + 2 + 3 + 4 + 1 + 2 + 3 + 4

7 III Kopfrechnen leicht gemacht

Mache zunächst einen Überschlag. Rechne dann geschickt. Beispiel A kann dir helfen.

a) 35 + 89 + 65   b) 16 + 37 + 54   c) 29 + 23 + 11
d) 17 + 21 + 83   e) 34 + 18 + 12   f) 11 + 22 + 99
g) 123 + 96 + 77   h) 1 + 2 + 3 + 47 + 48 + 49   i) 1200 + 240 + 800 + 760

8 III Kopfrechnen mit Summen

Berechne den fehlenden Summanden. Wie rechnest du?

a) ■ + 35 = 87   b) 117 + ■ = 258   c) ■ + 86 = 100   d) 99 + ■ = 200
e) 35 + ■ = 150   f) ■ + 111 = 223   g) 250 + ■ = 1000   h) ■ + 56 = 236

9 III Kopfrechnen mit Differenzen

Überlege zuerst, ob der Minuend oder der Subtrahend fehlt. Berechne dann. Wie rechnest du?

a) ■ − 36 = 50   b) 172 − ■ = 96   c) 417 − ■ = 4   d) ■ − 201 = 400
e) 169 − ■ = 110   f) ■ − 998 = 12   g) ■ − 555 = 111   h) 463 − ■ = 411

10 I I I **Geschickt rechnen und überschlagen**

Mache zunächst einen Überschlag und rechne dann geschickt. Vergleiche die Ergebnisse.

a) $47 + 16 + 84$ b) $23 + 8 + 7 + 12 + 13$ c) $12 + 6 + 28 + 5 + 34$

d) $235 + 224 + 65 + 7 + 276 + 13$ e) $1 + 2 + 3 + 4 + 5 + 6 + 7 + 8 + 9$ f) $11 + 22 + 33 + 88 + 99$

11 I I I **Klammern zuerst**

Berechne.

a) $(28 - 13) + (15 + 4)$ b) $20 + (17 + 23)$ c) $83 - 16 + (15 + 12)$

d) $(54 - 16) - (21 - 9)$ e) $25 + 15 - (22 - 7)$ f) $100 + (87 - 50)$

Zusatzaufgabe: Bei welchen Aufgaben könnte man Klammern weglassen?

12 I I I **Innere Klammern zuerst**

Berechne. Achte auf die Klammern.

a) $130 - (40 - (53 - 23))$ b) $200 - (35 - (17 + 13))$

c) $1000 - (400 - (50 - 20))$ d) $523 - ((100 - 73) - (32 - 28))$

13 I I I **Mit Klammern rechnen**

Berechne. Bei welchen Aufgaben könnte man Klammern auch weglassen?

a) $(14 + 32) - (12 - 8)$ b) $50 - 24 + (10 - 4)$ c) $120 - (20 - 4) + (14 + 8)$

    $14 + (32 - 12) - 8$ $50 - (24 + 10) - 4$ $120 - 20 - (4 + 14) + 8$

    $14 + 32 - (12 - 8)$ $(50 - 24) + 10 - 4$ $120 - (20 - (4 + 14)) + 8$

    $14 + 32 - 12 - 8$ $50 - (24 + 10 - 4)$ $(120 - (20 - 4) + 14) + 8$

14 I I I **Klammern schaffen Übersicht**

Übersetze den Text in einen Rechenausdruck und berechne dann schrittweise.

a) Berechne die Differenz von 98 und 39 und addiere dann 27.

b) Addiere zu 25 die Summe der Zahlen 33 und 52.

c) Subtrahiere von der Summe aus 36 und 64 die Zahl 12.

d) Addiere zur Summe von 17 und 33 die Differenz von 100 und 50.

15 I I **Ein Fehler**

Henning hat gelernt, geschickt zu rechnen. Er rechnet: $453 - 60 - 20 = 453 - 40 = 413$

Mache einen Überschlag und begründe damit, dass Henning falsch gerechnet hat.

Erkläre Hennings Fehler. Rechne richtig.

16 I I **Geschicktes Rechnen**

Beschreibe, wie hier gerechnet wird.

Beispiel

$325 - 216 = 109$

-200 -16

125

Subtrahiere zuerst die Hunderter (-200) und dann die Zehner und Einer (-16).

a)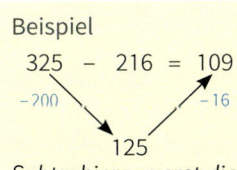

$258 + 463 = 721$

$+3$ $+400$

$261 \longrightarrow 321$

$+60$

b)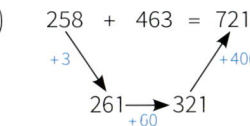

$328 + 197 = 525$

$+200$ -3

528

c) $812 - 93 = 719$

-100 $+7$

712

d)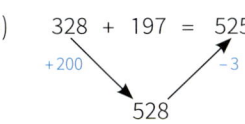

$523 - 25 = 498$

-23 -2

500

17 I I I **Geschicktes Rechnen – Training**

Rechne im Kopf. Orientiere dich an den Verfahren aus Aufgabe 14.

a) $467 + 301$ b) $356 + 472$ c) $312 - 54$ d) $285 - 98$

e) $365 + 92$ f) $418 - 91$ g) $498 - 216$ h) $585 - 348$

18 II Minuenden, Subtrahenden und Summanden

Notiere zu jeder Frage mindestens zwei passende Beispiele und beantworte sie dann.
Wie verändert sich der Wert ...

a) einer Summe, wenn man zwei Summanden um 17 erhöht?

b) einer Differenz, wenn man den Minuenden um 7 erhöht?

c) einer Differenz, wenn man den Subtrahenden um 10 erhöht?

d) einer Summe, wenn man den 1. Summanden um 3 erhöht und den 2. Summanden um 3 verkleinert?

Geld

19 II Ungefähre Preisvorstellung

Familie Schneider möchte für das Zimmer ihres Sohnes Kevin eine neue Einrichtung kaufen. In Katalogen haben die Schneiders das Passende gefunden. Kevin überschlägt, was die Einrichtung ungefähr kostet. Dazu rundet er alle Preise auf Hunderter.

20 II Sichere Methode

Maike, Robin und Uta überschlagen beim Einkauf an der Kasse die Preise.
Maike: „Ich runde immer so auf Euro, wie wir das in der Schule gelernt haben."
Robin: „Ich lasse einfach die Cents weg und rechne nur mit den Eurobeträgen."
Uta: „Ich rechne immer mit dem nächstgrößeren vollen Eurobetrag."
Reicht das mitgenommene Geld? Wie musst du rechnen, um sicher zu sein?

a)
| 1,98 € |
| 2,49 € |
| 0,39 € |
| 1,78 € |

b)
| 6,48 € |
| 3,29 € |
| 5,98 € |
| 4,18 € |

c)
| 3,98 € |
| 2,35 € |
| 1,28 € |
| 4,78 € |

21 III Das besondere Sonderangebot von Knoll

Das Warenhaus Knoll hat die Preise reduziert.

a) Erkennst du an dem Beispiel der Bluse und der Gläser, wie die neuen Preise aus den alten berechnet werden? Wie wird der Preis einer Jeans sein, die vorher 38,70 € gekostet hat?

b) Petra wundert sich. Wie viel wird jetzt ein T-Shirt kosten, das vorher 8,99 € gekostet hat?

Grundwissen
zum Wiederholen

1 Schreibe die Zahlen in Worten:

a) 79　　　　　b) 709　　　　　c) 7090　　　　　d) 7990

2 Aus wie vielen kleinen Winkelplättchen kann man die große Treppenfigur bilden?

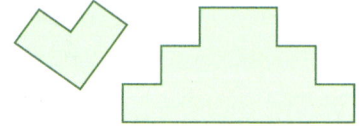

3 Welche der Zahlen sind Vielfache von 7?
47; 48; 55; 56; 63; 64; 84; 90

Schriftliches Addieren und Subtrahieren

1 Anna und Otto

Anna und Otto sind Geschwister. Anna fällt auf, dass beide Namen vorwärts wie rückwärts gelesen gleich sind. Wörter mit dieser Eigenschaft heißen Palindrome.

Erika feuert nur untreue Fakire.

Da Anna sich gerne mit Mathematik beschäftigt, ersetzt sie die Buchstaben durch Zahlen und rechnet. Sie erhält Palindromzahlen. Eine Palindromzahl ist 1221.

Sie rechnet mit zwei Palindromzahlen: 1221 + 3443 = 4664

„Komisch, die Summe von Palindromzahlen gibt wieder eine Palindromzahl."

Gruppenarbeit

a) Schreibe mehrere vierstellige Palindromzahlen auf und addiere immer zwei davon. Wann ergeben sich Palindromzahlen? Schreibe die zu addierenden Zahlen und das Ergebnis dazu übersichtlich untereinander. Erkläre deine Entdeckung.

$$\begin{array}{r} 1221 \\ + \ 3443 \\ \hline 4664 \end{array}$$

zum Weiterdenken

b) Untersuche, ob auch bei der Subtraktion von Palindromzahlen wieder Palindromzahlen entstehen.

2 Klassenraumrenovierung

Der Klassenraum der Klasse 5 d ist dringend renovierungsbedürftig. Außerdem müssen die Tafel und die Pinnwand erneuert werden. Für den Mathematikunterricht sollen Zirkel, Geodreieck und Lineal auf einer Gerätetafel angeschafft werden. Insgesamt stehen 1000 € zur Verfügung.

a) Reichen die 1000 € für die Renovierung und die Neuanschaffungen? Überschlage die Gesamtkosten.

b) Die Klasse möchte eine Klassenbibliothek einrichten und benötigt dafür ein Bücherregal. Wie viel Geld steht für ein solches Regal noch zur Verfügung?

Material (Farbe etc.)	120 €
Wandtafel	593 €
Pinnwand	79 €
Gerätetafel	138 €

3 Auf dem Bau und im Restaurant

① In einem Rohbau

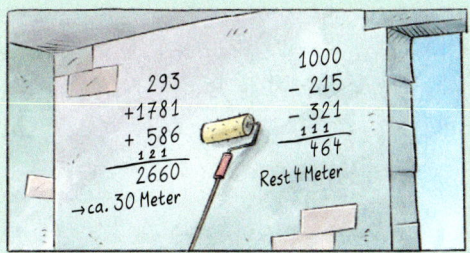

② Im Restaurant

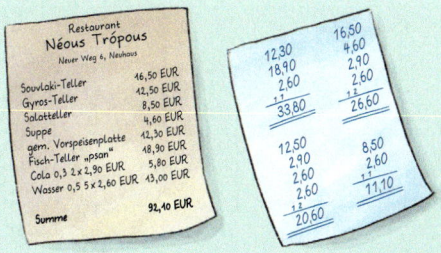

In einem Rohbau findet man manchmal kurze Berechnungen der Maurer an den Wänden.

Im Restaurant ist es meistens so, dass eine Rechnung für jeden Tisch aufgestellt wird. Wenn dann die Personen einzeln zahlen wollen, muss die Bedienung ausrechnen, was jeder bezahlen muss.

Erkläre, wie der Maurer und die Bedienung im Restaurant gerechnet haben.

Schriftliches Addieren

Schreibe die Summanden sorgfältig untereinander. Addiere zunächst die Einer, dann die Zehner, dann die Hunderter usw. Achte auf die Überträge.

			4	9	2	0
Summanden	+			8	7	5
	+		6	9	4	2
		1	2	1		
Summe		1	2	7	3	7

Einer:	$2 + 5 + 0$	$= 7$	
Zehner:	$4 + 7 + 2$	$= 13$	Übertrag 1
Hunderter:	$1 + 9 + 8 + 9$	$= 27$	Übertrag 2
Tausender:	$2 + 6 + 4$	$= 12$	Übertrag 1
Zehntausender:	1	$= 1$	

Schriftliches Subtrahieren

Schreibe Minuend und Subtrahend sorgfältig untereinander. Ergänze zunächst die Einer, dann die Zehner usw. Achte auf die Überträge.

Minuend			7	3	1	8
Subtrahend	−		2	3	6	7
			1	1		
Differenz			4	9	5	1

Einer:	$7 + \mathbf{1} = 8$	Ergänze **1**	
Zehner:	$6 + \mathbf{5} = 11$	Ergänze **5**	Übertrag 1
Hunderter:	$1 + 3 + \mathbf{9} = 13$	Ergänze **9**	Übertrag 1
Tausender:	$1 + 2 + \mathbf{4} = 7$	Ergänze **7**	

Beispiele

A **Schriftliches Addieren und Subtrahieren**

Berechne. Mache zuerst einen Überschlag.

a) $6243 + 82 + 15\,327 + 153$ b) $91\,235 - 9871$

Lösung:

a) Überschlag: $6000 + 100 + 15\,000 + 200 = 21\,300$ b) Überschlag: $91\,000 - 10\,000 = 81\,000$

		6	2	4	3
+				8	2
+	1	5	3	2	7
+			1	5	3
		1		2	1
	2	1	8	0	5

	9	1	2	3	5
−		9	8	7	1
		1	1	1	
	8	1	3	6	4

B **Subtraktion mehrerer Subtrahenden**

Berechne $4308 - 2956 - 491$. Mache zuerst einen Überschlag.

Lösung:

Überschlag: $4308 - 2956 - 491 \approx 4300 - 3000 - 500 = 800$

1. Möglichkeit: Einzeln subtrahieren

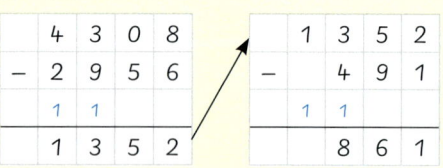

	4	3	0	8
−	2	9	5	6
		1	1	
	1	3	5	2

	1	3	5	2
−		4	9	1
		1	1	
		8	6	1

2. Möglichkeit: Subtrahenden addieren und vom Minuend subtrahieren

	4	3	0	8
−	2	9	5	6
−		4	9	1
	2	2		
		8	6	1

Einer:	$1 + 6 + \mathbf{1} = 8$	Ergänze **1**	
Zehner:	$9 + 5 + \mathbf{6} = 20$	Ergänze **6**	Übertrag 2
Hunderter:	$2 + 4 + 9 + \mathbf{8} = 23$	Ergänze **8**	Übertrag 2
Tausender:	$2 + 0 + 2 + \mathbf{0} = 4$	Ergänze **0**	

Übungen

4 **I‖** **Training**

Berechne. Überprüfe dein Ergebnis mit einem Überschlag.

a) $521 + 153 + 324$

b) $53 + 100 + 814 + 200$

c) $1 + 62 + 123 + 345$

d) $989 + 412 + 265 + 14 + 899$

e) $259 - 123 - 11$

f) $878 - 312 - 123 - 31$

g) $554 - 131 - 265$

h) $751 - 12 - 563 - 103$

5 **I‖** **Training: Übung macht den Meister**

Berechne. Überprüfe dein Ergebnis mit einem Überschlag.

a) $143\,526 + 153 + 15\,429$

b) $53\,961 + 1346 + 9814 + 654\,200$

c) $9 + 12 + 123 + 12\,345 + 123\,456$

d) $989\,898 + 545\,412 + 1265 + 14 + 19\,899$

e) $9539 - 923 - 143$

f) $54\,064 - 912 - 9123 - 91$

g) $91\,054 - 912 - 1909 - 10\,023$

h) $23\,453 - 12 - 1543 - 123$

6 **I‖** **Überschlagsrechnung beim Subtrahieren**

Finde vier richtige Aufgaben. Mache zunächst eine Überschlagsrechnung, um herauszufinden, welche Zahlen zueinander passen könnten.

Minuend   Subtrahend   Differenz

 − 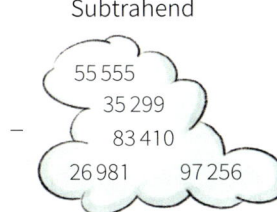 =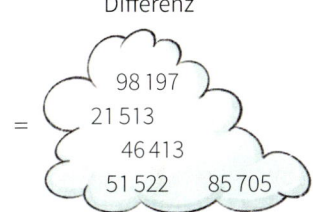

7 **I‖** **Überschlag bei großen Zahlen**

Mache zuerst einen Überschlag. Rechne dann genau.

a) $37\,461 - 16\,938$

b) $8503 - 3865$

c) $85\,432 - 32\,734$

d) $568 + 341$

e) $235\,560 + 450\,189$

f) $3561 - 2410 + 4761 - 1785$

8 **I‖** **Zahlenmauern**

Zeichne das Muster und die Zahlen in dein Heft. Addiere die Zahlen auf den benachbarten
zwei „Backsteinen". Schreibe das Ergebnis auf den Stein darüber.

a)

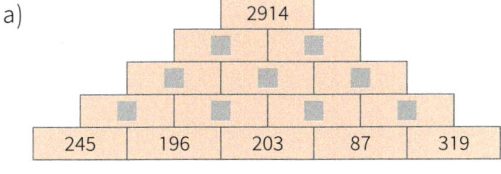

b)

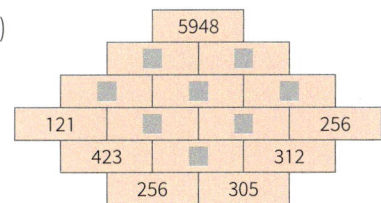

9 **I‖** **Etwas zum Knobeln**

Übertrage die Aufgaben in dein Heft. Ergänze die fehlenden Ziffern. Bei welchen Aufgaben
gibt es mehrere Möglichkeiten?

a)
```
    4 3 5 ■
  + ■ 5 ■ 8
  ─────────
    6 ■ 9 9
```

b)
```
    2 ■ 5 7
  + ■ 9 2 ■
  ─────────
    5 2 ■ 0
```

c)
```
    5 4 ■ ■
  + ■ 3 5 ■
  ─────────
    9 ■ 2 3
```

d)
```
    4 6 8 1 2
  + ■ ■ ■ ■ ■
  ───────────
    6 3 2 1 4
```

e)
```
      3 ■ ■
  +   6 8 ■
  ─────────
    ■ 9 6
```

f)
```
    2 0 ■ ■
  + 3 ■ ■ 6
  ─────────
  ■ 5 8 9
```

g)
```
  ■ ■ ■ ■
  + 2 0 9 1
  ─────────
    7 0 6 0
```

h)
```
    ■ 5 5 5
  + 7 ■ ■ ■
  ─────────
    9 3 3 2
```

10 **II** **Verschiedene Möglichkeiten – gleiches Ergebnis**

In Beispiel B werden zwei Möglichkeiten gezeigt, wie man mehrere Zahlen subtrahieren kann. Erläutere am Beispiel von $10 - 5 - 3 = 10 - (5 + 3)$, warum beide Möglichkeiten zu dem selben Ergebis führen. Du kannst dabei folgende Situation zuhilfe nehmen: Mathilda hat 10 € und möchte sich ein Eis für 5 € und dann noch ein Getränk für 3 € kaufen, wie viel Geld behält sie übrig?

11 **II** **Zahlenleine**

| 57 | 146 | 221 | 272 | 374 | 413 | 507 | 628 |

Wähle immer zwei Zahlen von der Zahlenleine. Welche kannst du wählen, damit…

(1)… die Summe möglichst groß wird?

(2)… die Differenz möglichst klein wird?

(3)… die letzte Ziffer der Summe eine 0 ist?

(4)… die Differenz zwischen 100 und 200 liegt?

(5)… die Summe vierstellig wird?

(6)… das Ergebnis 559 ist?

(7)… die Differenz zweistellig ist?

(8)… die Summe zwischen 900 und 1000 liegt?

12 **II** **Additions- und Subtraktionsaufgaben selbst erfinden**

| 2 | 3 | 4 | 6 | 7 | 8 |

Aus den Ziffernkärtchen lassen sich verschiedene sechsstellige Zahlen bilden, bei denen jede Ziffer genau einmal vorkommt. Solche Zahlen sollen nun addiert oder subtrahiert werden.

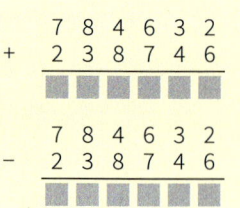

a) Berechne die beiden Aufgaben auf der Karte rechts.
b) Finde Aufgaben, die zu den Beschreibungen passen.

Die letzte Ziffer des Ergebnisses ist eine Null.

Die letzten zwei Ziffern des Ergebnisses sind Nullen.

Die Hunderterstelle des Ergebnisses ist eine 3.

Die Summe ist so groß wie möglich.

Die Differenz ist so klein wie möglich.

Das Ergebnis ist 1 111 110.

Das Ergebnis ist fünfstellig.

Das Ergebnis liegt zwischen 0 und 100.

c) Erfinde selbst Beschreibungen und dazu passende Aufgaben. Du kannst auch die Ziffernkärtchen verändern.

Grundwissen
zum Wiederholen

1 Erstelle aus den Ziffern 2, 1 und 1 die kleinstmögliche dreistellige Zahl.

2 Welches der Vierecke ist ein Rechteck?

① 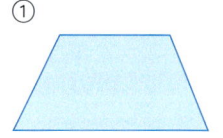   ② 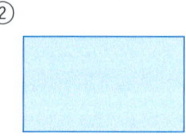   ③ 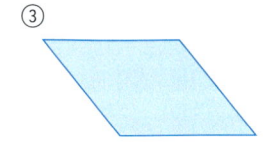   ④

Exkurs

Magisches Quadrat

Schon immer haben sich Menschen für Zahlen interessiert. Viele Menschen spielen mit Zahlen und entdecken dabei „magische" Dinge. So hat der berühmte Maler ALBRECHT DÜRER im Jahr 1514 in einem Kupferstich ein magisches Quadrat dargestellt.

In einem magischen Quadrat ist die Summe der Zahlen in den Spalten, in den Zeilen und in den Diagonalen gleich.

13 **III Magische Quadrate**

a) Die Summe aller Zahlen in den Spalten, Zeilen und Diagonalen nennt man die magische Zahl des magischen Quadrats. Berechne die magische Zahl des magischen Quadrats auf dem Gemälde von Albrecht Dürer.

b) Warum muss die magische Zahl des magischen Quadrats mit den Zahlen 1 bis 9 die Zahl 15 sein?

8	1	6
3	5	7
4	9	2

c) Ergänze das Quadrat in deinem Heft so, dass ein magisches Quadrat aus den Zahlen 1 bis 9 entsteht.

① 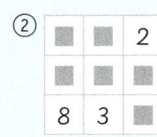 ② 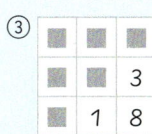 ③

Problemlösen

15 **III Wie oft schlägt die Uhr?**

a) Die Kirchturmuhr in Maxdorf schlägt um ein Uhr einmal, um zwei Uhr zweimal usw. Um 13 Uhr schlägt sie wieder einmal usw. Wie oft schlägt die Uhr während eines Tages?

b) Die Kirchturmuhr in Moritzdorf schlägt zusätzlich noch zu jeder Viertelstunde. Um „Viertel nach" einmal, um „halb" zweimal, um „Viertel vor" dreimal und zur „vollen Stunde" viermal. Wie häufig schlägt die Kirchturmuhr in Moritzdorf während eines Tages?

16 **III Ergebnisvorhersage**

Eine Rechenvorschrift:

1. Schreibe eine dreistellige Zahl mit drei verschiedenen Ziffern auf ein Blatt Papier.

2. Schreibe die Ziffern in umgekehrter Reihenfolge auf.

3. Subtrahiere die kleinere von der größeren Zahl.

Versuch 1

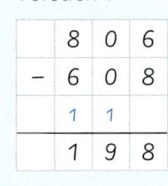

Versuch 2

a) Führe die Rechnung an selbst gewählten Beispielen durch. Vergleiche die Ergebnisse. Fällt dir etwas auf? Notiere deine Beobachtung.

b) Jan rechnet und erhält als letzte Ziffer eine 4. Kannst du sein Ergebnis vorhersagen? Findest du ein Beispiel für eine dreistellige Zahl, die zu Jans Ergebnis führt?

Forschungsaufgaben

17 **III Experimentieren mit Palindromzahlen**

1221 ist eine vierstellige Palindromzahl, siehe auch Aufgabe 1.

a) Wie viele zweistellige (dreistellige) Palindromzahlen gibt es?

b) Untersuche für zweistellige und dreistellige Palindromzahlen: Wann ist die Summe zweier Palindromzahlen wieder eine Palindromzahl?

c) Finde vierstellige Palindromzahlen, deren Summe mit sich selbst eine Palindromzahl ist.

Multiplizieren und Dividieren

1 Chinesische Grabanlage

Vor über 2000 Jahren lebte in China der Kaiser Qin Shi Huangdi. Weil er meinte, dass er der größte und mächtigste Herrscher der Erde sei, ließ er sich eine prächtige Grabanlage bauen. Die Anlage sollte das ganze kaiserliche Heer als lebensgroße Tonfiguren enthalten. Deshalb wurden über 6000 Tonsoldaten hergestellt, die mit ihm zusammen begraben wurden. Im Jahre 1974 wollten einige Bauern einen Brunnen graben. Dabei fanden sie die Armee der Tonsoldaten von Qin Shi Huangdi.

a) Andreas findet die Geschichte toll. Wie groß muss diese Grabanlage gewesen sein?
   Er überlegt: Wenn alle Figuren in Reih und Glied aufgestellt sind, immer vier Soldaten nebeneinander stehen und der Abstand zwischen den Viererreihen 1 m beträgt – wie lang ist dann die Kolonne?

b) Die Tonsoldaten wurden in Werkstätten hergestellt. Jede Figur bekam ein eigenes Gesicht und war bunt bemalt. Stell dir vor, in den großen kaiserlichen Werkstätten wären pro Tag sechs Figuren hergestellt worden. Wie lange hätte es gedauert, die gesamte Tonarmee zu bauen?

2 Dauerlauf

Im Sportunterricht sagt Frau Lauter: „Wir machen heute einen Dauerlauf im Stadion. Insgesamt werden wir 2000 m laufen. Für eine Runde von 400 m solltet ihr nicht mehr als 170 Sekunden benötigen."

a) Wie viele Runden sollen die Schülerinnen und Schüler auf der Laufbahn laufen?

b) Wie lange benötigt man für die gesamte Strecke, wenn man jede Runde in genau 170 Sekunden läuft? Rechne die Laufzeit in Minuten um.

c) Mehmet ist in 250 Sekunden schon zwei Runden gelaufen. Mit welcher Endzeit kann er rechnen, wenn er das Tempo beibehält? Gib das Ergebnis in Minuten an.

3 Multiplizieren

a) Welche Rechenaufgabe verbirgt sich hinter dem Text? Löse sie.

① Die Klasse 5c besteht aus 27 Schülerinnen und Schülern. Jedes Kind zahlt 4 € in die Klassenkasse ein.

② Für die 5 Reisenden entstanden bei einem Ausflug insgesamt Kosten von 240 €.

b) Für Schnellrechner:
   36 + 36 + 8 + 36 + 8 + 36 + 8 + 36 + 36 + 8 + 36 + 36 + 36 + 8 + 36
   Wie hast du gerechnet? Wie haben deine Klassenkameraden gerechnet?

Basiswissen

WES-125660-008

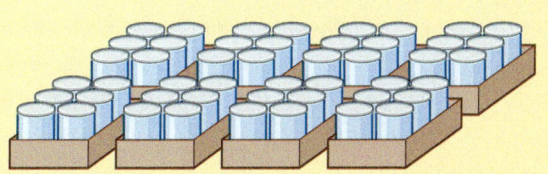

Multiplizieren – Vervielfachen

Wie viele Dosen sind insgesamt auf der Palette?

$8 \cdot 6 = 48$ **Produkt**

1. Faktor   **2. Faktor**

Dividieren – Teilen

Aufteilen: 48 Dosen sollen zu je 6 Dosen aufgeteilt werden. Wie viele Sechserpacks erhält man?

$48 : 6 = 8$ **Quotient**

Dividend   **Divisor**

Probe: $8 \cdot 6 = 48$

Verteilen: 48 Dosen sollen auf 8 Packs verteilt werden. Wie viele Dosen sind in einem Pack?

$48 : 8 = 6$ **Quotient**

Dividend   **Divisor**

Probe: $6 \cdot 8 = 48$

- Beim Rechnen mit mehr als zwei Zahlen rechnet man von links nach rechts.
- Mit Klammern wird die Reihenfolge festgelegt, in der man rechnen soll.

Rechengesetze ermöglichen geschicktes Multiplizieren

Kommutativgesetz
Beim Multiplizieren darf die Reihenfolge, in der man rechnet, frei festgelegt werden.

$4 \cdot 38 \cdot 25$
$= 4 \cdot 25 \cdot 38$
$= 100 \cdot 38 = 3800$

Kommutativgesetz: $a \cdot b = b \cdot a$

Assoziativgesetz
Beim Multiplizieren darf die Reihenfolge beim Rechnen frei festgelegt werden.

$56 \cdot 5 \cdot 20$ $\qquad$ $56 \cdot (5 \cdot 20)$
$= 280 \cdot 20$ $\qquad$ $= 56 \cdot 100$
$= 5600$ $\qquad\qquad$ $= 5600$

Assoziativgesetz: $a \cdot b \cdot c = a \cdot (b \cdot c)$

Achtung: Beim Dividieren gelten diese Rechengesetze nicht.

Beispiele

A **Geschicktes Rechnen leicht gemacht**
Die Rechenkünstlerin Nicole behauptet: „Ich kann in einer Sekunde $50 \cdot 69 \cdot 2$ berechnen."

Lösung:
$50 \cdot 69 \cdot 2 = 50 \cdot 2 \cdot 69$ $\qquad$ Faktoren vertauschen (Kommutativgesetz)
$\quad = 100 \cdot 69 = 6900$

B **Von links nach rechts bei der Division**
Beim Dividieren musst du, wenn keine Klammern stehen, von links nach rechts rechnen.
a) $48 : 6 : 2 = $ ▨ $\qquad$ b) $60 : 5 \cdot 2 = $ ▨ $\qquad$ c) $36 : (8 : 2) = $ ▨

Lösung:
a) $48 : 6 : 2 = 8 : 2 = 4$ $\qquad$ b) $60 : 5 \cdot 2 = 12 \cdot 2 = 24$ $\qquad$ c) $36 : (8 : 2) = 36 : 4 = 9$

Übungen

Im Internet findest du Kopfrechenprogramme, mit denen du sehr gut üben kannst.

4 ⫙ **Kleines Einmaleins**
Notiere alle Ergebnisse. Brauchst du länger als eine Minute oder machst du mehr als einen Fehler, so solltest du das kleine Einmaleins trainieren.
a) $3 \cdot 9$ $\qquad$ b) $8 \cdot 8$ $\qquad$ c) $2 \cdot 7$ $\qquad$ d) $8 \cdot 4$ $\qquad$ e) $9 \cdot 8$ $\qquad$ f) $6 \cdot 9$
g) $7 \cdot 4$ $\qquad$ h) $5 \cdot 7$ $\qquad$ i) $7 \cdot 5$ $\qquad$ j) $6 \cdot 8$ $\qquad$ k) $9 \cdot 3$ $\qquad$ l) $4 \cdot 4$

5 III Dividieren

Auch beim Dividieren hilft das kleine Einmaleins. Dividieren heißt, den fehlenden Faktor zu suchen. Schaffst du die Aufgaben in einer Minute?

$35:5 = \blacksquare$ $5 \cdot \blacksquare = 35$ also: $\blacksquare = 7$

a) $35:7$ b) $21:3$ c) $64:8$ d) $90:9$ e) $28:4$ f) $48:6$

g) $32:4$ h) $18:2$ i) $56:7$ j) $49:7$ k) $36:6$ l) $54:9$

Karteikasten-Trainer

Willst du das kleine Einmaleins trainieren, so kannst du den Karteikastentrainer benutzen. Schreibe verschiedene Multiplikationsaufgaben aus dem kleinen Einmaleins auf. Schreibe auf die Rückseite jeweils die Lösung. Stecke die Karteikarten in eine Kiste. Ziehe nacheinander Karten und rechne. Aufgaben, die du nicht schnell lösen kannst, steckst du in den vorderen Teil, die anderen in den hinteren Teil der Kiste. Die Aufgaben aus dem vorderen Teil trainierst du später immer wieder.

6 III Freundliche Faktoren – 10, 100, 1000, …

Berechne im Kopf.

a) $88 \cdot 10$ b) $10 \cdot 595$ c) $100 \cdot 706$ d) $1000 \cdot 59$ e) $100 \cdot 23$ f) $10\,000 \cdot 14$

7 III Freundliche Divisoren

a) $80:10$ b) $230:10$ c) $700:100$

d) $19\,000:100$ e) $49\,000:1000$ f) $1\,000\,000:1000$

WES-125660-009

Multiplikation mit 10, 100, 1000, …

Ein Faktor ist 10: Hänge an den anderen Faktor eine Null: $43 \cdot 10 = 430$

Ein Faktor ist 100: Hänge an den anderen Faktor zwei Nullen: $43 \cdot 100 = 4300$

Division durch 10, 100, 1000, …

Der Divisor ist 10: Streiche beim Dividenden eine Null: $4300:10 = 430$

Der Divisor ist 100: Streiche beim Dividenden zwei Nullen: $430\,000:100 = 4300$

8 III Freundliche Faktoren und Divisoren: Training

a) $38 \cdot 100$ b) $8700:10$ c) $110\,000:100$ d) $1000:43\,000$

e) $530 \cdot 1000$ f) $505 \cdot 100\,000$ g) $10\,100\,000:100$ h) $100\,000 \cdot 100\,000$

Achtung: Eine Aufgabe kannst du nicht lösen.

9 III Geschicktes Kopfrechnen

a) $5 \cdot 2 \cdot 23$ b) $2 \cdot 13 \cdot 50$ c) $18 \cdot 4 \cdot 25$ d) $10 \cdot 25 \cdot 100$

10 III Kopfrechnen: Geschickte Reihenfolge hilft

Rechne die einfachste Aufgabe zuerst. Sie hilft dir bei den anderen Aufgaben.

a) $605:5$ b) $343:7$ c) $1000:20$ d) $549:9$ e) $728:8$

     $600:5$ $357:7$ $980:20$ $540:9$ $704:8$

     $595:5$ $350:7$ $1040:20$ $531:9$ $720:8$

11 II Multiplikations- und Divisionsaufgaben bauen

Finde immer drei passende Aufgaben.

a) Multiplikationsaufgabe mit Ergebnis 120
b) Divisionsaufgabe mit Ergebnis 8
c) Divisionsaufgabe mit Ergebnis 60
d) Multiplikationsaufgabe mit Ergebnis 72

12 III Umkehren der Multiplikation

Übertrage die Bilder in dein Heft und fülle die Lücken aus.

a) ■ $\xrightarrow[:\blacksquare]{\cdot 7}$ 28

b) 120 $\xrightarrow[:\blacksquare]{\cdot\blacksquare}$ 120

c) ■ $\xrightarrow[:5]{\cdot\blacksquare}$ 85

d) 0 $\xrightarrow[:\blacksquare]{\cdot\blacksquare}$ 0

e) ■ $\xrightarrow[:2]{\cdot 2}$ 1200

f) ■ $\xrightarrow[:\blacksquare]{\cdot 11}$ 110

13 III Fachbegriffe

Faktor
Produkt
Dividend
Divisor
Quotient

Fülle die Lücken aus. Benenne jedes Mal mit dem Fachausdruck, welche Zahl gesucht wird.

a) $16 \cdot \blacksquare = 32$
b) $11 \cdot 11 = \blacksquare$
c) $143 : 13 = \blacksquare$
d) $5 : 5 = \blacksquare$
e) $4 \cdot 9 = \blacksquare$
f) $200 : 20 = \blacksquare$
g) $\blacksquare : 10 = 16$
h) $27 : \blacksquare = 9$
i) $\blacksquare \cdot 40 = 400$

Die Null ist etwas Besonderes beim Multiplizieren und Dividieren.

14 III Die Null bei der Multiplikation

Berechne die fehlenden Zahlen. Was fällt dir auf?

a) $6 \cdot 0 = \blacksquare$
b) $\blacksquare \cdot 0 = 0$
c) $\blacksquare \cdot 1000 = 0$
d) $125 \cdot \blacksquare = 0$

15 II Die Null bei der Division

a) Berechne. ① $0 : 6 = \blacksquare$ ② $\blacksquare : 4 = 0$

b) $8 : 0 = ?$ Was meinst du zu den Überlegungen von Linus und Julia?

> Linus:
> „$8 : 0 = 8$: Wenn 8 Eis an keinen verteilt werden, bleiben es 8 Eis."

> Julia:
> „$8 : 0 = 0$: Wenn 8 Eis an keinen verteilt werden, hat auch keiner ein Eis."

Nimm einmal an, $8 : 0 = 8$. Kann das sein? Mache die Probe.
Könnte der Quotient $8 : 0$ die Zahl 5 sein, oder vielleicht 0, 1, 2, 3, 4, …?
Begründe mit deinen Ergebnissen, wieso man nicht durch 0 dividieren kann.

c) Dividiere die Zahl 96 nacheinander durch 48, 32, 24, 16, 12, 8, 6, 4, 3, 2, und 1. Die Divisoren werden also immer kleiner. Wie verhält es sich mit den Ergebnissen?

WES-125660-010

Multiplikation mit der Null

Multipliziert man eine Zahl mit null, so ist das Produkt null. **$3 \cdot 0 = 0$**

Division mit der Null

Dividiert man null durch eine Zahl, erhält man null. **$0 : 3 = 0$**

Durch null darf man nicht dividieren. nicht erlaubt $3 : 0$

Grundwissen
zum Wiederholen

1 Setze die Reihe sinnvoll fort: 5; 55; 105; ■; ■.

2 Schreibe als Rechenaufgabe: Mit dem Aufzug sollen 18 Kisten mit je 20 kg transportiert werden.

3 Die Stadt Oldenburg hat 173 872 Einwohner (30.11.2022). Runde auf Tausender.

Schriftliches Multiplizieren

1 **Ein Sponsorenlauf**

Das Herder-Gymnasium in Minden veranstaltet einen Sponsorenlauf, um die neue Bühne und Beleuchtungsanlage für die Aula für 50 000 € zu finanzieren.
Verschiedene Firmen spenden in unterschiedlicher Weise.

Firma A
Spende nach Klassenstufe und Kilometer

	Für jeden Kilometer …		
Klasse	5–7	8–10	11–12
Spende	2,50 €	2 €	1,50 €

Firma B:
Spende für jeden Kilometer: 3,50 €

Firma C:
Spende für jeden Teilnehmer: 1 €
Spende für jeden Kilometer: 2 €

Die Daten zu dem Lauf:
Kann die Schule die neue Bühne und die Beleuchtungsanlage mit den Einnahmen des Sponsorenlaufs finanzieren?

Klasse	5–7	8–10	11–12
Anzahl der Teilnehmer	192	289	431
Gelaufene Kilometer	702 km	2205 km	3060 km

2 **Papierstapel**

Papier kann ganz schön schwer sein. Vater hat in seinem Zimmer einen Stapel alter Zeitschriften. „Seit Marens Geburt vor 15 Jahren sammle ich alle Ausgaben der Zeitschrift GEO", erzählt er seinem Sohn Lars. Lars staunt. Wie viele Zeitschriften das wohl sind und wie viel sie wiegen? Das will er genauer wissen. Zunächst stellt er fest, dass jährlich 12 Ausgaben von GEO erscheinen. Dann wiegt er eine Ausgabe mit der Küchenwaage. Sie wiegt 590 g.
a) Wie viele Zeitschriften hat Vater gesammelt?
b) Lars nimmt an, dass alle Ausgaben in etwa gleich schwer sind. Wie viel Kilogramm wiegen alle Zeitschriften zusammen?

3 **Multiplizieren mit großen Zahlen**

a) Max soll multiplizieren. Paul hilft ihm dabei. Was meint Paul?

① 18·3   ② 12·4   ③ 16·7   ④ 17·3   ⑤ 19·6   ⑥ 14·6
⑦ 17·7   ⑧ 14·9   ⑨ 25·6   ⑩ 20·8   ⑪ 15·9   ⑫ 18·8

b) Bei den nächsten Aufgaben werden die Zahlen noch größer: 379·4 = ▨
Max benutzt den Tipp von Paul, er schreibt aber die Zwischenergebnisse auf.
Rechne wie Max:

① 236·5   ② 7138·3   ③ 12 345·4

		9	·	4	=			3	6
	7	0	·	4	=		2	8	0
3	0	0	·	4	=	1	2	0	0
						1	5	1	6

c) Als auch der zweite Faktor größer wird, hat Paul wieder einen Tipp. Er rechnet:
Rechne wie Max:

① 521·23   ② 715·52   ③ 123·45

4	7	1	·	3	2		
	1	4	1	3	0		471·30
			9	4	2		471· 2
	1	5	0	7	2		

Basiswissen

WES-125660-011

Schriftliches Multiplizieren mit einem einstelligen Faktor

Vor dem Rechnen ist eine Überschlagsrechnung sinnvoll. Sie liefert ein ungefähres Ergebnis. So können zumindest grobe Fehler schnell erkannt werden.

Aufgabe: $587 \cdot 7$

Überschlag: $600 \cdot 7 = 4200$

5	8	7	·	7
		6	4	
	4	1	0	9

$7 \cdot 7$	$= 49$	Schreibe **9** Übertrag 4
$8 \cdot 7 + 4$	$= 60$	Schreibe **0** Übertrag 6
$5 \cdot 7 + 6$	$= 41$	Schreibe **41**

Schriftliches Multiplizieren mit einem mehrstelligen Faktor

Multipliziere mit jeder Ziffer wie mit einem einstelligen Faktor und schreibe passend untereinander auf.
Addiere anschließend die Produkte.

3	4	1	·	2	7	
	6	8	2	0		$341 \cdot 20$
	2	3	8	7		$341 \cdot 7$
	1		1			
	9	2	0	7		

Beispiele

A Schriftliches Multiplizieren mit einem zweistelligen Faktor

Berechne das Produkt $708 \cdot 35$. Mache zuerst einen Überschlag.

Lösung:
Überschlag:

$708 \cdot 35$

$700 \cdot 40 = 28\,000$

7	0	8	·	3	5	
	2	1	2	4	0	$708 \cdot 30$
		3	5	4	0	$708 \cdot 5$
	2	4	7	8	0	

B Vorsicht mit der Null

Berechne das Produkt $2893 \cdot 208$.

Lösung:
Überschlag:

$2893 \cdot 208$

$3000 \cdot 200 = 600\,000$

2	8	9	3	·	2	0	8	
	5	7	8	6	0	0		$2893 \cdot 200$
		0	0	0	0	0		$2893 \cdot 0$
		2	3	1	4	4		$2893 \cdot 8$
	1		1					
	6	0	1	7	4	4		

Übungen

4 ||| Leichtes Training

a) $28 \cdot 7$ b) $52 \cdot 9$ c) $74 \cdot 6$
d) $311 \cdot 4$ e) $582 \cdot 3$ f) $719 \cdot 9$
g) $1234 \cdot 5$ h) $76543 \cdot 5$ i) $187 \cdot 8$

5 ||| Intensives Training

a) $31 \cdot 25$ b) $52 \cdot 81$ c) $33 \cdot 66$
d) $82 \cdot 82$ e) $67 \cdot 76$ f) $95 \cdot 34$
g) $523 \cdot 71$ h) $648 \cdot 293$ i) $598 \cdot 76$

6 ||| Viele Produkte

Bilde alle möglichen Produkte aus je einer blauen und einer roten Zahl und rechne.

34 96 28 119   3 8 7 5

siehe Beispiel B

7 ||| Viele Nullen

Berechne die Produkte. Mache zunächst eine Überschlagsrechnung.

a) $2500 \cdot 37$ b) $2005 \cdot 37$ c) $2050 \cdot 37$ d) $6007 \cdot 40$ e) $45 \cdot 6070$
f) $4004 \cdot 5005$ g) $108 \cdot 60$ h) $64 \cdot 1008$ i) $64 \cdot 10008$ j) $604 \cdot 1008$

8 ‖ **Verschiedene Rechenwege**

Manchmal lohnt sich das Vertauschen der Faktoren. Rechne $86 \cdot 345$ und $345 \cdot 86$. Welche Rechnung würdest du bevorzugen?

9 ‖ **Zeittest**

Jetzt gilt's: Berechne die Produkte. Stoppe dabei die Zeit, die du zum Berechnen aller Produkte benötigst. Überprüfe deine Ergebnisse.

① $17 \cdot 34$ ② $25 \cdot 55$ ③ $32 \cdot 89$ ④ $41 \cdot 11$ ⑤ $52 \cdot 66$ ⑥ $71 \cdot 193$

10 ‖ **Kreuz und Quer**

Übertrage die Bilder in dein Heft und ergänze die Zahlen.

a)

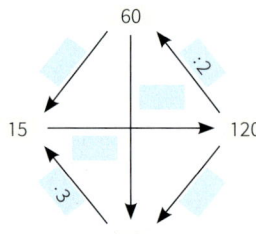

b)

c)

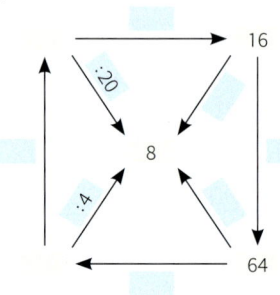

11 ‖ **Zahlenleine**

35   82   39   55   17   48   23   11

Wähle immer zwei Zahlen von der Zahlenleine. Welche kannst du wählen, damit …

| … das Produkt möglichst groß wird? | … das Produkt möglichst klein wird? | … das Produkt ohne Rest durch 10 teilbar ist? | … das Produkt zwischen 100 und 500 liegt? |

| … die letzte Ziffer des Produkts eine 3 ist? | … das Ergebnis 2870 ist? | … die letzte Ziffer des Produkts eine 8 ist? | … das Produkt größer als 1000 ist? |

12 ‖ **Zum Knobeln**

Schaffst du es, alle Lücken zu füllen? Es gibt immer genau eine Lösung.

a)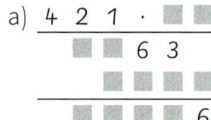

b)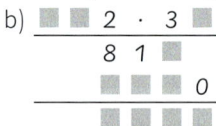

c)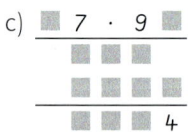

Grundwissen
zum Wiederholen

1 Setze richtig fort: Zum Auslegen des großen Dreiecks …

Ⓐ braucht man drei graue Plättchen.
Ⓑ braucht man vier graue Plättchen.
Ⓒ sind graue Plättchen nicht geeignet.

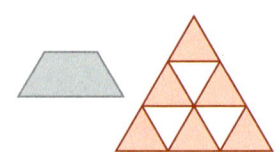

2 Wandle eine halbe Stunde in Minuten um.

3 Wandle 1 m 37 cm in Zentimeter um.

13 **II Multiplizieren großer Zahlen**

a) 720 · 800

b) 400 000 · 30 000

c) 156 000 · 7200

d) 1 234 500 000 · 2100

e) Hunderttausend · 1 Million

f) 41 Millionen · 17 000

Tipp: Nullen wegstreichen, multiplizieren und die Nullen an das Produkt hängen.

270 0̸0̸0̸ · 30̸0̸;   27 · 3 = 81, sechs Nullen anhängen;   270 000 · 300 = 81 000 000

14 **II Fahrradtour**

Familie Yilmaz plant eine Fahrradtour rund um den Bodensee.
Die Familie will jeden Tag 50 km radeln.
Die geplante Tour ist ca. 360 km lang.
Schaffen sie die Tour in sechs Tagen?
Wie viele Kilometer müssen sie am Tag fahren, um die Tour zu schaffen?

15 **II Klassenfest**

Für das Grillen beim Klassenfest der 5 c mit 25 Kindern haben die Eltern eingekauft. In der Tabelle ist notiert, was sie eingekauft haben.

	Preis	Anzahl
Bratwurst	2 €	30
Pommes	1,50 €	20
Apfelschorle	2 €	20
Orangensaft	2,50 €	10
Wasser	1 €	25

a) Formuliere in eigenen Worten, was eingekauft wurde.

b) Wie viel haben die Eltern insgesamt ausgegeben?

c) Reicht das Geld, wenn jedes Kind 8 € bezahlt? Bleibt noch etwas für die Klassenkasse?

16 **III Herz**

Das Herz ist ein Wunder an Ausdauer und Kraft. Es pumpt stetig Blut durch die Adern und erhält uns so am Leben.

a) Wie viel Liter Blut pumpt das Herz in einer Stunde bzw. an einem Tag bei einem Puls von 70 durch den Körper?

b) Bei großen Anstrengungen, z. B. beim Sport, kann der Puls in besonderen Fällen 210 erreichen. Wie viel Liter Blut pumpt das Herz dann pro Minute?

In einem Biologiebuch steht:

Bei einem Puls von 70 Schlägen pro Minute pumpt das Herz eines Menschen ca. 5 Liter Blut in einer Minute durch den Körper.

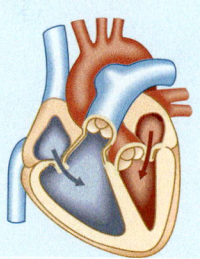

17 **III „Mal richtig auf den Tisch klopfen"**

Wie lange würde es dauern, eine Million (eine Milliarde) mal auf den Tisch zu klopfen?

a) Schätze einmal, wie lange es dauert. Sind es Tage, Stunden, Minuten?

b) Ermittle mit der Stoppuhr, wie oft du in 10 Sekunden auf den Tisch klopfen kannst.

c) Angenommen, du könntest in diesem Takt ohne zu ermüden auf den Tisch klopfen. Wie oft kannst du in einer Minute (einer Stunde, an einem Tag) klopfen?

d) Beantworte die zu Beginn gestellte Frage.

2.5 Schriftliches Dividieren

1 Schulfeier

Die Schule am Wall feiert ein Sommerfest.
Es werden etwa 900 Personen erwartet.
Alle Personen sollen an Tischen sitzen.
Wie viele Tische werden benötigt, wenn es
① 4er Tische,   ② 6er Tische,
③ 8er Tische,   ④ 10er Tische,
⑤ 12er Tische   ⑥ 20er Tische gibt?
Kopfrechnen ist hier schwierig. Schreibe
Zwischenergebnisse auf. Einmal geht die
Rechnung nicht auf. Was machst du?

2 Beuteverteilung

Die fünf Geldschrankknacker Ede, Emil,
Heini, Pit und Pummel wollen ihre Beute
von 6245 Talern gerecht teilen. Sie können
nicht gut rechnen. Keiner hat einen
Taschenrechner dabei. Außerdem trauen sie
einander nicht. Ede schlägt vor: „Lasst uns
erst die 6 Tausender teilen. Jeder erhält
einen Tausender. Es bleibt einer übrig. Den
wechsle ich in 10 Hunderter. Dann…."
Wie werden die Ganoven ohne Streit weiter teilen? Wie viel Geld erhält jeder?

3 Dividieren mit großen Zahlen

a) Berechne im Kopf und mache die Probe. In jedem Päckchen werden die Aufgaben etwas
   schwieriger. Bei den letzten Aufgaben helfen die vorher gelösten Aufgaben.

	①	②	③	④
	30:3	20:5	80:20	32:4
	300:3	4000:5	4000:20	800:4
	330:3	4020:5	4080:20	20 000:4
	3030:3	4420:5	8480:20	20 832:4

b) Wenn der Dividend groß ist, hilft das geschickte Aufteilen des Dividenden und das
   Aufschreiben von Zwischenergebnissen.
   Aufgabe: 675:5
   Hier siehst du die Lösungswege von Silas und Anna.

Anna:

6	7	5	:	5	=	?		
6	0	0	:	5	=	1	2	0
	7	5	:	5	=		1	5

Lösung: 120 + 15 = 135

Silas:

6	7	5	:	5	=	?		
5	0	0	:	5	=	1	0	0
1	0	0	:	5	=		2	0
	5	0	:	5	=		1	0
	2	5	:	5	=			5

Lösung: 100 + 20 + 10 + 5 = 135

Rechne in gleicher Weise: ① 588:7   ② 1275:3   ③ 504:12   ④ 1542:6
Vergleiche mit deinen Nachbarn. Habt ihr unterschiedliche Aufteilungen benutzt?

Basiswissen

WES-125660-012

Es sind auch andere Zerlegungen möglich.

Halbschriftliches Dividieren

Strategie: Man zerlegt den Dividenden so, dass man Zahlen erhält, die man einfach durch den Divisor teilen kann.

Dividieren durch einstelligen Divisor

4	5	6	:	3	=	▨		
3	0	0	:	3	=	1	0	0
1	5	0	:	3	=		5	0
		6	:	3	=			2
						1	5	2

Dividieren durch zweistelligen Divisor

6	8	4	:	1	2	=	▨		
6	0	0	:	1	2	=	5	0	
	8	4	:	1	2	=		7	
							5	7	

Beispiel

A Halbschriftliches Dividieren durch einen einstelligen Divisor

Berechne 3738 : 7.

Lösung:
Zerlege den Dividenden so in eine Summe, dass jeder Summand durch 7 teilbar ist.
3738 : 7 = 534
Probe: 534 · 7 = 3738

3	7	3	8	:	7	=	▨		
3	5	0	0	:	7	=	5	0	0
	2	1	0	:	7	=		3	0
		2	8	:	7	=			4
							5	3	4

Übungen

4 ‖‖ **Training im halbschriftlichen Dividieren**

a) 144 : 4   b) 954 : 3   c) 1465 : 5   d) 1584 : 12   e) 6510 : 10   f) 8091 : 9

5 ‖‖ **Halbschriftlich oder im Kopf**

Versuche möglichst viele Aufgaben im Kopf zu rechnen. Wenn es dir nicht gelingt, rechne halbschriftlich. Mache immer die Probe.

a) 480 : 4   b) 1206 : 6   c) 8200 : 4
   480 : 5   2412 : 6   8216 : 4
   480 : 12   3330 : 6   8240 : 8

6 ‖‖ **Zerlegen einmal anders**

Peter:

	3	1	9	2	:	8	=	▨		
	2	4	0	0	:	8	=	3	0	0
+		7	2	0	:	8	=		9	0
+			7	2	:	8	=			9
								3	9	9

Petra:

	3	1	9	2	:	8	=	▨		
	3	2	0	0	:	8	=	4	0	0
−				8	:	8	=			1
								3	9	9

a) Erkläre, wie Petra gerechnet hat.
b) Welche Rechnung erscheint dir einfacher, die von Peter oder die von Petra?
c) Berechne nach einem Verfahren deiner Wahl.
   ① 480 : 5   ② 1176 : 12   ③ 624 : 13   ④ 75570 : 15

7 ‖‖ **Nachdenken über das Dividieren**

a) Berechne.
   ① 945 : 9 und 1890 : 9   ② 2864 : 4 und 2864 : 8
b) Kannst du vorhersagen, welche Ergebnisse man erhält, wenn man
   ① das Doppelte des Dividenden durch den gleichen Divisor dividiert,
   ② den gleichen Dividenden durch das Doppelte des Divisors dividiert?
   Überprüfe deine Vermutung an eigenen Beispielen.

8 **Vom halbschriftlichen zum schriftlichen Dividieren**

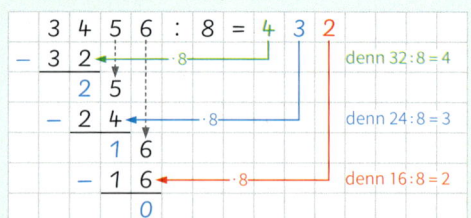

Vom halbschriftliches Dividieren …

	3	4	5	6	:	8	=	4	3	2	
−	3	2	0	0	:	8	=	4	0	0	
Rest		2	5	6							
	−	2	4	0	:	8	=		3	0	
	Rest		1	6							
		−	1	6	:	8	=			2	
		Rest		0				4	3	2	

… zum schriftliches Dividieren

	3	4	5	6	:	8	=	4	3	2	
−	3	2			·8						denn 32 : 8 = 4
		2	5								
	−	2	4		·8						denn 24 : 8 = 3
		1	6								
		−	1	6	·8						denn 16 : 8 = 2
				0							

a) Dividiere halbschriftlich 576 : 9 und 4536 : 12.
   Schreibe die Rechenschritte so wie in dem Beispiel mit den „Resten" auf.
b) Das schriftliche Dividieren ähnelt dem halbschriftlichen Dividieren sehr. Vergleiche die
   beiden Verfahren. Nenne Gemeinsamkeiten und Unterschiede.
c) Dividiere 5892 : 6 mit dem Verfahren der schriftlichen Division.

Basiswissen

WES-125660-013

Schriftliches Dividieren

Aufgabe: 4374 : 3   Überschlag: 4500 : 3 = 1500

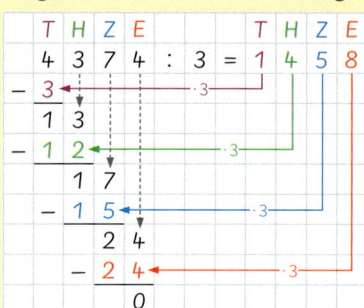

Tausender: 4 : 3 = **1** Rest 1
              1 · 3 = 3 und 4 − 3 = 1

Hunderter: 13 : 3 = **4** Rest 1
              4 · 3 = 12 und 13 − 12 = 1

Zehner: 17 : 3 = **5** Rest 2
              5 · 3 = 15 und 17 − 15 = 2

Einer: 24 : 3 = **8**
              8 · 3 = 24 und 24 − 24 = 0

Probe: Das Ergebnis wird mit der Umkehraufgabe überprüft: 1458 · 3 = 4374

Beispiele

B **Der Divisor ist zweistellig**

Berechne 4966 : 13.
Mache zuerst einen Überschlag.

Lösung:
Überschlag: 5000 : 10 = 500

	4	9	6	6	:	1	3	=	3	8	2
−	3	9									
		1	0	6							
	−	1	0	4							
				2	6						
			−	2	6						
					0						

49 = 3 · 13 Rest 10

106 = 8 · 13 Rest 2

26 = 2 · 13 Rest 0

C **Nullen im Dividenden**

Berechne den Quotienten 4808 : 8.

Lösung:

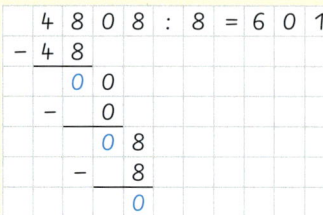

48 geteilt durch 8 ist 6,
Rest 0

0 geteilt durch 8 ist 0,
Rest 0

8 geteilt durch 8 ist 1,
Rest 0

Probe:

6	0	1	·	8
	4	8	0	8

Übungen

9 ‖ Division

Dividiere.

a) 86, 358, 8282, 65 432   durch 2
c) 138, 558, 2736, 33 330   durch 6
e) 212, 1272, 7568, 36 428 durch 4

b) 111, 258, 1356, 22 593   durch 3
d) 196, 329, 1792, 45 801   durch 7
f) 279, 1107, 2205, 55 098 durch 9

10 ‖ Quotient

Berechne den Quotienten. Mache jeweils die Probe.

a) 324 : 12   b) 645 : 15   c) 7254 : 18   d) 9925 : 25   e) 1395 : 31   f) 4664 : 53
g) 2030 : 14 h) 13 320 : 24 i) 10 000 : 25 j) 9999 : 33 k) 11 011 : 11 l) 19 998 : 22

11 ‖ Stellenzahl

Felix: „Wenn man eine vierstellige Zahl durch eine einstellige Zahl teilt, hat das Ergebnis vier Stellen."

Stella: „Wenn man eine vierstellige Zahl durch eine einstellige Zahl teilt, hat das Ergebnis drei Stellen."

Bei welchen Aufgaben hat Felix recht, bei welchen Stella?
① 6243 : 3   ② 2982 : 2   ③ 8235 : 9   ④ 2223 : 3

12 ‖ Auf Fehlersuche

Suche und erkläre die Fehler. Rechne dann richtig.

```
2 0 1 7 2 : 4 = 5 4 3
- 2 0
    0 1 7
  -   1 6
      1 2                Nele
    -   1 2
          0
```

```
4 5 2 9 0 : 7 = 6 4 7
- 4 2
    3 2
  - 2 8
      4 9
    - 4 9                Esme
        0
```

```
1 1 0 5 2 : 3 = 3 8 4
-   9
    2 5
  - 2 4
      1 2
    - 1 2                Pia
        0
```

13 ‖ Training – einstellige Divisoren

Berechne.

a) 4398 : 2   b) 3255 : 3   c) 1236 : 4   d) 1050 : 5   e) 1666 : 7
   1364 : 2   2976 : 3   5416 : 4   2475 : 5   9996 : 7
   7812 : 2   8880 : 3   2752 : 4   6735 : 5   6433 : 7

14 ‖ Training – zweistellige Divisoren

Berechne.

a) 715 : 11   b) 456 : 12   c) 9960 : 15   d) 940 : 20   e) 850 : 25
   2717 : 11   1656 : 12   1530 : 15   4620 : 20   3125 : 25
   5511 : 11   5328 : 12   4995 : 15   7780 : 20   6250 : 25

15 ‖ Zeittest

Stoppe die Zeit, die du zum Lösen der Aufgaben brauchst.

a) 216 : 18   b) 180 : 15   c) 273 : 13   d) 544 : 17   e) 644 : 14
f) 441 : 21   g) 7216 : 16 h) 1089 : 11 i) 625 : 25   j) 204 : 12

Lösungen
12, 12, 17, 21, 21, 25, 32, 46, 99, 451

16 ‖ Verschärftes Training – zwei- und dreistellige Divisoren

Berechne und mache die Probe.

a) 9729 : 207   b) 8362 : 37   c) 56088 : 123 d) 26520 : 34 e) 508300 : 23
f) 34461 : 63   g) 15351 : 301 h) 5986 : 73   i) 10010 : 13 j) 52890 : 41

a) 720 : 80

b) 72 000 : 900

c) 30 000 : 5000

d) 60 000 000 : 50 000

e) 368 000 000 : 23 000

f) 1 Milliarde : 1 Million

g) 160 Milliarden : 80 Millionen

> **Tipp**
> Nullen wegstreichen beim Dividieren:
> 27 ~~000~~ : 3~~000~~ = 27 : 3
>   = 9
> Beim Dividieren darfst du bei Divisor und Dividend die gleiche Anzahl von Nullen wegstreichen.

18 ‖ **Divisoren, Dividenden und Faktoren**

Notiere zu jeder Frage mindestens zwei passende Beispiele und beantworte sie dann. Wie verändert sich der Wert …

a) eines Produkts, wenn man den ersten Faktor verdoppelt?

b) eines Quotienten, wenn man den Divisor verdoppelt?

c) eines Quotienten, wenn man den Dividenden verdreifacht?

d) eines Quotienten, wenn man den Dividenden und den Divisor vervierfacht?

e) eines Produkts, wenn man einen Faktor verdoppelt und den anderen Faktor halbiert?

f) eines Quotienten, wenn man den Dividenden verdoppelt und den Divisor halbiert?

Division mit Rest

19 ‖ **Gummibärchen**

Anton hat Geburtstag und möchte in seiner Klasse Gummibärchen verteilen. In einer 200-g-Tüte befinden sich in der Regel 85 Gummibärchen. Anton bringt 5 Tüten für seine Klasse mit 30 Schülerinnen und Schülern mit.

Wie viele Gummibärchen bekommt jedes Kind?

Wie viele Gummibärchen bleiben übrig?

WES-125660-014

> **Division mit Rest**
>
> In vielen Situationen, in denen dividiert werden muss, geht die Division nicht auf. Es bleibt ein Rest übrig.
>
> **Beispiel**
>
> Eine Großbäckerei hat 1000 Brötchen gebacken und möchte diese auf ihre 7 Filialen verteilen. Jede Filiale soll gleich viele Brötchen bekommen.
> Wie viele Brötchen bleiben übrig?
> Jede Filiale bekommt 142 Brötchen und es bleiben 6 Brötchen übrig.
>
> ```
> 1 0 0 0 : 7 = 1 4 2 Rest 6
> - 7
>   3 0
> - 2 8
>     2 0
>   - 1 4
>       6
> ```

20 ‖‖ **Division mit Rest**

Berechne und mache jeweils die Probe.

a) 213 : 8   b) 769 : 3   c) 610 : 23   d) 561 : 19   e) 122 : 11

f) 550 : 12   g) 69 : 14   h) 1200 : 15   i) 615 : 55   j) 2378 : 12

21 II Schreinerei

Miriam lernt in einer Schreinerwerkstatt. Für eine Schranktür benötigt sie 30 Lamellen, die 28 cm lang sind. Sie sägt die Lamellen von 4 m langen Holzleisten ab.

a) Wie viele Lamellen kann sie von einer Holzleiste absägen? Welchen Abfall erhält sie?

b) Wie viele Holzleisten benötigt sie für alle Lamellen? Berechne auch die gesamte Abfallmenge.

22 II Tiervergleiche

Vergleiche, wie schwer die verschiedenen Tiere sind. Stimmt es, dass ein Elefant ungefähr 300-mal so schwer wie ein Hund ist?

Hund 18 kg

Huhn 3 kg

Pferd 800 kg

Pottwal 45 000 kg

Elefant 6000 kg

23 III Kreativer Aufgabenbau

Baue aus den Ziffern Divisionsaufgaben ohne Rest.

Du musst zunächst nicht alle Ziffern benutzen. Wer findet die meisten Divisionsaufgaben, bei denen alle Ziffern genau einmal vorkommen?

Problemlösen

24 III Auf Entdeckungstour

a) Denke dir fünf aufeinanderfolgende dreistellige Zahlen aus. Addiere die Zahlen und teile das Ergebnis durch 5. Wähle andere fünf aufeinanderfolgende Zahlen und teile wieder durch 5. Was fällt dir auf?

> **Beispiel**
> 234, 235, 236, 237, 238

b) Zum Weiterforschen:
Benutze vier- oder fünfstellige Zahlen. Passiert das gleiche? Beschreibe deine Entdeckung: *„Wenn man vier oder fünf aufeinanderfolgende Zahlen addiert, …"*

c) Versuche, Begründungen für deine Entdeckungen zu geben.

Grundwissen
zum Wiederholen

1 Der Schulweg von Jonas beträgt von der Wohnung bis zur Schule 4 km. Mit dem Fahrrad benötigt er dafür ca. 16 Minuten. Wie viele Kilometer fährt er in einer Woche?

2 Wahr oder falsch: Mit einem großen Würfel kann man häufiger eine „6" würfeln als mit einem kleinen.

3 Wie viele Ecken und Kanten hat ein Würfel?

25 **III Schnelles Dividieren**

Lisa findet die Methode, schriftlich zu dividieren, zeitaufwendig. Sie hat sich eine schnellere Methode ausgedacht, mit der sie auch sehr große Zahlen dividieren kann, ohne eine ganze Seite im Heft vollzuschreiben. Sie sagt, dass ihre Methode genauso funktioniert, wie die herkömmliche, nur dass man mehr im Kopf rechnet und weniger schreibt:

1	2	3	4	5	6	7	8	9	4	:	7	=	1	7	6	3	6	6	8	4	2		
		5	4	2	4	4	5	2	1	0													

Überprüfe, ob Lisa richtig gerechnet hat. Beschreibe, wie Lisa gerechnet und aufgeschrieben hat. Löse mit Lisas Methode: ① 3 257 865 : 3 ② 17 136 858 : 6 ③ 456 008 : 14

Anwendungen

26 **III Schwimmbadbesuche**

a) Im Januar hat das Schwimmbad durch den Verkauf von Einzelkarten für Erwachsene 8145 € eingenommen. Wie viele Karten wurden jeweils verkauft?

b) Hanna hat eine Jahreskarte für Kinder bekommen. Wie oft muss sie das Hallenbad besuchen, um ihre Karte auszunutzen und kein Geld zu verschenken? Vergleiche mit dem Preis für Einzelkarten.

c) In der Tabelle siehst du, wie viel Geld das Schwimmbad durch den Verkauf von Eintrittskarten in einem Jahr eingenommen hat. Wie viele Einzelkarten, Zehnerkarten und Jahreskarten wurden in diesem Jahr verkauft?
① für Kinder ② für Erwachsene

Hallenbad Neptun	Preise
Erwachsene/Einzelkarte	3,– €
Kinder/Einzelkarte	2,– €
Erwachsene/Zehnerkarte	25,– €
Kinder/Zehnerkarte	15,– €
Erwachsene/Jahreskarte	100,– €
Kinder/Jahreskarte	50,– €

Hallenbad Neptun		Jahreseinnahmen
Einzelkarten	Erwachsene	95 157 €
Einzelkarten	Kinder	48 024 €
Zehnerkarten	Erwachsene	19 075 €
Zehnerkarten	Kinder	8 070 €
Jahreskarten	Erwachsene	10 600 €
Jahreskarten	Kinder	12 550 €

27 **III Schätzungen in vielen Lebenslagen**

Multiplizieren und Dividieren

Schätze bei allen Fragen, ob die Antwort eine Zahl im Zehner-, Hunderter-, Tausender-, Zehntausender-, Hunderttausender- oder Millionenbereich ist. Rechne dann genau.

a) Ein Python kann in drei Monaten bis zu 75 Mäuse fressen. Wie viele Mäuse kann ein Python in drei Jahren fressen?

b) Täglich verlieben sich in Deutschland 2806 Fünftklässler. Wie viele Fünftklässler verlieben sich in einer Woche?

c) In Deutschland werden täglich im Schnitt 14 Zwillingspaare geboren. Wie viele Zwillinge werden in einem Jahr geboren?

d) Max Knaller, der bekannte Fußballspieler, verdient jährlich 4 Millionen Euro, Stefan Anfang aus demselben Team nur 400 000 €. Wie viel verdient Max, wie viel Stefan an einem Tag?

e) Ein Jumbo-Jet kann bis zu 210 000 l Treibstoff tanken. In einen Autotank passen ungefähr 70 l. Wie viele Autos könnte man mit der Treibstoffmenge eines Jumbos betanken?

2.6 Rechenausdrücke aufstellen und berechnen

1 Häuser geschickt zählen

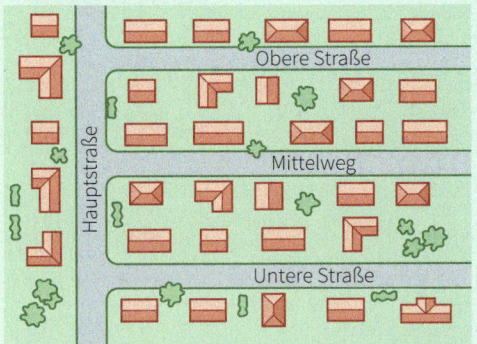

Obere Straße

Hauptstraße

Mittelweg

Untere Straße

Die Anzahl der Häuser in der Siedlung kann man durch Abzählen herausfinden. Es geht aber auch geschickter.

Inga:
„Ich zähle die Häuser Straße für Straße."

Hans:
„In einer Häuserzeile gibt es nur 4 Häuser, in allen anderen 5. Und dann sind da noch die 5 Häuser links an der Hauptstraße."

a) Schreibe zu Inga und Hans jeweils einen Rechenausdruck auf und berechne damit die Anzahl der Häuser. Kommst du auf dasselbe Ergebnis?

b) Sammle mit deinem Nachbarn weitere Rechenausdrücke für die Anzahl der Häuser. Erklärt euch gegenseitig, wie ihr auf die Ausdrücke gekommen seid.

2 Zwei verschiedene Rechnungen zu einer Aufgabe?!

Herr Riese stellt eine Rechenaufgabe. Clara und Felix erhalten unterschiedliche Ergebnisse. Clara und Felix haben doch die gleiche Aufgabe gerechnet. Wie kann das sein?

Herr Riese: *„Rechnet 14 plus 6 mal 8"*
Clara: *„Das Ergebnis ist 160."*
Felix: *„Das sind 62."*

a) Was meinst du, wer hat richtig gerechnet?

b) Die beiden Rechenbäume zeigen, dass Clara und Felix nicht die gleiche Aufgabe gerechnet haben.
Welcher Baum gehört zu Clara, welcher zu Felix? Fülle die Lücken aus.

c) Schreibe die beiden Aufgaben mit Klammern. Wie müsste Herr Riese die Aufgabe stellen, damit die Lösung von Clara richtig ist?

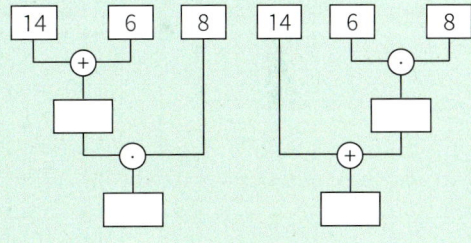

3 Flaschen und Kisten

Die Anzahl der Flaschen im Bild kann man durch Abzählen herausfinden. Schneller geht es mit einem Rechenausdruck.

① $5 + 12 + 12 + 12$
② $3 \cdot 12 + 5$
③ $4 \cdot 12 - 7$

a) Berechne die Anzahl der Flaschen mithilfe der Rechenausdrücke. Beschreibe, wie man die Rechenausdrücke erhält.

b) Berechne $4 \cdot (12 - 7)$. Vergleiche mit ③. Veranschauliche diesen Ausdruck mit Flaschen und Kisten.

Basiswissen

WES-125660-015

Vorfahrtsregeln bei Rechenausdrücken

Mit Rechenbäumen kann man deutlich machen, wie gerechnet werden muss.

Nur Strichrechnungen

Rechnet man von links nach rechts, so macht man nichts falsch.

$$37 - 18 + 12 \qquad 37 - 18 + 12$$

$$19 \qquad\qquad = \quad 19 \quad + 12$$

$$31 \qquad\qquad = \qquad 31$$

Nur Punktrechnungen

Rechnet man von links nach rechts, so macht man nichts falsch.

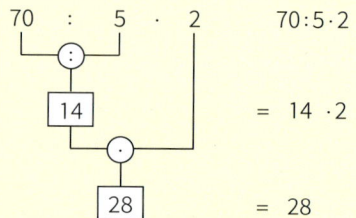

$$70 : 5 \cdot 2 \qquad 70 : 5 \cdot 2$$

$$14 \qquad\qquad = \quad 14 \cdot 2$$

$$28 \qquad\qquad = \quad 28$$

Punkt- vor Strichrechnungen

Punktrechnungen werden vor Strichrechnungen ausgeführt.

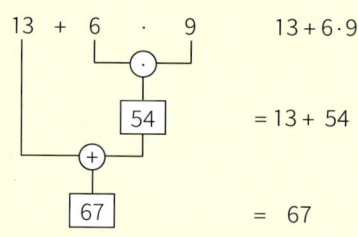

$$13 + 6 \cdot 9 \qquad 13 + 6 \cdot 9$$

$$54 \qquad\qquad = 13 + 54$$

$$67 \qquad\qquad = \quad 67$$

Klammern zuerst

Was in Klammern steht, wird zuerst ausgerechnet.

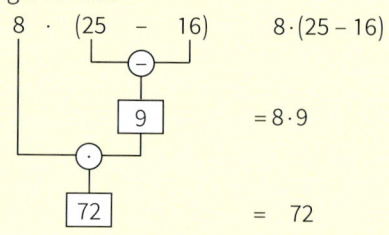

$$8 \cdot (25 - 16) \qquad 8 \cdot (25 - 16)$$

$$9 \qquad\qquad = 8 \cdot 9$$

$$72 \qquad\qquad = \quad 72$$

Beispiel

A Rechenbäume als Rechenhilfe

Berechne den Rechenausdruck $5 \cdot (7 + 23) + 12$. Beachte die Vorfahrtsregeln.
Lösung:

Rechenbaum

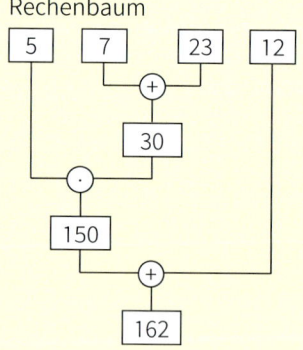

Rechnung

$$5 \cdot (7 + 23) + 12 \qquad\text{Klammern zuerst}$$

$$= 5 \cdot 30 + 12 \qquad\text{Punkt- vor Strich-}$$
$$\text{rechnung}$$

$$= 150 + 12$$

$$= 162$$

Man kann den Rechenausdruck auch als Text formulieren:
„Multipliziere 5 mit der Summe von 7 und 23 und addiere zu dem Produkt 12."

Übungen

4 III Kopfrechnen

Berechne im Kopf. Beachte die Vorfahrtsregeln.

a) $9 + 64 : 8$
b) $28 - 36 : 6$
c) $81 : 9 - 9$
d) $18 + 72 : 9$

e) $95 - 60 : 15$
f) $45 : 3 - 28 : 7$
g) $80 : 5 \cdot 2$
h) $6 \cdot (15 - 7)$

i) $(23 - 15) \cdot 7 + 4$
j) $18 + 9 \cdot 2 + 23$
k) $(19 - 2 \cdot 9) \cdot 6$
l) $11 \cdot 10 - 100$

5 ||| Rechenbäume übersetzen

Übersetze die Rechenbäume in Rechenausdrücke und berechne.

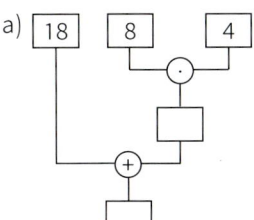 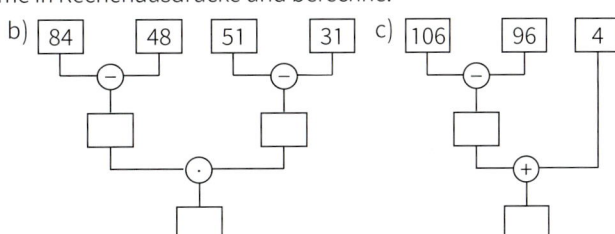

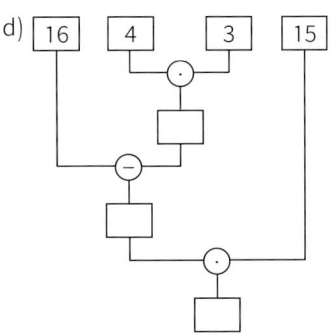 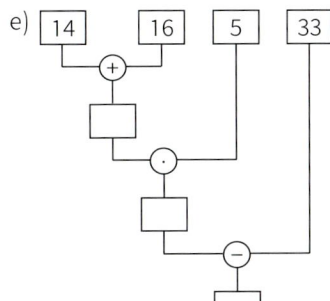 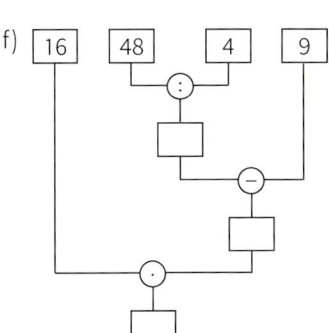

6 ||| Gleiches Ergebnis – verschiedene Schreibweisen

Herr Riese hat wieder einmal eine Rechenaufgabe („Kettenaufgabe") gestellt:
„Subtrahiere 9 von 15, multipliziere mit 5, addiere 8." Tom, Mia und Leo haben die Aufgabe
unterschiedlich aufgeschrieben, aber dasselbe Ergebnis erhalten.

Tom:	Mia:	Leo: $(15-9) \cdot 5 + 8$
$15 - 9 = 6 \cdot 5 = 30 + 8 = 38$	$15 - 9 = 6$	$= 6 \cdot 5 + 8$
	$6 \cdot 5 = 30$	$= 30 + 8$
	$30 + 8 = 38$	$= 38$

Zoe: „Tom's Darstellung ist komisch: Links steht „6" und rechts „38", also $6 = 38$?!"
Was meint Zoe? Tritt so etwas auch bei Mia und Leo auf?

> **Schrittweises Rechnen richtig notiert**
>
> Ein längerer Term wird in mehreren Schritten berechnet.
> Die Gleichheitszeichen stehen dabei untereinander. Jede
> Zeile ergibt das gleiche Ergebnis. Zahlen, die noch nicht
> verrechnet sind, werden einfach übertragen.
>
> $72 : 6 + 5 - 2 \cdot 4$
> $= 12 + 5 - 2 \cdot 4$
> $= 12 + 5 - 8$
> $= 9$

7 || Vorfahrtsregeln anwenden

Berechne, beachte Vorfahrtsregeln. Achte auf den richtigen Gebrauch des Gleichheitszeichens.

a) $(17 - 5 + 3) \cdot 12$ b) $(104 + 36 : 6) \cdot 100$ c) $(16 \cdot 4 - 6 \cdot 9) \cdot 4 - 20$

d) $(204 - 11 \cdot 9) : 3 + 16$ e) $(17 \cdot 8 - 99) \cdot (34 - 16 \cdot 2)$ f) $33 + (88 - 22 \cdot 2) - (27 - 15)$

8 ||| Von den Rechenschritten zum Rechenausdruck

Fasse die einzelnen Rechenschritte zu einem Rechenausdruck zusammen.

a) $8 + 9 = 17$ b) $7 \cdot 11 = 77$ c) $117 - 18 = 99$ d) $8 \cdot 7 = 56$

    $17 \cdot 3 = 51$ $77 - 17 = 60$ $99 : 11 = 9$ $56 - 7 = 49$

                                           $9 + 6 = 15$ $49 : 7 = 7$

9 ‖ **Vom Text zum Rechenausdruck**

Übersetze den Text in einen Rechenausdruck. Berechne im Kopf oder schreibe die Einzelschritte als "Nebenrechnung" schrittweise richtig auf.

a) Multipliziere 5 und 12, addiere 12 und dividiere das Ergebnis durch 8.

b) Subtrahiere 6 von 25, addiere 21 und multipliziere das Ergebnis mit 3.

c) Dividiere 72 durch 6, multipliziere mit 10 und subtrahiere 100.

d) Addiere 25 und 17, dividiere durch 7, multipliziere mit 9 und subtrahiere 54.

10 ‖ **Rechenausdrücke basteln**

Irina und Robin „basteln" aus Zahlen, Rechenzeichen und Klammern verschiedene Rechenausdrücke. Sie wollen den Rechenausdruck finden, der die größte Zahl liefert. Welcher ist es?

$$17 \cdot 3 + 21$$
$$21 \cdot 3 + 17$$
$$17 \cdot 21 + 3$$
$$(17 + 3) \cdot 21$$
$$(21 + 3) \cdot 17$$

11 ‖ **Rechenausdrücke zuordnen**

Welcher Text passt zu welchem Rechenausdruck? Ordne zu und berechne.

① Multipliziere die Differenz von 170 und 5 mit der Summe von 18 und 6.

② Subtrahiere das Produkt von 5 und der Summe von 18 und 6 von 170.

③ Subtrahiere das Produkt von 18 und 5 von 170 und addiere dann 6.

④ Multipliziere die Differenz von 170 und 5 mit 18 und addiere dann 6.

Ⓐ $170 - 5 \cdot (18 + 6)$

Ⓑ $(170 - 5) \cdot (18 + 6)$

Ⓒ $(170 - 5) \cdot 18 + 6$

Ⓓ $170 - 5 \cdot 18 + 6$

12 ‖ **In Rechenausdrücke übersetzen**

Übersetze den Text in einen Rechenausdruck mit mathematischen Zeichen. Rechne.

a) Multipliziere die Summe von 13 und 23 mit 12. Subtrahiere von dem Produkt die Zahl 28.

b) Multipliziere die Summe von 18 und 36 mit der Differenz von 26 und 14.

c) Dividiere die Summe von 36 und 44 durch 5. Addiere zu dem Quotienten das Produkt aus 6 und 5.

d) Multipliziere die Summe aus 36 und 54 mit der Differenz aus 36 und 29.

e) Addiere 15 zu dem Produkt aus 10 und 15. Subtrahiere von der Summe die Zahl 100.

Lösungen
46	65	404
	630	648

13 ‖ **Rechenausdrücke übersetzen**

Übersetze die Rechenausdrücke in einen Text und berechne sie.

a) $6 \cdot 21 + 15$

b) $16 \cdot (21 + 15)$

c) $(123 - 23) \cdot 50$

d) $(21 - 15) \cdot (34 + 12)$

e) $(31 - 12 \cdot 2) \cdot 4$

f) $(8 \cdot 9 + 4 \cdot 4) : 8$

Grundwissen
zum Wiederholen

1 Überprüfe mit der Stoppuhr, ob du alle Aufgaben aus a) in weniger als 3 Minuten richtig lösen kannst. Wie lange brauchst du für die Aufgaben in b)?

a) $12 \cdot 8$ $18 \cdot 7$ $84 : 4$ $91 : 7$ $16 \cdot 9$ $15 \cdot 8$ $256 : 8$ $114 : 6$

b) $27 \cdot 5$ $33 \cdot 7$ $175 : 5$ $77 \cdot 3$ $749 : 7$ $84 \cdot 4$ $549 : 9$ $992 : 8$

2 In einem Jahr wurden in Deutschland 131 Millionen Schoko-Osterhasen hergestellt. Zehn Osterhasen wiegen durchschnittlich etwa 1 kg. Wie viel Schokolade wurde verarbeitet?

3 Welcher geometrische Körper ist geeignet, um einen Trinkhalm näherungsweise zu beschreiben?

14 III **Gleiche „Bauteile" – verschiedene Rechenausdrücke**

Aus Bausteinen sollen verschiedene Rechenausdrücke gelegt werden. Dabei muss jeder Stein genau einmal verwendet werden.

a) Berechne das Ergebnis aus dem gelegten Rechenausdruck. Wie viele Rechenausdrücke mit anderem Ergebnis findest du mit den gleichen Bausteinen?

b) Finde mit den Bausteinen den Rechenausdruck, der das größte (kleinste) Ergebnis liefert.

① 13 8 6
· –

② 11 10 9
(·) –

③ 8 6 4 5
· ( ) + –

15 III **Zahlenrätsel leicht gemacht**

Übersetze den Text in einen Rechenbaum. Finde die fehlende Zahl. Du darfst auch gerne ausprobieren.

a) Die Summe der gesuchten Zahl und 14 beträgt 32.

b) Addiere zu dem Produkt einer Zahl und 5 die Zahl 8 und du erhältst 23.

c) Addiere zu einer Zahl 16. Multipliziere die Summe mit 9 und subtrahiere anschließend 80. Als Ergebnis erhältst du 100.

d) Multipliziere eine Zahl mit 5. Subtrahiere von dem Produkt 23. Addiere zu dem Ergebnis das Produkt von 3 und 6 und du erhältst 45.

e) Multipliziere eine Zahl mit sich selbst und subtrahiere 1. Das Ergebnis ist 15.

16 III **Klammern in einer Klammer**

In einer Klammer können weitere Klammern vorkommen. Mit den Vorfahrtsregeln lassen sich solche Rechenausdrücke berechnen.

a) $\left(45-(13+25)\right)\cdot 5$

b) $6\cdot\left(5\cdot(4+3)+2\right)$

c) $\left(\left((12+5)\cdot 10\right)-100\right):7$

d) $\left(\left(\left((1+2)\cdot 3+4\right)\cdot 5\right)+6\right)\cdot 7$

$(45 - (13 + 15)) \cdot 5$

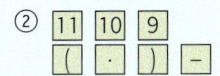

17 III **Temperaturmessung in den USA**

In Europa misst man Temperaturen in Grad Celsius (°C). In den USA wird die Temperatur in Grad Fahrenheit (°F) gemessen. Tanjas Brieffreundin Carol hat geschrieben, dass es in diesem Sommer in New York 113 °F waren. Kann das sein?

Tanjas Mutter erklärt ihr, wie man die Temperatur in °C umrechnen kann:

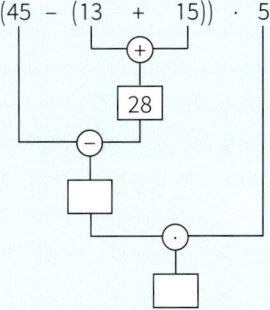

„Von der Temperatur in °F musst du 32 subtrahieren, das Ergebnis musst du durch 9 dividieren. Dann musst du noch mit 5 multiplizieren."

a) Schreibe einen Rechenausdruck und einen Rechenbaum zu der Umrechnungsregel auf. Rechne 113 °F um in °C. Ganz schön heiß in New York, oder?

b) Wie warm wird es, wenn der Wetterbericht 68 °F (41 °F; 32 °F) vorhersagt?

c) Überlege dir selbst Temperaturen in °F und rechne sie in °C um. Bei welchen Temperaturen gelingt das gut, wann hast du Probleme?

d) Tanja möchte für ihren Antwortbrief die aktuelle Temperatur von 25 °C in °F umrechnen. Findest du eine passende Umrechnungsvorschrift?

Geschicktes Rechnen

1 **Zahlensalat**

a) Berechne die einzelnen Rechenausdrücke. Bei immer zwei Aufgaben kommt dasselbe Ergebnis heraus. Ordne zu. Wie hängen die zugehörigen Rechenausdrücke zusammen?

$13 \cdot 4$	$52 \cdot 7$	$40 + 12$	$85 \cdot 5$	$360 + 18$
$63 \cdot 6$	$74 \cdot 3$	$120 + 42$	$210 + 12$	
$27 \cdot 6$	$37 \cdot 6$	$350 + 14$	$400 + 25$	$180 + 42$

b) $(70 + 4) \cdot 3$ führt auch auf ein Ergebnis aus a). Stelle die entsprechenden Ausdrücke für die anderen Zahlen auf.

2 **Muster beim Rechnen**

Berechne. Was fällt dir auf? Ergänze jeweils zwei ähnliche Aufgaben, die zu demselben Ergebnis führen.

a) $4 \cdot 13 + 6 \cdot 13$
   $7 \cdot 13 + 3 \cdot 13$
   $12 \cdot 13 - 2 \cdot 13$
   $15 \cdot 13 - 5 \cdot 13$

b) $14 \cdot 2 + 14 \cdot 8$
   $14 \cdot 7 + 14 \cdot 3$
   $14 \cdot 5 + 14 \cdot 5$
   $14 \cdot 14 - 14 \cdot 4$

c) $2 \cdot 25 + 5 \cdot 25 + 3 \cdot 25$
   $1 \cdot 25 + 4 \cdot 25 + 5 \cdot 25$
   $6 \cdot 25 + 2 \cdot 25 + 2 \cdot 25$
   $7 \cdot 25 - 2 \cdot 25 + 5 \cdot 25$

3 **Kopfrechnen - Zerlegen und Zusammenfassen hilft**

Beim Kopfrechnen ist es wichtig, so vorteilhaft wie möglich zu rechnen. Beim Multiplizieren zerlegt man dazu häufig Zahlen oder man fasst sie zusammen.

Zerlegen: Aufgabe: $13 \cdot 4$

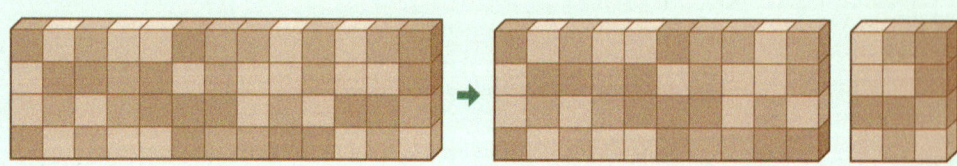

$$13 \cdot 4 = (10 + 3) \cdot 4 \quad = \quad 10 \cdot 4 + 3 \cdot 4 = 40 + 12 = 52$$

Zusammenfassen: Aufgabe: $8 \cdot 4 + 2 \cdot 4$

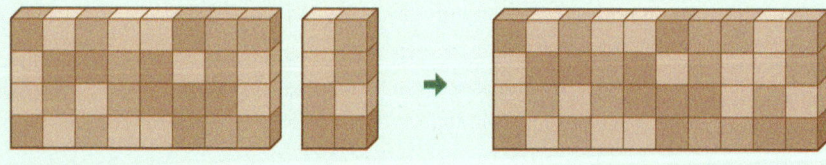

$$8 \cdot 4 + 2 \cdot 4 \quad = \quad (8 + 2) \cdot 4 = 10 \cdot 4 = 40$$

a) Rechne durch geschicktes Zerlegen:

① $107 \cdot 5$ ② $230 \cdot 5$ ③ $698 \cdot 8$

Rechne durch Zusammenfassen:

④ $34 \cdot 7 + 66 \cdot 7$ ⑤ $1250 \cdot 3 + 750 \cdot 3$ ⑥ $114 \cdot 9 - 24 \cdot 9$

b) Was ist jeweils besser, Zerlegen oder Zusammenfassen? Begründe erst und rechne dann.

① $(20 + 7) \cdot 6$ ③ $(91 + 9) \cdot 7$ ③ $(24 + 6) \cdot 5$ ④ $(30 + 3) \cdot 4$

Basiswissen

WES-125660-016

Zerlegen

Wenn man $14 \cdot 3$ im Kopf berechnen soll, ist es geschickt, $10 \cdot 3 + 4 \cdot 3$ zu rechnen.
Man hat die Zahl 14 in die Summe $10 + 4$ zerlegt und dann beide Summanden einzeln mit 3 multipliziert.

$$14 \cdot 3 = (10 + 4) \cdot 3 \qquad = \qquad 10 \cdot 3 + 4 \cdot 3 = 30 + 12 = 42$$

Durch Zerlegen können viele Aufgaben des „großen Einmaleins" im Kopf gerechnet werden.

Zusammenfassen

Wenn man $4 \cdot 13 + 6 \cdot 13$ im Kopf berechnen soll, ist es geschickt, $10 \cdot 13$ zu rechnen.
Man fasst zunächst 4 und 6 zusammen und multipliziert erst dann mit 13.

$$4 \cdot 13 + 6 \cdot 13 \qquad = \qquad (4 + 6) \cdot 13 = 10 \cdot 13 = 130$$

Distributivgesetz (Verteilungsgesetz)

$(a + b) \cdot c = a \cdot c + b \cdot c$ Beispiel: $(4 + 6) \cdot 11 = 4 \cdot 11 + 6 \cdot 11$

Von links nach rechts: Zerlegen: **Aus dem Produkt wird eine Summe.**

Von rechts nach links: Zusammenfassen: **Aus der Summe wird ein Produkt.**

Beispiel

A **Möglichst geschickt berechnen**

a) $3 \cdot 83 + 7 \cdot 83$ b) $18 \cdot 8$

Lösung:

a) 3 und 7 zu $(3 + 7) = 10$ zusammenfassen
$$\begin{aligned} 3 \cdot 83 + 7 \cdot 83 &= (3 + 7) \cdot 83 \\ &= 10 \cdot 83 \\ &= 830 \end{aligned}$$

b) 18 als Differenz von 20 und 2 schreiben
$$\begin{aligned} 18 \cdot 8 &= (20 - 2) \cdot 8 \\ &= 20 \cdot 8 - 2 \cdot 8 \\ &= 160 - 16 = 144 \end{aligned}$$

Übungen

4 ⫶ **Geschickt rechnen mit dem Distributivgesetz**

Rechne möglichst geschickt. Oft hilft zerlegen oder zusammenfassen, also das Distributivgesetz. Orientiere dich an Beispiel A.

a) $14 \cdot 23 + 6 \cdot 23$ b) $7 \cdot (34 + 16)$ c) $4 \cdot 17 + 9 \cdot 17 + 7 \cdot 17$ d) $8 \cdot (7 + 9)$

e) $(20 - 3) \cdot 9$ f) $24 \cdot 12 - 24 \cdot 2$ g) $(24 + 36) \cdot 6$ h) $115 \cdot 9 - 25 \cdot 9$

5 ⫶ **Das Distributivgesetz hilft beim Dividieren**

Das Distributivgesetz gilt auch für die Division.

Rechne wie im Beispiel. Welche Rechnungen schaffst du im Kopf?

a) $68 : 4$ b) $69 : 3$ c) $84 : 6$

d) $126 : 3$ e) $212 : 4$ f) $168 : 7$

g) $95 : 5$ h) $535 : 5$ i) $264 : 8$

Beispiel
$$\begin{aligned} 96 : 4 &= (80 + 16) : 4 \\ &= 80 : 4 + 16 : 4 \\ &= 20 + 4 = 24 \end{aligned}$$

6 **III** **Rechenausdrücke notieren**

Notiere wie im Beispiel zu jedem Bild drei Rechenausdrücke. Was ist einfacher, Zerlegen oder Zusammenfassen?

a)

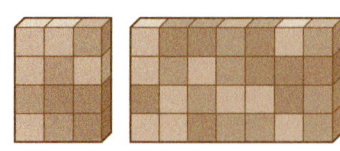

b)

c)

Beispiel

Klammerterm:	$(10 + 3) \cdot 4$
zusammengefasst:	$13 \cdot 4$
zerlegt:	$10 \cdot 4 + 3 \cdot 4$

7 **III** **Kopfrechnen auf Zeit**

Überprüfe mit der Stoppuhr, ob du alle Aufgaben aus a) in weniger als 3 Minuten richtig lösen kannst. Wie lange brauchst du für die Aufgaben in b)?

a) $16 \cdot 4$ $17 \cdot 9$ $76 : 4$ $84 : 7$ $19 \cdot 4$ $13 \cdot 8$ $248 : 8$ $126 : 6$

b) $23 \cdot 5$ $34 \cdot 7$ $165 : 5$ $88 \cdot 3$ $756 : 7$ $74 \cdot 4$ $459 : 9$ $792 : 8$

8 **II** **Geschickt rechnen durch Umverteilen**

a) $7 \cdot 12 + 8 \cdot 12$ b) $16 \cdot 7 - 5 \cdot 7$

c) $14 \cdot 13 - 6 \cdot 13$ d) $4 \cdot 17 + 7 \cdot 17$

e) $14 \cdot 8 + 14 \cdot 5$ f) $19 \cdot 18 - 8 \cdot 18$

g) $4 \cdot 13 + 4 \cdot 7$ h) $4 \cdot 31 + 31 \cdot 16$

Beispiel

$7 \cdot 13 + 4 \cdot 13$
$= (7 + 4) \cdot 13$
$= 11 \cdot 13$
$= (10 + 1) \cdot 13 = 130 + 13 = 143$

9 **II** **Passende Zahl gesucht**

a) $\blacksquare - 16 = 37$ b) $4 \cdot (6 - \blacksquare) = 12$

c) $5 \cdot (8 - 2) \cdot \blacksquare = 120$ d) $6 \cdot \blacksquare - 7 = 17$

e) $\blacksquare \cdot \blacksquare = 9$ f) $(7 - \blacksquare) \cdot 9 - 6 = 39$

g) $4 \cdot \blacksquare = 20$ h) $(6 - \blacksquare) \cdot \blacksquare = 9$

Tipp

$3 \cdot (\blacksquare + 4) = 27$

$3 \cdot 9 = 27$

Die gesuchte Zahl ist 5.

10 **III** **Platzhalter liefern unterschiedliche Ergebnisse**

Je nachdem, welche Zahl du für den Platzhalter eingibst, kommt ein entsprechendes Ergebnis heraus. Berechne den Rechenausdruck für verschiedene Eingaben.

a) $(\blacksquare + 6) \cdot 3 - 16$ Eingabe: 0, 1, 2, 3, 4, 5

b) $(2 \cdot \blacksquare + 4) \cdot 3$ Eingabe: 0, 1, 2, 10, 20

c) $(24 : \blacksquare + 10) + 5 \cdot \blacksquare$ Eingabe: 1, 2, 3, 4

d) $(\blacksquare + 1) \cdot (\blacksquare - 1)$ Eingabe: 1, 2, 3, 4, 5

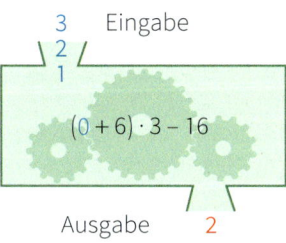

Grundwissen
zum Wiederholen

1 In Samuels Klasse gibt es 14 Mädchen. Das ist die Hälfte der Klasse. Wie viele Jungen sind in der Klasse?

2 Ein Buch hat 100 Seiten, auf jeder Seite sind 30 Zeilen, in jeder Zeile sind ca. 20 Wörter. Erstelle eine Rechenaufgabe.

11 III **Punktmuster**

Zählen ist oft langweilig und dauert lange. Manchmal kann man stattdessen auch rechnen. Das geht dann viel schneller. „Zähle" die Anzahl der Punkte, indem du rechnest. Findest du verschiedene Möglichkeiten, die Anzahl der Punkte zu berechnen?

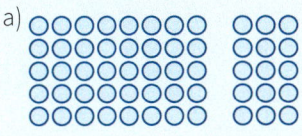

a)

b)

c)

d)

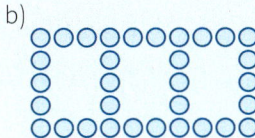

12 III **Halbschriftliches Rechnen und das Verteilungsgesetz**

Mit dem halbschriftlichen Multiplizieren und Dividieren kannst du geschickt Produkte und Quotienten ausrechnen, die fürs Kopfrechnen zu schwer sind.
Hier sind ein paar Beispiele.

4	·	3	7			
4	·	3	0	=	1 2 0	
4	·		7	=	2 8	
4	·	3	7	=	1 4 8	

2	8	7	·	4			
2	0	0	·	4	=	8 0 0	
	8	0	·	4	=	3 2 0	
		7	·	4	=	2 8	
2	8	7	·	4	=	1 1 4 8	

2 2 2 0	:	3			
2 1 0 0	:	3	=	7 0 0	
1 2 0	:	3	=	4 0	*plus*
				7 4 0	

4 9 5 0	:	5			
5 0 0 0	:	5	=	1 0 0 0	
5 0	:	5	=	1 0	*minus*
				9 9 0	

a) Beim Verteilungsgesetz geht es um Zerlegen und Zusammenfassen. Erläutere diese Begriffe im Zusammenhang mit dem halbschriftlichen Multiplizieren und Dividieren.

b) Schreibe die halbschriftlichen Rechnungen als Rechenausdrücke wie im Basiswissen auf.

c) Kannst du die Aufgabe $43 \cdot 19$ halbschriftlich rechnen? Schreibe die Rechnung auch als Rechenausdruck wie im Basiswissen auf und vergleiche.

13 III **Die Gelosia-Methode der Multiplikation**

Die Gelosia-Methode ist von dem schottischen Baron JOHN NAPIER vor mehr als 300 Jahren bekannt gemacht worden.

Die Produkte werden auf etwas ungewöhnliche Weise eingetragen.

Um mehrstellige Zahlen miteinander zu multiplizieren, haben die Menschen vor langer Zeit ein besonderes Verfahren entwickelt.

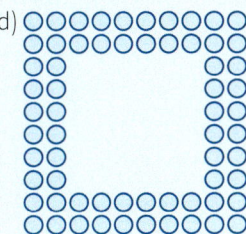

Beispiel
Berechne $74 \cdot 56$
Ohne schriftlich multiplizieren zu können, würde man schrittweise rechnen.
Man „verteilt" die Zahlen:

$74 \cdot 50 + 74 \cdot 6$
$= 70 \cdot 50 + 4 \cdot 50 + 70 \cdot 6 + 4 \cdot 6$
$= 3500 + 200 + 420 + 24$
$= 4144$

		3	5	0	0
+			2	0	0
+			4	2	0
+				2	4
		4	1	4	4

a) Finde heraus, wie die Gelosia-Methode funktioniert. Berechne mit dieser Methode das Produkt $39 \cdot 82$.

b) Berechne $287 \cdot 57$ nach der Gelosia-Methode.

Strategien bei Textaufgaben

1 Planung einer Klassenfahrt

Die Klasse 5 a plant ihre Klassenfahrt. Die Fahrt soll drei Übernachtungen beinhalten und darf mit Taschengeld die Kosten von 150 € nicht überschreiten. Die Übernachtungs-, Verpflegungs- und Buskosten betragen für jeden insgesamt 122 €.

a) Die Busfahrt kostet pro Schülerin und Schüler 35 €. Wie viel kostet ein Tag Übernachtung mit Verpflegung in der Jugendherberge?

b) Von der Jugendherberge werden verschiedene Programmbausteine angeboten. Stelle ein mögliches Programm zusammen. Wie viel Taschengeld bleibt bei deinem Programm noch übrig?

Programmbausteine *(Preis pro Schüler)*	
Tour mit dem Rafting-Boot:	12 €
Tag im Erlebnisschwimmbad:	9 €
Stadtrallye mit dem Fahrrad:	5 €
Zoobesuch:	7 €
Wildkräuter sammeln und kochen:	8 €
Besichtigung einer Glockengießerei:	5 €
Drachen bauen:	6 €
Grillabend mit Lagerfeuer:	2 €
Cocktailparty mit Disco:	4 €
Fingerfood selbstgemacht:	4 €

2 Eiffelturm – Auto – Einfamilienhaus – Elbphilharmonie

Der Eiffelturm in Paris wurde im Jahre 1889 fertiggestellt. Er besteht aus ungefähr 7300 t Stahl. Man benötigt 40 t Farbe, um ihn anzustreichen.

a) Ein großes Auto wiegt ungefähr 2 Tonnen. Wie viele Autos wiegen zusammen so viel wie der Eiffelturm?

b) Um ein Einfamilienhaus anzustreichen, benötigt man 60 kg Farbe. Wie viele Einfamilienhäuser kann man mit der Menge Farbe anstreichen, die man für den Eiffelturm benötigt?

c) Der Bau des Turms kostete 1889 ungefähr 8 Millionen Franc. 6 Franc entsprechen ungefähr einem Euro. Die Elbphilharmonie in Hamburg kostete ungefähr 866 Millionen Euro. Wie viele Eiffeltürme hätte man dafür bauen können? Warum passt der Vergleich nicht?

Partnerarbeit

3 Ein Zahlenrätsel

Naemi kennt einen Zahlentrick:

a) Probiert den Trick an Beispielen aus. Jeder sollte sich einmal eine Zahl ausdenken und einmal raten. Wie seid ihr mithilfe des Ergebnisses auf die ausgedachte Zahl gekommen? Überprüft eure Vermutung durch ein weiteres Beispiel.

b) Schreibt einen passenden Rechenausdruck für das Rätsel zu den von euch ausgedachten Zahlen auf. Gelingt euch damit eine Begründung, wie ihr auf die ausgedachte Zahl gekommen seid?

> „Denke dir eine Zahl. Multipliziere sie mit 4 und addiere dann 10. Teile das Ergebnis durch 2 und ziehe davon 5 ab. Nenne mir dein letztes Ergebnis und ich sage dir, welche Zahl du dir gedacht hast."

Bei Textaufgaben musst du zunächst das Problem verstehen. Erst dann kannst du Schritt für Schritt zur Lösung kommen.

Basiswissen

WES-125660-017

Vom Text zur Rechnung und zur Antwort

In einem Sportverein gibt es 250 Erwachsene und 100 Jugendliche. Die Erwachsenen bezahlen im Monat 8 € und die Jugendlichen 5 €. Die Vereinsführung hat festgestellt, dass in Zukunft 3000 € pro Monat benötigt werden. Die Jugendlichen sollen nicht mehr als bislang bezahlen. Wie viel müssen die Erwachsenen in Zukunft pro Monat bezahlen?

Strategie

Schritt 1:
Lies dir den Text genau durch und notiere die wichtigen Informationen.

Es gibt 250 Erwachsene, die 8 € monatlich bezahlen.
Es gibt 100 Jugendliche, die 5 € im Monat bezahlen.
Der Verein benötigt 3000 € im Monat.
Die Jugendlichen bezahlen weiterhin 5 € pro Monat.

Schritt 2:
Formuliere die Frage.

Wie viel muss ein Erwachsener im Monat bezahlen, wenn 3000 € monatlich benötigt werden und jeder Jugendliche weiterhin 5 € bezahlt?

Schritt 3:
Übersetze die Informationen in Terme.
Rechne anschließend.

Die 100 Jugendlichen bezahlen pro Monat weiterhin:
$100 \cdot 5 € = 500 €$
Die 250 Erwachsenen müssen in Zukunft zahlen:
$3000 € - 500 € = 2500 €$
Diesen Betrag auf 250 Erwachsene verteilen:
$2500 € : 250 = 10 €$

Schritt 4:
Beantworte die Frage und mache die Probe.

Die Erwachsenen müssen in Zukunft monatlich 10 € bezahlen, das heißt 2 € mehr pro Monat.
Probe: 250 Erwachsene bezahlen $250 \cdot 10 € = 2500 €$.
Dazu kommen die 500 € der Jugendlichen, zusammen sind es 3000 €.

Beispiele

A **Ein Altersrätsel**

Anni, Ben und Christian sind zusammen doppelt so alt wie Derya. Christian ist fünf Jahre jünger als Anni, Ben ist zwei Jahre älter als Christian. Anni ist 18 Jahre alt. Wie alt ist Derya?

Lösung:
Strategie: Suche die Textstelle, die ein erstes Ergebnis liefert. Suche mit diesem Ergebnis die nächste Textstelle, die ein zweites Ergebnis liefert…

Textstelle	Anni	Ben	Christian	Derya
Anni ist 18 Jahre alt.	18			
Christian ist fünf Jahre jünger als Anni.			$18 - 5 = 13$	
Ben ist zwei Jahre älter als Christian.		$13 + 2 = 15$		
Anni, Ben und Christian sind zusammen doppelt so alt wie Derya.				$(18 + 15 + 13):2$ $= 46:2 = 23$

Derya ist 23 Jahre alt.

Ein zweiter Lösungsweg

Löse die Aufgabe aus dem Basiswissen auf eine andere Art.

Lösung:

Welcher Betrag wird bisher monatlich bezahlt?	$250 \cdot 8\,€ + 100 \cdot 5\,€ = 2500\,€$
Welcher Betrag fehlt?	$3000\,€ - 2500\,€ = 500\,€$
Die 500 € auf die 250 Erwachsenen verteilen.	$500\,€ : 250 = 2\,€$
Mehrbetrag zu altem Beitrag addieren	$8\,€ + 2\,€ = 10\,€$

Übungen

4 III Eisessen

Die Eltern der Klasse 5 c haben für das Eisessen ihrer Kinder 250 € gespendet. 6 Schülerinnen und Schüler essen einen Fruchteisbecher, außerdem werden 14 Spaghettieis und 7 gemischte Eis gegessen. Es werden 9 Gläser Wasser, 18 Gläser Cola und 14 Flaschen Fruchtsaft getrunken.

a) Reichen die 250 € aus?

b) Wie viele Kinder haben mehr als ein Getränk getrunken?

Fruchteisbecher	6,00 €
Spaghettieis	5,00 €
Gemischtes Eis	4,00 €
Wasser	1,50 €
Cola	2,00 €
Fruchtsaft	2,50 €

5 III Ein Fußballspiel

In einem Fußballstadion gibt es 9000 Stehplätze und 3000 Sitzplätze. Nach einem Spiel blieben 942 Sitzplatzkarten und 2835 Stehplatzkarten übrig. Insgesamt wurden 65 802 € eingenommen. Ein Stehplatz kostet 6 €.

a) Was kostet eine Sitzplatzkarte?

b) Wie hoch sind die Einnahmen, wenn alle Karten verkauft werden?

6 III Ein Konzert

Das Konzert der Popgruppe „Blindfische" ist ausverkauft. Es gibt 240 Stehplätze, 180 Plätze im Rang und 320 Plätze im Parkett.

a) Wie hoch sind die Einnahmen für das Konzert?

b) Beim nächsten Konzert sollen alle Eintrittskarten einheitlich 15 € kosten. Was schätzt du, gibt es mehr Einnahmen, wenn das Konzert ausverkauft ist? Rechne.

c) Würden genau dieselben Besucher kommen, wenn der Eintrittspreis einheitlich 15 € beträgt? Was meinst du?

Karten und Preise	
Stehplatz	9 €
Rang	13 €
Parkett	20 €

7 III Schulfest für einen guten Zweck

Das Wilhelm-Busch-Gymnasium hat eine Partnerschule in Afrika. Die SV (Schülervertretung) beschließt, für die neuen Klassenräume der afrikanischen Schule 60 Stühle und 30 Tische zu spenden. Dazu wollen sie den Gewinn aus dem Schulfest verwenden. Notfalls soll der Elternverein helfen.
60 Stühle kosten 1200 €,
30 Tische kosten 1500 €.
Übertrage die Abrechnung in dein Heft und vervollständige sie.

Abrechnung Schulfest		
Klassen	Einnahmen	Ausgaben
5	337 €	212 €
6	208 €	96 €
7	596 €	231 €
8	453 €	395 €
9	461 €	222 €
10	515 €	419 €
11	1061 €	491 €
12	962 €	433 €

8 **II Ein Kanuausflug**

Die fünften Klassen machen einen Kanuausflug. Es sind 82 Kinder und 6 Lehrerinnen
und Lehrer. Es gibt Boote für 8 Personen,
die 30 € kosten und Boote für 12 Personen,
die 40 € kosten. Kai meint: „Wir nehmen die
großen Boote, das ist billiger."
Ist Kais Vorschlag sinnvoll?
Prüfe verschiedene Bootsverteilungen.
Finde eine Verteilung, die am günstigsten ist.

9 **II Wassertropfen**

Aus einem Wasserhahn tropft gleichmäßig Wasser, alle
5 Sekunden ein Tropfen. Ein Liter Wasser besteht aus
ungefähr 20 000 Tropfen Wasser.

a) Welche Wassermenge tropft in einer Stunde aus dem
   Hahn?
b) Wie viele Literflaschen könnte man mit dem Wasser
   füllen, das in einem Jahr aus dem undichten Hahn tropft?
c) Stell dir vor, eine Stadt hat 3000 Haushalte. In jedem ist
   ein Wasserhahn defekt. Wie groß ist dann die Verschwen-
   dung an einem Tag und in einem Jahr? Wovon musst du
   stillschweigend ausgehen, um hier rechnen zu können?

Problemlösen

10 **II Altersrätsel**

① Emil ist drei Jahre jünger als Gesa,
die 5 Jahre älter ist als Fiona. Fiona
ist 14 Jahre alt. Emil und Fiona sind
zusammen so alt wie Hubert.

② Jan, Karolin, Lena und Malte sind zusammen 62 Jahre alt. Malte ist so alt
wie Lena und Jan so alt wie Karolin.
Karolin, Lena und Jan sind zusammen
38 Jahre alt.

11 **II Wanderwege**

Eine Skizze hilft:

Bestimme die Länge aller Etappen und die Gesamtlänge der Wanderwege.
Die Wanderungen führen vom Start S an den Hütten A und B vorbei zum Ziel Z.

① Von A bis Z sind es 12 km, von S bis B
17 km und von A bis B 2 km.

② Von B bis Z sind es 10 km, von S bis A
sind es 7 km und von A bis Z 15 km.

12 **II Auf der Autobahn von Hamburg nach Aachen**

Bestimme die Entfernungsangaben, die auf den Schildern fehlen.

Münster	260 km
Dortmund	330 km
Köln	■■■ km
Aachen	■■■ km

Münster	■■■ km
Dortmund	270 km
Köln	■■■ km
Aachen	450 km

Münster	90 km
Dortmund	■■■ km
Köln	260 km
Aachen	■■■ km

13 **III Jan angelt**

Jan angelt gerne. Er geht fünf Tage auf Angeltour. Am ersten Tag angelt er eine gewisse
Menge Fische, in den fünf Tagen insgesamt 60 Fische. Er angelt jeden Tag drei Fische mehr
als am Vortag. Wie viele Fische hat er an den einzelnen Tagen geangelt?

14 ⅠⅠⅠ Kyrill

In der Nacht vom 18. Januar auf den 19. Januar 2007 gab es in Europa einen verheerenden Orkan, „Kyrill". In Nordrhein-Westfalen wurden durch Kyrill ungefähr 25 Millionen Bäume umgelegt. In Südwestfalen mussten 15 Millionen Festmeter Holz aus den Wäldern abtransportiert werden. Das entspricht der Ladung von 450 000 Lastwagen. Nach drei Monaten waren erst 3 Millionen Festmeter abtransportiert. Wegen des Überangebots an Holz sank der Holzpreis

Aufgabe 17 aus 2.5 hilft

nach dem Sturm von 55 Euro pro Festmeter auf 32 Euro pro Festmeter.
a) Schätze und berechne, wie viele Festmeter Holz ungefähr auf einen Lastwagen passen.
b) Berechne, wie viel Wertverlust am Holz durch den Sturm entstanden ist.
c) Schätze und berechne, wie viele Lastwagenladungen Holz in den drei Monaten nach dem Sturm aus den Wäldern in Südwestfalen täglich abtransportiert worden sind.

15 ⅠⅠⅠ So rechnen Archäologen

Archäologen sind Forscher, die versuchen herauszufinden, wie Menschen in der Vergangenheit gelebt haben. Häufig finden sie bei ihren Grabungen Teile menschlicher Skelette. Die Wissenschaftler wollen wissen, wie groß Menschen vor mehreren Tausend Jahren waren. Es gibt eine Faustregel, mit der man die Größe eines Menschen in Zentimeter gut schätzen kann, wenn man die Länge des Oberarmknochens kennt. Die Formel ist für Frauen und Männer verschieden.

> Multipliziere die Länge des Oberarmknochens mit 29 und addiere 700. Teile das Ergebnis durch 10. Bei Frauen muss man die Länge des Oberarmknochens mit 28 multiplizieren und 715 addieren.

a) Welcher der Rechenausdrücke beschreibt die Faustregel für Männer richtig? Begründe deine Wahl. Wie lautet die Faustregel für Frauen?
  ① ▮·(29 + 700):10   ② ▮·29 + (700:10)   ③ ▮·29 + 700):10
b) Bei Ausgrabungen wurde ein 26 cm langer Oberarmknochen eines erwachsenen Mannes gefunden. Bestimme die Größe des Mannes mit der Faustregel. Vergleiche die Größe des Mannes mit der Größe eines Mannes heutzutage.
c) Wie groß war eine Frau, deren Oberarmknochen 25 cm lang war?
d) Was denkst du: Sind die Faustregeln sehr unterschiedlich?
e) Zum Forschen: Gibt es die Länge eines Oberarmknochens, bei der ein Mann genauso groß gewesen wäre wie eine Frau?

Grundwissen
zum Wiederholen

1 Die Schattenbilder zeigen einen Körper von oben und von vorn. Welcher geometrische Körper könnte es sein?

2 Finde den größten und den kleinsten Betrag:
1,85 €; 2,80 €; 3,20 €; 2,75 €; 0,80 €; 4,00 €.

EAN – Europäische Artikelnummer

Wird im Supermarkt ein Artikel über eine Scannerkasse gezogen, so wird der Artikel anhand des Strichcodes eindeutig erkannt. Der Strichcode stellt eine dreizehnstellige Nummer, die EAN (**E**uropäische **A**rtikel **N**ummer) so dar, dass sie für den Scanner lesbar ist. Diese EAN steht auch noch einmal unter dem Strichcode. Zu jeder EAN ist in der Kasse der entsprechende Preis gespeichert, der auf dem Kassenbon angegeben wird. Die Ziffern der EAN enthalten verschiedene Informationen:

Die letzte Ziffer ist die sogenannte Prüfziffer. Mit ihr kann der Scanner berechnen, ob die Information richtig eingelesen wurde. Die Prüfziffer wird mithilfe der anderen Ziffern berechnet. Dazu multipliziert man die Ziffern von links nach rechts abwechselnd mit 1 und 3. Dann bildet man die Summe der Produkte. Die Zahl, die man zu dieser Summe noch addieren muss, damit sich eine Zehnerzahl ergibt, ist die Prüfziffer. Die Rechnung lässt sich übersichtlich in einer Tabelle darstellen:

EAN ohne Prüfziffer	4	0	0	1	0	5	7	9	0	6	1	1	
Faktor	1	3	1	3	1	3	1	3	1	3	1	3	Summe
Produkt	4	0	0	3	0	15	7	27	0	18	1	3	**78**

$78 + \mathbf{2} = 80$ (nächste Zehnerzahl), deshalb ist die Prüfziffer **2**.

QR-Codes im Buch

Sogenannte QR-Codes kann man ebenfalls scannen, sogar mit einem Smartphone. Findest du solche QR-Codes im Buch? Scanne sie und schau dir die Zusatzmaterialien an.

---

16 III **Prüfziffern bestimmen**

Bei den EAN-Nummern sind die Prüfziffern nicht lesbar. Kannst du sie bestimmen? Eine Tabelle wie im Exkurs kann helfen.

17 II **Prüfziffer schnell berechnet**

Maria ist die Arbeit mit der Tabelle zu aufwändig. Um die fehlende Prüfziffer zu bestimmen, rechnet sie für die EAN-Nummer 40 0105 79061 1 wie in der Tabelle im Exkurs:

$(4 + 0 + 0 + 7 + 0 + 1) \cdot 1 + (0 + 1 + 5 + 9 + 6 + 1) \cdot 3 = 12 \cdot 1 + 22 \cdot 3 = 12 + 66 = 78$.

Also ist die Prüfziffer 2. Kannst du Marias Verfahren erklären? Rechne auf dem gleichen Weg für die EAN-Nummern aus Aufgabe 16.

✓

Rechenvorteile

Vertauschen der Reihenfolge und Zusammenfassen verschaffen häufig Rechenvorteile.

Kommutativgesetz

$a + b = b + a$ $\qquad$ $a \cdot b = b \cdot a$

$\quad 25 + 37 + 75 \qquad\qquad 4 \cdot 38 \cdot 25$

$= 25 + 75 + 37 \qquad\quad = 4 \cdot 25 \cdot 38$

$= \ \ 100 \ \ + 37 = 137 \quad = 100 \cdot 38 = 3800$

Assoziativgesetz

$a + b + c = a + (b + c)$ $\quad$ $a \cdot b \cdot c = a \cdot (b \cdot c)$

$\quad 18 + (94 + 6) \qquad\qquad 56 \cdot (5 \cdot 20)$

$= 18 + \ \ 100 = 118 \qquad = 56 \cdot \ \ 100 = 5600$

Schriftliches Addieren

Addiere zunächst die Einer, dann die Zehner, dann die Hunderter usw. Achte auf die Überträge.

			4	9	2	0
Summanden	+			8	7	5
	+	₁	6₂	9₁	4	2
Summe		1	2	7	3	7

Schriftliches Subtrahieren

Ergänze zunächst die Einer, dann die Zehner, dann die Hunderter usw. Achte auf die Überträge.

Minuend		7	3	1	8
Subtrahend	−	2₁	3₁	6	7
Differenz		4	9	5	1

Überschlagsrechnung

Vor dem Rechnen ist eine Überschlagsrechnung empfehlenswert. Sie liefert ein ungefähres Ergebnis. So können zumindest grobe Fehler schnell erkannt werden.

Aufgabe: $\qquad 587 \cdot 7$

Überschlag: $\quad 600 \cdot 7 = 4200$

Check-up

1 ### Rechenvorteile nutzen
Berechne die Rechenausdrücke. Nutze Rechenvorteile.
a) $37 + 14 + 23$ $\qquad\qquad$ b) $103 + 84 + 47 + 6$
c) $35 + 28 − 15 + 12$ $\qquad$ d) $12 + 14 + 16 + 16 + 18 + 20$

2 ### Kopfrechnen
Rechne möglichst geschickt im Kopf. Welches Gesetz wendest du bei der Rechnung an?
a) $17 \cdot 8$ $\qquad$ b) $43 \cdot 7$ $\qquad$ c) $96 : 8$ $\qquad$ d) $132 : 12$
e) $12 \cdot 25$ $\qquad$ f) $23 \cdot 19$ $\qquad$ g) $99 \cdot 13$ $\qquad$ h) $369 : 9$
i) $1785 : 17$ $\qquad$ j) $644 : 7$ $\qquad$ k) $125 \cdot 8$ $\qquad$ l) $102 : 3$

3 ### Addieren und Subtrahieren
Mache zunächst einen Überschlag und rechne dann.
a) $234 + 5002 + 96 + 3304$ $\qquad$ b) $345 − 258 + 711$
c) $1000 − (341 + 205 + 184)$ $\qquad$ d) $99 + 999 + 9999 + 99\,999$

4 ### Zahlenmauer
In der Zahlenmauer steht die Summe der beiden direkt darunterliegenden Zahlen. Berechne den Spitzenstein.

a)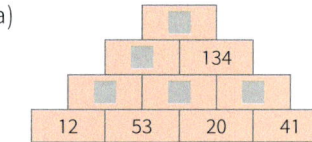
b)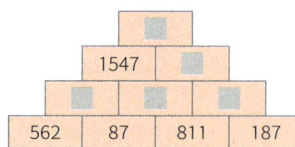

5 ### Schriftlich subtrahieren
Berechne schriftlich.
a) $857 − 253$ $\qquad\qquad$ b) $9198 − 2457$
c) $49\,231 − 13\,294$ $\qquad$ d) $11\,111 − 9999$

e)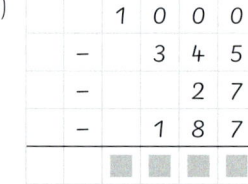
f)

g) $99\,999 − 9999 − 999 − 99 − 9$ $\qquad$ h) $98\,765 − 9876 − 987 − 98 − 9$

6 ### Fehlende Zahlen
a) ▨ $+ 346 = 738$ $\quad$ b) $6587 −$ ▨ $= 5082$ $\quad$ c) ▨ $− 2222 = 444$
d) $621 −$ ▨ $− 78 = 400$ $\quad$ e) $754 −$ ▨ $+ 2501 = 0$ $\quad$ f) $7264 + 2736 =$ ▨

7 ### Lücken füllen
Ersetze die fehlenden Stellen passend.

a)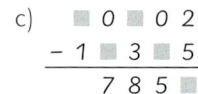
b)
c)

Schriftliches Multiplizieren

5	8	7₆	·₄	7
	4	1	0	9

Übertrag

3	4	1	·	2	7	
		6	8	2	0	341 · 20
		2	3₁	8	7	341 · 7
		9	2	0	7	

Multipliziere mit jeder Ziffer wie mit einem einstelligen Faktor und schreibe passend untereinander auf. Addiere anschließend die Produkte.

Halbschriftliches Dividieren

Strategie: Man zerlegt den Dividenden so, dass man Zahlen erhält, die man einfach durch den Divisor teilen kann.

6	8	4	:	1	2	=		
6	0	0	:	1	2	=	5	0
	6	0	:	1	2	=		5
	2	4	:	1	2	=		2
							5	7

Schriftliches Dividieren

Aufgabe: 4374 : 3

Überschlag: 4500 : 3 = 1500

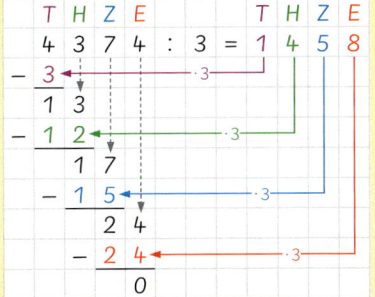

Probe:

Das Ergebnis wird mit der Umkehraufgabe überprüft: 1458 · 3 = 4374

Division mit Rest

In vielen Situationen, in denen dividiert werden muss, geht die Division nicht auf. Es bleibt ein Rest übrig.

17 : 3 = 5 Rest 2   Probe: 3 · 5 + 2 = 17

---

8   Überschlagsrechnen

Mache zunächst eine Überschlagsrechnung im Kopf. Runde oder schätze die Zahlen so ab, dass du leicht rechnen kann. Rechne dann genau. Schaffst du manche der Aufgaben auch im Kopf?

a) 23 · 38   b) 78 · 89   c) 618 · 49   d) 189 · 97

e) 392 : 7   f) 6489 : 9   g) 572 : 11   h) 1904 : 34

9   Schriftlich multiplizieren

Berechne schriftlich.

a) 4378 · 6   b) 79 263 · 4   c) 9090 · 9   d) 40 309 · 8

e) 5643 · 12   f) 8657 · 38   g) 90 909 · 909   h) 24 816 · 128

10   Auf Fehlersuche

Finde die Fehler und berechne richtig.

a)

3	7	·	5
1	8	3	5

b)

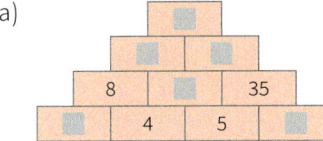

c)

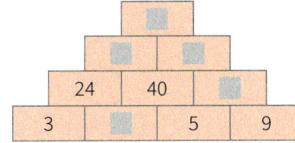

11   Fehlende Zahlen

Versuche im Kopf eine Lösung zu finden.

a) ■ · 24 = 216   b) 15 · ■ = 165   c) ■ · 3 = 333   d) 200 : ■ = 25

e) ■ : 8 = 402   f) 6060 : ■ = 60   g) 213 · ■ = 2 130 000

12   Zahlenmauer

In der Zahlenmauer steht das Produkt der beiden direkt darunterliegenden Zahlen. Berechne den Spitzenstein.

a)

```
        [ ■ ]
     [ ■ ][ ■ ]
  [ 8 ][ ■ ][ 35 ]
[ ■ ][ 4 ][ 5 ][ ■ ]
```

b)

```
        [ ■ ]
     [ ■ ][ ■ ]
  [ 24 ][ 40 ][ ■ ]
[ 3 ][ ■ ][ 5 ][ 9 ]
```

13   Halbschriftlich dividieren

Berechne halbschriftlich. Manche Aufgaben kannst du vielleicht auch im Kopf lösen.

a) 4218 : 6   b) 9090 : 9   c) 40 008 : 8   d) 5412 : 12

e) 38 760 : 38   f) 79 992 : 4   g) 90 900 : 101   h) 5580 : 18

14   Schriftlich dividieren

a) 4446 : 6   b) 8632 : 4   c) 65 128 : 7   d) 98 760 : 8

e) 7896 : 12   f) 14 274 : 18   g) 35 265 : 15   h) 70 840 : 20

15   Division mit Rest

Berechne und mache die Probe.

a) 266 : 4   b) 734 : 8   c) 1304 : 12   d) 465 : 354

16   Kopfrechnen – trotz großer Zahlen

Berechne im Kopf.

a) 300 000 − 25 000   b) 200 · 4000   c) 12 000 : 400

d) 33 333 + 66 666   e) 5000 · 5000   f) 800 000 : 200

Vorfahrtsregeln

Nur Strichrechnungen oder nur Punktrechnungen

Von links nach rechts rechnen

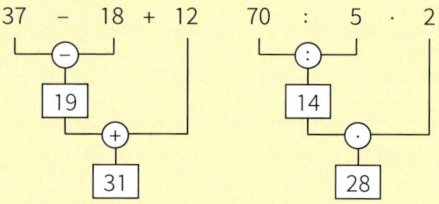

$$37 - 18 + 12 \qquad 70 : 5 \cdot 2$$

Punkt- vor Strichrechnungen

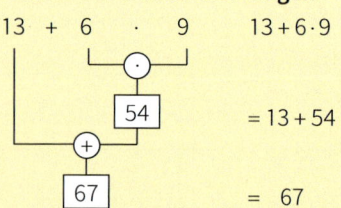

$$13 + 6 \cdot 9 \qquad 13 + 6 \cdot 9$$
$$= 13 + 54$$
$$= 67$$

Klammern zuerst

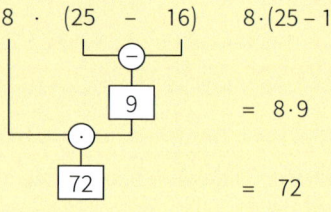

$$8 \cdot (25 - 16) \qquad 8 \cdot (25 - 16)$$
$$= 8 \cdot 9$$
$$= 72$$

Zerlegen

Statt $14 \cdot 3$ kann man geschickt $10 \cdot 3 + 4 \cdot 3$ rechnen. Man zerlegt die Zahl 14 in die Summe $10 + 4$ und multipliziert dann beide Summanden einzeln mit 3.

$$14 \cdot 3 = (10 + 4) \cdot 3 = 10 \cdot 3 + 4 \cdot 3 = 30 + 12 = 42$$

Zusammenfassen

Statt $4 \cdot 13 + 6 \cdot 13$ kann man geschickt $10 \cdot 13$ rechnen. Man fasst dazu zunächst 4 und 6 als Summe zusammen und multipliziert erst dann mit 13.

$$4 \cdot 13 + 6 \cdot 13 = (4 + 6) \cdot 13 = 10 \cdot 13 = 130$$

Distributivgesetz

$$(a + b) \cdot c = a \cdot c + b \cdot c$$

Beispiel: $(4 + 6) \cdot 11 = 4 \cdot 11 + 6 \cdot 11$

Von links nach rechts: Zerlegen:
Aus dem Produkt wird eine Summe.
Von rechts nach links: Zusammenfassen:
Aus der Summe wird ein Produkt.

---

17 Größte Zahl gesucht

Welcher Rechenausdruck ergibt die größte Zahl?

Ⓐ $2 + 3 + 4$ Ⓑ $2 \cdot (3 + 4)$ Ⓒ $2 \cdot 3 + 4$

Ⓓ $2 \cdot 3 \cdot 4$ Ⓔ $4 \cdot (2 + 3)$ Ⓕ $3 \cdot (2 + 4)$

18 Rechenbäume

Schreibe zu jedem Rechenbaum den zugehörigen Rechenausdruck auf. Rechne.

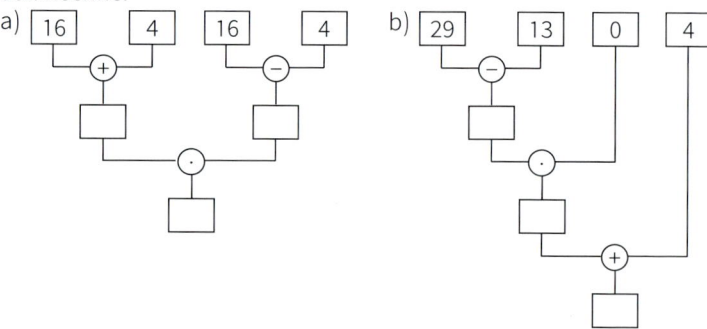

19 Rechenausdrücke berechnen

a) $9 \cdot (36 - 27)$ b) $38 - 19 - 9$ c) $(29 + 35) : (19 - 15)$

d) $24 \cdot (16 \cdot 5 - 60)$ e) $36 : 9 \cdot 4$ f) $(36 + 64) \cdot (32 - 8 \cdot 4)$

20 Vom Text zum Rechenausdruck

Übersetze die Texte in Rechenausdrücke. Berechne im Kopf oder schreibe die Einzelschritte als Nebenrechnung auf.

a) Multipliziere 3 und 12, subtrahiere vom Ergebnis 8 und teile durch 7.

b) Multipliziere die Summe von 5 und 8 mit der Differenz von 9 und 6.

c) Dividiere 72 durch 6 und addiere 3.

d) Dividiere 72 durch die Summe von 6 und 3.

21 Vom Rechenausdruck zum Text

Übersetze die Rechenausdrücke in Text und berechne sie.
Ein Rechenbaum kann beim Erstellen des Textes hilfreich sein.

a) $14 \cdot 6 + 3 \cdot 16$ b) $14 \cdot (6 + 3) \cdot 16$ c) $14 + 3 \cdot 6 + 16$

d) $(14 + 3) \cdot 6 + 16$ e) $(14 + 3) \cdot (6 + 16)$ f) $(14 + 3 \cdot 6) \cdot 16$

22 Geschickt rechnen

Rechne im Kopf, indem du geschickt zerlegst oder zusammenfasst.

a) $13 \cdot 4 + 17 \cdot 4$ b) $6 \cdot (21 + 19)$ c) $3 \cdot 29 + 7 \cdot 29$

d) $34 \cdot 7 + 3 \cdot 34$ e) $5 \cdot 42 + 12 \cdot 42 - 7 \cdot 42$ f) $(13 + 12 + 5) \cdot 12$

23 Passende Zahl gesucht

a) $4 \cdot (\blacksquare + 5) = 32$ b) $(24 - \blacksquare) \cdot 2 = 36$ c) $5 \cdot \blacksquare - 12 = 33$

d) $2 \cdot (\blacksquare \cdot 6 + 1) = 14$ e) $6 \cdot 12 - \blacksquare = 58$ f) $(12 - \blacksquare) \cdot 3 + 2 = 20$

24 Klammern setzen

Setze Klammern so, dass die Rechnung stimmt.

a) $4 + 3 \cdot 6 + 2 = 56$ b) $2 + 4 \cdot 5 + 6 = 66$ c) $3 \cdot 4 + 5 \cdot 2 = 34$

Textaufgaben

Benni hat einen 10-€-Schein zum Einkauf beim Bäcker mitbekommen. Er kauft 8 Brötchen zu je 30 Cent ein, 3 Milchhörnchen, die 65 Cent pro Stück kosten. Außerdem möchte er noch möglichst viele Croissants mitnehmen, die 1,20 € das Stück kosten.

1. Informationen:
- 8 Brötchen, 30 Cent das Stück
- 3 Milchhörnchen, 65 Cent das Stück
- Ein Croissant kostet 1,20 €

2. Fragen
- Wie viele Croissants kann er kaufen?
- Wieviel Rückgeld erhält er?

3. Rechenausdrücke erstellen und rechnen
Lösungsweg und Rechnung:
(alle Rechnungen in Cent)
- Gesamtpreis der Brötchen und Milchhörnchen berechnen:
  $8 \cdot 30 = 240$; $3 \cdot 65 = 195$
  Preis der Brötchen und Milchhörnchen:
  $240 + 195 = 435$
- Möglicher Preis aller Croissants:
  $1000 - 435 = 565$
- Anzahl der Croissants:
  $565 : 120 = 4$ Rest 85

4. Antwort und Überprüfung:
Benni kann vier Croissants kaufen und bekommt 85 Cent Rückgeld.
$4 \cdot 120 + 8 \cdot 30 + 3 \cdot 65 + 85 = 1000$

Problemlösen

Carlotta hat sich eine Zahl ausgedacht. Sie addiert 4 und teilt das Ergebnis durch 2. Sie erhält 10. Welche Zahl hat Carlotta sich ausgedacht?

Strategie: Textstelle suchen, die das erste Teilergbenis liefert.
- Teilen durch 2 liefert 10, also ist die vorletzte Zahl 20.
- 4 addieren, also ist die gedachte Zahl $20 - 4 = 16$.

25 Planung einer Klassenfahrt
Die Kinder der 5 a planen eine Klassenreise. Sie haben von August bis Mai jeden Monat 5 € gespart. Die 4 Tage in der Jugendherberge und die Anreise kosten für alle 26 Schüler insgesamt 1482 €. Wie viel muss jedes Kind noch zuzahlen?

26 Lebensmitteltransport
Ein großer Lastwagen verlässt eine Konservenfabrik. Er hat mittelgroße Dosen mit Erbsen geladen, wie du sie aus dem Supermarkt kennst. Die Dosen sind in Kartons verpackt. Auf der Ladefläche sind $25 \times 10 \times 15$ Kartons gestapelt. Berechne die Anzahl der Dosen auf dem Lkw, wenn in jedem Karton 36 Dosen sind.

27 Schlüsseldienst
Die Firma „Türauf" hilft, wenn man sich ausgeschlossen oder den Schlüssel verlegt hat. Im Stadtgebiet verlangt die Firma „Türauf" eine Grundgebühr von 55 €. Dafür ist die erste Arbeitsstunde kostenlos. Jede weitere Arbeitsstunde kostet 29 €. Schreibe eine Rechnung, wenn die Firma 1 Stunde (2 Stunden, 4 Stunden) arbeitet.

28 Blitz und Donner
Obwohl bei einem Gewitter Blitz und Donner gleichzeitig eintreten, hören wir den Donner oft viel später, als wir den Blitz sehen. Das liegt daran, dass der Schall eine Sekunde braucht, um ca. 330 Meter zurückzulegen.

a) Evi zählt 13 Sekunden zwischen Blitz und Donner. Wie weit ist das Gewitter von ihr entfernt?
b) Wie viele Sekunden nach dem Blitz hört man den Donner eines 6 km entfernten Gewitters?

29 Fehlende Ziffern
Ergänze die fehlende Ziffern.

a)

2	8	4	·	6	▓
		▓	▓	▓	▓
			▓	▓	2	▓
		▓	▓	▓	0

b)

4	0	8	·	▓	▓
		1	2	2	4
			▓	▓	3	▓
		▓	▓	▓	2

30 Schokokekse
a) Anna hat im Supermarkt eine Packung mit 20 Schokokeksen gekauft.
   Auf dem Rückweg isst sie an der ersten Kreuzung ein paar Kekse, an der zweiten doppelt so viele wie an der ersten Kreuzung, nämlich 6, und an der dritten Kreuzung noch einen mehr als an der ersten Kreuzung. Wie viele Kekse hat sie zuhause noch?
b) Annas Bruder Ben hat auch Kekse gekauft. Er isst auf dem Rückweg genauso viele wie Anna und hat zuhause noch 17 Kekse. Wie viele Kekse waren in seiner Packung?

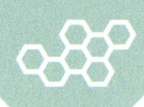

Sichern und Vernetzen
Vermischte Aufgaben zu Kapitel 2

Trainieren

WES-125660-060

Lösungen

1 ‖‖ **Gemischtes – zum Testen**

Hier treten alle Rechenarten und Rechenregeln auf, die in diesem Kapitel behandelt wurden. Du kannst mit den Aufgaben testen, wie fit du bist. Wenn du alle Aufgaben in 30 Minuten schaffst, bist du schnell.

a) $2920 : 8$ b) $34 \cdot 76$ c) $10\,013 : 17$

d) $13 \cdot 24 \cdot 50$ e) $34\,567 + 5432$ f) $(4391 - 3645) \cdot 13$

g) $(3427 + 1397) : (36 - 27)$ h) $2464 : 11 : 16$ i) $2400 : (13 - 9) \cdot 2$

2 ‖‖ **Geschickt rechnen**

Berechne möglichst geschickt im Kopf. Nutze dazu Rechenvorteile aus.

a) $295 + 37 - 95$ b) $213 \cdot 11$ c) $26 + 97 + 74$

d) $435 : 3 - 135 : 3$ e) $148 + 12 + 67 + 15 + 33$ f) $450 \cdot 9$

g) $32 \cdot 130 + 32 \cdot 870$ h) $4880 : 8$ i) $3208 : 8$

3 ‖‖ **Lücken füllen**

Fülle die Lücken.

a) $\blacksquare + 96 = 341$ b) $563 - \blacksquare = 212$ c) $8 \cdot \blacksquare = 136$

d) $\blacksquare : 6 = 25$ e) $84 : \blacksquare = 4$ f) $\blacksquare - 82 = 410$

g) $(64 + \blacksquare) \cdot 3 = 240$ h) $(\blacksquare - 12) \cdot 12 = 12$ i) $\blacksquare : (12 - 8) = 12$

j) $18 + 3 \cdot \blacksquare = 30$ k) $360 - \blacksquare \cdot 2 = 200$ l) $(360 - \blacksquare) \cdot 2 = 200$

4 ‖‖ **Rechentabellen – Intensivtraining**

a) Fülle die Tabelle aus.

b) Ersetze das „Plus" durch „Mal".

c) Ersetze das „Plus" durch

   ① „Minus"   ② „Geteilt durch"

   Welche Felder müssen in c) leer bleiben?

+	45	128	100	72	8
9	■	■	■	■	■
23	■	■	■	■	■
156	■	■	■	■	■
200	■	■	■	■	■
412	■	■	■	■	■

5 ‖‖ **Viele Subtrahenden**

Berechne. Eine Aufgabe geht auch gut im Kopf.

a) $34\,561 - 768 - 1201 - 51$ b) $7865 - 679 - 8 - 2000$

c) $40\,563 - 2400 - 163 - 600$ d) $200\,008 - 2008 - 208 - 28$

e) $12\,265 - 67 - 197 - 3005$ f) $65\,536 - 32\,768 - 16\,384 - 8192 - 4096$

6 ‖‖ **Additionsmauer und Multiplikationsmauer**

a) Additionsmauer   b) Multiplikationsmauer

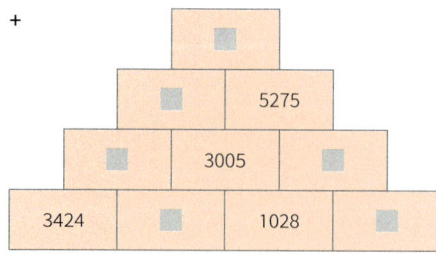

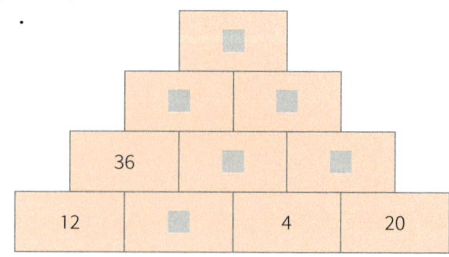

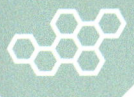

7 Ⅱ **Schriftlich dividieren**

Mache zunächst einen Überschlag. Berechne dann und mache die Probe. Berücksichtige, dass manchmal ein Rest auftritt.

a) $218\,988 : 7$

b) $3492 : 12$

c) $52\,448 : 6$

d) $68\,472 : 18$

e) $9\,002\,008 : 8$

f) $123\,456\,789 : 2$

g) $52\,500 : 350$

h) $25\,135 : 25$

i) $789\,789 : 13$

8 Ⅱ **Vorfahrtsregeln beachten**

Berechne unter Beachtung der Vorfahrtsregeln. Skizziere jeweils einen Rechenbaum.

a) $38 - 4 \cdot 9$

b) $2 \cdot 7 + 3 \cdot 5 - 4 \cdot 6$

c) $(5 \cdot 11 - 10) : 9$

d) $(8 + 13) \cdot 6 - 5$

e) $58 : 2 + (65 + 23) : 8$

f) $(88 - 33 : 11) : 5$

g) $4 \cdot (50 + 12 \cdot 3 - 36)$

h) $[30 - (257 + 23) : 14] \cdot 17$

9 Ⅲ **Vom Rechenbaum zum Rechenausdruck**

Übersetze in Rechenausdrücke und berechne.

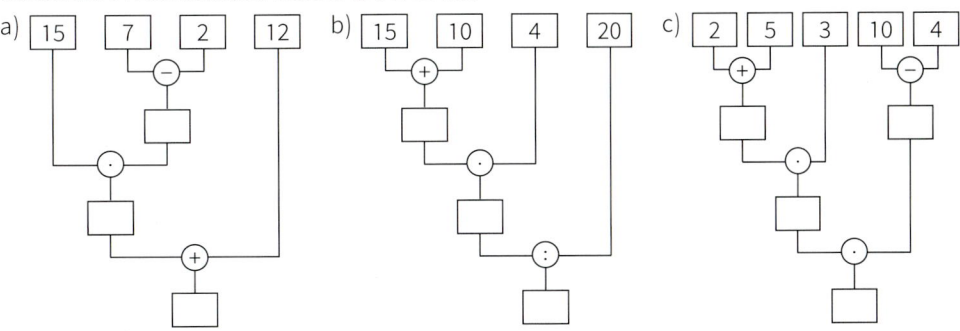

Verstehen

10 Ⅱ **Ja oder nein?**

Gib jeweils ein Beispiel an.

a) Kann ein Produkt kleiner sein als einer der Faktoren?

b) Gibt es Subtraktionsaufgaben, bei denen Subtrahend und Differenz übereinstimmen?

c) Können Quotient und Dividend gleich sein?

d) Kann ein Quotient größer sein als der Divisor?

e) Kann sich eine Summe verdoppeln, wenn man einen der Summanden verdoppelt?

11 Ⅱ **Was passiert?**

Wie verändert sich der Wert eines Produkts, wenn du

a) einen Faktor verdoppelst?

b) zwei Faktoren verdoppelst?

12 Ⅱ **Was passiert, wenn?**

Wie verändert sich der Wert eines Quotienten, wenn du

a) den Divisor verdoppelst?

b) den Dividenden verdreifachst?

c) Dividend und Divisor verzehnfachst?

d) den Dividenden halbierst und den Divisor verdoppelst?

13 Ⅱ **Die Sache mit der Null**

Welche der folgenden Gleichungen ist richtig, welche falsch? Begründe. Du kannst z. B. mit der Umkehraufgabe argumentieren.

a) $0 : 2 = 0$

b) $3 : 0 = 3$

c) $5 : 5 = 0$

d) $0 : 123 = 0$

e) $9 : 0 = 0$

f) $6 : 6 = 1$

14 ‖ Klammern richtig setzen

Bei den Rechenausdrücken sind die Klammern verloren gegangen. Setze sie so, dass die Gleichung stimmt.

a) $15 + 18 : 3 = 11$

b) $7 \cdot 3 + 7 : 10 = 7$

c) $2 \cdot 9 + 8 - 14 : 2 = 6$

d) $24 + 3 + 2 + 1 \cdot 3 - 42 = 0$

15 ‖‖ Was haben die Zahlen gemeinsam?

Schreibt man eine dreistellige Zahl zweimal nebeneinander, so erhält man eine sechsstellige Zahl (z. B. 456 456). Solche Zahlen sind immer durch 7, 11 und 13 teilbar.

a) Teile 456 456 (528 528) durch 7. Dividiere das Ergebnis durch 11 und das neue Ergebnis durch 13. Probiere das gleiche Verfahren auch mit selbst ausgedachten Zahlen. Fällt dir etwas auf?

b) Multipliziere die Zahlen 7, 11 und 13 miteinander. Kannst du damit erklären, warum alle zweimal aneinandergehängten dreistelligen Zahlen durch 7, 11 und 13 teilbar sind?

Anwenden

16 ‖ So viel läuft ein Fußballspieler

Ein Fußballspieler läuft pro Spiel durchschnittlich 8500 Meter. In einem Jahr finden ca. 40 Spiele statt. Welche Strecke legt ein Spieler bei allen Spielen insgesamt zurück, wenn er 7 Jahre in der Mannschaft spielt? Schätze zuerst.

17 ‖ Puzzle

Bei den meisten Puzzlen sind die Teile ungefähr gleich groß und in Reihen geordnet.

a) Ein Puzzle hat 1000 Teile. In einer Reihe sind 40 Teile. Wie viele Reihen sind es?

b) Ein anderes Puzzle hat 864 Teile. Es liegen 36 Teile in einer Reihe. Könnten es auch 54 Teile sein? Ermittle jeweils die Anzahl der Reihen.

c) Ein Puzzle hat 720 Teile. Finde so viele Aufteilungen wie möglich. Welche ergeben ein sinnvolles Puzzle?

18 ‖ Ein Smartphone

Ein Smartphone kostet bei Barzahlung 500 €. Man kann es aber auch in Raten bezahlen. Dann zahlt man über einen längeren Zeitraum monatlich nur einen bestimmten Betrag. Insgesamt hat man dann aber mehr als bei Barzahlung bezahlt. Ein Laden macht folgende drei Angebote.

	Rate	Zeitraum
A	50 €	12 Monate
B	30 €	24 Monate
C	20 €	48 Monate

a) Welcher Gesamtpreis ergibt sich jeweils bei den Angeboten? Wie viel spart man bei Barzahlung?

b) Der Händler möchte noch zwei weitere Angebote machen. Bestimme einen sinnvollen Zeitraum für D und eine sinnvolle monatliche Rate für E.

	Rate	Zeitraum
D	10 €	▮
E	▮	6 Monate

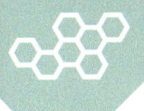

19 II **So viel fährt ein Geschäftsmann**

Herr Hurtig arbeitet im Vertrieb eines Pharmaunternehmens, d. h. er besucht Ärzte, um für Medikamente zu werben. Dazu ist er sehr viel unterwegs. Am 1.1.2018 weist der Kilometerzähler seines Firmenwagens einen Stand von 35 748 auf. Am 31.12.2018 ist der Kilometerstand auf 62 798 gestiegen. Sein Dienstfahrzeug verbraucht durchschnittlich 8 Liter Benzin auf 100 Kilometer.

Wie viel Benzin hat Herr Hurtig im Jahr 2018 verfahren? Wie hoch waren die Benzinkosten, wenn ein Liter durchschnittlich 1,50 € gekostet hat?

20 II **Ein Containerschiff**

1 Tonne sind 1000 Kilogramm

Ein Containerschiff hat 113 430 Tonnen geladen. Die Ladung befindet sich in Containern, von denen jeder ungefähr 15 Tonnen wiegt.

a) Schätze zunächst, wie viele Container sich auf dem Schiff befinden und rechne dann.

b) Die Container stehen auf dem Schiff in 18 Reihen mit jeweils 30 Containern. Wie viele Container stehen übereinander, wenn der Platz vollständig genutzt wird?

c) Ein Container ist ca. 6 m lang. Wenn man alle Container hintereinander aufstellt, wie lang wird die Reihe?

21 II **Passende Formel gesucht**

Familie Travel möchte ein Wohnmobil ausleihen, um durch Norwegen zu fahren. Der Mietpreis beträgt 90 € pro Tag. Dazu kommen noch 125 € Versicherungsgebühren.

a) Für wie viele Tage kann Familie Travel das Wohnmobil mieten, wenn sie maximal 2000 € ausgeben möchte?

b) Markus Travel erstellt eine Formel, in die er nur noch die Tage einsetzen muss, um den Gesamtpreis zu errechnen. Welche Formel passt?

① $(90 + 125) \cdot \blacksquare$ ② $90 \cdot \blacksquare + 125$ ③ $90 \cdot (\blacksquare - 2) + 125$

Findest du für die beiden anderen Formeln eine passende Situation?

Problemlösen

22 II **Der Markt von Dunkeldorf**

In der Stadt Dunkeldorf findet jährlich ein Markt statt. Bevor die Bauern dort aber ihre Ware verkaufen dürfen, will der gierige Fürst einen Teil der Ware als Zoll haben. An jedem Stadttor möchte er die Hälfte und noch ein Stück dazu haben.

a) Der Apfelbauer Kurt hat 1614 Äpfel und muss drei Stadttore passieren. Wie viele Äpfel hat er nach dem ersten Stadttor? Mit wie vielen Äpfeln kommt er auf dem Markt an?

b) Der Birnenbauer Adelbert muss auch drei Stadttore passieren und kommt mit 30 Birnen auf dem Markt an. Wie viele Birnen hatte Adelbert noch vor dem letzten Stadttor? Mit wie vielen Birnen ist er losgegangen?

23 III **Ein Füllproblem**

Du hast zwei Eimer zur Verfügung. In den einen Eimer passen genau 4 Liter Wasser und in den anderen 9 Liter. Es gibt keine Markierungen an den Eimern. Du darfst die Eimer so oft mit Wasser füllen, wie du möchtest und auch so oft Wasser von einem Eimer in einen anderen umfüllen, wie du möchtest. Am Ende sollen in dem 9-Liter-Eimer nur noch genau 6 Liter Wasser sein. Tipp: Beginne mit dem gefüllten 9-Liter-Eimer.

3 Größen und Einheiten

Der Große Panda oder Bambusbär ist ein Säugetier aus China. In der freien Wildbahn leben weniger als 2000 Tiere. Ein Panda kann ausgewachsen etwa 80 bis 160 kg schwer und bis zu 140 cm groß werden. Er erreicht ein Alter von bis zu 20 Jahren. Täglich fressen Pandas 10 bis 16 Stunden und genießen dabei 10 bis 14 kg Bambus.

Das Weibchen trägt die Jungtiere nur etwa zwei Monate und bringt dann ein bis drei Junge zur Welt. Ein neugeborener Panda wiegt ungefähr 100 g, also so viel wie eine Tafel Schokolade.

Längen

1   Von Ellen und Füßen

Vor mehr als 5000 Jahren herrschte der Pharao als Gottkönig über das Volk von Ägypten. Seine eigenen Körperabmessungen wurden verwendet, um den Handel und das Messen von Entfernungen zu regeln.

a) Betrachte das Bild. Welche Körpermaße verwendeten die Ägypter zum Messen?

b) Schätze die entsprechenden Längen deiner Körpermaße und überprüfe deine Schätzung durch Nachmessen mit einem Lineal.

c) Mit zwei Kreidestrichen könnt ihr die Länge eurer eigenen Elle an der Tafel auftragen. Gebt eure Ellenlänge in Zentimetern an und erstellt eine Klassenrangliste.

d) Früher benutzten Kaufleute ihre eigene Elle zum Abmessen. Angenommen, jeder Kaufmann würde eine Elle Stoff zum selben Preis verkaufen.
Welcher Kaufmann macht das beste Geschäft?

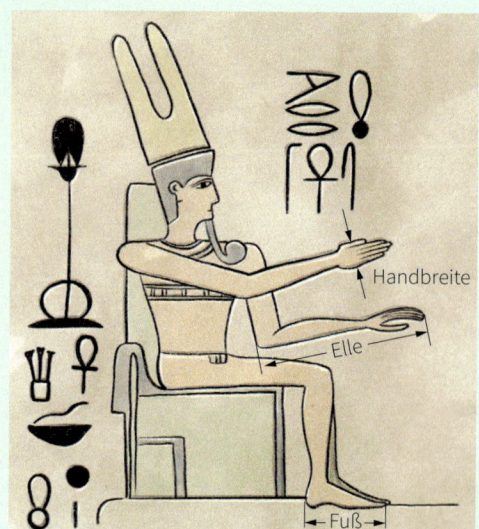

Handbreite

Elle

Fuß

2   Das Lineal ist unbestechlich

Für diese Aufgabe brauchst du nur ein unlinertes Blatt, einen Bleistift, ein Lineal und ein wenig Münzgeld.

a) Zeichne ohne zu messen gerade Linien von geschätzten 3 cm und 10 cm Länge. Überprüfe die Längen mit dem Lineal.

b) Schätze die Durchmesser der verschiedenen Geldmünzen und schreibe sie in einer Tabelle auf. Miss dann nach und vergleiche die Messwerte mit deinen Schätzwerten.
Wie groß waren die Abweichungen?

Münze	Durchmesser in mm		Abweichung
	Schätzwert	Messwert	
2 Euro	▪	▪	▪
1 Euro	▪	▪	▪
10 Cent	▪	▪	▪
1 Cent	▪	▪	▪

3   Spannweiten

Bei Vögeln nennt man den Abstand von Flügelspitze zu Flügelspitze Spannweite.
Ordne die Spannweiten der Größe nach und lege im Heft eine Rangliste an.
Lege anschließend die Spannweiten mit einer Schnur aus.

Vogel	Kolibri	Uhu	Albatros	Buntspecht	Blaumeise
Spannweite	72 mm	75 cm	3,2 m	48 cm	200 mm

Basiswissen

WES-125660-018

Vorsilben
Kilo – tausend
Dezi – ein Zehntel
Zenti – ein Hundertstel
Milli – ein Tausendstel

Größen – Maßzahl und Maßeinheit

Größen begegnen dir als messbare Eigenschaften von Gegen-ständen aber auch von Zuständen und Vorgängen. Die Länge ist ein Beispiel für eine Größe. Größen sind aus Maßzahl und Maßein-heit zusammengesetzt.
Verschiedene Maßeinheiten sind wichtig: Es ergibt keinen Sinn, die Entfernung nach Mainz in Millimetern anzugeben.

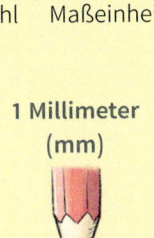

Maßzahl   Maßeinheit

Längeneinheiten

1 Kilometer (km)

kurzer Spaziergang

1 Meter (m)

großer Schritt

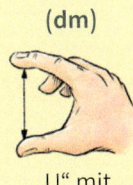

1 Dezimeter (dm)

„U" mit der Hand

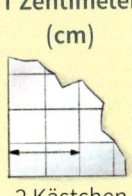

1 Zentimeter (cm)

2 Kästchen

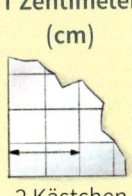

1 Millimeter (mm)

Breite eines i-Punkts

Längeneinheiten umwandeln mit Umrechnungszahlen

Umrechnungszahlen

$\cdot 1000$
$1\,km = 1000\,m$
$: 1000$

$\cdot 10$
$1\,m = 10\,dm$
$: 10$

$\cdot 10$
$1\,dm = 10\,cm$
$: 10$

$\cdot 10$
$1\,cm = 10\,mm$
$: 10$

Beispiele

A   Von einer größeren in eine kleinere Einheit umwandeln
Rechne die Länge in die angegebene Einheit um.   a) 21 km in m   b) 8 dm in mm

Lösung:
Multipliziere mit der Umrechnungszahl.

$\cdot 1000$
a) $21\,km = 21\,000\,m$

$\cdot 10 \quad \cdot 10$
b) $8\,dm = 80\,cm = 800\,mm$

B   Von einer kleineren in eine größere Einheit umwandeln
Rechne die Länge in die angegebene Einheit um.   a) 42 000 m in km   b) 300 mm in dm

Lösung:
Dividiere durch die Umrechnungszahl.

$: 1000$
a) $42\,000\,m = 42\,km$

$: 10 \quad : 10$
b) $300\,mm = 30\,cm = 3\,dm$

Übungen

4   ⫾⫾⫾   Messen in der Schule
Schätzt zuerst und messt dann nach.
Wie breit sind eure Schulflure? Wie hoch ist euer Klassenraum?
Erstellt eine Tabelle und überlegt euch noch weitere Längen, die ihr schätzen und messen könnt.

5 ||| **Längen in die nächstkleinere Einheit umrechnen**

Rechne mithilfe der Umrechnungszahlen alle Längen in die nächstkleinere Einheit um.

a) 25 cm   b) 20 dm   c) 450 km   d) 850 cm   e) 67 m   f) 42 km

6 ||| **Längen in die nächstgrößere Einheit umrechnen**

Rechne mithilfe der Umrechnungszahlen alle Längen in die nächstgrößere Einheit um.

a) 250 cm   b) 20 dm   c) 450 mm   d) 850 cm   e) 22 000 m   f) 500 m

7 ||| **Notiere in anderen Längeneinheiten**

Gib mithilfe der Umrechnungszahlen alle Längen in jeweils zwei anderen Maßeinheiten an, falls möglich.

a) 30 cm   b) 20 dm   c) 450 mm   d) 850 cm   e) 6700 m   f) 45 mm

8 ||| **Längen vergleichen**

Gib jeweils die größere der beiden Längen an. Wandle dazu vorher in eine gemeinsame Einheit um.

a) 6 m; 50 dm   b) 2500 m; 3 km   c) 65 cm; 600 mm   d) 580 cm; 5 dm

---

Umwandeln mit der Einheitentabelle

Die **Einheitentabelle** ist ein nützliches Werkzeug, um die gleiche Länge mit verschiedenen Längeneinheiten darzustellen.

Tipp: Ergänze Nullen.

km			m			dm	cm	mm
H	Z	E	H	Z	E			
				1	2	6	5	
					0	7	3	
		2	5	0	0			

Das Komma trennt die Einheiten.

1265 cm = 12 m 65 cm = 12,65 m

73 cm = 7,3 dm = 0,73 m

2,5 km = 2 km 500 m = 2500 m

---

9 ||| **Mit der Einheitentabelle in eine kleinere Einheit umwandeln**

Wandle in die nächstkleinere Einheit um. Verwende dazu eine Einheitentabelle.

a) 6,2 cm;   3,59 m;   15 km;   8,2 dm   b) 2,005 km;   34,75 m;   37 dm;   11,1 m

10 ||| **Mit der Einheitentabelle in eine größere Einheit umwandeln**

Wandle in die nächstgrößere Einheit um. Setze auch hier eine Einheitentabelle ein.

a) 75 dm;   340 m;   0,7 m;   45 mm   b) 2,6 cm;   72 m;   172 dm;   321 cm

11 || **Längen beurteilen und vergleichen**

Mein Schulweg ist 31 178 800 cm lang.	Ich fahre jeden Morgen mit dem Bus 156 320 dm.	Mein Kinderzimmer ist 4524 mm lang.

Können die Angaben stimmen? Wandle die Längenangaben so um, dass praktisch sinnvolle Angaben entstehen. Runde falls nötig.

12 || **Umwandeln mit gemischten Einheiten**

Wandle in die angegebene Einheit um.

a) 1 km 250 m in m;   5 m 215 mm in mm;   30,5 cm in mm;   64 km 32 m in km

b) 157 cm in m;   2730 m in km;   0,29 m in cm;   103,4 cm in mm

13 II **Längen ordnen**

Ordne die Längen der Größe nach. Wandle sie zunächst in gleiche Einheiten um.
a) 400 mm; 2 dm 7 cm; 32 cm; 3,4 dm   b) 3,2 km; 2300 m; 3 km 75 m; 2 km 350 m
c) 202 m; 2002 dm; 200 m 27 dm; 200,2 m   d) 80 cm 7 mm; 8,7 dm; 87,2 cm; 7 dm 8 cm

14 II **Längen addieren und subtrahieren**

Berechne.
a) 78 cm + 213 cm   b) 374 mm + 58 mm   c) 725 m – 237 m
d) 321 dm – 278 dm   e) 2 km + 5 km 770 m   f) 27 dm 6 cm + 38 dm 3 cm
g) 7 m 9 dm + 14 m 8 dm   h) 72 m 13 cm – 59 m 21 cm   i) 2 m 75 cm – 1 m 99 cm

15 II **Mit Längen rechnen**

Berechne. Gib das Ergebnis in der größeren und der kleineren der gegebenen Maßeinheit an.
a) 3 km – 700 m   b) 37 mm + 18 cm   c) 48 cm 9 mm + 27 cm 5 mm
d) 520 m – 37 m 5 dm   e) 12,3 m + 8 dm   f) 27,4 dm – 1 dm 6 cm
g) 32,7 m + 8 m 9 dm   h) 7,5 cm – 9 mm   i) 5,005 m – 5,1 cm

16 II **Umzugskisten**

Auf einer Rolle sind 32 m Klebeband. Mit dem Klebeband sollen Umzugskisten zugeklebt
werden. Für eine Kiste braucht man für Deckel und Boden jeweils 80 cm lange Klebestreifen.
Berechne, wie viele Kisten man mit der Rolle zukleben kann.

17 II **Höhe berechnen**

Das Auto von Lisas Eltern ist 1,61 m hoch. Auf dem Autodach ist eine Gepäckbox auf einem
Dachträger montiert. Der Dachträger ist 9 cm hoch, die Gepäckbox 38 cm.
Können Lisas Eltern in ein Parkhaus mit einer Durchfahrtshöhe von 2,10 m hineinfahren?

18 II **Olympische Rekorde**

In der Tabelle sind Ergebnisse von vier
Disziplinen verschiedener Olympischer
Spiele aufgelistet.
a) Übertrage die Tabelle in dein Heft und
   ergänze Maßeinheiten und Kommas.
b) Berechne die Unterschiede zwischen den
   Ergebnissen von 1896 und 2016.
c) Berechne die Unterschiede zwischen den Ergebnissen von Seoul und Rio de Janeiro.

Disziplin	Athen 1896	Seoul 1988	Rio 2016
Weitsprung	635	872	838
Hochsprung	181	238	238
Dreisprung	1371	1762	1786
Kugelstoßen	1122	2247	2252

19 II **Sägearbeiten**

Ein 1,80 m langes Brett soll in neun gleich lange Stücke zerschnitten werden.
Berechne, wie lang jedes Stück wird. Gib an, wie viele Schnitte notwendig sind.

20 II **Schneckentagebuch**

Mo	Di	Mi	Do	Fr	Sa	So
394 cm	140 dm	2 000 mm	400 cm	6,1 m	33 dm	111 dm

Berechne, welche Strecke die Schnecke in einer Woche zurücklegt.

Grundwissen

1 Berechne im Kopf   a) 35 – 7 · 3   b) 48 · 2 – 90   c) 20 · 20 – 2 · 20

2 Runde die Zahlen auf die angegebene Stelle
a) 725 480 auf Zehntausender   b) 4570 auf Hunderter   c) 14 500 auf Tausender

21 ‖ Haarig, haarig

Jedes einzelne deiner Kopfhaare wächst jeden Monat um 10 mm.

a) Miss die Länge eines deiner Haare. Berechne, wie lange es gedauert hat, um diese Länge zu erreichen.

b) Angenommen, du hast 100 000 Kopfhaare. Berechne, wie viel Meter alle Kopfhaare zusammen in einem Monat wachsen.

22 ‖ Kleine Große Panda Babys

a) Um das Wievielfache größer als das Baby ist die Mutter des kleinen Pandas mit ihrer Größe von 1,26 m?

b) Wie ist das Größenverhältnis beim Menschen: Baby 50 cm, Mutter 175 cm?

> Nachricht aus dem Zoo:
> Nachwuchs bei unserem Großen Panda angekommen. Das Baby ist sehr klein, blind, ist rosa und hat wenig Haare. Seine Körperlänge beträgt ungefähr 18 cm.

23 ‖ Längenrekorde im Tierreich

Tier	Blauwal	Zwergspitzmaus	afrikanischer Elefant	Goldhamster	Grizzly-Bär
Länge	33 m	66 mm	7,5 m	19,8 cm	300 cm

a) Zeichne für Wal, Elefant und Bär ein Säulendiagramm zum Vergleich ihrer Körperlängen.

b) Ein Blauwal ist 500-mal so lang wie eine Spitzmaus. Vergleiche entsprechend die Längen von Blauwal und Grizzly-Bär, sowie die Längen von Goldhamster und Zwergspitzmaus.

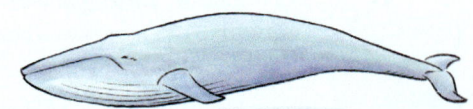

Exkurs

Woher stammt der Meter?

1795, vor mehr als 200 Jahren, wurde der Meter als der vierzigmillionste Teil des Erdumfangs festgelegt. Denkst du dir ein Band um den Äquator, so hätte dies die unglaubliche Länge von 40 000 000 Meter.

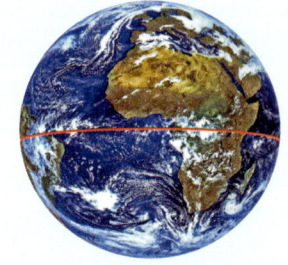

Im Jahr 1889 entschied man sich, ein dauerhaftes Modell eines Meters herzustellen, das sogenannte Urmeter.

Dieses Modell wird noch heute in Paris aufbewahrt. Alle Zollstöcke, Lineale und Bandmaße sind durch direkten oder indirekten Vergleich mit dem Urmeter entstanden.

---

24 ‖ Allerlei mit Längen

Notiere jeweils eine passende Rechenaufgabe zum Text. Gib auch einen Antwortsatz an.

a) Ein Wohnhaus besteht aus drei Stockwerken und einem Spitzdach. Jedes Stockwerk ist 2,75 m hoch. Das Spitzdach besitzt eine Höhe von 6,52 m.

b) Paul misst nach. Wenn sich die Räder seines Fahrrades beim Schieben genau einmal um ihre eigene Achse gedreht haben, ist das Fahrrad um 2,10 m vorwärts gerollt. Während einer Fahrradtour hat sich jedes der Räder des Fahrrades 10 000-mal um die eigene Achse gedreht.

c) Auf der Landkarte liegen Düsseldorf, Frankfurt und München fast auf einer geraden Linie. Frankfurt ist von Düsseldorf längs der Luftlinie 180 km entfernt. München ist von Frankfurt entsprechend 330 km entfernt.

3.2 Maßstäbe

1:18 sprich: „1 zu 18"

1 Auf den Maßstab kommt es an

Moritz betrachtet die Modelle eines Polizei-
autos in den Maßstäben 1:18 und 1:72.
Unter dem Maßstab 1:18 versteht man, dass
1 cm im Modell 18 cm in der Wirklichkeit
entspricht.

a) Was versteht man unter dem Maßstab 1:72?
b) Welcher Maßstab gehört zu welchem Modell? Begründe.
c) Das größere der beiden Modellautos ist
   24 cm lang. Wie lang ist wohl das Original
   und wie lang ist das andere Modell?
d) Auch bei dir zuhause begegnen dir viele unterschiedliche Maßstäbe: Auf Wander- und
   Straßenkarten oder Hausplänen, aber auch bei Tierfiguren und Modellen. Welche unterschiedlichen Maßstäbe findest du?

2 Verschiedene Karten – verschiedene Maßstäbe

a)

Maßstab: 1:500 000
Wie lang ist die eingezeichnete Luftlinie
von Bensersiel nach Langeoog auf der
Karte und in Wirklichkeit?

b)

Die Entfernung von Göttingen nach
Northeim beträgt 21 km (Luftlinie).
Wie lang ist diese Linie auf der Karte?
Wie viel Kilometer entsprechen 1 cm auf
der Karte? Berechne den Maßstab.

3 Läusegefahr

In Luises Kindergarten gibt es Läuse. Luises
älterer Bruder Tim zeigt ihr die Abbildung einer
Laus. Luise sagt: „Oh je, die sieht aber ziemlich
gefährlich aus."
Tim beruhigt Luise: „Du musst keine Angst
haben. Die Laus ist in der Abbildung im Maßstab 10 zu 1 vergrößert."
Sollte sich Luise Sorgen machen? Wie groß ist
die hier abgebildete Laus in Wirklichkeit?

Maßstäbe

Landkarten, Baupläne und viele Zeichnungen geben die Wirklichkeit verkleinert wieder. In manchen Fällen wird etwas auch vergrößert dargestellt, wie z.B. beim Mikroskopieren.

Der Maßstab gibt an, wievielmal so groß oder wievielmal so klein eine Strecke in Wirklichkeit im Vergleich zu der Karte, der Zeichnung oder dem Modell ist.

Verkleinerung

Der Maßstab 1:100 bedeutet:
1 cm auf dem Plan entspricht 100 cm = 1 m in der Wirklichkeit.

Sprechweise: „Maßstab 1 zu 100"

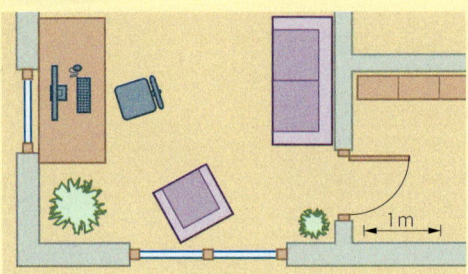

Wohnungsplan im Maßstab 1:100

Vergrößerung

Der Maßstab 500:1 bedeutet:
500 mm in der Vergrößerung entsprechen 1 mm in der Wirklichkeit.

Sprechweise: „Maßstab 500 zu 1"

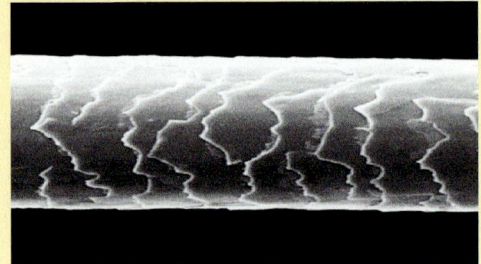

Menschliches Haar im Maßstab 500:1

Beispiele

A **Karte richtig lesen**
a) Auf einer Karte mit dem Maßstab 1:4 000 000 beträgt die Entfernung von Duisburg nach Amsterdam 4 cm Luftlinie. Wie weit ist dies in der Wirklichkeit?
b) Die Entfernung von Köln nach Nizza in Frankreich beträgt 800 km Luftlinie. Wie weit ist die Entfernung auf derselben Karte?

Lösung:
a) 1 cm auf der Karte entspricht 4 000 000 cm in Wirklichkeit. Das sind umgerechnet in Kilometer: 4 000 000 cm = 40 000 m = 40 km.
4 cm auf der Karte entsprechen 4 · 40 km = 160 km.
Die Entfernung von Duisburg nach Amsterdam beträgt 160 km Luftlinie.
b) Wandle die Entfernung in Zentimeter um: 800 km = 800 000 m = 80 000 000 cm
80 000 000 cm : 4 000 000 = 20 cm
800 km Luftlinie entsprechen auf der Karte 20 cm.

B **Vergrößerung**
Ein Mikroskop vergrößert im Maßstab 20:1. Der Fühler eines Käfers erscheint unter dem Mikroskop mit einer Länge von 4 cm. Wie lang ist der Fühler in der Wirklichkeit?

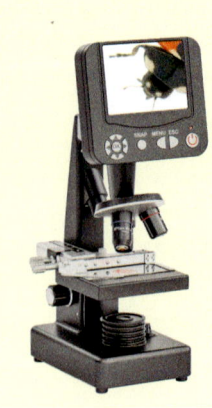

Lösung:
Eine Vergrößerung von 20:1 bedeutet: 20 mm in der Vergrößerung entsprechen 1 mm in der Wirklichkeit, d. h. das Mikroskop vergrößert um das 20-fache.
Die Länge des Fühlers ist unter dem Mikroskop 4 cm = 40 mm.
Die Länge des Fühlers in der Wirklichkeit ist 40 mm : 20 = 2 mm.
Der Fühler hat in der Wirklichkeit eine Länge von 2 mm.

Übungen

4 ‖ **Maßstab 1 : 200**

a) Eine Sporthalle mit einer Länge von 40 m und einer Breite von 30 m wird auf einem Plan im Maßstab 1 : 200 eingezeichnet. Wie lang und breit ist diese Halle auf dem Plan?

b) Auf dem Plan ist bereits ein Gebäude eingezeichnet. Es hat auf dem Plan eine Länge von 10 cm und eine Breite von 8 cm. Wie lang und breit ist dieses Gebäude in Wirklichkeit?

5 ‖ **Entfernungen auf der Karte und in der Wirklichkeit**

a) Bestimme die Länge der Luftlinie von Münster nach Osnabrück. Verwende die Karte, die im Maßstab 1 : 1 500 000 gezeichnet ist. Beschreibe, wie du vorgehst.

b) Die Entfernung von Münster nach Bielefeld beträgt ca. 60 km Luftlinie. Wie lang müsste die Entfernung zwischen den beiden Städten auf der Karte sein? Überprüfe.

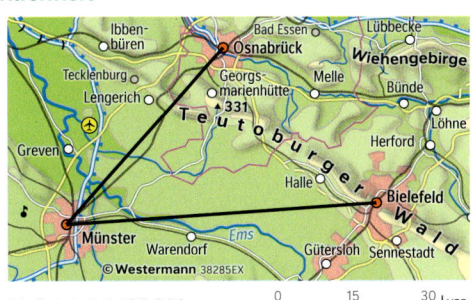

Maßstab 1 : 1 500 000

0   15   30 km

6 ‖ **Mit Maßstäben rechnen**

Übertrage die Tabelle in dein Heft und fülle die Lücken.

Maßstab	Länge in der Wirklichkeit	Länge auf der Karte
1 : 15 000		7 cm
1 : 50 000	10 km	
1 : 16 000 000		3 cm
1 : 16 000 000	800 km	

7 ‖ **Mathematik mit dem Schulatlas**

a) Suche in deinem Schulatlas Übersichtskarten von Deutschland und Madagaskar. Finde die benutzten Maßstäbe und gib sie an. Vergleiche die beiden Maßstäbe und zeichne jeweils eine passende Maßstabsleiste.

b) Gib an, in welchem Maßstab euer Atlas eine Weltkarte zeigt. Schätze zuerst.

c) Gib an, welche Maßstäbe überhaupt in eurem Atlas verwendet werden.

8 ‖ **Vergrößerung**

Wasserflöhe sind kleine Krebstiere. Sie leben vorwiegend in kleinen Teichen sowie in Uferzonen größerer Gewässer. Unter dem Mikroskop betrachtet, besitzt das Bild eines Wasserflohs eine Länge von 2 cm. Der Maßstab der Vergrößerung beträgt 10 : 1. Wie groß ist der Wasserfloh in Wirklichkeit?

9 ‖ **Die Maßstabsleiste – auf fast jeder Landkarte**

a) Warum ist die Maßstabsleiste nützlich?

b) Übertrage die Maßstabsleisten in dein Heft und bestimme die passenden Maßstäbe. Beschreibe, wie du vorgegangen bist.

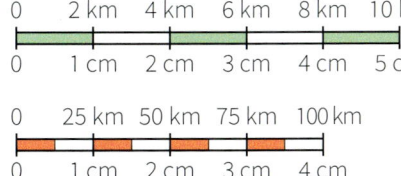

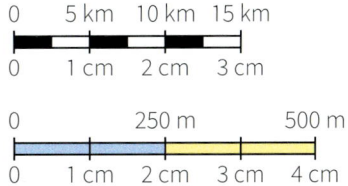

Maßstäbe bei Karten:
Wanderkarten
1 : 15 000
Radkarten
1 : 50 000
Europakarte
1 : 16 000 000

II Maßstab gesucht

Anna misst auf einem Kartenausschnitt die Entfernung von Köln nach Berlin. Sie stellt fest: Auf der Karte ist die Luftlinie 12 cm lang. Leider fehlt auf dem Kartenausschnitt der Maßstab. Im Internet hat Anna gefunden: Die Luftlinie Köln-Berlin ist ungefähr 480 km lang. In welchem Maßstab ist die Karte gezeichnet?

11 II Maßstäbe bringen die Welt in ein Haus

In Hamburg gibt es ein ganz besonderes Museum, das Miniatur Wunderland.
In diesem Museum ist die „Welt" im Maßstab 1:87 aufgebaut.

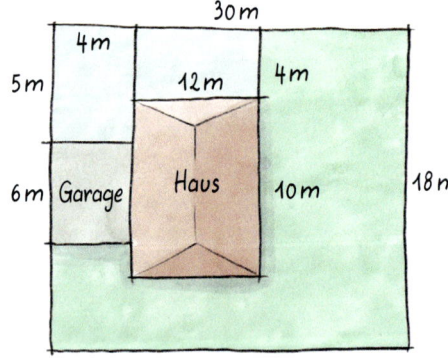

a) Ein Zug im Miniatur Wunderland hat eine Länge von 150 cm. Wie lang ist der Zug in Wirklichkeit?

b) Wie lang müsste ein Modellgüterzug sein, wenn er in Wirklichkeit 870 m lang ist?

c) In der Miniaturstadt hat die Rialtobrücke in Venedig eine Durchfahrtshöhe von 9 cm. Kann in Wirklichkeit ein Schiff mit einer Höhe von 8 m unter der Rialtobrücke herfahren?

d) Die gesamte Gleislänge beträgt in der Modellstadt 10 000 m. Welcher Gleislänge entspricht diese Länge in der Wirklichkeit?

12 II Modelle

a) Anjas Mutter würde ihrem Mann gern seinen geliebten Oldtimer auch als Modellauto schenken. Sie hat online einen Händler gefunden, der das entsprechende Modell im Maßstab 1:26 anbietet. Sie fragt Anja: „Wie groß ist das Modell? Ich habe den Oldtimer genau gemessen und festgestellt, dass er 4,42 m lang ist."
Wie wird Anja rechnen und welches Ergebnis wird sie ihrer Mutter mitteilen?

b) **III** Sammle und bestimme weitere Maßstäbe von Puppen, Modelleisenbahnen, Modellautos und Landkarten.

13 II Maßstabsgerechten Plan zeichnen

Ein Architekt hat einen Lageplan des Grundstücks der Familie Klein mit dem Haus und der Garage skizziert. Zum Glück hat er die Skizze mit Maßen versehen, sodass Jonas einen genauen Lageplan im Maßstab 1:200 zeichnen kann.

Skizze des Architekten

a) Berechne alle auf der Skizze angegebenen Längen für den genauen Lageplan.

> Beispiel:
> Wirklichkeit: 30 m = 3000 cm
> Lageplan: 3000 cm : 200 = 15 cm

b) Zeichne für Jonas den genauen Lageplan des Grundstücks mit Haus und Garage.

Grundwissen
zum Wiederholen

1 Nenne drei Zahlen, die auf Tausender gerundet 234 000 ergeben.

2 Berechne schriftlich.

a) 4669 + 905   b) 8531 − 788   c) 9888 + 1222   d) 1234 + 4321

3 Wenn man zu einer Zahl zuerst 50 und dann 430 addiert, so erhält man 900. Wie lautet die Zahl?

14 **III So machen es die Geographen**

„Wenn du an der Maßstabszahl 5 Nullen wegstreichst, kannst du die Entfernung,
die 1 cm auf der Karte entspricht, direkt in km angeben!"

a) Probiere für folgende Maßstäbe aus. Überprüfe auch an Landkarten aus deinem Schulatlas.

1 : 600 000   1 : 100 000   1 : 6 500 000   1 : 200 000   1 : 13 000 000

b) Zeichne zu jedem der Maßstäbe eine Maßstabsleiste in dein Heft.

c) Begründe mit der Einheitentabelle für Längen, warum das Verfahren funktioniert.

Projekt

Eine Radtour – gut geplant ist halb gefahren

Johanna hat in der Tageszeitung den Vorschlag für eine Radtour entdeckt. Sie fragt sich, wie lange sie für die Tour wohl brauchen wird.

Vorbereitung

In welchem Maßstab ist die Radkarte abgebildet? Wie könnt ihr die Länge von Johannas Tour bestimmen?
Findet ihr verschiedene Möglichkeiten?
Was schätzt ihr, wie lange wird sie für die Tour benötigen?

Projektarbeit

Sammelt selbst Ideen für eine Radtour in eurer Umgebung und stellt sie euren Mitschülern vor. Welche Ziele lohnen sich? Radwanderkarten, Reiseführer und das Internet können euch helfen.

Präsentation

In Gruppen könnt ihr eure Vorschläge für die Tour ausarbeiten.
Die folgenden Anregungen können euch bei der Ausarbeitung helfen:

• GPS-Geräte können bei Planung und Tour sehr nützlich sein.

• Bestimmt Länge und Dauer der Radtour.

• An welchen Stellen sollen größere Pausen oder Aufenthalte eingelegt werden?

• Wer kümmert sich um Verpflegung und Unterkunft?

Jede Gruppe kann ihre Radtour mit einem Plakat vorstellen. Aus den verschiedenen Vorschlägen könnte ihr ein Tourenheft zusammenstellen.

Zeit und Zeitspannen

1 Zeitspanne ermitteln

Warten ist langweilig. Sicher hast du beim Warten schon mal wiederholt auf die Uhr geschaut. Wie viel Zeit ist schon verstrichen? Auf der oberen Uhr siehst du die Uhrzeit, bei der du zum ersten Mal auf die Uhr geschaut hast. Die untere Uhr zeigt die Uhrzeit an, bei der das Warten ein Ende hatte. Welche Zeitspanne ist jeweils vergangen?

a)

b)

c)

d)

Exkurs

Uhren zum Messen der Zeit

Die Zeit ist eines der merkwürdigsten Geheimnisse unserer Welt. Man sagt „die Zeit verrinnt" oder „die Zeit läuft". Schon seit mehr als 5000 Jahren nutzen die Menschen den „Lauf der Sonne" zum Messen der Zeit mit Sonnenuhren.

Eine Sonnenuhr zeigt mithilfe des Stands der Sonne am Himmel die Tageszeit an. Als Zeiger dient meistens der Schatten eines Stabes. Sonnenuhren haben einen großen Vorteil. Sie funktionieren ausschließlich mit erneuerbarer Energie. Aber was macht man bei schlechtem Wetter oder nachts oder wenn man kürzere Zeitspannen messen möchte?

Zum Messen von Zeitspannen erfanden Menschen bereits vor mehreren Tausend Jahren Wasser- und Sanduhren.

---

2 Klassenausflug

Die Klasse 5 b aus Siegburg möchte den Zoo in Köln besuchen. Die Klasse plant mit dem Zug von Siegburg nach Köln zu fahren. Die Abfahrt in Siegburg ist um 8.37 Uhr und die Ankunft am Kölner Hauptbahnhof um 9.09 Uhr.
Für den Fußweg vom Bahnhof zum Zoo sind 35 Minuten eingeplant.

a) Wie lange dauert die Zugfahrt? Wann kommt die Klasse laut der Planung am Zoo an?

b) Für einen Spaziergang durch den Zoo sind 2 Stunden 30 Minuten vorgesehen. Anschließend möchten die Schülerinnen und Schüler noch ein Picknick am Rheinufer in der Nähe des Bahnhofs machen. Ist dafür noch Zeit, wenn die Klasse 5 b um 14.01 Uhr wieder vom Kölner Hauptbahnhof zurückfahren will?

3 Reise zum Mars

Ein Raumfahrtunternehmen plant, 2025 zum Mars zu fliegen. Die Flugzeit soll 960 Stunden betragen. Das geplante Abflugdatum soll der 5. Juli 2025 sein. Berechne das Datum der geplanten Landung auf dem Mars.

Basiswissen

WES-125660-020

d steht für „dies"
(lateinisch Tag).
h steht für „hora"
(lateinisch Stunde).
Auch im Englischen
passen die Akürzungen:
„day" und „hour".

Umrechnungszahlen

Zeitpunkt und Zeitspanne

Zeitangaben können Zeitpunkte (wann?) oder Zeitspannen (wie lange?) beschreiben.

Zeitpunkt		**Zeitspanne**	
Unterrichtsbeginn		erste Stunde	
Frage: **wann?**		Frage: **wie lange?**	
8.15 Uhr		45 min	

Maßeinheiten für Zeitspannen

1 Tag (d)	**1 Stunde (h)**	**1 Minute (min)**	**1 Sekunde (s)**
			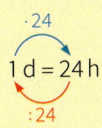
Sonnenaufgang bis Sonnenaufgang	Handballspiel	100 m gehen	Sprung vom 5-Meter-Turm

Zeiteinheiten umwandeln mit Umrechnungszahlen

$$1\,d = 24\,h \qquad 1\,h = 60\,min \qquad 1\,min = 60\,s$$

(·24 / :24) (·60 / :60) (·60 / :60)

Beispiele

A **Von einer größeren in eine kleinere Einheit umwandeln**
a) Wie viele Minuten hat ein Tag? b) Wie viele Sekunden hat eine Stunde?

Lösung:

a) $1\,d = 24\,h = 1440\,min$ (·24 ·60)

b) $1\,h = 60\,min = 3600\,s$ (·60 ·60)

B **Von einer kleineren in eine größere Einheit umwandeln**
Rechne die angegebene Zeitspanne um: a) 192 h in d b) 72 000 s in h

Lösung:

a) $192\,h = 8\,d$ (:24)

b) $72\,000\,s = 1200\,min = 200\,h$ (:60 :60)

Übungen

4 ||| **Schätzen**
a) Wie lange schläfst du für gewöhnlich?
b) Wie lange putzt du deine Zähne?
c) Wie lange dauert ein Fußballspiel und wie lange dauert die Pause in einem Fußballspiel?
d) Wie lange dauert eine Sportstunde, wie lange eine Mathematikstunde?
e) In welcher Zeit läuft ein sehr guter Sportler 100 m?
f) Wie lange benötigt ein Wanderer für eine Strecke von 10 km?

5 ||| **Zeitspannen umwandeln**
a) Wandle in die nächstkleinere Einheit um: 6 h 4 d 9 min 1 h 3 min
b) Wandle in die nächstgrößere Einheit um: 180 s 72 h 300 min 3000 s

6 III **Einheiten umwandeln**

Wandle in die angegebene Einheit um.

a) 6 h in min   b) 3 d in min   c) 3600 s in h   d) 7 h in s

e) 4800 h in d   f) 1 d in s   g) 30 d in h   h) 30 d in min

7 III **Gemischte Einheiten umrechnen**

Wandle in die angegebene Einheit um.

a) 3 h 16 min in min   b) 2 d 4 h in h   c) 15 min 15 s in s   d) 2 d 12 min in min

Wandle die folgenden Zeitangaben in gemischte Einheiten um.

e) 200 s in min und s   f) 136 h in d und h   g) 2894 min in d und min

8 III **Vergleichen**

Die 5000 m-Läufer Jonas und Leon unterhalten sich. Leon erzählt: „Beim letzten Rennen bin ich über 5000 m eine Zeit von 12 min 13 s gelaufen." Jonas entgegnet: „Da war ich schneller. Ich bin nur 750 s gelaufen." Hat Jonas Recht?

9 III **Ordnen**

Ordne die Zeiten der Größe nach.

a) 27 h;   1 d 1 h;   1400 min;   90 000 s   b) 800 s;   65 min;   1 h 15 min;   73 min 45 s

10 II **Ironman**

Die beiden Ersten beim Ironman auf Hawaii im Jahr 2017 erzielten die folgenden Zeiten: Wer hat gewonnen und mit welcher Gesamtzeit?

	Schwimmen	Radfahren	Laufen
Patrick Lange	48 min 45 s	4 h 28 min 53 s	2 h 39 min 59 s
Lionel Sanders	53 min 41 s	4 h 14 min 19 s	2 h 51 min 53 s

11 II **Fahrplan**

Übertrage den Fahrplan in dein Heft und ergänze die fehlenden Zeitangaben.

	Montag	Dienstag	Mittwoch	Donnerstag	Freitag	Samstag
Abfahrt	11.23 Uhr	14.55 Uhr	13.27 Uhr	18.48 Uhr	▪	▪
Ankunft	12.05 Uhr	18.09 Uhr	▪	▪	18.00 Uhr	15.01 Uhr
Fahrtdauer	▪	▪	1 h 47 min	4 h 18 min	3 h 14 min	2 h 55 min

12 III **Umsteigezeit**

Frau Kleinschmitt möchte von Essen nach Saarbrücken fahren.

a) Wie lange dauert die Fahrt von Essen nach Saarbrücken?

b) Wie lang sind die Fahrzeiten auf den einzelnen Streckenabschnitten?

c) Wie lang ist die „reine" Fahrzeit, d.h. die Fahrzeit ohne die Umsteigezeiten?

08.14	Essen
10.50	Bingen
10.55	Bingen
11.15	Bad Kreuznach
11.26	Bad Kreuznach
13.12	Saarbrücken

Grundwissen
zum Wiederholen

1 Pia verteilt 270 Gummibärchen gerecht auf 30 Kinder. Erstelle dazu eine Rechenaufgabe.

2 Schreibe „eine Million" mit Ziffern. Wie viele Nullen hast du verwendet?

3 Wie viele Seiten hat ein Sechseck?

4 Wie viele kleine Würfel werden für den Bau benötigt?

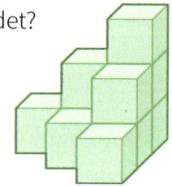

13 III Schlafgewohnheiten

Unter den Tieren gibt es Langschläfer und Tiere, die wenig Schlaf brauchen. Löwen dösen bis zu 20 Stunden am Tag, Giraffen schlafen täglich nur 10 Minuten. Wie viele Stunden verschläft jedes Tier in einer Woche (in 100 Tagen)?

14 III Im Weltall

Die internationale Raumstation benötigt ungefähr 90 min, um die Erde einmal zu umrunden.

a) Wie lange benötigt sie für 5 Umrundungen? Gib das Ergebnis in Stunden und Minuten an.

b) Wie viele Umrundungen schafft die ISS an einem Tag?

c) Eine neue Besatzung fliegt mit einem Sojus-Raumschiff zur ISS. Das Andockmanöver beginnt um 14.15 Uhr, das Raumschiff dockt um 15.07 Uhr an, die Einstiegsluke zur ISS öffnet sich um 17.05 Uhr. Welche Zeit vergeht von Beginn des Andockmanövers bis zum Öffnen der Luke? Wie viele Erdumrundungen hat die ISS in dieser Zeit in etwa gemacht?

Exkurs

Tag- und Nachtseite der Erde

In New York gehen die Uhren anders

In einem Reisebüro hängen drei Uhren, die verschiedene Zeiten anzeigen. Woher kommt das? Hier lohnt sich der Blick aus dem Weltraum: Ist es in Berlin 12 Uhr mittags, so steht dort die Sonne jetzt am höchsten. New York liegt weiter westlich. Von dort aus sieht man gerade, wie die Sonne aufgeht. Es ist 6 Uhr morgens. Tokio liegt von Berlin aus im Osten. Dort sehen die Menschen um 20 Uhr, wie die Sonne gerade untergeht. Die Uhrzeit an einem Ort hängt von dessen Lage auf der Erdkugel ab. Man nennt daher die Zeit, die die Uhren an einem Ort anzeigen, „Ortszeit".

New York   Berlin   Tokio

15 III Ruhestörung?

Frau Hein ruft von Berlin aus eine Firma in Tokio an. In Berlin ist es 8 Uhr morgens. Die Zeitdifferenz ist 8 Stunden. Wie viel Uhr ist es in Tokio?

16 III Flugdauer

Familie Franz fliegt von Düsseldorf nach Orlando in Florida.
Das Flugzeug startet laut Ticket um 13.30 Uhr Ortszeit in Düsseldorf. Es landet um 17.52 Uhr Ortszeit in Orlando. Wie lange dauert der Flug?

Ortszeit	Düsseldorf	Orlando
	13.30 Uhr	7.30 Uhr

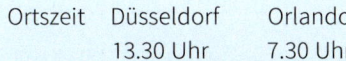

17 III Kurzer Flug?

Kann das sein?

Abflug: Amsterdam   10.00 Uhr
Ankunft: London   9.55 Uhr

Gewichte

1 **Wie viel wiegt eine Münze?**

a) Übertrage die Tabelle in dein Heft und schätze die Gewichte. Ergänze noch fünf weitere Gegenstände (z. B. dein Mathebuch, ein Päckchen Butter, eine Brille, ein Teebeutel, eine Tafel Schokolade, eine Banane).

b) Überprüfe deine Schätzungen mit einer Waage (Briefwaage, Haushaltswaage oder eine aus der Schulsammlung).

c) Wo ist die größte Abweichung aufgetaucht? Suche nach Erklärungen.

Gegenstand	Gewicht (Schätzwert)	Gewicht (Messwert)	Abweichung +/ −
ein Stift	▪	▪	▪
2-Euro-Münze	▪	▪	▪
ein Apfel	▪	▪	▪

2 **Neulich in der Tageszeitung**

Schulkinder als Packesel

TV7: Ärzte, Krankenkassen und Elternverbände sind sich einig: Das Gewicht des Schulranzens sollte höchstens ein Zehntel des Kindergewichtes betragen. Doch allzu oft ist der Ranzen viel zu schwer. Auch die Lehrer schlagen Alarm, …

a) Wie schwer dürften eure Ranzen sein – wie schwer sind sie tatsächlich?

b) Macht Vorschläge, wie sich das Gewicht verringern lässt.

3 **Wie viele Eier sind so schwer wie ein Elefant?**

Diese Knobelaufgabe bereitet Isabell und Anna großes Kopfzerbrechen. Mit der Haushaltswaage bestimmt Isabell das Gewicht von zehn Eiern. Sie stellt fest: 10 Eier wiegen 602 g.

a) Was meinst du, wie Isabell und Anna weitergerechnet haben? Überlege zusammen mit deiner Nachbarin oder deinem Nachbarn.

b) Wievielmal so schwer wie du ist der Elefant?

In einem Tierlexikon findet Anna folgenden Abschnitt:

… Afrikanische Elefanten haben sehr große Ohren, asiatische kleine. Bei den afrikanischen Elefanten haben sowohl die Bullen als auch die Elefantenkühe Stoßzähne, bei den asiatischen nur die Bullen. Der afrikanische Elefant ist das mächtigste heute lebende Landtier. Er wird bis zu 4 m hoch und bis zu 6 Tonnen schwer.

4 **Einkauf**

Die Einkaufstasche von Familie Heinze wird heute besonders schwer. Wie schwer wird die Tasche?

2000 g Waschmittel

1500 g Brot

1 kg Tomaten

1 kg Karotten

2500 g Kartoffeln

250 g Butter

Basiswissen

WES-125660-021

Vorsilben
Kilo – tausend
Milli – ein Tausendstel

Umrechnungszahlen

Maßeinheiten für Gewichte (Massen)

Wenn wir von Kilogramm, Gramm und Milligramm sprechen, meinen wir genau genommen Maßeinheiten für die Masse. Im Alltag spricht man zumeist von Gewichten.

1 Tonne (t)	1 Kilogramm (kg)	1 Gramm (g)	1 Milligramm (mg)

Kleinwagen	1 l-Getränke-Pack	Tintenpatrone	Floh

Gewichtseinheiten umwandeln mit Umrechnungszahlen

$$\cdot 1000 \qquad\qquad \cdot 1000 \qquad\qquad \cdot 1000$$
$$1\,t = 1000\,kg \qquad 1\,kg = 1000\,g \qquad 1\,g = 1000\,mg$$
$$:1000 \qquad\qquad\quad :1000 \qquad\qquad\quad :1000$$

Beispiele

A Von einer größeren in eine kleinere Einheit umwandeln
Rechne in die angegebene Einheit um. a) 3 kg in mg   b) 12 t in g

Lösung:
Multipliziere mit der Umrechnungszahl.

$$\cdot 1000 \qquad \cdot 1000 \qquad\qquad\qquad \cdot 1000 \qquad \cdot 1000$$
a) $3\,kg = 3000\,g = 3\,000\,000\,mg$ b) $12\,t = 12\,000\,kg = 12\,000\,000\,g$

B Von einer kleineren in eine größere Einheit umwandeln
Rechne in die angegebene Einheit um. a) 25 000 kg in t   b) 16 000 000 mg in kg

Lösung:
Dividiere durch die Umrechnungszahl.

$$:1000 \qquad\qquad\qquad\qquad :1000 \qquad\quad :1000$$
a) $25\,000\,kg = 25\,t$ b) $16\,000\,000\,mg = 16\,000\,g = 16\,kg$

Übungen

5 ▌▌▌ Passende Gewichtseinheit
Welche Gewichtseinheit passt am besten zu den folgenden Gegenständen?
a) Körpergewicht b) Güterzug c) Basketball d) Briefmarke
e) Smartphone f) Feder g) Fahrrad h) Wal

6 ▌▌▌ Passende Gewichtseinheit
Welche Gewichtseinheit passt zu der betreffenden Maßzahl?
a) Ein Erwachsener wiegt 75 ▨. b) Eine Fliege wiegt 60 ▨.
c) Ein Elefant wiegt 4 ▨. d) Eine 1 €-Münze wiegt 7500 ▨.

7 ▌▌▌ Umrechnungen
Rechne in die angegebene Einheit um.
a) 3 t in kg 4 kg in g 17 t in g
b) 12 000 g in kg 13 000 000 mg in kg 25 000 000 g in t
c) 3 t 475 kg in kg 1 g 5 mg in mg 2 t 2 g in g
d) 2520 kg in t und kg 2002 g in kg und g 1063 mg in g und mg

8 ||| **Vergleich von Gewichten**

Gib jeweils das größere der beiden Gewichte an. Wandele dazu vorher in eine gemeinsame Einheit um.

a) 5000 mg; 4 g   b) 25 000 kg; 10 t   c) 10 kg; 9 000 000 mg   d) 17 t; 1700 kg

---

Einheitentabelle

Um gleiche Gewichte in verschiedenen Gewichtseinheiten darzustellen, hilft eine Einheitentabelle.

t		kg			g			mg			
Z	E	H	Z	E	H	Z	E	H	Z	E	
				1	5	0	0				1500 g = 1,5 kg
							2	7	0	0	2,7 g = 2700 mg
	3	0	5	0							3,05 t = 3050 kg

---

9 ||| **Eintragen in die Einheitentabelle**

Erstelle in deinem Heft eine Einheitentabelle und trage die Gewichte ein.

a) 35 kg und 20 g   b) 2 t und 94 kg   c) 4 t und 200 g   d) 99 g und 90 mg

10 ||| **Übung macht den Meister**

Benutze zum Umwandeln die Umrechnungszahlen oder die Einheitentabelle.

a) 37 t in kg   40 kg in g   281 000 g in kg   12 000 mg in g

b) 12,543 kg in g   3,2 t in kg   9,83 kg in g   11,04 kg in g

c) 375 g in kg   15 000 mg in kg   512 kg in t   1301 g in kg

d) 0,8 kg in g   5120 kg in t   11,04 kg in g   3,247 g in kg

11 || **Gewichte ordnen**

Ordne die Gewichte der Größe nach, beginne mit dem größten Gewicht.

a) 2,5 t;   3045 kg;   9520 g;   13 kg;   1 kg 7 g;   1070 g;   170 mg;   3 kg 46 g

b) 75 kg;   75 g;   750 g;   7500 mg;   750 750 g;   75 t;   0,75 t;   7575 kg;   7,5 kg

c) 16 016 g;   16 kg;   16 000 mg;   1,616 kg;   160 g;   16 kg 160 g;   1,6 t

12 ||| **Training**

Schreibe die Gewichte ohne Komma. Achte dabei auf die Einheiten.

Versuche die Teilaufgaben a), b) und c) in je 2 Minuten zu lösen.

a) 3,75 kg   0,029 kg   41,5 kg   7,483 kg   0,63 kg

b) 2,84 t   35,8 t   0,875 t   0,038 t   0,004 t

c) 0,25 kg   0,25 g   2,5 kg   2,5 g   2,525 t

13 || **Rechnen mit Gewichten**

Wandele zunächst in eine gemeinsame Einheit um.

a) 700 mg + 120,3 g + 7 g   b) 8 kg − 3400 g   c) 210 g − 65 000 mg

d) 12 t 250 kg − 8000 kg   e) 15 t − 8 t 750 kg   d) 6 t 530 kg + 917 kg

14 || **Autos – leer und beladen**

Übertrage die Tabelle in dein Heft und ergänze die fehlenden Gewichte.

	Pkw	Lieferwagen	Lkw	SUV
Leergewicht	1,4 t	2 t		1,845 t
Ladung	420 kg		3 400 kg	535 kg
Gesamtgewicht		3,5 t	7,5 t	

15 **II Tierbabys**

Mütter sind natürlich sehr viel größer und schwerer als ihre Kinder.

a) Ein Gorilla-Baby wiegt ungefähr 2 kg. Die Gorilla-Mutter ist etwa 80 kg schwer. Wievielmal so schwer ist die Mutter?

b) Ein Nilpferd-Baby wiegt ca. 50 kg. Die Nilpferd-Mama bringt 60-mal so viel auf die Waage. Wie viel wiegt die Mutter?

c) Das Junge eines Großen Pandas ist bei der Geburt 100 g schwer. Wievielmal so schwer ist das Muttertier, das ein Gewicht von 140 kg hat?

16 **II Gewicht von Dosen**

Auf einer 530 g schweren Konservendose findest du folgende Angaben:
Füllmenge 400 g, Abtropfgewicht 240 g.

a) Erkläre die unterschiedlichen Bedeutungen.

b) Wie viel Gramm Flüssigkeit sind in der Dose?

c) Wie schwer ist eine Palette mit zwölf vollen Dosen?

17 **III Flugverkehr**

Eine Fluggesellschaft schätzt das Gewicht der Zuladung. Es wird angenommen, dass jeder der 400 Passagiere mit Gepäck ungefähr 90 kg wiegt. Doch damit noch nicht genug: 70 Tonnen Treibstoff und 30 Tonnen Fracht kommen noch dazu.

a) Wie schwer ist die Zuladung beim Start?

b) Schätze: Wie schwer wird das Flugzeug bei der Landung sein?

Die Boing 777-200 hat ein Leergewicht von knapp 135 t.

18 **III Wie schwer ist Geld?**

Wenn ihr glaubt, das Geld nichts wiegt, dann habt ihr euch geirrt. Ein 10 €-Schein wiegt 720 mg, eine 1 €-Münze wiegt 7,5 g.

a) Ein Lottospieler hat 1 500 000 € gewonnen. Er möchte, dass die Lottogesellschaft ihm den Gewinn in 10 €-Scheinen nach Hause liefert. Kann ein Mitarbeiter das Geld in einem Koffer anliefern?

b) Zum Geburtstag wünscht sich Melanie von allen ihren Freundinnen, Freunden und Familienmitgliedern zusammen 1,5 kg in 1 €-Münzen. Was haltet ihr von diesem Wunsch?

Exkurs

Gewichtskraft und Masse

Zwischen der Gewichtskraft und der Masse besteht ein entscheidender Unterschied: Die Masse eines Körpers ist überall gleich, die Gewichtskraft aber nicht.
Eine Personenwaage zeigt für einen Astronauten auf der Erde ein Gewicht von 70 kg an. Auf dem Mars würde dieselbe Waage für den Astronauten nur etwa 26 kg anzeigen, da die Anziehungskraft des Planeten Mars geringer ist als die der Erde.
Die Masse des Astronauten ist aber die gleiche wie auf der Erde.

Grundwissen **1** Multipliziere. a) $25 \cdot 33$ b) $46 \cdot 105$ c) $40 \cdot 1201$
zum Wiederholen **2** Dividiere. a) $156 : 13$ b) $4400 : 44$ c) $2002 : 11$

P III Projekt: Graue Riesen

Ohne direkten Kontakt zu den Pflegern leben 16 asiatische (früher sagte man indische) Elefanten angeführt von einer Leitkuh im Kölner Elefantenpark. Das Foto zeigt eines der Jungtiere mit dem Namen „Kitai", das im Juni 2017 geboren wurde.

„Kitai" ist japanisch und heißt „Hoffnungsvoller Herrscher".

Steckbrief des asiatischen Elefanten
(Elephas maximus)
- wird bis zu 2,70 m hoch und 5 t schwer
- badet gern und schwimmt gut
- hat einen Rüssel mit zwei Greiffingern
- liebt Gras, Heu, Äste, Baumrinde, Früchte
- frisst jeden Tag 150 kg Futter und trinkt 150 Liter Wasser
- Der älteste asiatische Elefant lebte im Zoo von Taipeh und wurde 86 Jahre alt.

A Der Zoo muss für 100 kg Grünfutter 10 € bezahlen. Was kostet das Futter täglich? Erstellt auch einen Plan für die Wochen-, Monats- und Jahreskosten.

B Wie viele Tage braucht ein Elefant, bis er so viel wie sein Körpergewicht „gefuttert" hat?

C Hannibal war ein berühmter afrikanischer Feldherr, der mit seinen Truppen vor mehr als 2000 Jahren gegen die Römer kämpfte. Er überquerte mit seinen 37 Kriegselefanten sogar die verschneiten Alpen. Welche Futtermenge benötigte er für seine Elefanten in einer Woche? Vergleiche mit einer normalen Lkw-Ladung; diese beträgt 7,5 t.

Tierwahl

Bestimmt hast du ein Lieblingstier oder dich interessiert eine bedrohte Tierart. Besorge dir aus einem Tierlexikon oder dem Internet möglichst viele Angaben zu deinem Lieblingstier. Beispiele:

Informationssammlung

Geburtsgewicht, Länge/Größe, Lebensdauer, Futterbedarf, Tragezeit der Mutter, Schlafdauer, Herzschläge pro Minute, …

Ideen zur Posterstellung

Erstellt Poster mit passenden Tabellen und Diagrammen, auf denen ihr eure Lieblingstiere mit einem Menschen und dem asiatischen Elefant vergleicht.

Beschriftet die Abbildungen eurer Tiere mit einem passendem Maßstab. So kann sich jeder vorstellen, wie groß (oder klein) das Tier in Wirklichkeit ist.
Denkt euch knifflige Sachaufgaben rund um die gefundenen Größen aus und stellt sie euren Mitschülerinnen und Mitschülern vor.

Präsentation

Überlegt euch, wo und wie ihr die Poster präsentieren wollt. Wer hat das beste Poster gestaltet? Von wem stammt die interessanteste Aufgabe?

Geld – Euro und Cent

Die „Haushalts-mischung" für 100 € besteht aus 6 Geld-scheinen.

1 **Am Geldautomaten**

Möchte man 100 € am Geldautomaten abheben, so gibt es verschiedene Möglichkeiten die Geldscheine zusammenzustellen.

a) Mit wie vielen Scheinen kannst du 100 € mindestens bzw. höchstens zusammenstellen?

b) Die so genannte „Haushaltsmischung" ist eine besondere Zusammenstellung der Geld-scheine. Für sie gelten folgende Regeln:

    1. Jeder kleinere Scheinwert (5 €, 10 €, …) soll vorkommen.

    2. Der Rest wird in möglichst großen Scheinen ausgezahlt.

Finde die Haushaltsmischung für 100 €. Beschreibe, wie du vorgegangen bist, um die Mischung zu finden.

c) Wie ändert sich die Anzahl der Geldscheine für eine Haushaltsmischung von 200 €?

Exkurs

Die Euro-Geldscheine

Hast du unsere Geldscheine schon einmal genauer betrachtet? Es gibt sieben verschiedene Geldscheine: 5 €, 10 €, 20 €, 50 €, 100 €, 200 € und 500 €. Fachleute nennen diese Zusammenstellung auch Stückelung. Der 500 € Schein wird seit 2014 nicht mehr gedruckt und seit Januar 2019 auch nicht mehr ausgegeben. Auf den Scheinen sind Bauwerke unterschiedlicher Baustile abgebildet, doch diese Bauwerke gibt es nicht wirklich. Der Österreicher ROBERT KALINA war der Desig-ner und hat sie sich ausgedacht. Auch Bilder berühmter Persönlichkeiten findet man nicht auf den Scheinen, damit sich kein europäisches Land benachteiligt fühlt.

---

2 **Auf den Hund gekommen**

Familie Wolf hat zusammengestellt, was ein Hund im ersten Jahr kostet.

Kaufpreis	Hundesteuer	Hundefutter
400 €	156 € pro Jahr	3 € pro Tag

Körbe, Halsband, Leine	Tierpension im Urlaub	Tierarzt und Impfung
75 €	80 € pro Jahr	140 € pro Jahr

a) Berechne die Gesamtkosten für das erste Jahr.

b) Mit welchen Kosten muss Familie Wolf rechnen, wenn der Hund 12 Jahre lebt?

3 **Kleingeld sammeln**

Hanna sammelt über das Jahr 1-, 2- und 5-Cent-Münzen. Am Ende des Jahres sind 1783 Cent zusammengekommen.

a) Gib den Geldbetrag in Euro an.

b) Stelle den Geldbetrag mit möglichst wenig Geldscheinen und Münzen dar. Wie viele Scheine und Münzen werden benötigt?

Geldbeträge

Geldbeträge werden in Euro (€) oder Cent (ct) angegeben. Will man den gleichen Geldbetrag auf verschiedene Weisen darstellen, dann hilft die Einheitentabelle

Euro				Cent	
T	H	Z	E	Z	E
		1	5	4	5
			2	3	0
			0	6	8

Das Komma trennt Euro von Cent.
Geldbeträge in drei Schreibweisen:
15,45 € = 15 € 45 ct = 1545 ct
230 ct = 2 € 30 ct = 2,30 €
68 ct = 0 € 68 ct = 0,68 €

Übungen

4 |Ⅱ| Umwandeln

Gib die Geldbeträge in verschiedenen Schreibweisen an.

a) 2,57 €
b) 30,05 €
c) 5 €
d) 8 € 45 ct

e) 450 ct
f) 8 € 8 ct
g) 12000 ct
h) 5 ct

i) 10 €
j) 1000 €
k) 1000 ct
l) 19 € 5 ct

5 |Ⅱ| Geld zum Geburtstag

Joshua hat zum Geburtstag insgesamt 90 € geschenkt bekommen.

a) Wie viele Geldscheine hat Joshua mindestens bekommen, wie viele höchstens?

b) Joshua meint: „Ich habe 17 Scheine bekommen. Kann das sein?"

6 |Ⅱ| Rückgeld beim Bezahlen

Ermittle jeweils das Rückgeld beim Bezahlen mit dem angegebenen Geldschein.

a) 1,80 € bezahlt mit 5 €
b) 14,50 € bezahlt mit 20 €
c) 37,05 € bezahlt mit 50 €

d) 6,98 € bezahlt mit 10 €
e) 28,99 € bezahlt mit 100 €
f) 6,90 € bezahlt mit 50 €

7 |Ⅱ| An der Kasse

Anna kauft folgende Produkte ein: 2 Stück Butter zu je 1,89 €, 3 Tüten Milch zu je 0,79 € und 2 Becher Joghurt zu je 0,75 €.

a) Überschlage: Reichen 10 € für den Einkauf?

b) Wie viel bekommt Anna zurück, wenn sie mit einem 20 € Schein bezahlt?

8 |Ⅱ| Neuer Computer

Herr Tim möchte einen neuen Computer für 699 € kaufen.

a) Er zahlt 99 € an und den Rest in 12 Monatsraten. Wie hoch ist dann eine monatliche Rate?

b) Der Händler macht auch folgendes Angebot: Anzahlung: 59 € und 24 Monatsraten a 27 €.
Vergleiche die beiden Angebote miteinander.

9 |Ⅲ| Leckeres auf dem Schulfest

Die Klasse 5 c möchte beim Schulfest Schokokuss-Brötchen anbieten und diese für 1 Euro pro Stück verkaufen. Die Brötchen kosten beim Bäcker je 25 Cent und eine Packung mit 9 Schokoküssen kostet 1,35 €. Die Klasse entscheidet sich, 45 Schokokuss-Brötchen für den Verkauf anzubieten.

Grundwissen
zum Wiederholen

1 a) Runde auf Hunderter.   3480   7520   10050

b) Runde auf Tausender.   45400   6700   120900

2 Franz schwimmt 875 m. Wie viele 25 m-Bahnen ist er geschwommen?

Check-up

Größen

Eine Größe ist immer aus **Maßzahl** und **Maßeinheit** zusammengesetzt.
Länge, Zeit und Gewicht sind Beispiele für Größen.

Längen

Übersicht über die Längeneinheiten

1 km	1 m	1 dm	1 cm	1 mm

Umrechnung von Längeneinheiten

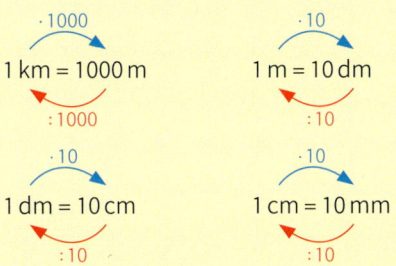

1 km = 1000 m   1 m = 10 dm

1 dm = 10 cm   1 cm = 10 mm

Einheitentabelle

Ergänze, wenn nötig, Nullen.

km		m			dm	cm	mm
Z	E	H	Z	E			
	3	5	2	0			
				0	5	0	8

3,52 km = 3 km 520 m = 3520 m
0,508 m = 508 mm = 50,8 cm

Maßstab

Der Maßstab gibt an, wievielmal so groß oder klein eine Strecke in Wirklichkeit im Vergleich zu der Karte, der Zeichnung oder dem Modell ist.

Verkleinerungsmaßstab 1 : 5000

1 cm auf der Karte entspricht 5000 cm in Wirklichkeit, d. h. 50 m.

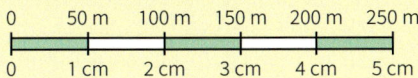

Vergrößerungsmaßstab 80 : 1

1 mm in der Wirklichkeit entspricht 80 mm auf dem Bild.

---

1 **Wie lang ist etwas?**
Ordne die passende Längeneinheit zu.
a) Ein Fußballfeld ist ungefähr 100 ▪ lang.
b) Mit einem Fahrrad kannst du in der Stunde 18 ▪ fahren.
c) Der Fuß von Laura ist 25 ▪ lang.
d) Ein Marienkäfer ist 8 ▪ groß.

2 **Einheiten umwandeln**
Wandle in die angegebene Einheit um.
a) 400 cm in m   b) 700 000 mm in m   c) 7,034 km in m
d) 6 m 66 cm in cm   e) 0,8 km in m   f) 5 km 25 m in dm

3 **Einheitentabelle**
Rechne die Längeneinheiten mit der Einheitentabelle um.
a) 5,4 m in mm   b) 0,22 km in cm   c) 54 km in cm
d) 77,05 m in mm   e) 0,855 m in cm   f) 1001 mm in dm

4 **Es geht auch ohne Komma**
Wandle um und schreibe ohne Komma.
a) 0,2 km   b) 0,02 km   c) 0,002 km
d) 4,25 m   e) 0,37 m   f) 6,82 dm

5 **Weitsprung**
Verrückte Längeneinheiten. Wer springt am weitesten?
Peter 3,8 m;   Ida 380 cm;   Paul 39 dm;   Claudia 3080 mm

6 **Rechnen mit Längen**
Berechne. Gib die Ergebnisse ohne Komma an.
a) 20 km + 2540 m + 4,4 km   b) 73,90 m – 99 cm

7 **Tabelle ergänzen**

Maßstab	Zeichnung	Wirklichkeit
40 : 1	▪	2 mm
1 : 400	5 cm	▪
1 : 2 000 000	▪	150 km

8 **Maßstabsleiste**
Wie lautet der passende Maßstab zu der angegebenen Maßstabsleiste?

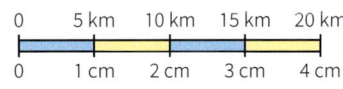

9 **Entfernungen auf der Karte**
a) Auf einer Karte ist die Luftlinie von Köln nach Izmir in der Türkei ca. 13 cm. Der Kartenmaßstab ist 1 : 16 000 000. Berechne die Entfernung Köln – Izmir in Wirklichkeit.
b) Wie weit ist es auf derselben Karte von Köln nach Göteborg in Schweden, wenn die Luftlinie 800 km lang ist?

Zeit

Zeitpunkt
Antwort auf die Frage „wann?"
Die Tagesschau beginnt um 20.00 Uhr.

Zeitspanne
Antwort auf die Frage „wie lange?"

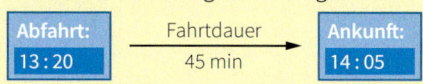

Übersicht über die Zeiteinheiten

1 d	1 h	1 min	1 s

Umrechnung von Zeiteinheiten

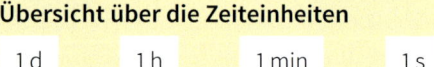

1 d = 24 h   1 h = 60 min   1 min = 60 s

Gewicht (physikalisch Masse)

Übersicht über die Einheiten

1 t	1 kg	1 g	1 mg

Umrechnung von Gewichtseinheiten

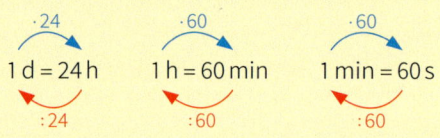

1 t = 1000 kg   1 kg = 1000 g   1 g = 1000 mg

Einheitentabelle

Ergänze, wenn nötig, Nullen.

t		kg			g			mg	
E	H	Z	E	H	Z	E	H	Z	E
8	7	5	0						
8	7	5	0	0	0	0			
			0	3	5	0			
		1	2	3	0	0	0	0	0

8,750 t = 8 t 750 kg = 8750 kg
0,350 kg = 350 g
12,3 kg = 12 300 000 mg

Geld

1 Euro (1 €), 1 Cent (1 ct)
1 € = 100 ct

---

10 **Verwandle in die angegebene Einheit**
a) 900 s in min   b) 2 h 35 min in s   c) 168 h in d
d) 250 h in d und h   e) 6960 s in h und min

11 **Zeitspannen**
Vergleiche die Zeitspannen. Welche ist die größere?
a) 7 min; 430 s   b) 72 min; 1 h 2 min   c) 5 d; 125 h
d) 1 h; 86400 s   e) 90 h; 1140 min 50 s   f) 1 d; 86 000 s

12 **Fahrplan ergänzen**
Ergänze die fehlende Zeitspanne bzw. die fehlenden Zeitpunkte.

Abfahrt	Fahrtdauer	Ankunft
7.55 Uhr	5 h 47 min	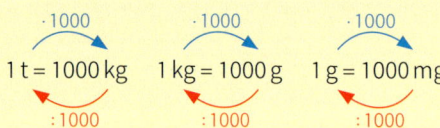
6.48 Uhr		9.13 Uhr
	2 h 27 min	14.03 Uhr

13 **Sport**
Ein 3000-m-Läufer läuft den ersten Kilometer in 2:58 min, den zweiten Kilometer in 3:12 min. Welche Zeit benötigte er für den dritten Kilometer, wenn seine Gesamtlaufzeit 9:05 min ist?

14 **Zeitverschiebung**
Wenn es in Frankfurt/Main 12 Uhr ist, ist es in San Francisco 3 Uhr morgens. In Frankfurt startet ein Flugzeug um 10.30 Uhr und landet nach einer Flugzeit von 11 h 25 min in San Francisco.
Welche Zeit zeigen die Uhren bei der Landung in San Francisco?

15 **Einheiten anpassen**
Welche Einheiten passen zu den folgenden Gewichten?
a) Paket in   b) Lastwagen in   c) Amsel in
d) Smartphone in   e) Brief in   f) Pkw in

16 **Gewichtseinheiten umwandeln**
Wandele in die angegebene Gewichtseinheit um.
a) 6 kg in g   b) 8 kg 2 g in g   c) 5 kg in mg
d) 0,4 t in g   e) 7300 g in kg   f) 120 kg in t

17 **Verschiedene Gewichtsangaben – gleiches Gewicht**

5350 g	6250 g		
5,350 kg		4,300 kg	
5 kg 350 g			10 kg 100 g

18 **Gewichte mit Komma**
a) Schreibe ohne Komma: 3,5 kg; 3,05 kg; 3,055 kg
b) Schreibe mit Komma: 4560 kg in t; 500 g in kg; 5050 mg in g

19 **Abfall**
Auf jeden der 4000 Einwohner einer Kleinstadt entfallen pro Tag 1200 g Haushaltsabfall. Wie viel Abfall entsteht täglich, wie viel in einer Woche? Gib das Ergebnis in einer sinnvollen Einheit an.

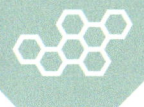

Sichern und Vernetzen
Vermischte Aufgaben zu Kapitel 3

Trainieren

WES-125660-060

Lösungen

1 III **Umrechnen von Längeneinheiten**
a) 30 dm in m
b) 30 dm in cm
c) 41 km in m
d) 5 cm in mm
e) 4 m in cm
f) 4,5 m in cm
g) 4,05 m in cm
h) 4000 m in km

2 III **Einheitentabelle für Längen**
Wandle die folgenden Längen in die angegebenen Einheiten um. Verwende dafür die Einheitentabelle wie in dem Beispiel.
a) 517 cm in m
b) 30 500 m in km
c) 543 mm in cm
d) 4,3 m in dm

km			m			dm	cm	mm
H	Z	E	H	Z	E			
						6	2	8

628 cm = 6,28 m

3 III **Umrechnen von Gewichtseinheiten**
a) 12 000 g in kg
b) 7 kg in g
c) 5000 kg in t
d) 0,5 kg in g
e) 6500 g in kg
f) 500 kg in t
g) 8 g in mg
h) 4500 mg in kg

4 III **Einheitentabelle für Gewichte**
Wandle die folgenden Größen in die angegebenen Einheiten um. Verwende dafür die Einheitentabelle wie in dem Beispiel.
a) 20,3 t in kg
b) 500 kg in t
c) 0,250 kg in g
d) 40 400 mg in g

t			kg			g			mg		
H	Z	E	H	Z	E	H	Z	E	H	Z	E
				8	5	0	0				

8,5 kg = 8500 g

5 III **Zeiteinheiten umwandeln**
a) Wandle in Sekunden um.
① 8 min
② 9 h
③ 3 h 14 min
④ 8 min 5 s
b) Wandle in Minuten um.
① 4 h
② 4 d
③ 300 s
④ 2 d 4 h 20 min

6 III **In andere Einheiten umwandeln**
Rechne in die angegebene Einheit um.
a) 5 m in dm
b) 3000 mm in m
c) 10 dm in cm
d) 1500 m in km
e) 3 t in kg
f) 5500 g in kg
g) 3 kg in mg
h) 5600 kg in t
i) 2 h in min
j) 4 d in h
k) 18 000 s in min
l) 2 d in min

7 III **Von der Karte zur Wirklichkeit**
Auf der Karte hat eine Strecke eine Länge von 5 cm. Wie lang ist die Strecke in der Wirklichkeit für folgende Maßstäbe?
a) 1 : 100
b) 1 : 2000
c) 1 : 3 500 000
d) 1 : 16 000 000?

8 III **Von der Wirklichkeit zum Plan**
In der Wirklichkeit hat eine Strecke eine Länge von 400 km. Wie lang ist die Strecke auf der Karte für folgende Maßstäbe?
a) 1 : 100 000
b) 1 : 2 000 000
c) 1 : 40 000 000

Verstehen

9 ‖‖ **Was sind Größen?**

Lege in deinem Heft eine Liste an, in der du alle Größen aufzählst, die du kennen gelernt hast. Überprüfe anschließend, ob deine Liste vollständig ist.

10 ‖‖ **Passende Einheiten gesucht**

In den folgenden Aufgaben sind die Einheiten verloren gegangen. Übertrage in dein Heft und ergänze so, dass die Rechnungen stimmen.

a) 5 km + 1200 ▨ = 6,2 km
b) 2 ▨ + 5 min = 125 min
c) 2 ▨ + 5 min = 302 s

d) 600 ▨ + 400 ▨ = 1 t
e) 0,25 ▨ − 150 kg = 100 kg
f) 980 ▨ + 2 ▨ = 1 m

11 ‖‖ **Zeitspannen**

Welche Zeiteinheiten könnten stimmen?

a) Dauer eines Marathonlaufs	4 h	100 min	2 d
b) Kochen eines Frühstückeis	100 s	6 min	1 h
c) Länge eines Werbespots im Fernsehen	30 min	2 s	90 s
d) Zeit für das Zähneputzen	30 s	3 min	1200 s

12 ‖‖ **Umrechnungszahlen**

a) Erkläre mit wenigen Sätzen, wozu du die Umrechnungszahlen bei den Größen brauchst. Notiere anschließend zwei Beispiele.

b) Schreibe auf, welche Umrechnungszahlen bei den verschiedenen Größen eine Rolle spielen. Kontrolliere deine Zusammenstellung mit dem Basiswissen.

c) Hanna liest in einem Lexikon: *Zur kleineren Maßzahl gehört die größere Einheit.* Finde dafür ein Beispiel und erkläre, was dieser Satz beim Umwandeln bedeutet.

13 ‖‖ **Maßstab erklären**

a) Erläutere, was man unter einem Maßstab von 1 : 1 000 000 versteht.

b) Die Entfernung zwischen zwei Städten beträgt in Wirklichkeit 11 km. Welcher Entfernung auf einer Karte im Maßstab 1 : 1 000 000 entspricht dies?

c) Auf einer Karte des Maßstabs 1 : 1 000 000 ist die Entfernung von zwei Städten 2,3 cm. Welcher Strecke entspricht dies in Wirklichkeit?

d) Die Entfernung zwischen Köln und Athen beträgt ca. 2 000 km Luftlinie. Bei welchem Maßstab wäre diese Entfernung auf der Karte 10 cm?

14 ‖‖ **Rechnen mit Zeiten**

Ein LKW-Fahrer fährt eine weite Strecke. Er beginnt die Fahrt um 9.10 Uhr. Das Ende der Fahrt ist am nächsten Tag um 03.00 Uhr. Der Fahrer macht zwischen 16.12 Uhr und 16.58 Uhr und zwischen 23.00 Uhr und 00.30 Uhr Pausen. Wie lang ist die reine Fahrtzeit?

Anwenden

15 ‖‖ **Flugzeiten**

Ein Flugzeug nach Moskau startet in Frankfurt um 12.50 Uhr. Die Flugzeit beträgt 3 h 55 min. In Moskau gehen die Uhren gegenüber Deutschland um 2 Stunden vor. Was zeigen die Moskauer Uhren zum Zeitpunkt der Ankunft an?

16 ‖‖ **Herzenssache**

Das Herz eines erwachsenen Menschen wiegt etwa 300 g, das Herz eines Kolibris nur ungefähr 100 mg.

a) Wievielmal so schwer wie das Kolibriherz ist das menschliche Herz?

b) Das Herz eines Blauwals wiegt 2000-mal so viel wie ein menschliches Herz. Wie schwer ist es?

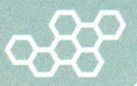

17 ‖ **Sprunghöhen**

Tier	Größe	Sprunghöhe
Floh	1 mm	300-fache Körperlänge
Heuschrecke	30 mm	15-fache Körperlänge
Frosch	70 mm	7-fache Körperlänge
Mensch	1,80 m	1-fache Körperlänge

a) Gib in Metern und Zentimetern an, wie hoch die einzelnen Lebewesen springen können.
b) Könnte ein Mensch auf den Eiffelturm springen, wenn er so sprungkräftig wie ein Floh wäre?

Eiffelturm: Höhe 321 m

18 ‖ **Autoindustrie**

In einer Autofabrik fährt alle 20 Sekunden ein neues Auto vom Fließband. Es wird fünf Tage in der Woche rund um die Uhr gearbeitet.
a) Wie viele Autos werden in einer Stunde (in einer Woche, in einem Jahr) produziert?
b) ‖‖ Ein Durchschnittsauto ist ungefähr 4 m lang. Wie lange ist wohl die Autoschlange, die in einer Woche produziert wird?

19 ‖‖ **Fernsehkonsum**

Im Jahre 2018 schauten die drei- bis 13-jährigen Kinder täglich 51 Minuten fern. Ein Zeitungs-reporter wählte als Überschrift für seinen Bericht: „Bereits Kinder sitzen 13 Tage im Jahr vor dem Fernseher." Hat der Reporter richtig gerechnet?

20 ‖‖ **Müll**

Pro Kopf erzeugt jeder Bürger in Deutschland pro Tag ungefähr 600 g Verpackungsmüll, darunter sehr viel Plastikmüll.
a) Das scheint nicht viel zu sein. Berechne, wie viel Verpackungsmüll in kg jeder Bürger pro Jahr erzeugt. Was meinst du jetzt?
b) Berechne, wie viel Müll (in t) täglich in Deutschland anfällt. Gehe dabei von 83 Millionen Einwohnern aus.

21 ‖ **Landkarten**

a) Auf einer Wanderkarte vom Maßstab 1 : 25 000 ist eine Strecke 7,5 cm lang. Wie lang ist diese in Wirklichkeit?
b) Auf einer Straßenkarte ist eine Strecke, die in Wirklichkeit 50 km lang ist, genau 4 cm lang. In welchem Maßstab ist die Karte gezeichnet?

22 ‖ **Segelschiff**

a) Vor mehr als 500 Jahren segelte CHRISTOPH COLUMBUS mit drei Segelschiffen von Spanien aus westwärts. Er wollte einen Seeweg nach Indien finden. Dabei entdeckte er Amerika. Sein Flaggschiff, die Santa Maria, gibt es als Modell im Maßstab 1 : 90. Das Modell ist 362 mm lang. Wie lang war die Santa Maria in Wirklichkeit?
b) Das größte Kreuzfahrtschiff 2019 ist die „Symphony of the Seas". Sie hat eine Länge von 361 m. Wie lang wäre ein maßstabsgetreues Modell im Maßstab 1 : 500?

Santa Maria 1 : 90
Modelllänge 362 mm

4 Zahlen

Einer Legende nach sollte der indische Erfinder des Schachspiels von seinem König entlohnt werden.
Der Erfinder hatte dazu einen Wunsch frei.
Er wünschte sich ein Schachbrett voller Reis.
Auf dem ersten Feld sollte nur ein Reiskorn liegen.
Auf dem zweiten Feld zwei Reiskörner, auf dem dritten vier Reiskörner und so weiter.
Die Anzahl der Reiskörner sollte von einem zum nächsten Feld einfach verdoppelt werden.
Der König lachte und zeigte sich erbost über die vermeintliche Bescheidenheit.

Wie viele Reiskörner liegen auf dem zehnten Feld?

Nach wie vielen Feldern ist 1 kg Reis zusammen, wenn 1 kg Reis ungefähr 35 000 Reiskörner umfasst?

Wie viele Reiskörner sind es insgesamt?

Zahlenfolgen und Muster

1 Inventur in der Imkerei

Imker Wagner zählt: „4, 8, …"
Hilf ihm und zähle weiter.
Natürlich könnte Herr Wagner auch noch
schneller zählen. Du auch?

Echter Bienen-honig!

2 Blütenstände

Betrachtet man die Blütenstände von Pflanzen, so kann man Regelmäßigkeiten entdecken.
Die weiße Lichtnelke verzweigt sich dreimal in zwei Äste. Sie verzweigt sich also sehr regel-
mäßig. Zählt man die Äste von unten beginnend, so erhält man die Zahlenfolge 1, 2, 4, 8.

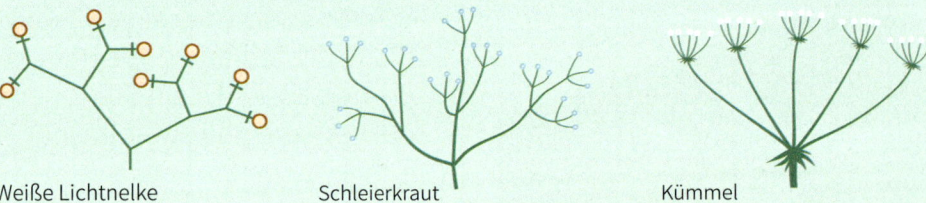

Weiße Lichtnelke   Schleierkraut   Kümmel

a) Zähle die Äste beim Schleierkraut und beim Kümmel. Welche Zahlenfolge erkennst du?
b) Skizziere die Blütenstände nach den folgenden Beschreibungen.

Efeublüte	**Wolfsmilchblüte**
Die Blütenstände der Efeublüte verzweigen sich zweimal in jeweils vier Äste.	Die Blütenstände der Wolfsmilchblüte verzweigen sich zweimal, zuerst in vier, dann in jeweils zwei Äste.

3 Faustgruß

Zur Begrüßung geben sich sieben Kinder „Fistbumps". Das kommt
aus dem Englischen und bedeutet soviel wie Faustgruß.
Jeder gibt jedem einen Faustgruß. Wie viele „Fistbumps" sind dies
insgesamt? Die Kinder gehen systematisch vor.

Bei zwei Personen gibt es einen Faustgruß: 1
Bei drei Personen kommen zwei Faustgrüße hinzu: $1 + 2 = 3$
Bei vier Personen kommen drei Faustgrüße hinzu: $(1 + 2) + 3 = 6$

a) Schreibe auf, wie es bei fünf und sechs Personen weitergeht.
   Zeichne auch die Skizzen dazu. Wie viele Faustgrüße sind es
   insgesamt bei sieben Personen?
b) Erkennst du eine einfache Regel wie du schneller zählen kannst?
   Bei wie vielen Personen kommt es zu 55 Faustgrüßen?
   Ab wie vielen Personen sind es mehr als 100?

Basiswissen

WES-125660-023

Zahlenfolgen und Muster

Zahlenfolgen und Muster sind häufig nach bestimmten Regeln aufgebaut. Kennt man diese Regeln, so kann man die Zahlenfolgen fortsetzen und die Muster weiterzeichnen.

Rechtecksmuster
Es wird immer die gleiche Zahl addiert.

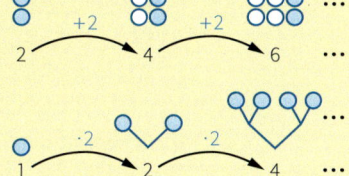

Baummuster
Es wird immer mit der gleichen Zahl multipliziert.

Dreiecksmuster
Es wird immer eine um eins größere Zahl addiert.

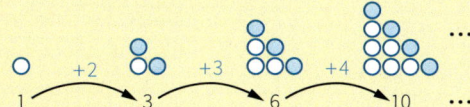

Beispiele

A Rechtecksmuster

Berechne, ohne zu zeichnen, wie es weitergeht.

Lösung:
Auch das ist ein Rechtecksmuster:

1. Zahl $\qquad$ $5 = 5$
2. Zahl $5 + 4 = 5 + \mathbf{1} \cdot 4 = 9$
3. Zahl $5 + 4 + 4 = 5 + \mathbf{2} \cdot 4 = 13$
4. Zahl $5 + 4 + 4 + 4 = 5 + \mathbf{3} \cdot 4 = 17$
   $\vdots$
10. Zahl $5 + \mathbf{9} \cdot 4 = 41$

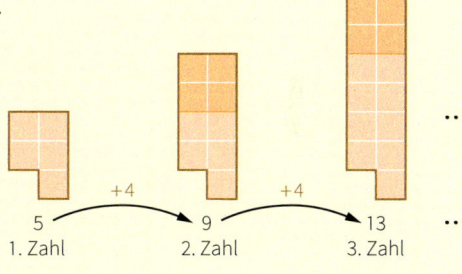

B Baummuster

Am Baummuster erkennst du die Folge 1, 3, 9…
Berechne, wie es weiter geht.

Lösung:
1. Zahl $1 \qquad = 1$
2. Zahl $1 \cdot 3 \qquad = 3$
3. Zahl $1 \cdot 3 \cdot 3 \qquad = 9$
4. Zahl $1 \cdot 3 \cdot 3 \cdot 3 = 27$
   $\vdots$
10. Zahl $1 \cdot 3 \cdot 3 \cdot 3 \cdot 3 \cdot 3 \cdot 3 \cdot 3 \cdot 3 \cdot 3 = 19\,683$

C Dreiecksmuster

Am Dreiecksmuster erkennst du die Folge 1, 3, 6, 10…
Berechne, wie es weiter geht.

Lösung:
1. Zahl $1 \qquad\qquad\qquad = 1$
2. Zahl $1 + 2 \qquad\qquad = 3$
3. Zahl $1 + 2 + 3 \qquad\quad = 6$
4. Zahl $1 + 2 + 3 + 4 \qquad = 10$
   $\vdots$
10. Zahl $1 + 2 + 3 + \ldots + 9 + 10 = 55$

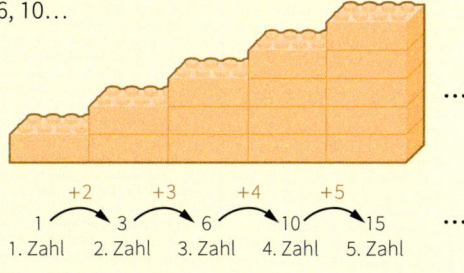

Übungen

4 ||| **Rechteck-, Baum- und Dreiecksmuster**

Betrachte die Zahlenfolgen und Muster im Basiswissen.
a) Setze die Zahlenfolgen bis zur 5. Zahl fort und die Muster bis zur 5. Figur.
b) Berechne zu jeder Zahlenfolge die 10. Zahl.

5 ||| **Strichlisten**

a) Notiere die ersten sechs Zahlen der Folge.
b) Wie lautet die 21. Zahl der Folge?

6 ||| **Erkennst du die Regel?**

Zeichne das Muster ab und ergänze es um zwei weitere Figuren. Welche Zahlenfolgen gehören dazu? Schreibe die ersten fünf Zahlen auf. Berechne dann die 8. Zahl der Folge, ohne das Muster weiter zu zeichnen.

Lösungen sind dabei
16, 17, 26, 29, 30,
36, 37

a)

b)

c)

d)

7 ||| **Zahlenfolgen-Training**

Erkennst du die Regeln? Manchmal muss man genau hinschauen. Setze jede Zahlenfolge mit fünf weiteren Zahlen fort.

Lösungen
Fortsetzung nächste
Zahl:
2   7   10   16   22
26   32   35   96

a) 2, 8, 14, 20, 26, …   b) 1, 4, 7, 10, 13, …   c) 1, 2, 5, 10, 17, …
d) 3, 5, 4, 6, 5, …   e) 1, 2, 4, 5, 7, 8, …   f) 4, 5, 7, 11, 19, …
g) 3, 6, 12, 24, 48, …   h) 2, 4, 5, 10, 11, …   i) 5, 0, 6, 1, 7, …

8 ||| **Regel erkennen**

① … 100, 1000, 10000, …   ② … 110, 121, 133, …   ③ … 29, 34, 39, …
④ … 68, 136, 272, …   ⑤ … 13, 18, 23, …   ⑥ … 117, 135, 153, …

a) Setze die Zahlenfolge um jeweils zwei Zahlen fort.
b) Setze die Zahlenfolge rückwärts fort, soweit es geht.

9 ||| **Zahlenrätsel**

Gib jeweils die ersten fünf Zahlen der Folge an:
a) Die erste Zahl ist 1. Die weiteren Zahlen der Folge ergeben sich jeweils, indem man mit 3 multipliziert.
b) Die erste Zahl ist 12. Die weiteren Zahlen der Folge ergeben sich jeweils, indem man verdoppelt und dann vier subtrahiert.
c) Die erste Zahl ist 2. Die weiteren Zahlen der Folge ergeben sich, indem man die Zahl mit sich selbst multipliziert.

10 ||| **Kerze**

Eine neue Kerze wird angezündet und brennt gleichmäßig nieder.
a) Wie lange kann die Kerze insgesamt brennen?
b) Wie hoch müsste die Kerze zu Beginn sein, wenn sie 24 Stunden lang brennen soll?

Brenndauer in h	1	2	3	4
Resthöhe in cm	24	21	18	

11 II **„Zahlenfamilien" in der Multiplikationstabelle**

Rechts ist eine Multiplikationstabelle dargestellt.

a) In der Tabelle sind bereits bestimmte „Zahlenfamilien" farbig eingetragen. Finde jeweils einen passenden Namen für sie.

b) Übertrage die Multiplikationstabelle in dein Heft (10 cm breit und 10 cm lang) und trage auch die folgenden Familien farbig ein.
- die geraden Zahlen
- die ungeraden Zahlen
- die 4er und die 7er-Reihe

c) Addierst du zwei ungerade Zahlen, so ist die Summe gerade. Gilt das auch für die Multiplikation? Erkläre!

	1	2	3	4	5	6	7	8	9	10
1	1	2	3	4	5	6	7	8	9	10
2	2	4	6	8	10	12	14	16	18	20
3	3	6	9	12	15	18	21	24	27	30
4	4	8	12	16	20	24	28	32	36	40
5	5	10	15	20	25	30	35	40	45	50
6	6	12	18	24	30	36	42	48	54	60
7	7	14	21	28	35	42	49	56	63	70
8	8	16	24	32	40	48	56	64	81	90
9	9	18	27	36	45	54	63	72	81	90
10	10	20	30	40	50	60	70	80	90	100

Die Menge der natürlichen Zahlen

Natürliche Zahlen sind die Zahlen, die du schon als kleines Kind entdeckt hast, also 1; 2; 3; 4; … Die Mathematiker zählen auch die 0 zu den natürlichen Zahlen. Für die Menge aller natürlichen Zahlen wird als Symbol $\mathbb{N}$ (ein großes N mit einem Doppelstrich) verwendet. Bei Größen sind dir als Maßzahlen auch schon andere Zahlen begegnet wie 1,47 m oder $\frac{3}{4}$ h, diese Zahlen gehören nicht zu den natürlichen Zahlen.

12 II **Muster aus Würfeln**

Beschreibe das Muster. Wie viele Würfel bilden jeweils die 10. Figur?

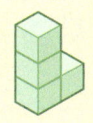  

Beispiel
Die erste Figur des Musters besteht aus vier Würfeln. Von einer Figur zur nächsten wird ein Würfel hinzugefügt.

a)

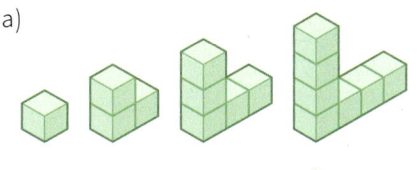

b)

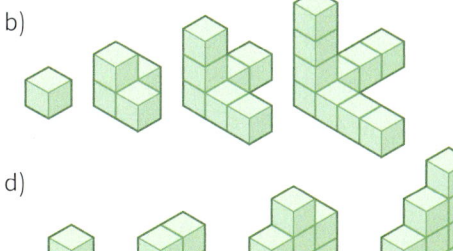

c)

d)

Grundwissen
zum Wiederholen

1 Wie heißen Vierecke, die nur rechte Winkel besitzen?

2 Wahr oder falsch: „Ein Fußballfeld ist etwa 105 m lang."

3 Berechne im Kopf: a) 317 − 31   b) 450 + 69   c) 250 : 5

4 Bestimme die fehlende Zahl:
a) 2 + ■ = 16   b) 20 − ■ = 12   c) ■ + 13 = 21   d) ■ − 13 = 21

13 II Mustererkennung

Viele große Firmen veranstalten Eignungstests, um herauszufinden, was Bewerber besonders gut können und was nicht so gut. Oft gibt es auch Aufgaben mit Mustern. Die Bewerber sollen die Regelmäßigkeit in dem Muster erkennen und das Muster dann fortsetzen.
Findest du für die Muster die richtigen Fortsetzungen?

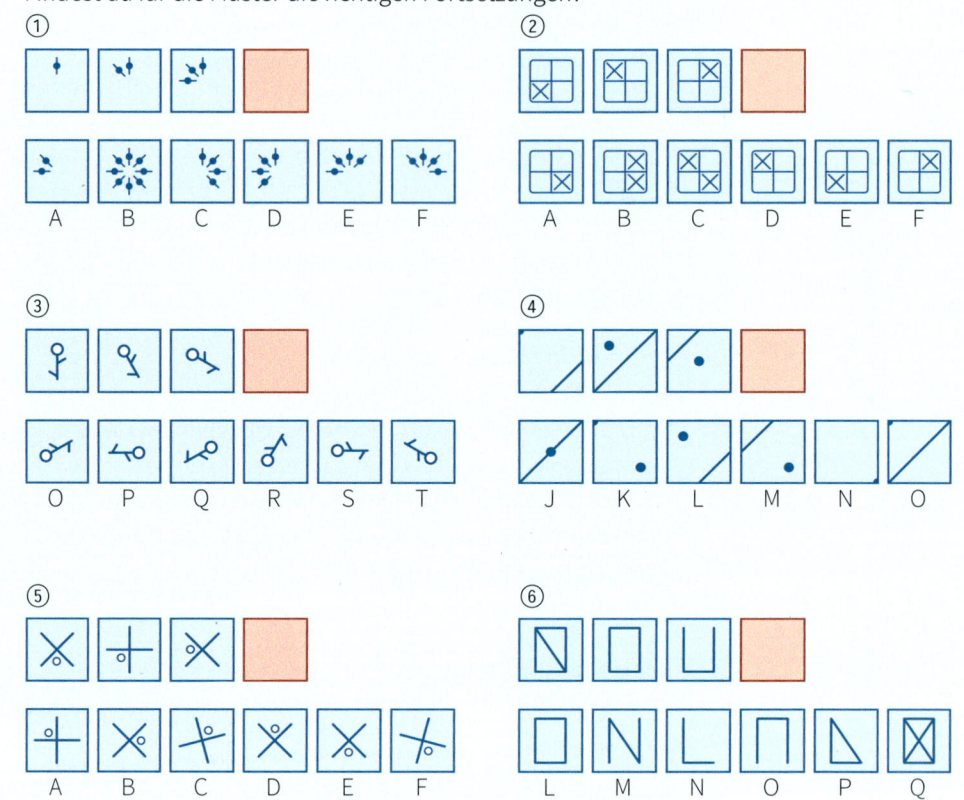

14 III Zahlenfolgen in der Natur

Im Jahre 1202 wollte der Mathematiker FIBONACCI VON PISA herausfinden, wie schnell eine Kaninchenpopulation unter bestimmten Bedingungen wächst.
Er ging von drei Bedingungen aus:

1. Ein Kaninchen wird nach einem Monat geschlechtsreif.
2. Die Schwangerschaft eines Kaninchens dauert einen Monat.
3. Ein weibliches, geschlechtsreifes Kaninchen bekommt jeden Monat Nachwuchs und zwar immer ein männliches und ein weibliches Kaninchen

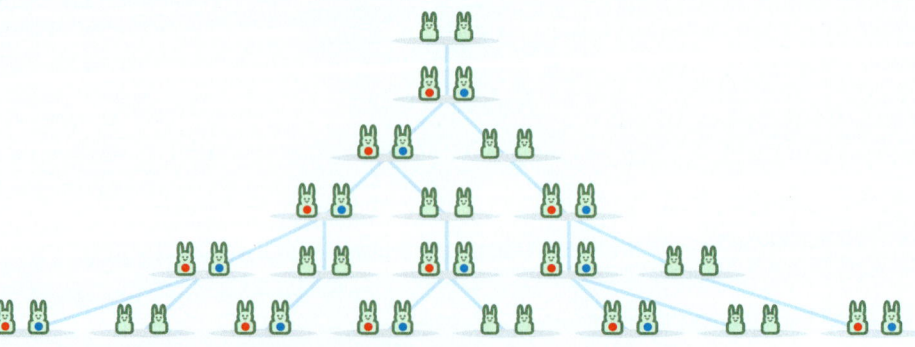

a) Wie viele Kaninchenpaare gibt es im sechsten und siebten Monat?
b) Erkenne die Regel, nach der diese Folge aufgebaut ist. Berechne die Anzahl der Kaninchen im zehnten und zwölften Monat.

Quadratzahlen und weitere Potenzzahlen

1 Quadratzahlen und Kubikzahlen

Linda malt ein Muster in ihr Matheheft. Sie beginnt mit einem gefärbten Karo. Dann baut sie nach rechts und nach unten weitere Karos an. Die neuen Karos werden immer in einer anderen Farbe gefärbt, sodass das entstehende Quadrat in jeder Figur vergrößert wird. Die ersten drei Figuren des Musters siehst du hier:

1. Figur

2. Figur

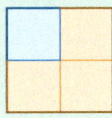

3. Figur

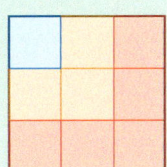

a) Zeichne das Muster ab und füge die vierte Figur hinzu. Kannst du vorhersagen, wie viele Karos das neue Quadrat haben wird?

b) Wie viele Karos haben die weiteren Quadrate? Übertrage die Tabelle in dein Heft und ergänze die Tabelle bis zehn Farben.

Anzahl der Farben	Anzahl der Karos
1	1
2	4
3	9
…	…

c) Hier siehst du ein ähnliches Muster mit Würfeln. Übertrage die Tabelle und ergänze die Tabelle bis 10 Farben.

Anzahl der Farben	Anzahl der Würfel
1	1
2	8
3	…
…	…

2 Centtürme auf einem Schachbrett

Auf einem 3 × 3-Mini-Schachbrett werden auf den einzelnen Feldern Centtürme aufgebaut. Auf jedem Brett gilt eine spezielle Regel:

2 Cent auf das Startfeld legen. Von Feld zu Feld wird die Anzahl der Cent-Münzen verdoppelt.

5 Cent auf das Startfeld legen. Von Feld zu Feld wird die Anzahl der Cent-Münzen verfünffacht.

10 Cent auf das Startfeld legen. Von Feld zu Feld wird die Anzahl der Cent-Münzen verzehnfacht.

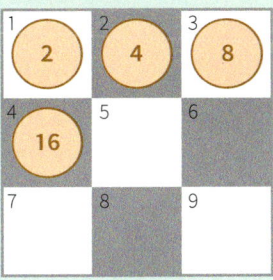 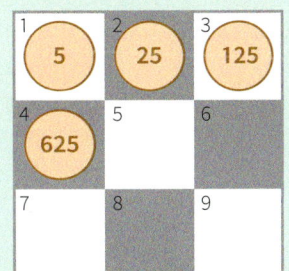 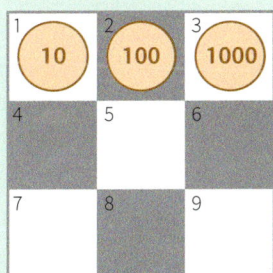

Welche Höhe hätten jeweils die Türme auf Feld 9? Ein Turm mit zehn 1-Cent-Münzen ist etwa 17 mm hoch. Schreibe zunächst drei Schätzwerte auf. Zeichne die Spielbretter in dein Heft und trage die passenden Zahlen ein. Berechne dann die jeweiligen Höhen auf dem letzten Feld.

Quadratzahlen und weitere Potenzzahlen

Potenzzahlen (kurz: Potenzen)

In manchen Rechnungen kommt der gleiche Faktor mehrmals vor, z. B. $2 \cdot 2 \cdot 2 \cdot 2 \cdot 2 = 2^5$

(5-mal Faktor 2)

2^5 wird Potenz genannt. **Sprechweise:** 2 hoch 5

Die Zahl 2 wird **Basis** (Grundzahl) genannt, die Zahl 5 wird **Exponent** (Hochzahl) genannt.

2^5 — Exponent, Basis

Potenzen mit gleichen Exponenten

Quadratzahlen

Potenzen mit dem Exponenten 2

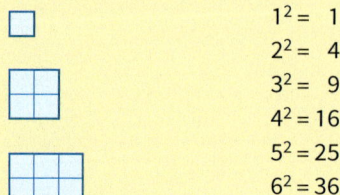

$1^2 = 1$
$2^2 = 4$
$3^2 = 9$
$4^2 = 16$
$5^2 = 25$
$6^2 = 36$
…

Kubikzahlen

Potenzen mit dem Exponenten 3

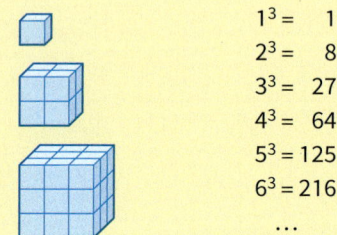

$1^3 = 1$
$2^3 = 8$
$3^3 = 27$
$4^3 = 64$
$5^3 = 125$
$6^3 = 216$
…

Potenzen mit gleicher Basis

Zweierpotenzen

Potenzen mit der Basis 2

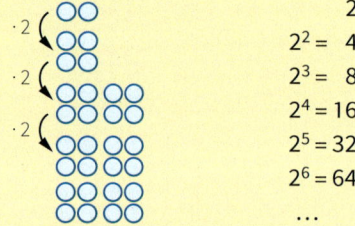

2
$2^2 = 4$
$2^3 = 8$
$2^4 = 16$
$2^5 = 32$
$2^6 = 64$
…

Dreierpotenzen

Potenzen mit der Basis 3

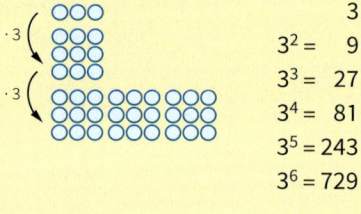

3
$3^2 = 9$
$3^3 = 27$
$3^4 = 81$
$3^5 = 243$
$3^6 = 729$
…

Um den Aufbau eines Musters im Rechenausdruck sichtbar zu machen, ist es sinnvoll, den Exponent 1 zu benutzen, wenn ein Faktor nur einfach vorkommt.

Das erste Muster hat dann $2^1 = 2$ Punkte beziehungsweise $3^1 = 3$ Punkte.

Beispiele

A **Potenzschreibweise**

a) Schreibe als Potenz: $4 \cdot 4 \cdot 4$

b) Berechne: 5^4

Lösung:

a) $4 \cdot 4 \cdot 4 = 4^3$

b) $5^4 = 5 \cdot 5 \cdot 5 \cdot 5 = 25 \cdot 5 \cdot 5 = 125 \cdot 5 = 625$

B **Tennisturnier**

Ein Tennisturnier wird über 5 Tage im K.o.-System durchgeführt, d. h. in jedem Spiel scheidet der Verlierer aus. Im Endspiel stehen sich 2 Spieler gegenüber. An jedem Tag wird eine Runde gespielt. Wie viele Spieler können eingeladen werden?

Lösung:

Die Anzahl der Spieler sind Zweierpotenzen.

Endspiel:	1 Spiel mit 2 Spielern	2 Spieler
Halbfinale:	2 Spiele mit je 2 Spielern	$2 \cdot 2 = 2^2 = 4$ Spieler
Viertelfinale:	4 Spiele mit je 2 Spielern	$2 \cdot 2 \cdot 2 = 2^3 = 8$ Spieler
Achtelfinale:	8 Spiele mit je 2 Spielern	$2 \cdot 2 \cdot 2 \cdot 2 = 2^4 = 16$ Spieler
Vorrunde:	16 Spiele mit je 2 Spielern	$2 \cdot 2 \cdot 2 \cdot 2 \cdot 2 = 2^5 = 32$ Spieler

Somit können $2^5 = 32$ Spieler eingeladen werden.

Übungen

3 I|| Potenzen schreiben

Schreibe als Potenz und rechne aus.

a) $2 \cdot 2 \cdot 2 \cdot 2$ b) $3 \cdot 3 \cdot 3$ c) $5 \cdot 5 \cdot 5 \cdot 5 \cdot 5$ d) $4 \cdot 4$

e) $2 \cdot 2 \cdot 2 \cdot 2 \cdot 2$ f) $10 \cdot 10 \cdot 10$ g) $10 \cdot 10 \cdot 10 \cdot 10$ h) $6 \cdot 6 \cdot 6$

4 I|| Kubikzahlen

Berechne die Kubikzahlen.

a) 2^3 b) 3^3 c) 4^3 d) 6^3

e) 7^3 f) 8^3 g) 9^3 h) 10^3

6 I|| Potenzen berechnen

Berechne die Potenzen.

a) 2^3 b) 2^6 c) 4^2 d) 5^3

e) 10^2 f) 10^6 g) 6^3 h) 10^3

7 I|| Potenzen und Produkte

Schreibe gleiche Faktoren als Potenz.

$3 \cdot 5 \cdot 3 \cdot 3 \cdot 2 \cdot 5 = 2 \cdot 3 \cdot 3 \cdot 3 \cdot 3 \cdot 5 \cdot 5 = 2 \cdot 3^3 \cdot 5^2$

a) $2 \cdot 2 \cdot 7 \cdot 2 \cdot 2$ b) $3 \cdot 4 \cdot 3 \cdot 4 \cdot 3$ c) $5 \cdot 2 \cdot 5 \cdot 5 \cdot 2$ d) $4 \cdot 5 \cdot 6 \cdot 4 \cdot 5 \cdot 6$

e) $2 \cdot 2 \cdot 3 \cdot 2 \cdot 5 \cdot 2 \cdot 2$ f) $6 \cdot 6 \cdot 8 \cdot 6 \cdot 10 \cdot 8$ g) $11 \cdot 11 \cdot 9 \cdot 13 \cdot 11 \cdot 9$ h) $1 \cdot 2 \cdot 3 \cdot 1 \cdot 11 \cdot 1 \cdot 11$

8 I|| Zehnerpotenzen

Potenzen mit der Basis 10 heißen Zehnerpotenzen.

a) Berechne die ersten fünf Zehnerpotenzen.

b) Betrachte deine Ergebnisse aus a). Finde eine Regel, um ohne zu rechnen 10^7 und 10^9 zu bestimmen.

WES-125660-025

Zehnerpotenzen

Zehnerpotenzen können einfach berechnet werden.

$10^2 = 10 \cdot 10 = 100$

$10^3 = 10 \cdot 10 \cdot 10 = 1000$

$10^4 = 10 \cdot 10 \cdot 10 \cdot 10 = 10\,000$

> Regel:
> Zehnerpotenzen sind eine „1" mit Nullen. Der Exponent gibt die Anzahl der Nullen an.

Mit Zehnerpotenzen können sehr große Zahlen dargestellt werden.

$8\,000\,000\,000\,000 = 8 \cdot 10^{12}$

$3\,200\,000\,000\,000\,000\,000\,000 = 32 \cdot 10^{20}$

9 I|| Große Zahlen

a) Stelle die Zahlen mithilfe von Zehnerpotenzen dar.

    (1) $30\,000$ (2) $1\,200\,000\,000$ (3) $531\,000\,000$

b) Welche Zahl verbirgt sich hinter dem Ausdruck?

    (1) $34 \cdot 10^5$ (2) $4 \cdot 10^3 + 2 \cdot 10^2$ (3) $5 \cdot 10^4 + 2 \cdot 10^3 + 7 \cdot 10^2 + 3 \cdot 10 + 4$

Tipp
Erst die Potenzen ausrechnen:
$2 \cdot 3^2 = 2 \cdot 3 \cdot 3$
$ = 2 \cdot \ 9 \ = 18$

10 I|| Rechnen mit Potenzen

Berechne die Produkte.

a) $12^2 \cdot 2^3$ b) $6^2 \cdot 5$ c) $10^4 \cdot 3^2$ d) $17^2 \cdot 4$ e) $6^2 \cdot 2^6$

f) $13^2 \cdot 2$ g) $5^3 \cdot 8$ h) 100^2 i) $4^4 \cdot 2$ j) $19^2 \cdot 10^2$

Siehe Beispiel B

11 **II** **Damen-Tennisturnier**

Ein Tennisturnier startet im K.o.-System mit 128 Spielern.

a) Wie viele Spielerinnen starten in jeder Runde und wie viele Spiele gibt es in jeder Runde?
b) Wie viele Spiele bestreitet eine Spielerin, die das Endspiel erreicht?
c) Wie viele Spiele umfasst das Turnier insgesamt?

12 **II** **Wer wächst am schnellsten?**

Die Zweierpotenzen und die Quadratzahlen treten zum Wettkampf auf dem Zahlenstrahl an. Die Positionen für die ersten zwei Zahlen sind auf den Bahnen im Gitterpapier eingetragen, nach zehn Zahlen ist das Rennen zu Ende.

a) Übertrage den Zahlenstrahl auf Karopapier und trage die Positionen bis zum 6. Schritt ein (DIN-A4-Blatt quer).
b) Setze die Reportage fort. Wer gewinnt das Rennen, welchen Vorsprung hat der Sieger vor dem Zweitplatzierten?

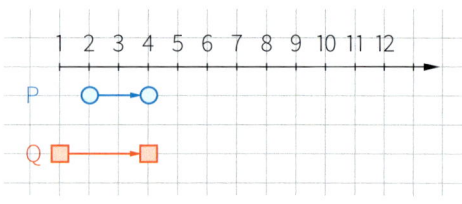

> Reportage:
> *Die Zweierpotenzen haben einen Startvorteil. Im 2. Schritt liegen Zweierpotenzen und Quadratzahlen gleich auf, im nächsten Schritt…*

13 **II** **Stammbaum**

Zeichne einen Stammbaum bis zur 4. Generation deiner Vorfahren in dein Heft. Welche Namen kennst du? Du kannst auch deine Eltern oder weitere Vorfahren fragen. Wie viele Eltern, Großeltern, Urgroßeltern und Ururgroßeltern sind es? Wie viele müsstest du in der 8., 9. und 10. Generation eintragen?

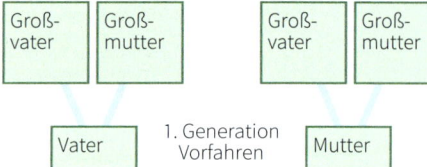

14 **II** **Entdeckungen an Quadratzahlen**

a) Ergänze die Subtraktionsmauer indem du immer die Differenz zweier aufeinanderfolgender Quadratzahlen bildest.

1		4		9		16		25		36		49		64
	3		5		▪		▪		▪		▪		▪	

b) Betrachte deine Ergebnisse aus a), was fällt dir auf?

15 **III** **Gerade oder ungerade?**

Überprüfe die Aussagen und begründe.

Zweierpotenzen
Die Zweierpotenzen sind alle gerade.

Quadratzahlen
Die Quadratzahlen sind abwechselnd ungerade und gerade.

Grundwissen
zum Wiederholen

1 Der Schulweg von Jonas beträgt von der Wohnung bis zur Schule 4 km. Mit dem Fahrrad benötigt er dafür 16 Minuten. Berechne die wöchentliche Fahrzeit von und zur Schule.

2 Wahr oder falsch: „Zwei senkrechte Geraden bilden einen rechten Winkel miteinander."

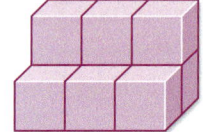

3 Wie viele Würfel werden für den Bau benötigt?

16 III Summe von Quadratzahlen

An Hochschulen und Universitäten erforschen Mathematikerinnen und Mathematiker die Zahlen immer weiter und genauer. Dabei kam man zu nebenstehender Vermutung. Kannst du die Vermutung für die Zahlen zwischen 50 und 60 [zwischen 160 und 170] bestätigen?

> **Vermutung:**
> Jede Zahl lässt sich als Summe von höchstens vier Quadratzahlen schreiben.
> $21 = 4^2 + 2^2 + 1^2$
> $120 = 10^2 + 4^2 + 2^2$
> $249 = 15^2 + 4^2 + 2^2 + 2^2$

17 III Differenz von Quadratzahlen

Die ungeraden Zahlen lassen sich als Differenz von zwei Quadratzahlen schreiben.

a) Schreibe als Differenz von zwei Quadratzahlen:

| 5 | 11 | 15 | 21 | 29 | 31 | 45 | 99 |

Tipp
$7 = 16 - 9$
$13 = 49 - 36$
$23 = 144 - 121$
$81 = 225 - 144$

b) Findest du auch gerade Zahlen, die sich als Differenz von nur zwei Quadratzahlen schreiben lassen?

c) Suche Quadratzahlen, die sich als Differenz zweier anderer Quadratzahlen schreiben lassen.

18 III Zahlenschlösser

Julius hat die Kombination seines Zahlenschlosses mit drei Rädern vergessen.

a) Wie lange dauert es, alle Kombinationen auszuprobieren, wenn jeder Test einer Kombination drei Sekunden dauert?

b) Wie lange dauert es, wenn er weiß, dass die beiden letzten Ziffern gleich und von der ersten verschieden sind?

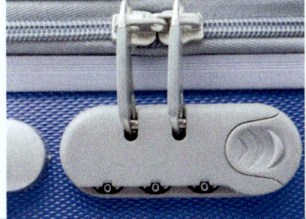

Exkurs

Sicherheit durch Zeichenkombinationen

Im Alltag werden verschiedene Zeichenkombinationen zum Schutz des Eigentums und der Privatsphäre verwendet:

Passwörter
Bei E-Mail-Konto, Onlineshop oder Chat dienen Passwörter zur Identifikation der Nutzer.

Starkes Passwort
Der beste Schutz ist die Wahl eines „starken" Passwortes.
- Es sollte aus mindestens acht Zeichen bestehen
- Es sollte aus Zahlen, Buchstaben (Groß- und Kleinschreibung) und Sonderzeichen bestehen (zum Beispiel q3w5G#a+8)

Die Wahl eines starken Passwortes ist wichtig, da es Passwort-Knacker-Programme gibt, die innerhalb weniger Minuten alle Wörter aus dem Duden probieren. Auch das Einfügen von Sonderzeichen sollte beachtet werden. Für ein Passwort, das beispielsweise aus drei verschiedenen Buchstaben von a – z besteht, gibt es $26 \cdot 26 \cdot 26 = 26^3 = 17\,576$ Kombinationsmöglichkeiten. Passwörter, die aber aus Zahlen, Buchstaben und Sonderzeichen bestehen, können viel schwieriger geknackt werden, da es viel mehr Kombinationsmöglichkeiten gibt.

19 III Passwörter

Wie lange benötigt ein Computer, alle Kombinationen eines vierstelligen Passwortes (Ziffern, Buchstaben, Umlaute, Groß- und Kleinschreibung, Sonderzeichen) auszuprobieren, wenn pro Sekunde eine Million Kombinationen getestet werden?
Wie lange dauert es bei einem sechsstelligen oder achtstelligen Passwort?

Computer:
englisch (to compute)
bzw. lateinisch
(computare): rechnen

siehe auch Exkurs und
Aufgabe 15, S. 120

1 **Das Zweiersystem und der Computer**

Der Computer rechnet nicht wie wir im Zehnersystem, weil er nur zwei Zustände unterscheiden kann („Strom fließt" bzw. „An" oder „Strom fließt nicht" bzw. „Aus"). Er muss also jede Zahl unseres Systems mit einer 1 (für „An") oder einer 0 (für „Aus") darstellen. Ein solches System heißt Zweiersystem.

Tina will ihrer Klasse das Zweiersystem vorstellen. Dazu hat sie Karten vorbereitet, die sie wie im Bild hinlegt.

a) Tina sagt: „Um die Zahl 10 im Zweiersystem darzustellen, muss ich einige Karten umdrehen und erhalte $(1010)_2$." Erkläre.

b) Stelle die Zahlen 5, 6, 7, 8 mit den Karten dar. Welches ist die größte Zahl im Zehnersystem, die du mit den vier Karten darstellen kannst? Begründe, dass du natürlichen Zahlen bis zu der Zahl darstellen kannst.

c) Wie heißen die Zahlen $(1111)_2$, $(101)_2$ und $(11)_2$ aus dem Zweiersystem im Zehnersystem?

d) Tina möchte größere Zahlen darstellen. Dazu fügt sie links eine Karte an. Wie viele Punkte muss diese Karte haben? Was ist die größte Zahl im Zehnersystem, die du damit darstellen kannst?

2 **Das Zweiersystem und die Potenzen**

Benno spielt mit Zahlen und baut die Zahlen 0, 1, 2, … mithilfe von Summen aus 2-er Potenzen auf.

a) Wie hat Benno 2^0 und 2^1 festgelegt? Warum können diese Potenzen nicht erklärt werden wie im Basiswisen von 4.2? Setze die Reihe bis zur Zahl 10 fort.

b) Benno schreibt seine Entdeckung systematisch in einer Tabelle auf. Ergänze die Tabelle. Welches ist die größte Zahl, die du so darstellen kannst?

c) Was passiert, wenn du die Tabelle auf 2^5 nach links erweiterst? Begründe, dass sich dann alle natürlichen Zahlen von 0 bis 63 darstellen lassen.

d) Du hast bisher immer mit den zehn Ziffern 0, 1, 2, 3, 4, 5, 6, 7, 8 und 9 gerechnet. Man sagt dazu „Rechnen im Zehnersystem". Neben dem Zehnersystem gibt es noch weitere Zahlsysteme. Eines davon ist das Zweiersystem oder Dualsystem, welches du gerade entdeckt hast.

$$0 = 0 \cdot 2^0$$
$$1 = 1 \cdot 2^0$$
$$2 = 1 \cdot 2^1 + 0 \cdot 2^0$$
$$3 = 1 \cdot 2^1 + 1 \cdot 2^0$$
$$4 = 1 \cdot 2^2 + 0 \cdot 2^1 + 0 \cdot 2^0$$

	2^4	2^3	2^2	2^1	2^0
0					0
1					1
2				1	0
3				1	1
4			1	0	0
5			1	0	1

- Rechne um in eine Dezimalzahl: (1) $(10110)_2$ (2) $(1010)_2$ (3) $(100100)_2$
- Rechne um in eine Dualzahl: (4) 65   (5) 53   (6) 120

zum Weiterdenken

e) Mit drei Stellen $(2^0, 2^1, 2^2)$ können im Zweiersystem die 8 Zahlen 0, 1, 2, …, 7 dargestellt werden. Wie viele Zahlen können mit 6 Stellen dargestellt werden, wie viele mit 8 und 16?

Basiswissen

WES-125660-026

Stellenwertsysteme

Zahlen werden im Zehnersystem mit den zehn verschiedenen Ziffern 0 bis 9 geschrieben. Für Zahlen größer als 9 benötigt man dann weitere Stellen. Je nachdem, an welcher Stelle die Ziffer steht, hat sie einen bestimmten Wert. Man rechnet mit einem **Stellenwertsystem**.

Zehnersystem oder Dezimalsystem

Zahl 1101	Stellenwert	...	$10 \cdot 10 \cdot 10 = 10^3$ Tausender	$10 \cdot 10 = 10^2$ Hunderter	$10 = 10^1$ Zehner	$1 = 10^0$ Einer
	Zahl		1	1	0	1

Die Zahl 1101 im Dezimalsystem bedeutet: $1 \cdot 1000 + 1 \cdot 100 + 0 \cdot 10 + 1 \cdot 1$
Wenn man festlegt, dass $10^0 = 1$ und $10^1 = 10$ gilt, kann man eine Zahl als Summe von Zehnerpotenzen schreiben: $1101 = 1 \cdot 10^3 + 1 \cdot 10^2 + 0 \cdot 10^1 + 1 \cdot 10^0$

Zweiersystem oder Dualsystem

Neben dem Zehnersystem mit zehn verschiedenen Ziffern gibt es weitere Stellenwertsysteme. Ein sehr bedeutsames ist das Zweiersystem mit den Ziffern 0 und 1.

Zahl $(1101)_2$	Stellenwert	...	$2 \cdot 2 \cdot 2 = 2^3$ Achter	$2 \cdot 2 = 2^2$ Vierer	$2 = 2^1$ Zweier	$1 = 2^0$ Einer
	Zahl		1	1	0	1

Die Zahl $(1101)_2$ im Zweiersystem bedeutet: $1 \cdot 8 + 1 \cdot 4 + 0 \cdot 2 + 1 \cdot 1$ und entspricht der Zahl 13 im Dezimalsystem.
Wenn man festlegt, dass $2^0 = 1$ und $2^1 = 10$ gilt, kann man eine Zahl als Summe von Zweierpotenzen schreiben: $1101 = 1 \cdot 2^3 + 1 \cdot 2^2 + 0 \cdot 2^1 + 1 \cdot 2^0$
Dualzahlen liest man „EinsEinsNullEins" und schreibt $(1101)_2$.

Beispiele

A **Vom Zweiersystem ins Zehnersystem umwandeln**
Wandle die Zahl $(11010)_2$ ins Zehnersystem um.

Lösung:
Dualzahlen kann man mit einer Stellenwerttafel in eine Zahl im Zehnersystem umwandeln.

Stellenwert	16er (2^4)	8er (2^3)	4er (2^2)	2er (2^1)	1er (2^0)
Zahl	1	1	0	1	0

$1 \cdot 16 + 1 \cdot 8 + 0 \cdot 4 + 1 \cdot 2 + 0 \cdot 1 = 26$

B **Vom Zehnersystem ins Zweiersystem umwandeln**
Stelle die Zahl 35 im Zweiersystem dar.

Lösung:
Zerlege die Zahl 35 schrittweise in eine Summe von Zweierpotenzen.
$$35 = 1 \cdot 32 + 3$$
$$= 1 \cdot 32 + 0 \cdot 16 + 0 \cdot 8 + 0 \cdot 4 + 3$$
$$= 1 \cdot 32 + 0 \cdot 16 + 0 \cdot 8 + 0 \cdot 4 + 1 \cdot 2 + 1 \cdot 1$$

Stellenwert	32er (2^5)	16er (2^4)	8er (2^3)	4er (2^2)	2er (2^1)	1er (2^0)
Zahl	1	0	0	0	1	1

Die Zahl 35 wird im Zweiersystem als $(100011)_2$ geschrieben.

Übungen

3 ‖ **Umwandeln vom Zehnersystem ins Zweiersystem**
a) 5   b) 11   c) 27   d) 32   e) 54   f) 99

4 ‖ **Umwandeln vom Zweiersystem ins Zehnersystem**
a) $(10)_2$ b) $(110)_2$ c) $(1010)_2$ d) $(1100)_2$ e) $(1111)_2$ f) $(10001)_2$

5 ‖ **Stellenwerte im Zweiersystem**
a) Übertrage die Tabelle in dein Heft. Ergänze die Stellenwerte und übersetze die eingetragene Zahl ins Zehnersystem.

Stellenwert	■	■	■	■	■	■	■	8er	4er	2er	1er
Zahl	1	0	1	0	0	1	1	1	0	1	0

(jeweils $\cdot 2$ von rechts nach links)

b) Übertrage mithilfe der Tabelle folgende Zahlen aus dem Zweiersystem ins Zehnersystem.
$(111\,110)_2$ $(1\,000\,101)_2$ $(10\,001\,000\,011)_2$

6 ‖ **Umwandeln ins Zweiersystem**
a) 12   b) 99   c) 112   d) 300   e) 111   f) 2000
   57   256   145   120   124   1024

7 ‖ **Umwandeln ins Zehnersystem**
Wandle die folgenden Zahlen aus dem Zweiersystem ins Zehnersystem um.
a) $(11011)_2$ b) $(100001)_2$ c) $(11001100)_2$ d) $(10011)_2$
e) $(10101010)_2$ f) $(11111)_2$ g) $(10010010)_2$ h) $(10111)_2$

8 ‖ **Dualzahlen mit LED-Leuchten**
Man kann mit LED-Leuchten Dualzahlen darstellen.
a) Wie lauten die Dualzahlen? Wie heißen sie im Zehnersystem?

Ein 1
Aus 0

b) Warum kann man Dualzahlen mit LED-Leuchten darstellen und warum geht dies nicht so einfach mit Zahlen im Zehnersystem? Vielleicht hast du eine Idee, wie man Zahlen aus dem Zehnersystem mit LED-Leuchten darstellen könnte.

9 ‖ **Vorgänger und Nachfolger**
Gib jeweils den Vorgänger und den Nachfolger der Dualzahl an.
a) $(1)_2$ b) $(100)_2$ c) $(1111)_2$ d) $(1001)_2$ e) $(10101)_2$ f) $(10110)_2$

10 ‖ **Kleinste – größte Zahlen**
Wie heißt die kleinste und die größte dreistellige (sechsstellige) Zahl im Zehnersystem, wie im Zweiersystem? Übersetze die Dualzahlen ins Zehnersystem.

Grundwissen
zum Wiederholen

1 Was kann eine Tonne schwer sein?
① deine Schultasche   ② ein Pkw   ③ der Mond   ④ ein Krokodil

2 Die Kuh Elsa gibt pro Woche 350 Liter Milch. Wie viel Milch wird pro Tag abgemolken? Erstelle eine Rechenaufgabe.

Addieren und multipizieren im Zweiersystem

Addieren im Zweiersystem

Das Addieren im Zweiersystem funktioniert genauso wie das schriftliche Addieren im Zehnersystem.
1. Schreibe die Zahlen untereinander.
2. Addiere die Zahlen stellenweise.
3. Bei einer Summe größer als 1 muss der Übertrag beachtet werden.

8er	4er	2er	1er			
			$($	1	1	$)_2$
+	$($	1	0	1	1	$)_2$
		1	1			
	$($	1	1	1	0	$)_2$

Multiplizieren im Zweiersystem

Die Multiplikation im Zweiersystem funktioniert wie das schriftliche Multiplizieren im Zehnersystem.
1. Schreibe die beiden Faktoren nebeneinander.
2. Multipliziere die Zahlen stellenweise. Beachte den Übertrag.
3. Addiere die Zahlen.

$($	1	1	$)_2$	$\cdot$	$($	1	1	$)_2$
						1	1	
					1	1		
				1	1			
			$($	1	0	0	1	$)_2$

---

11 III Addieren im Zweiersystem

Beispiel

	0		1		0		1
+	0	+	0	+	1	+ ₁	1
	0		1		1		1 0

Additionstabelle

+	$(0)_2$	$(1)_2$	$(10)_2$	$(11)_2$
$(0)_2$	$(0)_2$	$(1)_2$	$(10)_2$	$(11)_2$
$(1)_2$	$(1)_2$	$(10)_2$	$(11)_2$	$(100)_2$

Addiere.

a) $(111)_2$
   $+ \ (1)_2$

b) $(101010)_2$
   $+ (10101)_2$

c) $(11011)_2$
   $+ \ (101)_2$

d) $(10111)_2$
   $+ \ (101)_2$

e) $(11011)_2$
   $+ \ (110)_2$

f) $(10001)_2$
   $+ \ (111)_2$

12 III Multiplizieren im Zweiersystem

a) Überprüfe deine Fertigkeit, indem du schriftlich $17 \cdot 45$ im Zehnersystem berechnest.
b) Multipliziere nach demselben Verfahren zwei Dualzahlen. Überprüfe, ob du richtig gerechnet hast, indem du die Zahlen und die Ergebnisse aus dem Zweiersystem in das Zehnersystem umwandelst.

$(11)_2 \cdot (10)_2$ \qquad $(101)_2 \cdot (11)_2$ \qquad $(1101)_2 \cdot (101)_2$ \qquad $(11)_2 \cdot (111)_2$

Beispiel
Multiplikationstabelle

$\cdot$	$(0)_2$	$(1)_2$
$(0)_2$	$(0)_2$	$(0)_2$
$(1)_2$	$(0)_2$	$(1)_2$

13 III Etwas zum Nachdenken

a) Weißt du noch, was das kleine „Einmaleins" ist? Überprüft eure Fähigkeiten, indem ihr euch gegenseitig Aufgaben zum kleinen Einmaleins stellt.
b) Wie sieht das kleine Einmaleins mit Dualzahlen aus?
c) Was meinst du, ist das Rechnen mit Dualzahlen einfacher als im Zehnersystem?

14 III Zeit zum Recherchieren

a) Informiere dich, wie das Subtrahieren und Dividieren im Zweiersystem funktioniert.
b) Wieso geht das Subtrahieren und Dividieren im Zweiersystem nicht so einfach?
c) Es gibt ein weiteres Zahlensystem: das Fünfersystem. Recherchiere im Internet nach dem Fünfersystem und bereite einen kleinen Vortrag zu dem Thema vor.

Der ASCII -Code

Mit jeder Leitung kann ein Computer eine Information von einem **Bit** übertragen.
Mit zwei Leitungen können Informationen von zwei Bit übertragen werden. Es gibt damit vier Informationen, die übertragen werden können: 00, 01, 10, 11. Will man mehr Informationen übertragen, benötigt man mehr Leitungen, also mehr Bits. Jedes Zeichen (Buchstaben, Zahlen, Satzzeichen) steht für eine Information.

Viele Computer sind 8-Bit-Rechner, sie benutzen 7 Bit für Buchstaben, Zahlen und Satzzeichen, ein Bit für Steuerungen. Ein Standardcode mit 7 Bits ist der ASCII (American Standard Code for Information Interchange).

$b_7 b_6 b_5$											
b_4	b_3	b_2	b_1	Reihe \ Spalte	0	1	2	3	4	5	6	7
0	0	0	0	0	NUL	DLE	SP	0	@	P	`	p
0	0	0	1	1	SOH	DC1	!	1	A	Q	a	q
0	0	1	0	2	STX	DC2	"	2	B	R	b	r
0	0	1	1	3	ETX	DC3	#	3	C	S	c	s
0	1	0	0	4	EOT	DC4	$	4	D	T	d	t
0	1	0	1	5	ENQ	NAK	%	5	E	U	e	u
0	1	1	0	6	ACK	SYN	&	6	F	V	f	v
0	1	1	1	7	BEL	ETB	'	7	G	W	g	w
1	0	0	0	8	BS	CAN	(	8	H	X	h	x
1	0	0	1	9	HT	EM	)	9	I	Y	i	y
1	0	1	0	10	LF	SUB	*	:	J	Z	j	z
1	0	1	1	11	VT	ESC	+	;	K	[	k	{
1	1	0	0	12	FF	FS	,	<	L	\	l	|
1	1	0	1	13	CR	GS	—	=	M	]	m	}
1	1	1	0	14	SO	RS	.	>	N	^	n	~
1	1	1	1	15	SI	US	/	?	O	_	o	DEL

15 ⫶⫶⫶ **ASCII-Code lesen**

- Lies aus der Tabelle die Zahl aus dem Zweiersystem ab, die zu „H" gehört. Welche Zahl gehört zur „5"? Wie heißen diese Zahlen im Zehnersystem?
- Recherchiere im Internet nach „8-Bit-Rechner" und „64-Bit-Rechner".

Römische Zahlzeichen

Die Römer hatten kein Stellenwertsystem. Sie verwendeten für Zahlen verschiedene Zahlzeichen, die nach ganz bestimmten Regeln aufgeschrieben (aneinander gereiht) werden.

$$M = 1000 \qquad D = 500 \qquad C = 100 \qquad L = 50 \qquad X = 10 \qquad V = 5 \qquad I = 1$$

Regeln für die römische Zahlschreibweise

Wenn der größere Wert vor dem kleinen steht, so wird addiert:
$XI = X + I = 10 + 1 = 11$

Wenn der kleinere Wert vor dem größeren steht, so wird subtrahiert:
$CM = M - C = 1000 - 100 = 900$

Römische Zahlen → 10er System

MDCCXLVIII			
M	DCC	XL	VIII
1000	700	40	8

1748

10er System → römische Zahlen

2179			
2000	100	70	9
MM	C	LXX	IX

MMCLXXIX

Unsere Ziffern von 0 bis 9 nennt man auch **arabische Ziffern**.

---

16 ⫶⫶⫶ **Römische Zahlzeichen**

Schreibe mit arabischen Ziffern.

a) XII, LX, DCC, ML, DII, CLXVI

b) IX, XC, LXXIV, CCXL, CML

c) DCCCXX, MDCCCV, MMXLIX

d) MMXII, DCCCVIII, DCCLXXVII

17 II Schreiben in römischen Zahlzeichen

Schreibe mit römischen Zahlzeichen.

a) 17, 85, 103, 984   b) 177, 654, 483   c) 130987, 1456   d) 707, 7007, 77

18 II Inschriften

Auf vielen Gebäuden sieht man römische Zahlen, die das Erbauungsjahr angeben.

Wann wurden die abgebildeten Gebäude errichtet?

19 II Rechnen mit römischen Zahlzeichen I

Julius Quintus ist Schüler im alten Rom.
Als Hausaufgabe muss er Rechenaufgaben
bearbeiten. Auf den Tafeln siehst du ein
Beispiel seiner Rechnungen.

a) Rechne die Hausaufgaben („pensum
domesticum") mit römischen Zahlzeichen
wie Julius Quintus.

b) Übersetze die römischen Zahlzeichen in arabische Zahlen und rechne dann.
Vergleiche das Rechnen mit römischen Zahlzeichen mit dem Rechnen mit arabischen.

> CCX + CCLXX   MMMCCXXXII − CCCXXXI
> = CCCCLXXX   = MMM − C + I
> = CDLXXX   = MMCMI

> **PENSUM DOMESTICUM**
> (I) IIC + CDVII   (II) XXXVIII + XDIII
> (III) CCXXXII − CXXI   (IV) CCXLI − CL

20 II Rechnen mit römischen Zahlzeichen II

Das Besondere an einem Stellenwertsystem ist, dass eine Ziffer unterschiedliche Bedeutung haben kann, je nachdem wo sie steht. So steht die „1" in 123 für Hunderter, also 100, in 312 für Zehner, also 10. So etwas gibt es bei den römischen Zahlzeichen nicht.

- Stelle 123 und 312 mit römischen Zahlzeichen dar.
- Wenn Rechnungen nicht im Kopf durchgeführt werden können,
  kannst du schriftlich geschickt addieren.
  Schreibe die Rechnung in römischen Zahlzeichen auf und versuche
  damit die Zahlen zu addieren. Beschreibe die Schwierigkeiten.

		1	2	8	5
+			7	3	4
			1	1	
		2	0	1	9

21 II Würfelspiel

Auch die alten Römer kannten Würfelspiele.
Beklebe drei Würfel jeweils mit den Buchstaben D, C, L, X, V, I.
Wirf die drei Würfel. Wer aus den gewürfelten drei Buchstaben
die größte Zahl bilden kann, hat gewonnen.

22 III Knobelaufgaben

Wenn du ein Streichholz umlegst, wird die Rechnung richtig. Gibt es mehrere Lösungen?

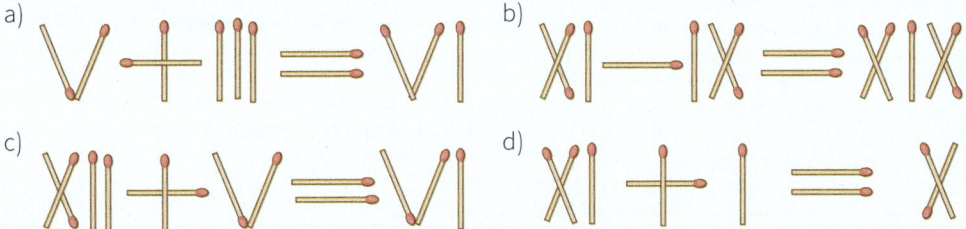

a) V + III = VI   b) XI − IX = XIX

c) XII + V = VI   d) XI + I = X

✓

Natürliche Zahlen ℕ

0; 1; 2; 3; 4; 5...

Zahlenfolgen und Muster

Rechtecksmuster

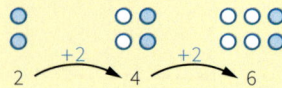

Immer die gleiche Zahl addieren.

Baummuster

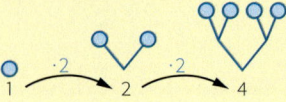

Stets mit der gleichen Zahl multiplizieren.

Dreiecksmuster

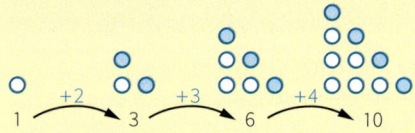

Stets eine um eins größere Zahl addieren.

Quadratzahlen

1	2^2	3^2	4^2	5^2	6^2	7^2	8^2	9^2	10^2
1	4	9	16	25	36	49	64	81	100

Kubikzahlen

1^3	2^3	3^3	4^3	5^3	6^3	7^3	8^3	9^3	10^3
1	8	27	64	125	216	343	512	729	1000

Zweierpotenzen

2^1	2^2	2^3	2^4	2^5	2^6	2^7	2^8	2^9	2^{10}
2	4	8	16	32	64	128	256	512	1024

Zehnersystem

	$10 \cdot 10$	10	1
Stellenwert	H	Z	E
Zahl	3	0	2

$302 = 3 \cdot 100 + 0 \cdot 10 + 2 \cdot 1$

Zweiersystem

	$2 \cdot 2$	2	1
Stellenwert	4er	2er	1er
Zahl	1	0	1

$(101)_2 = 1 \cdot 4 + 0 \cdot 2 + 1 \cdot 1 = 5$

Check-up

1 **Zahlenfolgen fortsetzen**
Erkenne Regelmäßigkeiten in der jeweiligen Zahlenfolge und setze sie um drei Zahlen fort.
a) 1, 3, 5, 7, 9, …   b) 1, 2, 4, 8, 16, …   c) 1, 4, 9, 16, …
d) 1, 4, 7, 10, 13, …   e) 1, 3, 9, 27, 81, …   f) 1, 3, 7, 13, 21, …

2 **Sechseckzahlen**

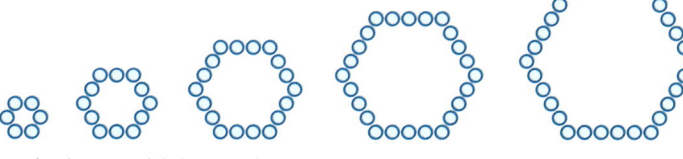

Finde die Anzahl der Punkte. Kannst du eine Regel erkennen?

3 **Schnelle Zunahme**
Setze die Zahlenfolge um fünf weitere Zahlen fort.
a) 1, 10, 100, 1000, …   b) 1, 5, 25, 125, …

4 **Was ist was wert?**
Gib den Wert der angegebenen Ziffer der Zahl im Zehnersystem an.
a) Ziffer 3 in der Zahl 43 501   b) Ziffer 6 in der Zahl 5 060 000

5 **Quadratzahlen gesucht**
Ergänze die fehlenden Quadratzahlen.
a) $3^2 + 4^2 = $ ▨   b) ▨ $+ 5^2 = 13^2$ c) $8^2 + $ ▨ $= 17^2$
d) $24^2 + 7^2 = $ ▨   e) $10^2 - $ ▨ $= 8^2$ f) ▨ $- 4^2 = 3^2$

6 **Rechnen mit Potenzen**
a) $3^2 \cdot 4^3$ b) $3^2 + 2^3$
c) $7^2 + 2^4$ d) $2^5 \cdot 3^2$

7 **Zweierpotenzzahlen**
Wie viele Quadratzahlen befinden sich unter den ersten zehn Zweierpotenzzahlen?

8 **Umwandeln von einem Zahlsystem in ein anderes**
a) Wandle die folgenden Zahlen aus dem Zehnersystem in die entsprechende Zahl im Zweiersystem um.
① 11   ② 21   ③ 35   ④ 88   ⑤ 128
b) Wandle die folgenden Zahlen aus dem Zweiersystem in die entsprechende Zahl im Zehnersystem um:
① $(101)_2$ ② $(100100)_2$ ③ $(111111)_2$ ④ $(1010101)_2$

9 **Vorgänger gesucht**
Gib den Vorgänger der Zahl an.
a) 1000   b) 9090   c) $(1000)_2$ d) $(10110)_2$ e) XX
Bei den Zahlen in den Aufgaben c) und d) handelt es sich um Zahlen im Zweiersystem, e) ist römisch geschrieben.

Sichern und Vernetzen
Vermischte Aufgaben zu Kapitel 4

Trainieren

WES-125660-060

Lösungen

1 |II **Zahlenfolgen**

Erkenne Regelmäßigkeiten und setze die Zahlenfolgen um drei Zahlen fort.

a) 2, 4, 6, 8, 10, …   b) 1, 5, 9, 13, 17, …   c) 1, 2, 6, 24, 120, …

d) 1, 3, 6, 10, 15, …   e) 3, 6, 9, 12, 15, …   f) 1, 10, 100, 1000, …

2 |II **Ungewöhnliche Zahlenfolge**

Wie lautet die 19. Zahl der Folge?

1, 2, 5, 6, 1, 2, 5, 6, 1, 2, …

3 |II **Rechteckige Muster**

1) 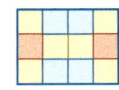   2) 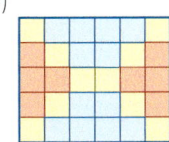   3)

a) Schaue dir die Abbildungen genau an. Wie könnte die 4. Abbildung aussehen?

b) Übertrage die Tabelle in dein Heft und fülle sie aus.

Anzahl	1. Abbildung	2. Abbildung	3. Abbildung	4. Abbildung
rote Felder	▪	▪	▪	▪
blaue Felder	▪	▪	▪	▪
grüne Felder	▪	▪	▪	▪
Gesamtanzahl	▪	▪	▪	▪

c) Versuche herauszufinden, wie viele von jedem der Felder in der 8. Abbildung sein werden.

4 |II **Zahlensalat**

Suche aus dem Zahlensalat alle Quadratzahlen und Zweierpotenzen. Trage die Zahlen in eine Tabelle ein.
Achtung, eine Zahl kann mehrere Eigenschaften haben.

Verstehen

5 |II **„Weit entfernte" Zahlen**

Kennt man die Regel, nach der die Zahlen
einer Zahlenfolge berechnet werden, kann
man häufig schnell „weit entfernte" Zahlen
der Folge berechnen. Finde die Regel und
berechne jeweils die 50. und 100. Zahl.

a) 2, 5, 8, 11, …   b) 8, 13, 18, 23, …

c) 9, 20, 31, 42, …   d) 42, 55, 68, 81, …

e) 7, 14, 21, 28, …   f) 15, 24, 33, 42, …

Tipp

1. Zahl	7	7
2. Zahl	10 $\}+3$	$7 + 1 \cdot 3 = 10$
3. Zahl	13 $\}+3$	$7 + 2 \cdot 3 = 13$
4. Zahl	16 $\}+3$	$7 + 3 \cdot 3 = 16$
…		
50. Zahl		$7 + 49 \cdot 3 = 154$
…		
100. Zahl		$7 + 99 \cdot 3 = 304$

Anwenden

6 |I **Wäschetrockner**

Bernd geht mit Hans ins Lager und zählt die Wäschetrockner: „2, 5, 8, …".

„Du zählst doch viel zu kompliziert", unterbricht ihn Hans.
Wie könnte Hans rechnen, um die Zahl der vorrätigen
Wäschetrockner schnell zu bestimmen?

5 Geometrie

Kater Atze liebt Kartons. Selbst wenn er nicht komplett reinpasst, quetscht sich der Stubentiger gern so weit wie möglich hinein. Ist er fertig mit dem Spielen, bleibt der Karton leer zurück.

In der Mathematik wird die Gestalt eines solchen Kartons Quader genannt. Kennst du noch andere Gegenstände, die diese Quader-Form besitzen?

Um den Karton platzsparend zu lagern, faltest du ihn am besten flach auseinander. Dann sieht man, dass er aus nur einem einzigen Stück Pappe hergestellt wurde. Wo stecken dann die sechs Rechtecke, die beim gebauten Karton erkennbar sind?

Körper erkennen und beschreiben

1 Geometrische Körper und Gegenstände

a) Ordne die Gegenstände geometrischen Körpern zu und notiere diese in einer Tabelle. Suche in deiner Umgebung weitere Gegenstände und trage diese in die Tabelle ein.

Körper	Gegenstand
Kugel	Ball, …
Zylinder	Konservendose, Trinkflasche, …
Kegel	…
…	Buch, …
…	…

b) Die Gegenstände in unserer Umgebung haben meist nicht genau die Form der geometrischen Körper. Beschreibe die Abweichungen.

Beispiel Trinkflasche
Die Trinkflasche ist zylinderförmig mit einem Griff und Einkerbungen.

2 Körper in unserer Umwelt

In dem Zimmer siehst du Gegenstände mit verschiedenen Formen. Beschreibe die Formen. Ordne die Gegenstände geometrischen Körpern zu. Wie viele verschiedene Körper findest du?

Exkurs

Geometrie und Wirklichkeit

Die verschiedenen Körper kommen in der Wirklichkeit nie in ihrer „idealen" geometrischen Form vor. Bei der Beschreibung der Strandhütte muss zum Beispiel von einigen Details abgesehen werden. Als Grundform ist ein Quader mit aufgesetztem Prisma zu erkennen.

Basiswissen

WES-125660-027

Geometrische Körper

Würfel

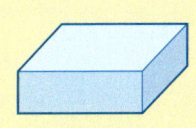

Quader

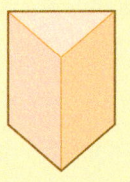

Dreiecksprisma

Zylinder

Dreieckspyramide

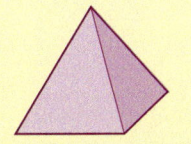

quadratische Pyramide

Kegel

Kugel

Grundformen ebener geometrischer Flächen

Quadrat

Rechteck

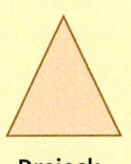

Dreieck

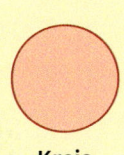

Kreis

Flächen eines Körpers

Ein Quader hat 6 Seitenflächen. Die untenliegende Fläche wird auch als Grundfläche, die oben liegende auch als Deckfläche bezeichnet.
Eine quadratische Pyramide hat eine Grundfläche, 4 Seitenflächen und eine Spitze.

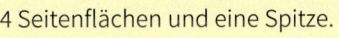

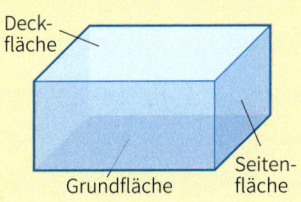

Deck-
fläche

Seiten-
fläche

Grundfläche

Zusammengesetzte Körper

Ein Dreiecksprisma kann mit der rechteckigen Seitenfläche auf einen Quader gesetzt werden.

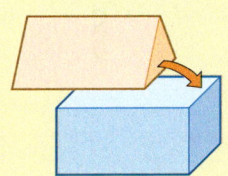

Beispiele

A **Körper beschreiben**
Beschreibe einen Würfel.

Lösung:
Ein Würfel ist ein geometrischer Körper. Er hat 6 Seitenflächen. Die Seitenflächen sind Quadrate, die alle gleich groß sind.

B **Zusammengesetzter Körper**
Beschreibe den Turm als zusammengesetzten Körper.

Lösung:
Der Turm besteht aus zwei unterschiedlichen Körpern. Der untere Teil des Turms ist ein Quader. Das Dach hat die Form einer Pyramide.

Übungen

3 ▌▌▌ **Körper beschreiben**

Beschreibe den Körper.

a) Quader b) Prisma c) Pyramide
d) Zylinder e) Kegel f) Kugel

> **Wichtige Begriffe:**
> Seitenfläche, Grundfläche, Deckfläche,
> Spitze, kreisförmig, eckig, rund

4 ▌▌▌ **Körper unterscheiden**

Nenne die Unterschiede zwischen den Körpern.

a) Würfel und Prisma b) Pyramide und Quader c) Würfel und Quader
d) Quader und Zylinder e) Zylinder und Kegel f) Quader und Prisma

5 ▌▌▌ **Eine Schokolade**

Die Abbildung zeigt eine Verpackung.
Um welchen Körper handelt es sich?
Beschreibe den Körper.

6 ▌▌▌ **Zusammengesetzte Körper**

Aus welchen möglichst einfachen Grundformen bestehen die Körper? Finde selbst Körper,
die aus mehreren Grundformen zusammengesetzt sind und beschreibe diese.
Beispiel B hilft dir bei der Beschreibung.

7 ▌▌▌ **Körper und Flächen**

Übertrage die Tabelle in dein Heft und fülle sie aus. Ergänze die Tabelle um weitere Körper.

Körper	Welche Flächen?	Wie viele Flächen?	Gleiche Flächen?
Quader	Rechtecke	6	Je 2 gegenüberliegende Rechtecke
Würfel	▨	▨	▨
Dreiecksprisma	▨	▨	▨
Quadratische Pyramide	Quadrat Dreiecke	1 4	▨
...	▨	▨	▨

8 ▌▌ **Quader und Würfel**

a) Beschreibe die Gemeinsamkeiten und
Unterschiede von einem Würfel und
einem Quader.
b) Was meinst du zu den Bemerkungen von
Linus und Meike?

> Linus: „Würfel und Quader sind zwar
> unterschiedlich, ich finde aber, dass ein
> Würfel auch ein Quader ist."
> Meike: „Ist ein Quader auch ein Würfel?"

9 II Körper im Sack

In dem Sack sind geometrische Körper. Wähle vorab einen Körper aus, den du aus dem Sack ziehen möchtest. Beschreibe, wie du den Körper von den anderen Körpern unterscheidest, damit du den richtigen Körper ziehst.

Beispiel: Ich möchte einen Zylinder ziehen. Ich suche eine kreisförmige Form. Ein Zylinder hat keine Spitze, aber eine zweite kreisförmige Fläche. Wenn ich einen Körper mit zwei kreisförmigen Flächen gefunden habe, ist der Körper ein Zylinder.

10 II Quader aus Kartoffeln herstellen

Schneide aus einer Kartoffel einen Quader aus. Dies ist nicht ganz einfach und gelingt nicht gleich beim ersten Versuch. Gib einige Hinweise, worauf man beim Schneiden achten muss. Du kannst anstatt einer Kartoffel auch ein entsprechend geformtes Stück Knetgummi verwenden.

11 II Körper und Flächen auf einer Baustelle suchen

Welche Körper und Flächen findest du auf der Baustelle? Suche auch zusammengesetzte Körper.

Grundwissen zum Wiederholen

1 Berechne: a) $3 \cdot 100 + 8 \cdot 10 + 2 \cdot 1$ b) $5 \cdot 1\,000 + 7 \cdot 10$ c) $4 \cdot 100 + 7 \cdot 1 + 5 \cdot 10$

2 Aus den Buchstaben O, L, E soll ein Wort gebildet werden. Das Wort kann auch sinnlos sein. Wie viele Möglichkeiten gibt es?

3 Mia kauft neun Brötchen für je 50 Cent. Sie bezahlt mit einem 10-Euro-Schein. Wie viel Geld bekommt Mia zurück?

Kantenmodelle herstellen

1 **Kantenmodelle von Verpackungen**

In Geschäften findest du Verpackungen in ganz unterschiedlichen Formen.

a) Wähle Verpackungen aus und betrachte sie genauer. Bestimme die Anzahl der Ecken, Kanten und Flächen, Anzahl der Kanten an einer Ecke, Anzahl der Kanten gleicher Länge und Form der Flächen. Erstelle dazu in deinem Heft folgende Tabelle und fülle sie aus.

Verpackung	Anzahl der Ecken	Anzahl der Kanten	Anzahl der Flächen	Anzahl der Kanten an einer Ecke	Anzahl der Kanten gleicher Länge	Form der Flächen
▪	▪	▪	▪	▪	▪	▪

Kantenmodelle von Verpackungen

b) Stelle für verschiedene Verpackungen Kantenmodelle her. Forme für die Ecken kleine Knetkugeln, in die die Kanten gesteckt werden. Schneide die Kanten in passender Länge aus bunten Strohhalmen. Benutze für Kanten gleicher Länge immer Strohhalme gleicher Farbe. Baue auf diese Weise das Kantenmodell eines Würfels, eines Quaders, einer quadratischen Pyramide, einer anderen beliebigen Verpackung.

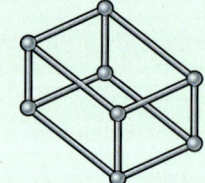

Kantenmodell eines Quaders

2 **Dachformen**

a) Satteldach

b) Pultdach

c) Pyramidendach

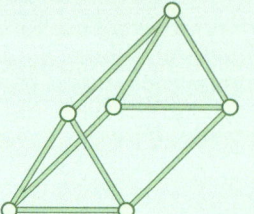
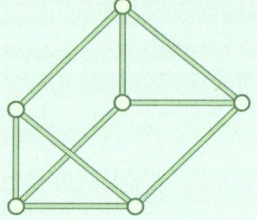
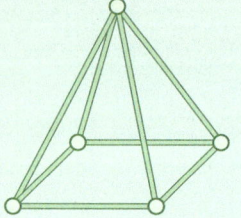

Stelle ein Kantenmodell der jeweiligen Dachform her.

Basiswissen

WES-125660-028

Kantenmodelle von Körpern

Kantenmodelle zeigen nur die Ecken und Kanten eines Körpers. An Kantenmodellen kann man gut den Aufbau einfacher Körper erkennen.

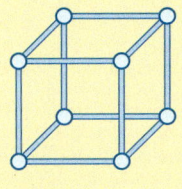
Würfel

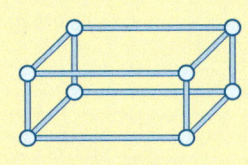
Quader

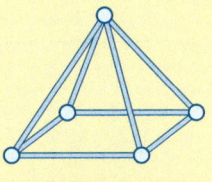
quadratische Pyramide

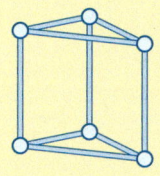
Dreiecksprisma

Beispiele

A **Kantenmodell eines Quaders beschreiben**
Beschreibe das Kantenmodell eines Quaders.

Lösung:
Ein Quader hat 8 Ecken und 12 Kanten. Jeweils 4 Kanten sind gleich lang.

B **Kantenmodell einer Dreieckspyramide**
Wie viele Ecken und Kanten benötigst du für den Bau eines Kantenmodells einer Dreieckspyramide?

Lösung:
Das Kantenmodell der Dreieckspyramide hat 4 Ecken und 6 Kanten.
3 gleich lange Kanten bilden die Grundfläche und
3 gleich lange Kanten führen zur „Spitze".

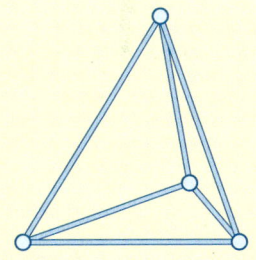

Übungen

3 **III Kantenmodelle beschreiben**
Beschreibe das Kantenmodell des Körpers.
a) Würfel
b) Quader
c) quadratische Pyramide
d) Dreiecksprisma

> Wichtige Begriffe:
> Ecke, Kante, Spitze, gleich lang

4 **III Kantensatz**
Ordne die Kantensätze ① – ③ den Kantenmodellen Ⓐ – Ⓒ zu.

①

②

③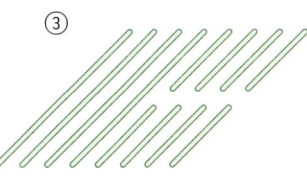

Ⓐ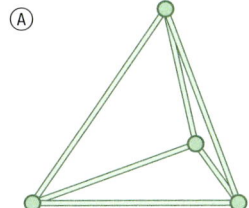

Ⓑ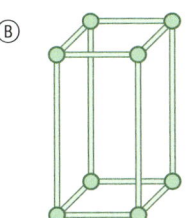

Ⓒ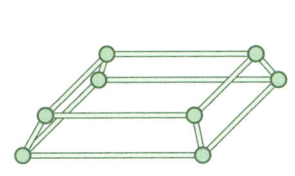

5 **III Kantenmodell**

Das abgebildete Kantenmodell soll jeweils aus dem Kantensatz zusammengesetzt werden. Leider fehlen entweder einige Kanten oder es sind sogar zu viele vorhanden. Gib an, wie du das in Ordnung bringen kannst.

a) 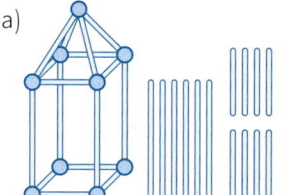 b) 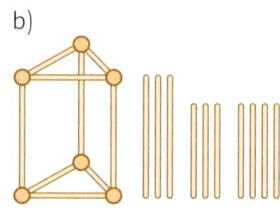 c)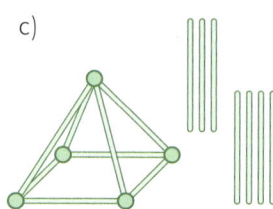

6 **III Sechsseitige Körper**

Wie viele Ecken und Kanten benötigst du für den Bau des Kantenmodells?

a) Sechsseitiges Prisma b) Sechsseitige Pyramide

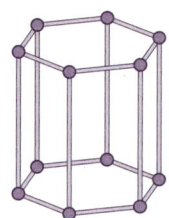 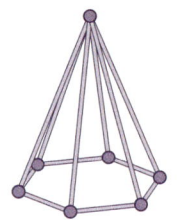

7 **III Erkennst du mich?**

Ich bin ein Kantenmodell aus

a) 12 gleich langen Kanten und 8 Ecken, b) 8 gleich langen Kanten und 5 Ecken,

c) 9 gleich langen Kanten und 6 Ecken, d) 6 gleich langen Kanten und 4 Ecken.

Gibt es mehrere Möglichkeiten?

8 **III Ein Würfel mit zu vielen Kanten?**

a) Moritz denkt sich gerne Rätsel aus.

> *„Ein Würfel hat sechs Seitenflächen. Jede dieser Flächen ist ein Quadrat.*
> *Jedes Quadrat hat vier Seiten. Also hat ein Würfel $6 \cdot 4 = 24$ Kanten.*
> *Ich zähle aber immer nur 12 Kanten. Was ist los?"*

b) Schreibe ein ähnliches Rätsel für die quadratische Pyramide auf.

9 **III Ein Körper ohne Kantenmodell?**

Greta möchte das Kantenmodell eines Zylinders herstellen. Beschreibe die Schwierigkeiten, die Greta haben wird. Kanst du das erklären? Nenne weitere Körper, zu denen es kein Kantenmodell gibt.

10 **III Drahtmodell eines Würfels**

Lauras Vater will für die Schule ein Kantenmodell eines Würfels aus Drahtstücken bauen. Der Würfel soll eine Kantenlänge von 24 cm haben. Wie viel Draht benötigt er dafür? Wie viel Zentimeter Draht braucht er mehr, wenn die Kantenlänge 6 cm länger sein soll?

Grundwissen
zum Wiederholen

1 Nenne die größte Zahl, die 12 und 18 teilt.

2 In einer Tüte sind 350 g Zucker. Wie viel fehlt bis zu 1 kg?

3 Berechne geschickt: a) 87 + 156 + 13 b) 48 + 116 + 12 c) 31 + 217 + 69

11 III Kantenmodelle verändern sich

Das aus Knetkugeln und Strohhalmen gebaute Kantenmodell eines Würfels lässt sich mühelos verformen, die Kanten stehen dann nicht mehr alle senkrecht aufeinander. Untersuche auf die gleiche Weise das Kantenmodell eines Quaders, eines Dreiecksprismas und einer quadratischen Pyramide.
Welches dieser Modelle ist am stabilsten?
Beim Verformen der Körper verändert sich auch die Form der Begrenzungsflächen. Welche Formen nehmen die Begrenzungsflächen an?

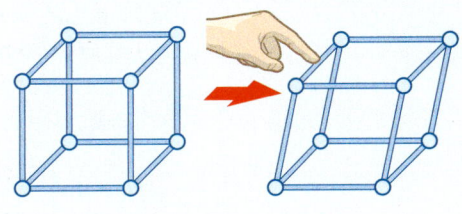

Wichtig: Stelle die Kantenmodelle auf eine ebene Tischplatte.

12 III Regelmäßige Körper

Yvonne ist von der Regelmäßigkeit des Würfels begeistert:
- Alle zwölf Kanten sind gleich lang.
- An jeder Ecke treffen drei Kanten aufeinander.
- Alle Flächen des Würfels sind gleich große Quadrate.

a) Gibt es noch andere Körper mit vollkommener Regelmäßigkeit?

b) Baue aus sechs gleich langen Trinkhalmen das Kantenmodell einer „Pyramide mit vier Ecken". Von welchen Seitenflächen wird die Pyramide begrenzt? Wie viele dieser Flächen gibt es? Wie viele Kanten treffen an einer Ecke zusammen?

c) Baue aus zwölf gleich langen Kanten und sechs Ecken das Kantenmodell einer „Doppelpyramide". Von welchen Seitenflächen wird die Doppelpyramide begrenzt? Wie viele dieser Flächen gibt es? Wie viele Kanten treffen an einer Ecke zusammen?

„Tetraeder" und „Oktaeder" sind griechische Namen, sie bedeuten „Vierflächner" und „Achtflächner". Was findest du im Lexikon unter „Hexaeder"?

Oktaeder kommen in der Natur bei vielen Mineralien in Kristallform vor.

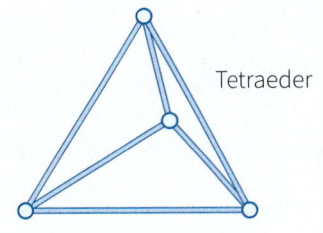

Tetraeder

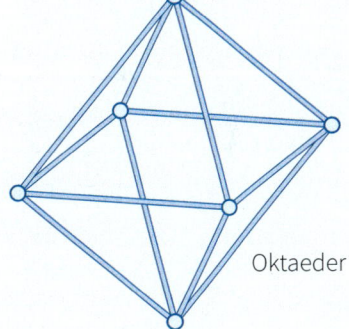

Oktaeder

13 III Krabbelkäfer

a) Ein Käfer sitzt auf der vorderen Ecke 1 des Kantenmodells eines Würfels und möchte zur Ecke 7 krabbeln. Dabei soll aber keine Kante mehrmals durchlaufen werden.
Notiere fünf verschiedene Wege. Wie lang ist der kürzeste, wie lang der längste Weg?

b) Nun will der Käfer jede Ecke des Würfels erkrabbeln. Auch dabei will er keine Kante zweimal durchlaufen. Ist das möglich?

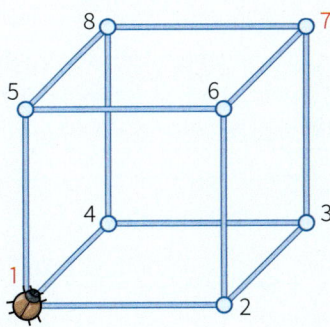

Platonische Körper

Die Menschen waren schon immer von der Regelmäßigkeit und Schönheit mancher geometrischer Körper fasziniert. So fanden die alten Griechen schon vor mehr als 2000 Jahren heraus, dass es nur wenige Körper gibt, die eine so vollkommene Regelmäßigkeit aufweisen, dass

- alle Kanten gleich lang sind,
- an jeder Ecke gleich viele Kanten aufeinander treffen,
- alle Flächen gleiche, regelmäßige Vierecke sind.

Beim Würfel sind alle Kanten gleich lang, drei Kanten treffen aufeinander und alle Seitenflächen sind gleich große Quadrate.

Wenn in deiner Schule die entsprechenden Baumaterialien vorhanden sind, kannst du die fünf platonischen Körper selbst bauen. Im Internet findest du auch Netze und Bauanleitungen zu den platonischen Körpern.

Insgesamt gibt es nur fünf solch vollkommene, regelmäßige Körper. Man nennt sie Platonische Körper. Drei davon konntest du bereits entdecken: den Würfel, den Tetraeder (die regelmäßige Dreieckspyramide) und den Oktaeder, den du dir aus zwei quadratischen Pyramiden zusammengebaut vorstellen kannst.

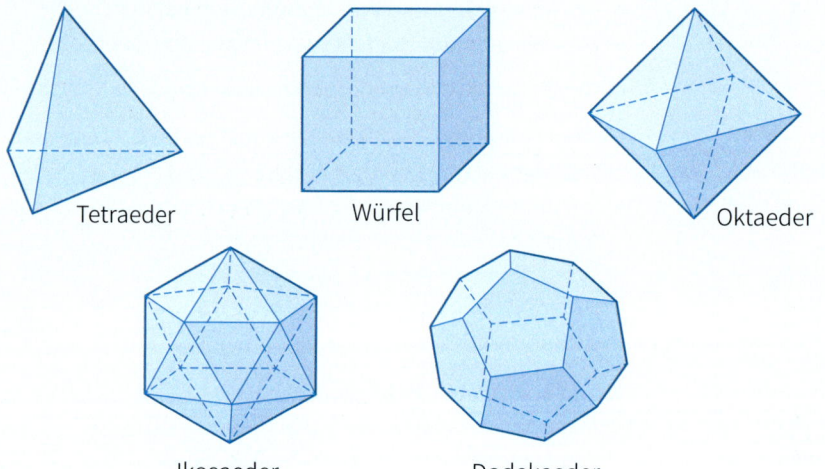

Tetraeder Würfel Oktaeder

Ikosaeder Dodekaeder

Mit Ausnahme des Würfels haben wir die griechischen Namen der platonischen Körper übernommen. Sie werden nach der Anzahl der Flächen benannt, aus denen der jeweilige Körper besteht:

Tetraeder – Tetra (griechisch vier) Oktaeder – Okta (griechisch acht)

Ikosaeder – Ikosa (griechisch zwanzig) Dodekaeder – Dodeka (griechisch zwölf)

14 III Platonische Körper beschreiben

a) Mithilfe von Flächen, Ecken und Kanten können alle platonischen Körper beschrieben werden. Übertrage die Tabelle in dein Heft und ergänze sie.

Körper	Flächen	Ecken	Kanten
Tetraeder	4	4	▧
Würfel	6	▧	▧
Oktaeder	▧	▧	▧
Ikosaeder	▧	▧	▧
Dodekaeder	▧	▧	▧

b) Etwas zum Entdecken: Vergleiche für jeden platonischen Körper die Summe aus Eckenanzahl und Flächenanzahl mit der Anzahl der Kanten. Was beobachtest du?

5.3 Schrägbilder zeichnen

1 Schrägbilder von Körpern aufspannen auf dem Geobrett

Auf einem Geobrett kannst du ohne Lineal und Bleistift Schrägbilder von Körpern z. B. mithilfe von Gummibändern aufspannen.

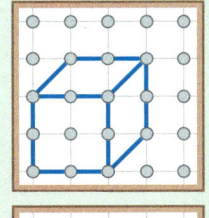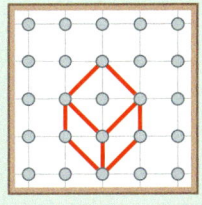
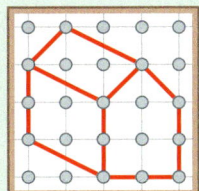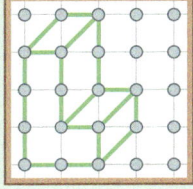

a) Welche Körper erkennst du? Spanne mit Gummibändern die vier gezeigten Schrägbilder auf.
b) In einem der Schrägbilder erkennst du ein L. Auch ein T kannst du gut darstellen. Spanne ein Schrägbild für den Großbuchstaben T auf.
c) Findest du noch andere Buchstaben, von denen du ein Schrägbild aufspannen kannst?
d) Spanne noch weitere Schrägbilder von einfachen Körpern auf dem Geobrett auf.

2 Schrägbilder von Körpern zeichnen auf Karopapier

Auf Karopapier kannst du Schrägbilder von Körpern leicht zeichnen, wenn du die Eckpunkte auf dem Gitter genau auszählst und passend verbindest.

a) Welche Körper erkennst du in den Zeichnungen? Zeichne die vier Schrägbilder ab. Färbe in deinen Schrägbildern die parallelen Kanten jeweils in der gleichen Farbe.

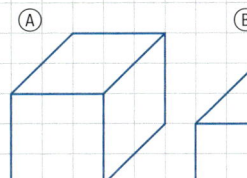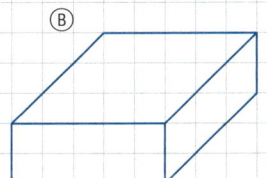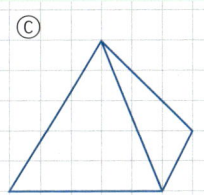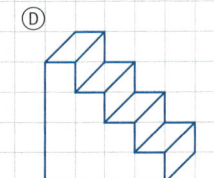

b) Bei den Quadern Ⓐ und Ⓑ sind die verdeckten Kanten als gestrichelte Linien eingezeichnet. Zeichne die Quader ab und färbe dann die Flächen, auf die du draufschauen kannst, in verschiedenen Farben. Was geschieht mit den gestrichelten Linien?

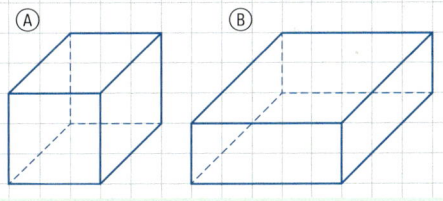

3 Schrägbilder von Körpern zeichnen durch Verbinden von Figuren

a) Zeichne zwei gleich große Quadrate in dein Heft und nummeriere die Eckpunkte wie in der Abbildung. Verbinde anschließend jeweils die Eckpunkte mit den gleichen Nummern. Beschreibe dein „Schrägbild".
b) Zeichne auf diese Weise andere Schrägbilder, indem du von gleichen Rechtecken oder gleichen Dreiecken ausgehst. Welche Körper entstehen?

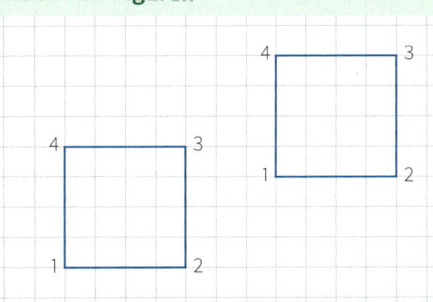

Das Schrägbild eines (undurchsichtigen) Würfels entsteht

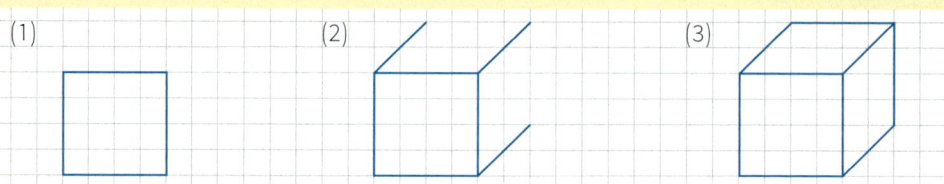

(1) Zeichne die Vorderfläche des Würfels.

(2) Zeichne die Kanten, die von vorne nach hinten laufen, schräg und verkürzt. Oft benutzt man dazu die Kästchendiagonalen. Eine Kästchendiagonale entspricht dabei 1 cm.

(3) Ergänze die fehlenden Kanten des Würfels.

Schrägbild eines durchsichtigen Würfels

Soll der Würfel durchsichtig erscheinen, ergänze auch noch die „verdeckten" Kanten als gestrichelte Linien.

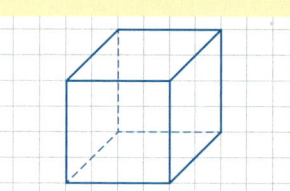

Übungen

4 ❙❙❙ **Schrägbild eines Würfels**

a) Zeichne das Schrägbild eines Würfels mit der Kantenlänge 4 cm in dein Heft.

b) Kennzeichne alle parallelen Kanten in der gleichen Farbe.

c) Ergänze gestrichelte Linien so, dass der Würfel durchsichtig aussieht.

5 ❙❙❙ **Schrägbild eines Quaders**

a) Übertrage das Schrägbild des Quaders in dein Heft und ergänze die verdeckten Kanten.

b) Gib die Maße des Quaders in cm an.

c) Zeichne einen durchsichtigen Quader mit den Maßen 3 cm, 4 cm und 6 cm.

d) Zeichne einen undurchsichtigen Quader mit den Maßen 5 cm, 5 cm und 8 cm.

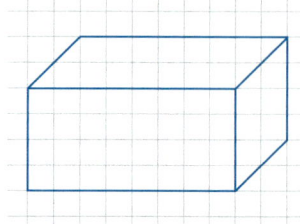

6 ❙❙❙ **Unvollendete Schrägbilder**

Übertrage das angefangene Schrägbild eines durchsichtigen Quaders in dein Heft und zeichne es fertig. Gib auch die Maße des Quaders an.

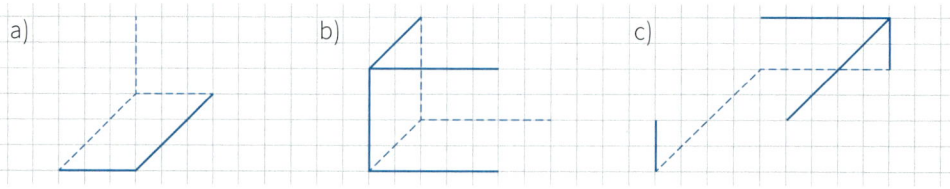

a)   b)   c)

7 ❙❙❙ **Siegertreppchen**

Ein Platz auf dem Siegertreppchen ist für viele Sportler das Schönste. Hier ist die Treppe aus vier Würfeln zusammengesetzt. Zeichne das Schrägbild eines Siegertreppchens in dein Heft.

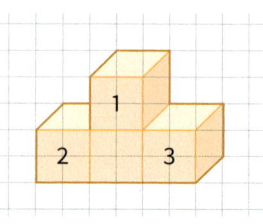

8 **II** **Quader in verschiedenen Positionen**

Für einen Quader mit den Maßen 1 cm, 4 cm und 8 cm kannst du verschiedene Schrägbilder zeichnen.

a) Zeichne das Schrägbild so, dass die Höhe des Quaders 4 cm ist.

b) Zeichne das Schrägbild so, dass der Quader mit einer Höhe von 1 cm durchsichtig ist.

c) Zeichne das Schrägbild so, dass der Quader 8 cm hoch ist. Du kannst dir aussuchen, ob er durchsichtig oder undurchsichtig sein soll.

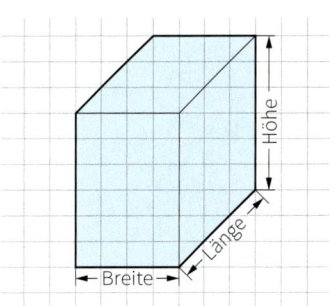

9 **II** **Würfelfiguren**

Niklas baut mit Würfeln: Buchstaben, Treppen und sogar eine Schlange hat er bereits fertig.

a) Zeichne die Schrägbilder in dein Heft.

b) Erfinde weitere „Würfelfiguren" und zeichne ihre Schrägbilder in dein Heft.

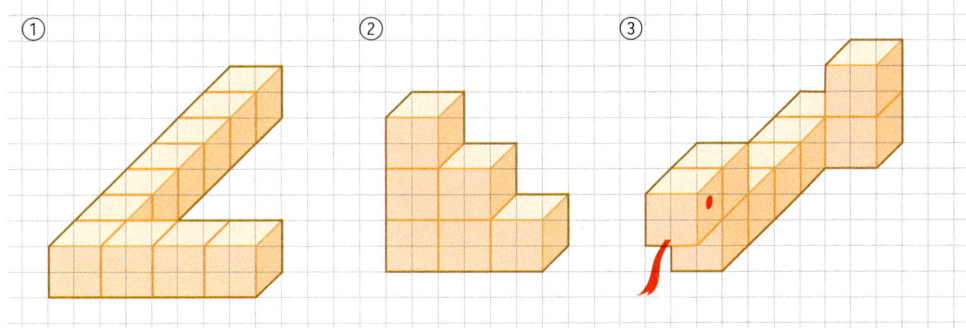

10 **II** **Streichholzschachtel**

a) Zeichne das Schrägbild der geöffneten Schachtel in dein Heft.

b) Kannst du erkennen, wie weit sie geöffnet ist?

c) Zeichne ein Schrägbild der Schachtel, wenn sie noch weiter geöffnet ist.

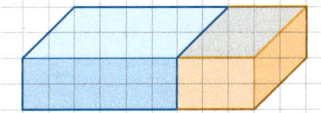

11 **III** **Geburtstagsgeschenk**

Hanna packt für ihre Freundin Leni ein Geburtstagsgeschenk ein. Sie benutzt einen quaderförmigen Karton mit den Maßen 40 cm, 30 cm und 20 cm.

a) Zeichne den Geschenkkarton im Maßstab 1 : 10.

b) Zeichne ein Geschenkband so ein, dass man es auf jeder Fläche des Kartons sehen kann.

c) Wie lang muss es mindestens sein, wenn du für eine Schleife 30 cm Band brauchst?

12 **III** **Würfelburg**

Christin hat das Schrägbild einer Würfelburg gezeichnet. Sie besteht aus acht orangen, einem blauen und einem grünen Würfel.

a) Zeichne das Schrägbild der Würfelburg ab. Vorsicht: Christin hat den Würfel aus der Mitte herausgenommen!

b) Zeichne nun ein Schrägbild der Burg, bei dem der blaue Würfel vorne links und der grüne hinten rechts sitzt.

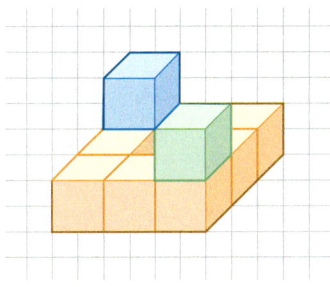

13 III Fehler in Schrägbildern

Beim Zeichnen der Schrägbilder sind dem Zeichner leider einige Fehler unterlaufen. Benenne jeweils die Fehler und zeichne die Schrägbilder fehlerfrei.

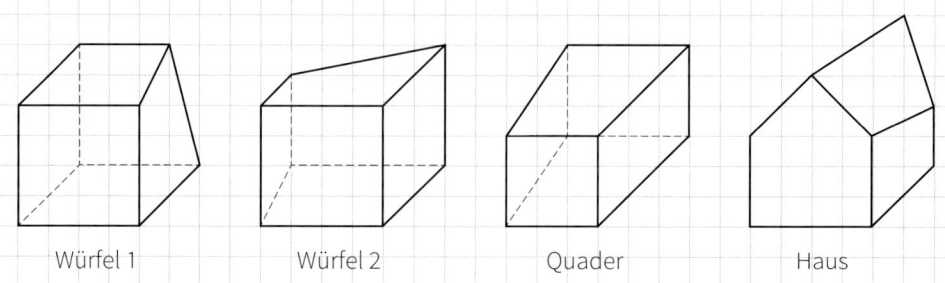

Würfel 1   Würfel 2   Quader   Haus

14 III Verschiedene Darstellungen eines Würfels

Warum müssen beim Schrägbild eines Würfels die nach hinten verlaufenden Kanten eigentlich verkürzt werden? Überzeuge dich selbst, indem du ein Schrägbild eines Würfels zeichnest, bei dem alle gezeichneten Kanten 4 cm lang sind.

Experimentiere dann mit verschiedenen Längen für die nach hinten verlaufenden Kanten (3 cm, 2 cm, 1 cm).

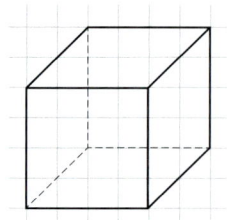

15 III Würfel aus verschiedenen Blickwinkeln

Melanie zeichnet Schrägbilder mit verdeckten Kanten.

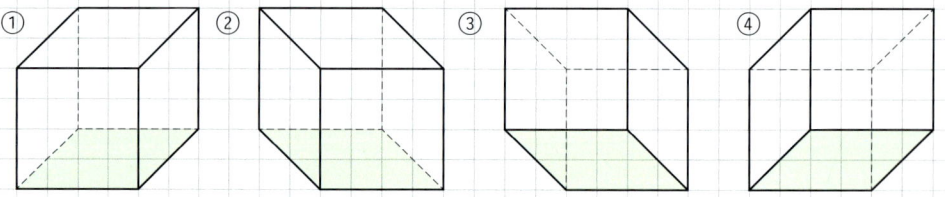

① ② ③ ④

a) Zeichne die vier Würfelschrägbilder in dein Heft.

b) Beim ersten Würfel blickt man auf die Vorderfläche, die rechte Seitenfläche und die Deckfläche des Würfels. Auf welche Flächen blickst du jeweils bei den Würfeln ②, ③ und ④?

Grundwissen
zum Wiederholen

1 Die Äpfel werden für 1,20 € pro Kilogramm angeboten. 10 kg Äpfel kosten 12 €. Emma kauft 15 kg. Berechne den Preis.

2 Dem Quadrat fehlt ein Teil. Ist es ①, ②, ③ oder ④?

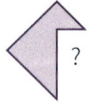  

① ② ③ ④

3 Gesucht ist die kleinste Zahl (größer null), die sowohl durch 20 als auch durch 30 ohne Rest teilbar ist.

4 Wandle in cm um. a) 0,5 m b) 50 mm c) 15 dm

5 Berechne im Kopf. a) 10 + 10 : 10 b) (10 + 10) : 10 c) 10 : 10 + 10

6 Simon, ein begeisterter Fußballfan, möchte sich ein Spiel der Kategorie A (Ticketpreis 35 €) und vier Spiele der Kategorie B (Ticketpreis 25 € pro Spiel) im Stadion ansehen. Wie viel Geld muss er für die Tickets ausgeben?

7 Wie viele Steine fehlen mindestens bis zu einem Würfel?

16 II Verrückte Würfel

a) 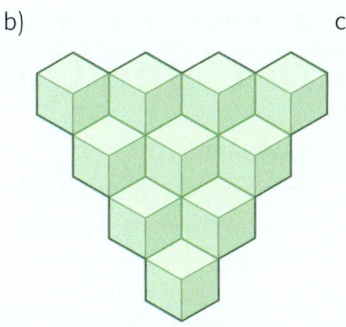 b) 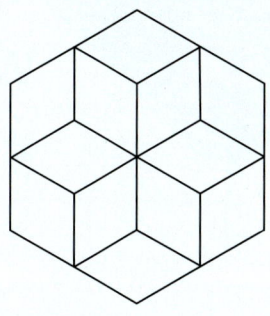 c)

Zähle die Würfel. Drehe das Bild auf den Kopf und zähle nochmal.

Carlotta: Drei Würfel von oben.
Lasse: Drei Würfel von unten.
Lynn: Ein Stern im Sechseck.
Was siehst du?

Projekt

Würfelhäuser

Aus gleich großen Würfeln lassen sich viele verschiedenartige Würfelhäuser aufbauen. Zu jedem Würfelhaus gibt es einen „Grundriss":

1. Die Bodenfläche des Würfelhauses wird aus Quadraten gezeichnet.
2. In jedes Quadrat wird eingetragen, wie viele Würfel darüber gebaut sind.

Für das Schrägbild des abgebildeten Würfelhauses ist der Grundriss nicht eindeutig erkennbar. Zwei mögliche Grundrisse sind abgebildet.

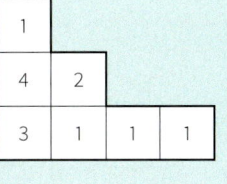

A Zeichne einen Grundriss zu dem Würfelhaus in dein Heft und trage die Anzahl der Würfel über den Quadraten ein. Wie viele zusätzliche kleine Würfel brauchst du, um das Würfelhaus zu einem großen Würfel zu ergänzen?
Baue eigene Würfelhäuser, lass deinen Nachbarn oder deine Nachbarin den zugehörigen Grundriss zeichnen.

B Welcher Grundriss passt zu welchem Schrägbild?

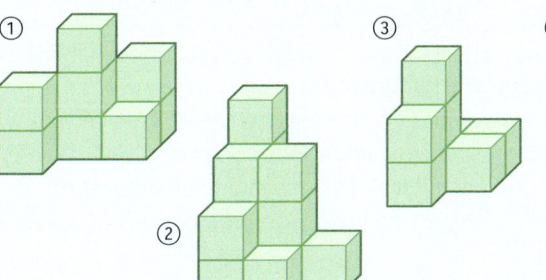

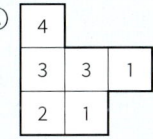

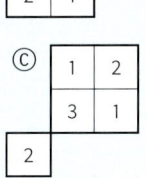

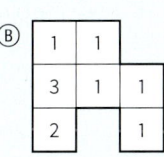

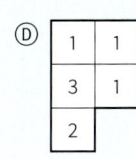

Entwirf eigene Grundrisse und zeichne die zugehörigen Würfelhäuser.

C Nun werden Quaderhäuser aus Streichholzschachteln gebaut. Baut zu zweit Häuser nach Plan. Zeichnet einen Grundriss und baut diesen mit Streichholzschachteln nach.

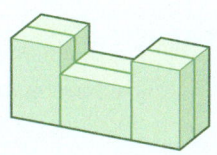

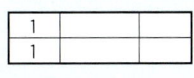

Würfel- und Quadernetze erstellen

1 **Verpackung**

a) Falte eine würfelförmige Verpackung vorsichtig an den Kanten auseinander. So erhältst du ein Würfelnetz. Findest du verschiedene Netze für diese Verpackung?

b) Schneide quaderförmige Verpackungen an den Kanten auseinander. Du erhältst ein Quadernetz. Findest du verschiedene Quadernetze?
Aber aufpassen: Das Netz muss zusammenhängend bleiben.

2 **Spielwürfel**

Ein Spielwürfel ist so aufgebaut, dass die Summe der Augenzahlen auf gegenüberliegenden Flächen jeweils sieben ergibt. Zeichne die Netze in dein Heft und trage die richtigen Zahlenmuster in die Flächen ein. Gibt es verschiedene Möglichkeiten?

3 **Verschiedene Würfelnetze**

Beim Aufklappen eines Würfels können ganz verschiedene Würfelnetze entstehen, je nachdem, welche Kanten du auseinanderschneidest. Zwei Würfelnetze sind verschieden, wenn sie auseinandergefaltet nicht genau aufeinander passen.

a) Zeichne die abgebildeten Netze auf Karopapier, schneide sie aus und falte sie zu Würfeln.

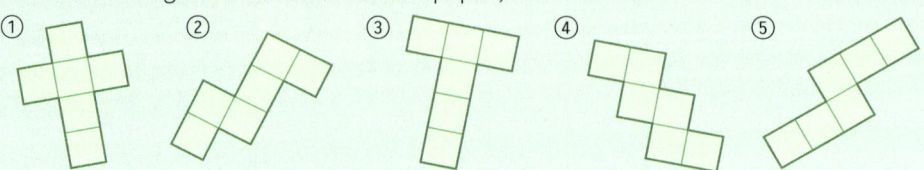

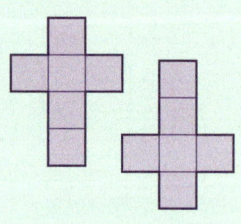

Diese beiden Netze sind nicht verschieden. Das siehst du sofort, wenn du das Buch umdrehst.

b) Findest du noch weitere Würfelnetze? Vergleiche deine Ergebnisse mit denen deiner Tischnachbarinnen und Tischnachbarn. Wie viele wirklich verschiedene Würfelnetze findet ihr zusammen?

Basiswissen

WES-125660-030

Netz eines Würfels

Vom **Würfel** Auseinanderfalten zu einem **Würfelnetz**

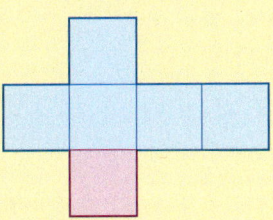

Das Netz eines Würfels besteht aus sechs gleich großen Quadraten.

Netz eines Quaders

Vom **Quader** Auseinanderfalten zu einem **Quadernetz**

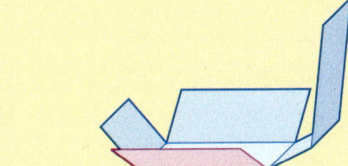

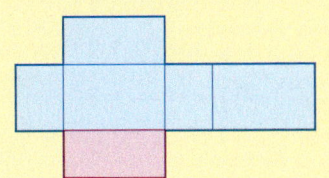

Das Netz eines Quaders besteht aus sechs Rechtecken, gegenüberliegende Flächen sind immer gleich groß.

Beispiel

A **Vom Körper zum Netz**

Welche der Netze sind Quadernetze?

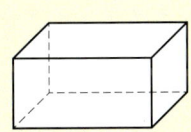

① 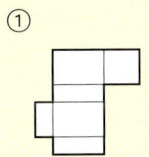 ② 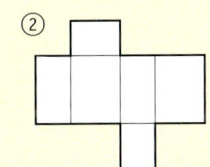 ③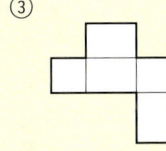

Lösung:
① ist kein Quadernetz, denn es gibt zwei gegenüberliegende Flächen, die nicht gleich groß sind.
② ist ein passendes Quadernetz.
③ ist kein Quadernetz, denn es sind nur fünf Flächen gezeichnet.

Übungen

4 ⦀ **Gegenüberliegende Fläche färben**

Zeichne die Netze in dein Heft. Eine Fläche ist bereits gefärbt. Färbe die gegenüberliegende Fläche.

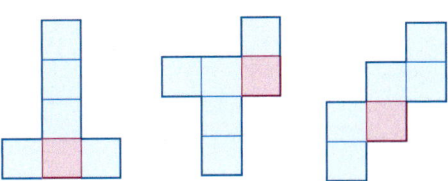

5 ⦀ **Unvollständige Netze**

Zeichne die angefangenen Netze ab. Zeichne das fehlende Quadrat so ein, dass ein Würfelnetz entsteht. Gibt es verschiedene Möglichkeiten?

a) b)

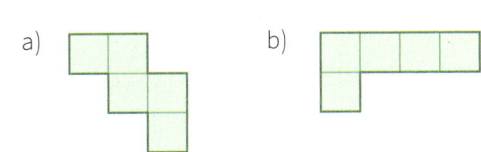

6 ||| Korrekte Würfelnetze?

Welche Netze sind Würfelnetze?

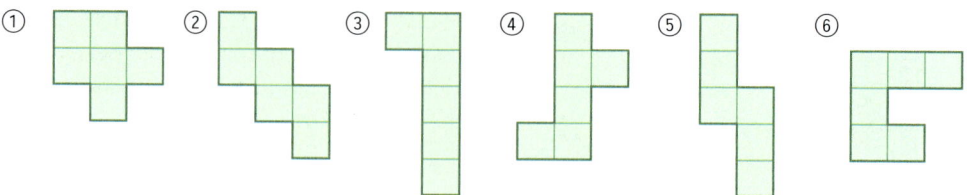

① ② ③ ④ ⑤ ⑥

7 ||| Beschriftungen bei Quadernetzen

Aus dem Netz wird der Quader zusammengebaut, sodass die Fläche B die Bodenfläche ist. Welche Fläche des Netzes wird zur Deckfläche (D), zur linken (LS) und zur rechten Seitenfläche (RS), zur Vorder- (V) und zur Rückfläche (R)?

Zeichne die Netze in dein Heft und beschrifte dann die einzelnen Flächen.

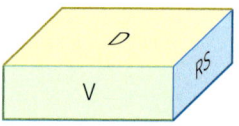

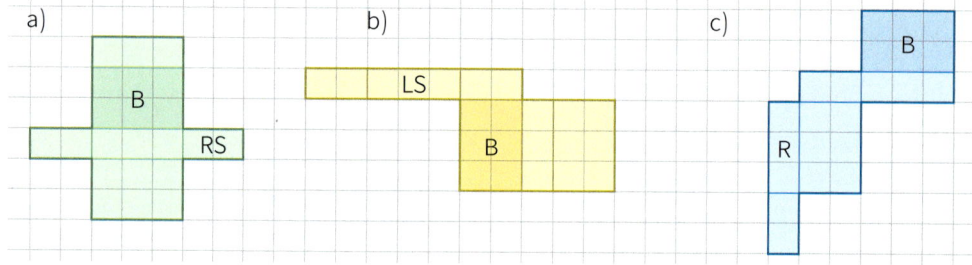

a) b) c)

8 ||| Ist das ein Quadernetz?

Aus welchen Netzen lassen sich Quader basteln, bei welchen klappt das nicht? Begründe deine Entscheidung wie im Beispiel A.

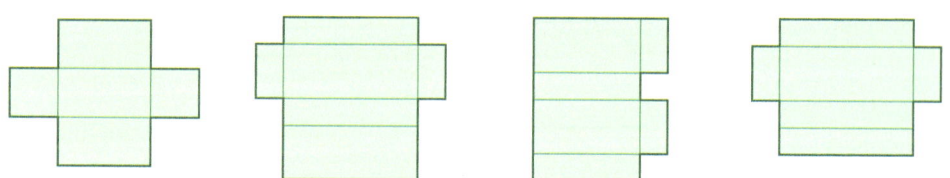

9 ||| Unvollständige Netze

Zeichne die angefangenen Netze ab. Zeichne die fehlenden Rechtecke so ein, dass ein Quadernetz entsteht. Gibt es verschiedene Möglichkeiten?

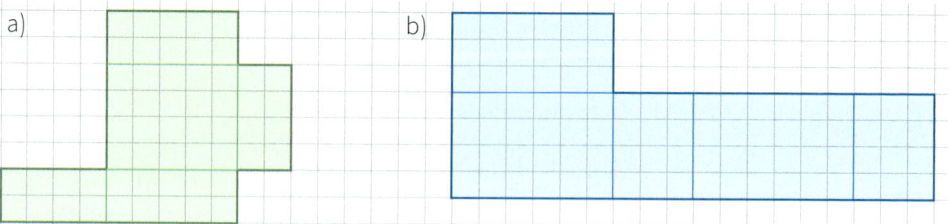

a) b)

10 ||| Quadernetz zeichnen

a) Zeichne das Netz eines Würfels mit der Kantenlänge 3 cm.
b) Zeichne zu dem Würfel aus a) zwei andere Netze.
c) Zeichne das Netz eines Quaders, der 5 cm lang, 3 cm breit und 2 cm hoch ist.
d) Zeichne zu dem Quader aus c) ein weiteres Netz.

11 III Würfelnetz mit Muster

Zeichne das Würfelnetz mit dem Muster ab und schneide es aus. Ergänze das Muster auf der freien Fläche so, dass du auf dem zusammengebauten Würfel ein geschlossenes Muster erhältst. Das ist nicht ganz einfach, aber du kannst den Erfolg durch Falten überprüfen.

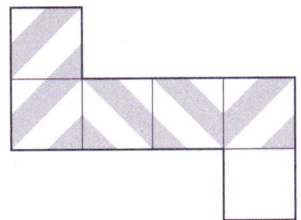

12 III Intelligenter Käfer

Ein „intelligenter Käfer" sitzt in der hinteren Ecke C eines oben offenen Würfels und möchte auf kürzestem Weg in die vordere Ecke E gelangen.

Den roten Weg C → B → A → E und den blauen Weg C → A → E hat er schon ausprobiert.

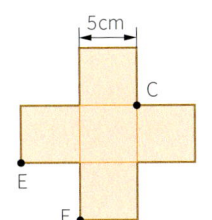
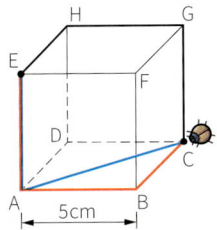

a) Zeichne das Netz in der richtigen Größe auf ein Blatt Papier. Übertrage dann die farbigen Wege in das Netz und miss jeweils die Länge.

b) Finde im Netz den kürzesten Weg. Zeichne ihn in grüner Farbe und miss die Länge. Vergleiche.

c) Wenn du das Netz nun ausschneidest und zur Schachtel zusammenfaltest, kannst du im Inneren den grünen Weg sehen.

13 II Weitere Netze

Welche Körper entstehen aus den Netzen?

a) 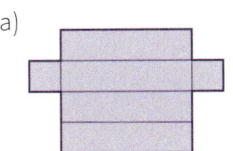 b) 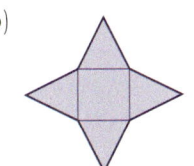 c) 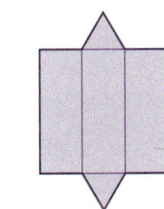 d)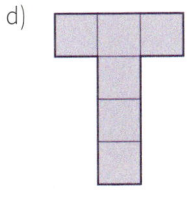

14 III Kanten färben

Zeichne das Netz in dein Heft. Markiere die Kanten, die sich nach dem Zusammenfalten berühren, mit der gleichen Farbe.

a) 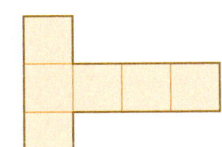 b)  c)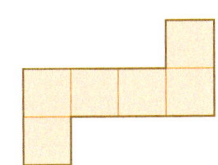

Grundwissen
zum Wiederholen

1 Wandle die Angabe in Cent um.   a) 5 €   b) 7 € 20 ct

2 Wandle die Angabe in Meter um.   a) 70 cm   b) 34,5 km

3 Berechne im Kopf.   a) 96 : 8   b) 116 : 4

4 a) Ein Auto ist im Maßstab 1 : 72 modelliert worden. Das Modellauto ist 5 cm lang. Wie lang ist das Original?

b) Eine Elefant ist 3,30 m groß (Schulterhöhe). Für ein Spiel soll ein Modell im Maßstab 1 : 300 erstellt werden. Wie groß wird die Spielfigur?

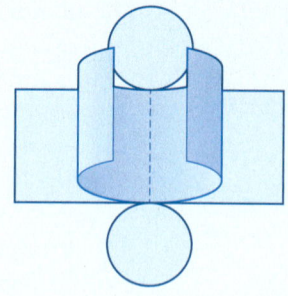

15 |l| **Bastelbögen für Zylinder**

Recht einfach kann man Bastelbögen (Netze) für Körper herstellen, die von ebenen Flächen begrenzt sind.

a) Aus welchen Figuren besteht ein Bastelbogen für einen runden Turm (Zylinder)?

b) Was fehlt an dem Bastelbogen (dem Netz) des Zylinders, damit man ihn leicht zusammen kleben kann?

c) Schneide eine Toilettenrolle durch einen geraden Schnitt auf und breite sie dann flach auf einen Tisch aus. Welche Figur erkennst du?

d) Beklebe eine zylinderförmige Getränkedose mit farbigem Papier. Du brauchst dazu drei Papierflächen. Wie sehen diese aus?

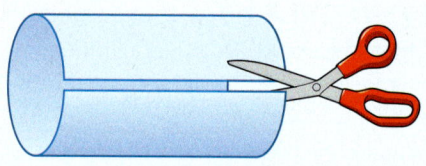

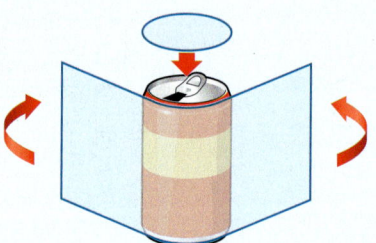

e) Jetzt kannst du selbst einen Zylinder basteln.

16 |l| **Bastelbögen für Kegel**

Wie sieht ein Bastelbogen für den Kegel aus? Es ist klar, dass man als Grund- oder Deckfläche einen Kreis benötigt. Aber wie sieht das Netz des Kegels aus?

Hier hilft die Erinnerung an eine Bastelvorschrift für den Kindergeburtstag weiter:

„Die gefüllte Maus."

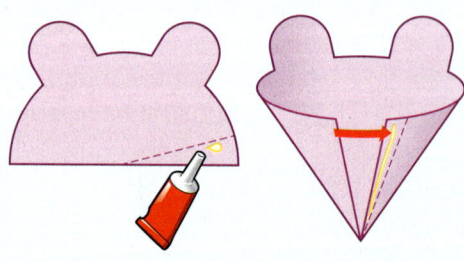

a) Schneide aus dünnem Karton einen Halbkreis aus und klebe ihn wie in der Anleitung zu einer „Tüte" zusammen. Die „Tüte" nimmt die Form eines Kegels an.

b) Schneide nun einen Viertelkreis und einen Dreiviertelkreis aus und klebe diese jeweils wie oben zusammen. Vergleiche die Form dieser Kegel mit dem aus Aufgabe a).

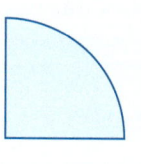

Viertelkreis

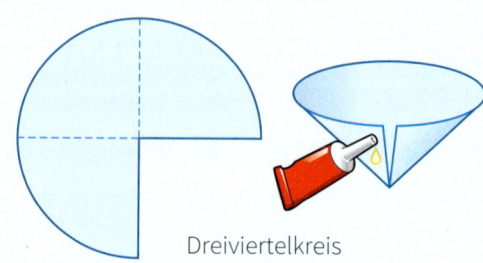

Dreiviertelkreis

Senkrechte und parallele Geraden erkennen und zeichnen

1 Linien erkennen

Beim Jägerzaun, bei Eisenbahnenschienen und an Zebrastreifen siehst du gerade Linien, die parallel oder senkrecht zueinander liegen.

Finde in deiner Umgebung weitere Beispiele. Besorge Bilder davon oder fertige Skizzen an.

2 Senkrecht und parallel beim Papierfalten

Falte ein Stück Papier wie folgt und beschreibe deine Faltungen.

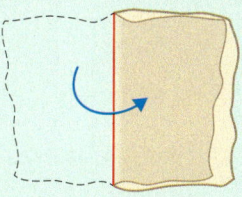 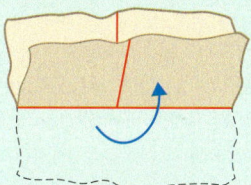 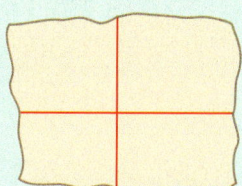

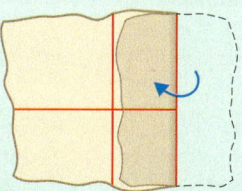 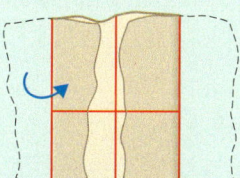 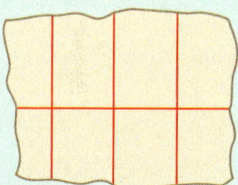

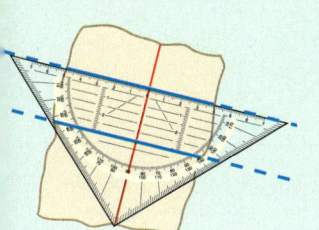

a) Welche Linien in den Bildfolgen sind parallel zueinander und welche sind senkrecht zueinander?

b) Suche auf dem Geodreieck gerade Linien, die senkrecht oder parallel zueinander sind. Mit ihnen kannst du die Lage der Faltkanten auf dem Papier überprüfen. Hast du genau nach Vorschrift gefaltet?

3 Zeichnen mit dem Geodreieck

Zeichne die Figuren mithilfe eines Geodreiecks. Nutze dazu Papier ohne Kästchen und die Linien auf dem Geodreieck.

a)    b) 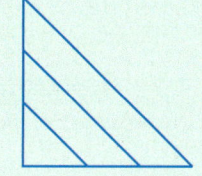   c)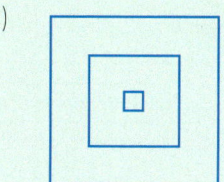

Gerade

Eine **Gerade** ist eine zu beiden Seiten unbegrenzte gerade Linie, die weder Anfangs- noch Endpunkt hat.
Auf einem Blatt Papier kann nur ein Stück der Geraden gezeichnet werden.

Geraden werden mit kleinen Buchstaben g, h, j, k, l, … bezeichnet.
Die Gerade durch die Punkte A und B wird mit AB bezeichnet.

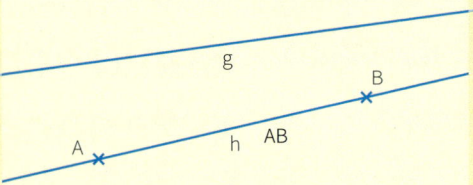

Strecke

Eine **Strecke** verbindet zwei Punkte durch eine gerade Linie. Eine Strecke hat einen Anfangs- und einen Endpunkt.

Eine Strecke von Punkt A zu Punkt B wird mit $\overline{AB}$ oder kleinen Buchstaben a, b, c, … bezeichnet.

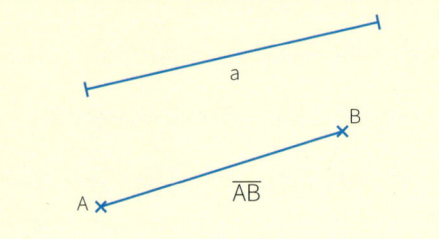

Senkrecht

Andere Bezeichnungen für senkrecht sind: orthogonal, vertikal, lotrecht

Zwei Geraden sind **senkrecht zueinander**, wenn sie einen rechten Winkel bilden.

Schreibweise: $g \perp h$

Sprechweise: „Die Geraden g und h sind senkrecht zueinander."

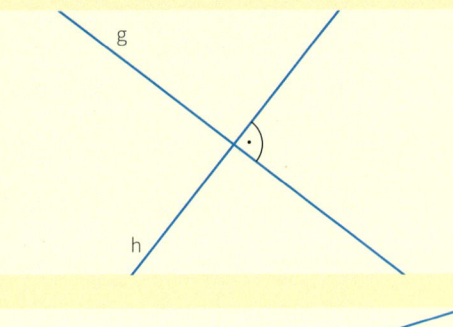

Parallel

Die Geraden g und h sind **parallel zueinander**.

Schreibweise: $g \parallel h$

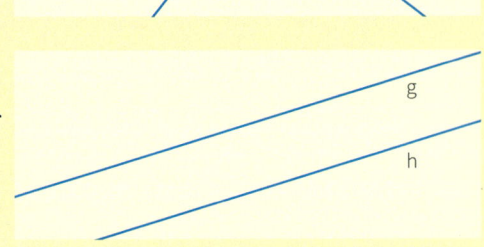

Beispiele

A   **Senkrecht und parallel, Prüfen mit dem Geodreieck**
Wie prüft man mit dem Geodreieck, ob die beiden Geraden g und h parallel bzw. senkrecht zueinander sind?

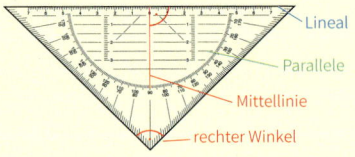

Lösung:
Prüfen, ob g und h senkrecht sind

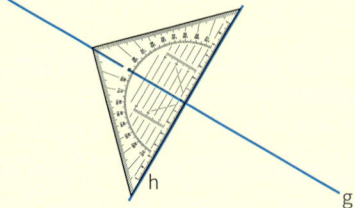

Lege das Geodreieck mit der Mittellinie auf die eine Gerade und prüfe, ob die Geraden einen rechten Winkel bilden.

Prüfen, ob g und h parallel sind

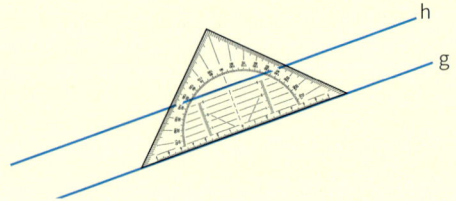

Lege das Geodreieck an einer der Geraden an und prüfe, ob die zweite Gerade auf einer Parallelen im Geodreieck liegt. Manchmal liegt die zweite Gerade auch zwischen zwei Parallelen.

B **Zueinander senkrechte und parallele Geraden, Konstruieren mit dem Geodreieck**

Zeichne zueinander senkrechte und parallele Geraden. Beschreibe, wie man dazu das Geodreieck verwenden kann.

Lösung:

Konstruieren einer parallelen Geraden

 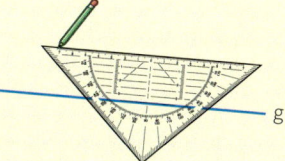 

Zeichne eine Gerade g.

Lege das Geodreieck so an, dass die Gerade g auf einer Parallelen im Geodreieck liegt.

Zeichne die Gerade h, die parallel zur Geraden g liegt.

Konstruieren einer senkrechten Geraden

 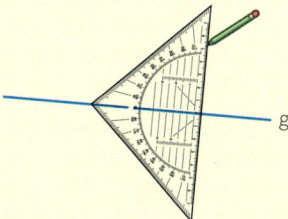 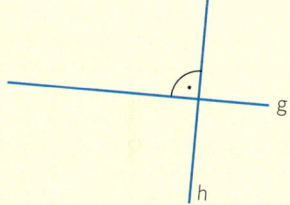

Zeichne eine Gerade g.

Lege das Geodreieck so, dass die Mittellinie auf g liegt.

Zeichne die Gerade h, die senkrecht zur Geraden g liegt. Markiere den rechten Winkel.

Übungen

4 ▌▌▌ **Parallele und senkrechte Geraden**

Untersuche, ob die Geraden zueinander parallel oder senkrecht sind. Gib auch die entsprechende Schreibweise an.

a)

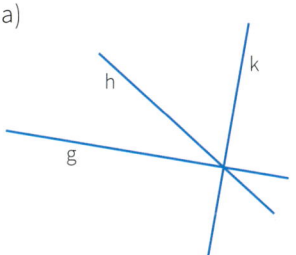

b)

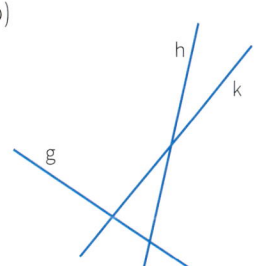

c)

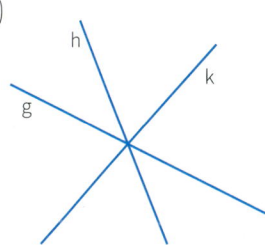

d)

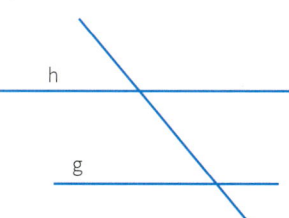

e)

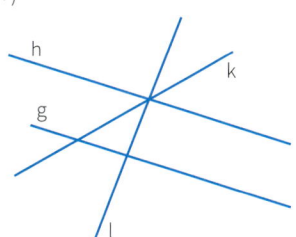

f)

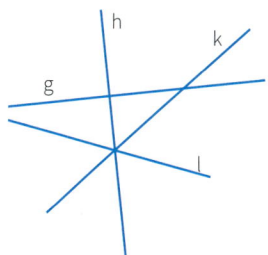

5 ⃝‖ **Strecken, Geraden und ein Rechteck zeichnen**
Alle Konstruktionen sollen auf einem Blatt Papier ohne Kästchen gezeichnet werden. Sie sollen auch „schräg" liegen.
a) Zeichne drei Geraden, die parallel zueinander sind.
b) Zeichne zwei Geraden, die senkrecht zueinander sind.
c) Zeichne zu einer 2 cm langen Strecke eine parallele Strecke, die 3 cm lang ist.
d) Zeichne ein Rechteck mit den Kantenlängen 8 cm und 6 cm.

6 ⃝‖ **Senkrechte Geraden**
Zeichne eine Gerade g, die nicht parallel zu den Gitterlinien in deinem Heft verläuft und einen Punkt P, der nicht auf der Geraden liegt. Konstruiere mithilfe des Geodreiecks:
a) Eine Gerade h, die senkrecht zu g verläuft und durch den Punkt P geht.
b) Eine Gerade k, die parallel zu g verläuft und durch den Punkt P geht.

7 ⃝‖ **Punkte finden**
a) Jill soll zur Geraden g im Punkt P eine senkrechte Gerade h zeichnen. Durch welchen Punkt verläuft die Gerade h?
b) Michel soll zur Geraden g im Punkt Q eine senkrechte Gerade s zeichnen. Durch welchen Punkt auf der Geraden g verläuft die Senkrechte s?
c) Lina soll zur Geraden g eine parallele Gerade k durch den Punkt Q zeichnen. Durch welche Punkte verläuft die Gerade k?

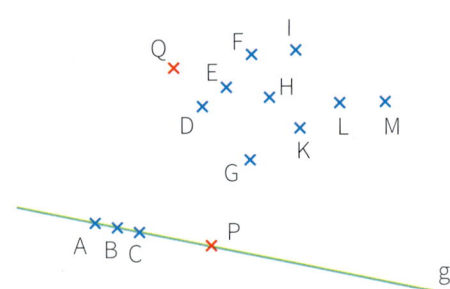

8 ⃝‖ **Netz eines Quaders mit Geraden zeichnen**
Die acht Geraden sind so gezeichnet, dass du darin das Netz eines oben offenen Quaders erkennen kannst.
a) Übertrage die Geraden auf ein unliniertes Blatt. Schneide das Netz aus und falte den offenen Quader.
b) Zeichne das gleiche Netz. Ergänze die Zeichnung mit einer weitere Gerade, so dass du das vollständige Netz des Quaders erhältst. Wie viele Möglichkeiten gibt es?

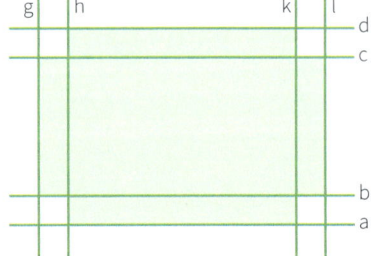

9 ⃝‖ **Muster**
a) Übertrage das Muster in dein Heft. Zeichne die Strecken $\overline{AC}$, $\overline{CE}$, $\overline{EA}$ und $\overline{BD}$, $\overline{DF}$, $\overline{FB}$. Es entsteht ein Stern. Welche Strecken sind parallel zueinander? (z. B. $\overline{EC} \parallel \overline{FB}$)
b) Zeichne nun auch die Strecken $\overline{AD}$, $\overline{BE}$ und $\overline{CF}$. Zu welchen Strecken ist $\overline{AD}$ senkrecht? Prüfe mit dem Geodreieck, ob $\overline{BE} \perp \overline{DF}$.

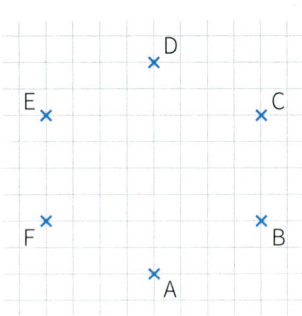

10 ⃝‖ **Geometrische Begriffe**
Erstelle zu den Begriffen jeweils eine Skizze.

Strecke   Gerade   parallel   senkrecht

rechter Winkel   g und h sind senkrecht zueinander

11 **II Flugzeug**

Ein Flugzeug fliegt auf geradlinigem Kurs von Hannover nach Düsseldorf.

a) Überfliegt es auf diesem Kurs die Stadt Bielefeld?

b) Findest du in deinem Atlas drei (oder vier) größere Städte in Deutschland, die auf einer Geraden liegen?

c) Findest du in deinem Atlas drei Städte in Niedersachsen, die auf einer Geraden liegen?

d) Die abgebildete Karte hat den Maßstab 1 : 10 000 000. Wie lang ist die Luftlinie Hannover – Düsseldorf in der Realität?

Exkurs

Worte in der Umgangssprache und in der Mathematik

Beim Hausbau muss man darauf achten, dass Wände oder Fenster- und Türrahmen genau „senkrecht" („lotrecht") sind, der Fußboden muss exakt „waagerecht" liegen. Zur Prüfung benutzt der Handwerker spezielle Werkzeuge wie „Wasserwaage" oder „Senklot". Ein Geodreieck alleine genügt nicht. Mit ihm kann man nur feststellen, ob Wand und Fußboden senkrecht zueinander sind. Dies kann aber (im geometrischen Sinne) auch dann der Fall sein, wenn das Fundament eines Hauses etwas schief geraten ist. Senkrecht bzw. lotrecht beim Bau bedeutet „senkrecht zur Erdoberfläche", entsprechend bedeutet waagerecht bzw. horizontal dann „parallel zur Erdoberfläche". Es ist oft so, dass sich Begriffe in der Mathematik und in der Alltagssprache in ihrer Bedeutung etwas unterscheiden.

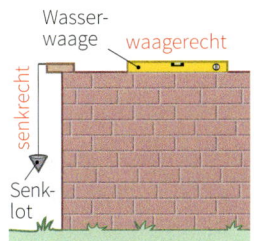

12 **III Wasserwaage**

a) Bei welchen Gelegenheiten hast du zu Hause eine Wasserwaage eingesetzt? Wie bist du dabei vorgegangen?

b) Überprüfe in deiner Wohnung (im Klassenraum) mithilfe eines Senklotes oder einer Wasserwaage, ob der Türrahmen genau lotrecht eingesetzt ist. Was passiert, wenn der Türrahmen nicht genau „im Lot" ist?

c) Katrin meint: „Wenn der Fußboden genau waagerecht ist, kann ich den lotrechten Einbau des Türrahmens auch mit dem Geodreieck überprüfen." Hat sie recht?

d) Zeichne mithilfe einer Wasserwaage zwei zueinander senkrechte Geraden an der Wandtafel. Warum gelingt dies nicht auf der Tischplatte?

Grundwissen
zum Wiederholen

1 Ergänze die fehlenden Beschriftungen am Zahlenstrahl.

2 Schreibe in Cent. a) 0,10 €   b) 0,01 €   c) 1,01 €

3 Berechne im Kopf. a) 357 : 7   b) 714 : 7   c) 125 : 25

4 Wie viele Flächen eines Quaders stoßen an einer Ecke zusammen?

5 Die Entfernung zwischen Hamburg und New York beträgt ca. 6100 km. Ein Flugzeug legt etwa 800 km in einer Stunde zurück. Schätze die Dauer des Fluges.

III Projekt: Optische Täuschungen

Sind die Schienenstränge parallel zueinander? Was meint das Auge, was sagt das Geodreieck?

Welche rot gezeichneten Geraden sind parallel zueinander, welche sind senkrecht zueinander? Entscheide zunächst nach „Augenmaß" und überprüfe dann mit dem Geodreieck.

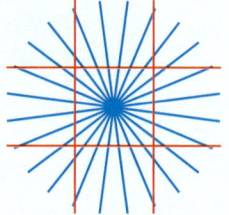
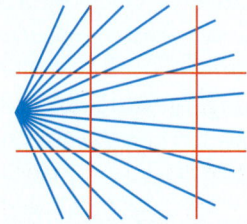
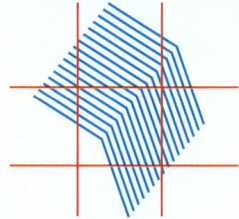

Hat der Zeichner vielleicht einen Trick verwendet, mit dem er unsere Wahrnehmung absichtlich täuscht? Durchschaust du den Trick? Am besten zeichnest du selbst eines der Bilder vergrößert auf ein unliniertes Blatt. Zeichne zuerst die roten Geraden mithilfe des Geodreiecks exakt parallel bzw. senkrecht zueinander, dann mit Bleistift die anderen Linien. Tritt bei deinem Bild nun die gleiche optische Täuschung auf?

Es gibt viele solcher Tricks, die uns zu optischen Täuschungen führen. Was meinst du, welche optische Täuschung im folgenden Bild vorliegt? Überprüfe deinen Eindruck mit dem Geodreieck.

Kannst du noch andere irreführenden Bilder finden?
Versuche es mal im Internet unter dem Stichwort „optische Täuschungen" oder in Büchern und Zeitschriften zur „Unterhaltungsmathematik". Dabei stößt du auf viele interessante Phänomene, unter anderem auch auf Bilder, die plötzlich vor deinem Auge umspringen oder die unmögliche Gegenstände abbilden.

Wenn genug Beispiele zusammenkommen, könnt ihr eine kleine Ausstellung in eurem Klassenraum oder in der Schule einrichten. Das beeindruckt auch „Nichtmathematiker"!

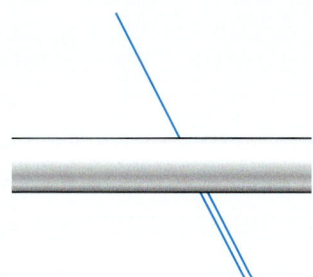

Welche Linie läuft unter dem Balken durch?

Abstände messen

1 Auf dem Schulhof

a) Zwei Schüler stellen sich im Abstand von 20 m auf dem Schulhof auf. Sechs weitere Schüler stellen sich so, dass sie mit den beiden anderen in einer geraden Reihe stehen.
Wie gelingt das möglichst exakt?

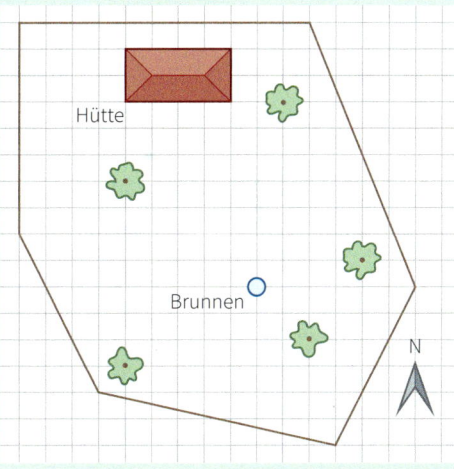

b) Eine Schülerin stellt sich nun irgendwo, aber in einer deutlichen Entfernung davon, gegenüber der geraden Reihe auf.
Welcher Schüler bzw. welche Schülerin in der Reihe hat den kürzesten Abstand zu ihr? Begründe.

c) Nun stellen sich sechs weitere Schülerinnen und Schüler so auf, dass sie alle den gleichen Abstand zu der Linie der ersten Reihe haben. Wie stehen die beiden Reihen zueinander?

d) Alle weiteren Schülerinnen und Schüler stellen sich so auf, dass sie von beiden Reihen den gleichen Abstand haben. Wo stehen diese Schülerinnen und Schüler nun?

e) Dokumentiere die verschiedenen Positionen der einzelnen Schülerinnen und Schüler in Form einer Skizze.

2 Schatzsuche

Der alte Seebär hat auf dem eingezäunten Grundstück einen Schatz vergraben. In seinem Testament verrät er die Lage.

> *Südlich von meiner Hütte gibt es einen alten Brunnen. Suche die Stelle X des Zaunes, die du vom Brunnen am schnellsten erreichst. Am Fuße der Kastanie, die den kleinsten Abstand zu dieser Stelle hat, wirst du den Schatz finden.*

Übertrage die Skizze in dein Heft und zeichne die Lage des Schatzes ein.

3 Straße überqueren

Julia möchte zu ihrer Freundin Maria, die auf der anderen Seite der Straße steht.

a) Gib verschiedene mögliche Wege an.

b) Welches ist der kürzeste Weg?

c) Welches ist der „sicherste" Weg?

Abstände

Abstand zwischen den Punkten A und B
Miss die Länge der Strecke $\overline{AB}$.
Schreibweise: Länge von $\overline{AB}$: $|\overline{AB}|$

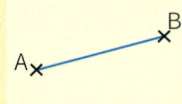
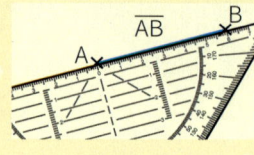

Abstand vom Punkt P zur Geraden g
Zeichne eine Gerade k durch den Punkt P,
die senkrecht zu g ist.
Markiere den Schnittpunkt F der Geraden k
und g.
Miss die Länge der Strecke $\overline{PF}$.

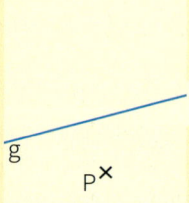
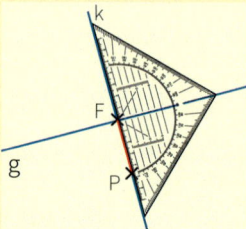

Abstand zweier Parallelen g und h
Zeichne eine Gerade k, die senkrecht zu
g und h ist.
Markiere die Schnittpunkte P und Q
mit den Parallelen.
Miss die Länge der Strecke $\overline{PQ}$.

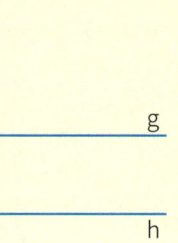
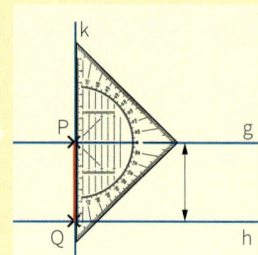

Übungen

4 **III** **Streckenlängen**

a) Miss alle Streckenlängen, runde falls nötig auf
Millimeter und notiere die Längen in der richtigen
Schreibweise.
(Beispiel: $|\overline{AB}| = 42$ mm)

b) Zeichne mithilfe der Messungen die Figur in dein
Heft.

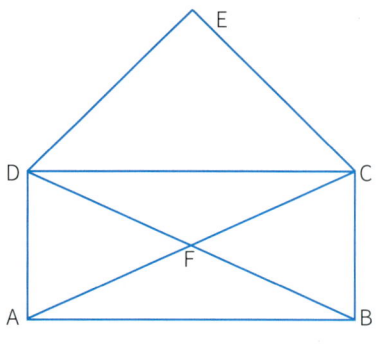

5 **III** **Abstände bestimmen**

a) Bestimme mit dem Geodreieck jeweils
den Abstand des Punktes Q von den
Geraden g und h.

b) Stimmt es, dass die beiden parallelen
Geraden den Abstand von 1,5 cm haben?

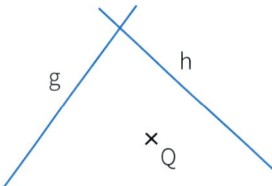

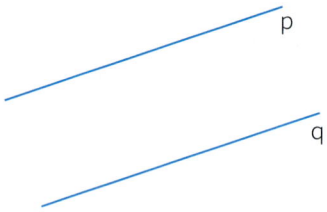

6 **II** **Konstruieren von parallelen Geraden**

a) Zeichne zwei parallele Geraden, die den Abstand 2 cm haben.

b) Zeichne eine Gerade g. Zeichne eine Gerade, die parallel zu g ist und von g einen Abstand
von 5 cm hat. Wie viele Lösungen findest du?

c) Zeichne zwei parallele Geraden g und h, die den Abstand 6 cm haben. Konstruiere eine
senkrechte Gerade zu g. Was fällt dir auf?

d) Zeichne zwei Geraden, die senkrecht aufeinander stehen und eine Gerade, die zu einer
der Geraden parallel mit Abstand 4 cm ist. Was fällt dir auf?

7 || **Parallelen zeichnen**

Zeichne vier Parallelen mit gleichem Abstand von je 2 cm mit der Verschiebemethode.

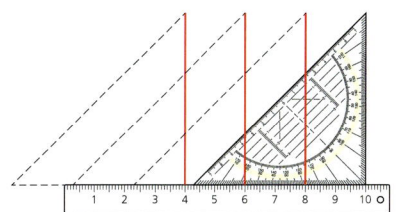

8 || **Mittendreiecksmuster**

Zeichne in die Mitte eines unlinierten Blattes ein Dreieck, dessen längste Seite 4 cm lang ist. Zeichne dann durch jeden Eckpunkt eine Gerade, die parallel zur gegenüberliegenden Dreiecksseite ist. Ein neues größeres Dreieck entsteht. Zu diesem Dreieck kannst du auf die gleiche Weise ein neues Dreieck zeichnen. Färbe das entstandene „Dreiecksmuster" bunt.

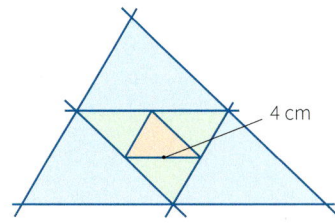

9 || **Abstand im Rechteck**

Zeichne ein Rechteck ABCD mit den Kantenlängen 8 cm und 6 cm.
a) Bestimme die Länge der Diagonalen.
b) Bestimme den Abstand des Eckpunktes B von der Diagonalen $\overline{AC}$.

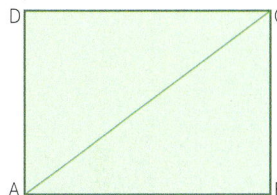

10 || **Überfahrt**

Die Fähre fährt auf geradem Kurs von A nach B. Welche Entfernung legt sie dabei zurück? An welchem Punkt des Kurses ist sie dem Ort C am nächsten?
Zeichne eine maßstabsgetreue Skizze in dein Heft (1 Kästchen entspricht 1 km).

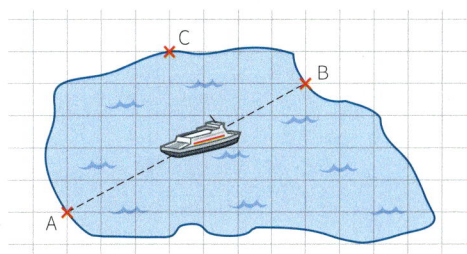

11 || **Abstand**

Mit welcher Strecke kann der Abstand des Punktes P von der Geraden durch A und B bestimmt werden? Begründe.

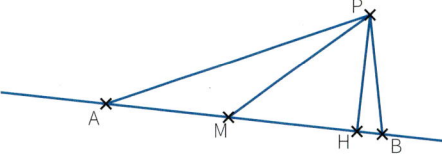

12 ||| **Abstände im Dreieck**

Zeichne drei Geraden, deren drei Schnittpunkte ein Dreieck ABC bilden.
a) Bestimme jeweils den Abstand eines Punktes des Dreiecks von der Geraden durch die beiden anderen Punkte.
b) Untersuche die Abstände an unterschiedlichen Dreiecken. Was fällt dir auf?

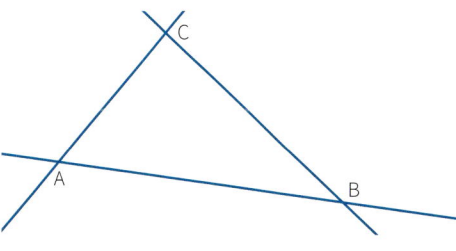

Grundwissen
zum Wiederholen

1 Liz muss an der Kasse 15,38 € bezahlen.
Sie gibt einen 20-Euro-Schein. Berechne das Wechselgeld.

2 Berechne im Kopf.　　a) 9090 : 90　　　b) 4080 : 40　　　c) 2436 : 12

3 Zu sehen sind die Schattenbilder eines Körpers von oben und von vorn. Welcher Körper könnte es sein?

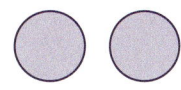

13 **III Steckbriefe – Punkte gesucht**

Übertrage die Skizzen in dein Heft und finde die steckbrieflich gesuchten Punkte.

Insgesamt findest du 7 Punkte.

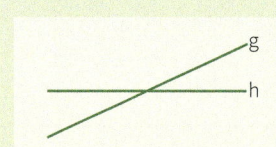

a) Die Punkte liegen auf der Geraden g und haben zu h einen Abstand von 1 cm.

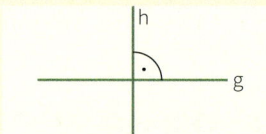

b) Die Punkte haben von den Geraden g und h den gleichen Abstand von 2 cm.

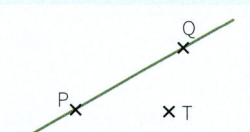

c) Der Punkt liegt auf der Geraden PQ und dem Punkt T am nächsten.

14 **III Punkte mit gleichem Abstand**

a) Wo liegen alle Punkte, die von einem Punkt A den gleichen Abstand haben?

b) Wo liegen alle Punkte, die von zwei Punkten A und B den gleichen Abstand haben?

c) Wo liegen alle Punkte, die von drei Punkten den gleichen Abstand haben?

15 **III Abstände bei Geraden**

a) Wo liegen alle Punkte, die von zwei parallelen Geraden den gleichen Abstand haben?

b) Wo liegen alle Punkte, die von zwei sich schneidenden Geraden den gleichen Abstand haben?

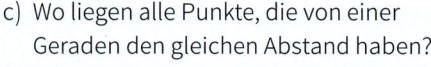

c) Wo liegen alle Punkte, die von einer Geraden den gleichen Abstand haben?

d) Wo liegen alle Punkte, die von drei sich schneidenden Geraden den gleichen Abstand haben?

16 **III Geometrieforschung**

Wo liegen alle Punkte, die von den zueinander senkrechten Seiten $\overline{AB}$ und $\overline{AD}$ den gleichen Abstand haben?

a) Quadrat

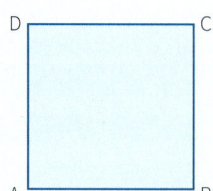

b) Rechteck

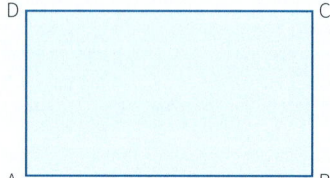

5.7 Koordinatensystem nutzen

1 Schiffe versenken

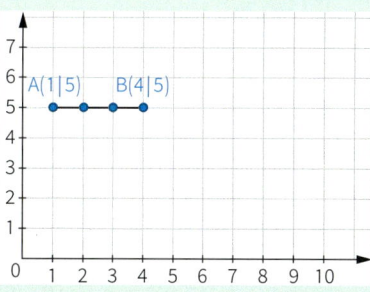

Für Lagebeschreibungen benutzt man Gitter. Übertrage es in dein Heft. Solche Gitter heißen in der Mathematik Koordinatensystem. Jeder skizziert in seinem Koordinatensystem in blauer Farbe ein 5-er Schiff, drei 4-er Schiffe und vier 3-er Schiffe. Notiert dazu jeweils den Anfangs- und Endpunkt. Die Abbildung zeigt ein 4-er Schiff. Notiert die Punkte mit Koordinaten in rot, wo ihr Schiffe des Partners vermutet.

2 Wo denn jetzt?

a) Für Lagebeschreibungen werden auf Stadtplänen Gitter mit Planquadraten benutzt. Damit kann man einfach angeben, wo sich etwas ungefähr befindet.

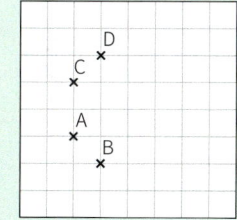

  • Gib an, wo sich das Rathaus befindet.
  • Was befindet sich in C1?
  • Wo verläuft die Rochusstraße?

b) Für Ortsangaben benutzt man in der Mathematik Gitterpunkte. Annas Mutter stellt Anna, Bernd, Carina und David die Aufgabe, in einem Gitter den Punkt (2|3) zu finden.
Anna: *Die Aufgabe ist nicht lösbar. Das können viele Punkte sein.*
Bernd: *Wir einigen uns darauf, von einer Ecke auszugehen. Probieren wir es aus.*

Sie zeichnen die Punkte A, B, C und D. Erkläre, wie die Freunde jeweils zu ihren Punkten gelangt sind. Findest du noch weitere Möglichkeiten?
Carina: *Das ist zum Verrücktwerden! Welchen Punkt nehmen wir denn jetzt?*

In der Mathematik hat man sich darauf geeinigt, den Startpunkt links unten zu wählen und mit der ersten Zahl anzugeben, wie weit man nach rechts gehen muss, mit der zweiten, wie weit nach oben. Welcher Punkt gehört zu (2|3)? Warum ist es sinnvoll, solche Festlegungen vorzunehmen?

3 Geobrett

In der Abbildung siehst du ein Geobrett.

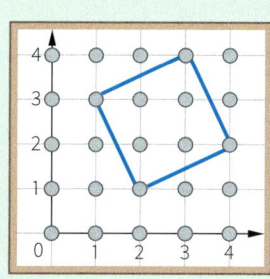

a) Beschreibe die Lage der gespannten Figuren mit den Zahlen am Rand, z. B. (2|1).
b) Spanne weitere Figuren und gib die Lage der Punkte an.

Koordinatensystem

Eine waagerechte x-Achse und eine senkrechte y-Achse bilden ein **Koordinatensystem**.

Jeder Punkt im Koordinatensystem lässt sich mit zwei **Koordinaten** beschreiben.

Der Punkt A wird durch $(5\,|\,2)$ beschrieben.
Schreibweise: $A(5\,|\,2)$

x-Koordinate   y-Koordinate
(x-Wert)   (y-Wert)

Zum Punkt A kommt man, indem man vom Ursprung aus 5 Einheiten nach rechts und 2 Einheiten nach oben zählt.

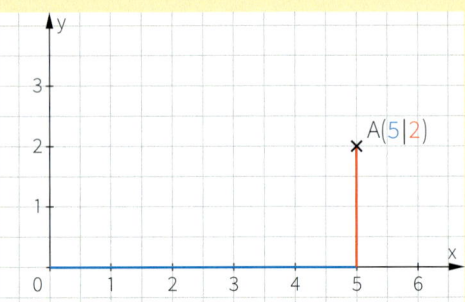

Beispiel

A **Figur aus Punkten zeichnen**
Zeichne die Punkte $A(1\,|\,1)$, $B(4\,|\,1)$, $C(5\,|\,3)$ und $D(2\,|\,3)$ in ein Koordinatensystem ein. Verbinde die Punkte in alphabetischer Reihenfolge und den letzten Punkt wieder mit A. Wie heißt das entstandene Viereck?

Lösung:
Das Viereck ist ein Parallelogramm.

Lösung:

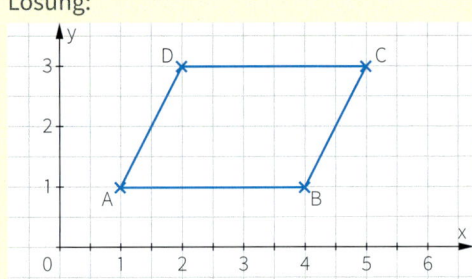

Übungen

4 ‖‖ **Schnittpunkt**
Zeichne die Punkte A, B, C und D in ein Koordinatensystem. Ergänze die Strecken $\overline{AC}$ und $\overline{BD}$. Gib die Koordinaten des Schnittpunktes an.
a) $A(2\,|\,5)$, $B(6\,|\,5)$, $C(6\,|\,7)$, $D(2\,|\,7)$
b) $A(1\,|\,2)$, $B(3\,|\,0)$, $C(5\,|\,2)$, $D(3\,|\,4)$

5 ‖‖ **Roboter**
Roboter schneiden Formen aus. Um den Roboter zu steuern, gibt man die Eckpunkte mit ihren Koordinaten ein. Der Roboter wird dann so gesteuert, dass er jeweils auf einer geraden Linie von einem Punkt zum nächsten schneidet.
Bestimme jeweils die Koordinaten der Eckpunkte.

a)
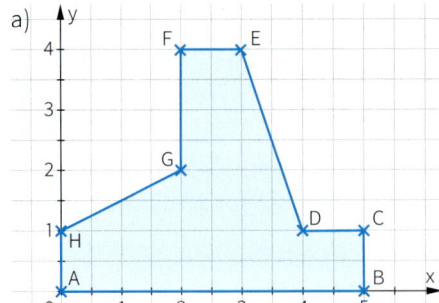

b)
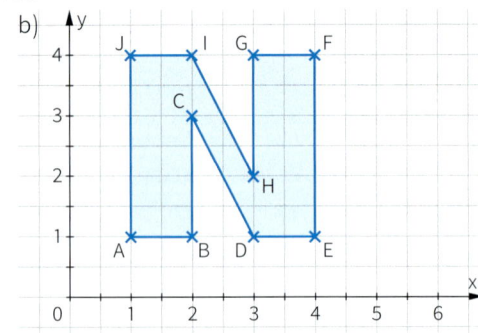

6 ⁞⁞⁞ **Figuren zeichnen**

Zeichne ein Koordinatensystem in dein Heft und trage die Punkte ein. Verbinde sie in alphabetischer Reihenfolge und verbinde den letzten Punkt wieder mit A.

a) A (1|1), B (11|1), C (9|6), D (3|6)

b) A (2|2), B (4|0), C (6|2), D (6|4), E (4|6), F (2|4)

c) A (2|1), B (7|1), C (7|3), D (4|3), E (4|9), F (2|9)

d) A (1|6), B (5|5), C (6|1), D (7|5), E (11|6), F (7|7), G (6|11), H (5|7)

7 ⁞⁞⁞ **Segelwettfahrt**

Die Segelboote sollen einen Dreieckskurs abfahren. Sie starten in A und müssen die Bojen B und C umfahren und wieder zu A zurückkommen.

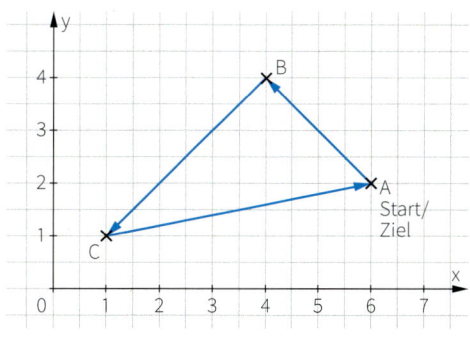

a) Bestimme die Koordinaten des Startpunktes und der beiden Bojen B und C.

b) Zeichne den Dreieckskurs in dein Heft. Ermittle die Länge des Kurses. Der Maßstab der Karte ist 1 : 10 000 (1 cm ≙ 100 m).

Für 1 Längeneinheit kann auch 1 Kästchen gewählt werden.

8 ⁞⁞⁞ **Fehler in Dreiecken**

Janis und Alina zeichnen ein Dreieck mit den Eckpunkten A (2|1), B (3|3) und C (1|4) und wundern sich. Zeichne das Dreieck selbst. Wer hat welchen Fehler gemacht?

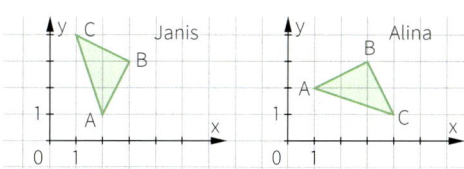

9 ⁞⁞⁞ **Figuren ergänzen**

Bei einigen Figuren weiß man schon, wie sie aussehen, wenn man nur einen Teil sieht. Die fehlende Hälfte sieht genauso aus, wie der Teil, den man kennt.

In der nebenstehenden Zeichnung ist die fehlende Hälfte ergänzt. Du kannst die neuen Eckpunkte leicht ablesen. Zeichne die Figuren in dein Heft und ergänze die fehlenden Hälften. Gib jeweils die Koordinaten der Eckpunkte an.

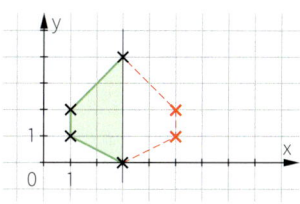

a)

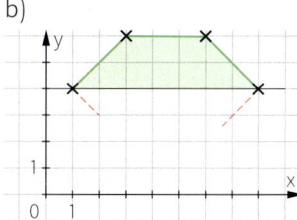

b) c)

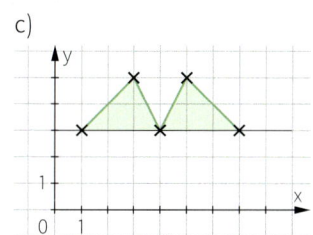

10 ⁞⁞⁞ **Punkte gesucht**

a) Beim Punkt P (2|2) sind die x-Koordinate und y-Koordinate gleich. Schreibe weitere Punkte mit gleichen Koordinaten auf. Zeichne mit einem roten Stift die Punkte in ein Koordinatensystem. Fällt dir etwas auf?

b) Zeichne mit einem blauen Stift die Punkte in das Koordinatensystem ein, deren x-Koordinate 4 ist. Was kannst du beobachten?

c) Addiert man die x-Koordinate und die y-Koordinate des Punktes Q (1|11) so erhält man 12. Für den Punkt R (4|8) gilt das Gleiche. Zeichne mit einem grünen Stift die Punkte in das Koordinatensystem ein, bei denen die Summe der Koordinaten 12 ist.

11 **III Senkrechte und Parallele**

Übertrage die Zeichnung in dein Heft.

a) Zeichne den Punkt P (2 | 2). Zeichne eine Senkrechte zu g durch den Punkt P. Verläuft diese Senkrechte durch die Punkte A (3 | 4), B (4 | 5), C (5 | 7)?

b) Zeichne den Punkt Q (5 | 3). Zeichne eine Senkrechte zu g durch den Punkt Q. In welchem Punkt schneidet die Senkrechte die Gerade g?

c) Zeichne den Punkt R (4 | 3). Zeichne eine Parallele zu g durch den Punkt R. Welche der Punkte D (1 | 5), E (2 | 4), F (6 | 2), G (8 | 1) liegen auf dieser Parallelen?

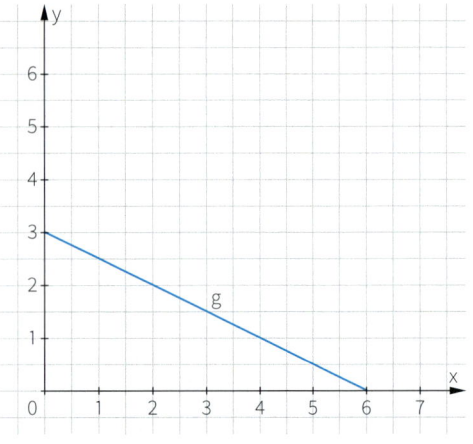

12 **III Geheimnisvolle Botschaften – Forschungsauftrag**

Die Feuerwehr muss bei einem Feuer ihre Schläuche an einen Wasserhydranten anschließen. Das Schild zeigt, wo sich ein Hydrant befindet. Vom „Startpunkt" direkt unter dem Schild geht man 11,8 m entlang der Straße nach links. Dann 6,1 m zur Straßenmitte. Auf dem Schild steht oben die Dicke des Schlauchanschlusses (Durchmesser 150 mm). Die Feuerwehrleute können so den richtigen Schlauch ausrollen.

Finde heraus, wie die Hinweisschilder zu lesen und zu nutzen sind.

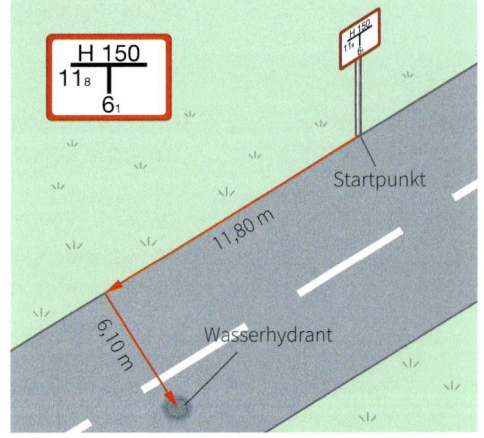

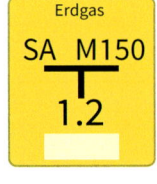
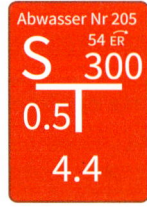
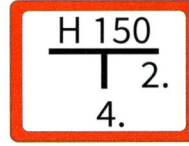
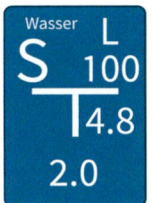
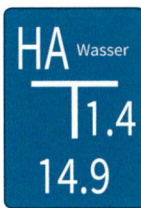

Grundwissen
zum Wiederholen

1 Bestimme die Zahl in der Mitte zwischen 1100 und 1600.

1100   1600

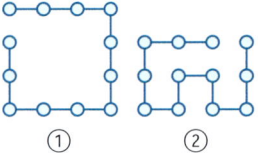

2 Die Schnurlänge ist …
Ⓐ bei ① größer   Ⓑ bei ② größer   Ⓒ gleich.

① ②

3 Welche Maßeinheit sollte gewählt werden?
a) Dauer einer Klassenarbeit   b) Gewicht eines Apfels

4 Berechne im Kopf: a) 1 000 · 100   b) 234 · 100   c) 100 · 187

5 Gesucht ist die Zahl, die 15 kleiner als 1000 ist.

6 Wandle 40 min in Sekunden um.

13 **III Sternenhimmel**

Wir gehen auf Entdeckungsreise am Sternenhimmel.

Schaut man an einem klaren Abend zum Sternenhimmel, so sieht man viele Sterne leuchten. Manche stehen in einem bestimmten Muster zusammen. Einige dieser Muster sind als Sternbilder bekannt. Das wohl bekannteste ist der „Große Bär". Wegen der Form des Musters wird ein Teil der „Große Wagen" genannt. Wir wollen den „Großen Wagen" zeichnen und dann am Himmel suchen.

a) Der „Große Wagen" besteht aus sieben Sternen.
   Zeichne in ein Koordinatensystem die sieben Punkte
   A (0 | 5), B (4 | 6), C (7 | 5), D (11 | 4), E (13 | 1), F (19 | 1) und G (19 | 4) ein.
   Verbinde die Punkte in der angegebenen Reihenfolge. Verbinde anschließend auch noch den Punkt G mit dem Punkt D. Erkennst du den Wagen?

b) Verlängert man die Verbindungslinie F nach G fünfmal über G hinaus, so findet man den Polarstern. Welche Koordinaten hat er?

c) An einem klaren Abend kannst du den „Großen Wagen" entdecken. Versuche es doch einmal. Findest du auch den Polarstern am Himmel? In der Nähe des Polarsterns siehst du den „Kleinen Wagen".

14 **III Orientieren auf der Erde – Längen- und Breitenkreise**

Mit Koordinaten kann man sich auch auf der Erde orientieren. Die Gitterpunkte sind die Schnittpunkte der Breiten- und Längenkreise. Mit deinem Atlas kannst du herausfinden, welche große Stadt nah bei dem Schnittpunkt liegt.

a) ① 50. Breitenkreis, 8. Längenkreis
   ② 53. Breitenkreis, 9. Längenkreis
   ③ 51. Breitenkreis, 14. Längenkreis
   ④ 48. Breitenkreis, 8. Längenkreis

b) In der Nähe welcher Gitterpunkte liegen die Städte Köln, München und Siegen? Oft liegen Orte nicht genau auf Gitterpunkten. Frage deinen Erdkundelehrer, wie man die Lage dieser Orte genau angeben kann.

c) Auf welchem Gitterpunkt liegt der Nordpol, auf welchem der Südpol? Schaue auf einem Globus nach und finde den Längen- und Breitengrad der beiden Pole. Was stellst du fest?

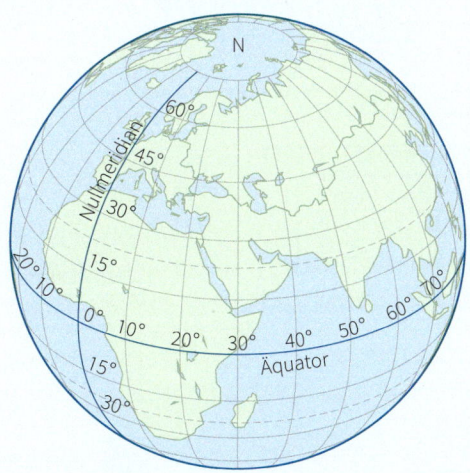

Geometrische Körper

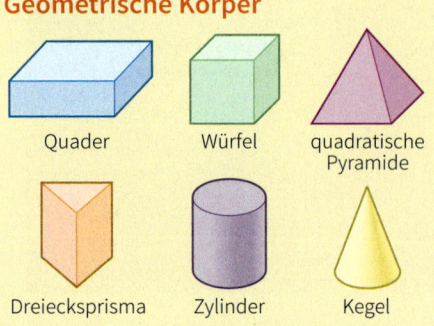

Quader · Würfel · quadratische Pyramide

Dreiecksprisma · Zylinder · Kegel

Geometrische Figuren (Flächen)

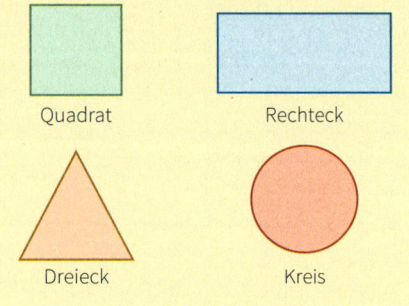

Quadrat · Rechteck

Dreieck · Kreis

Schrägbild eines Quaders

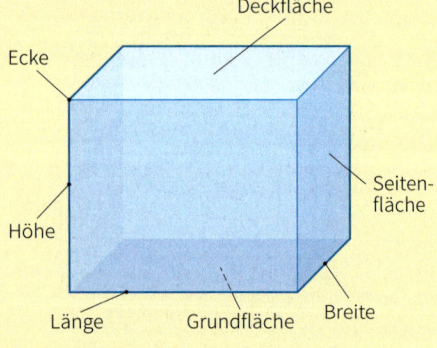

Deckfläche · Ecke · Seitenfläche · Höhe · Länge · Grundfläche · Breite

Netz eines Quaders

Grundfläche

Check-up

1 Geometrische Körper

a) Gib für einen Würfel und einen Quader die Anzahl seiner Ecken, Kanten und Flächen an.

b) Gib für eine quadratische Pyramide die Anzahl der Ecken, Kanten und Flächen an. Nenne auch die Form der Flächen.

2 Körperdetektiv

Welcher Körper ist jeweils gemeint?

a) Ich bin ein Körper und habe als Seitenflächen lauter Rechtecke.

b) Mein Netz besteht aus einem Quadrat und vier Dreiecken.

c) Mein Netz besteht aus sechs Quadraten.

d) Ich bin ein Körper, der 12 Kanten hat.

e) Ich bin ein Körper und habe nur sechs Kanten.

f) Ich bin ein Körper, der neun Kanten hat.

3 Netze

Welche Netze gehören zu welchem Körper?

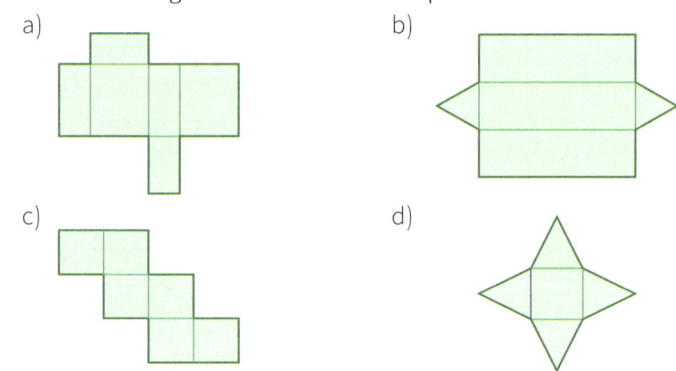

a) · b) · c) · d)

4 Vielzweckkasten

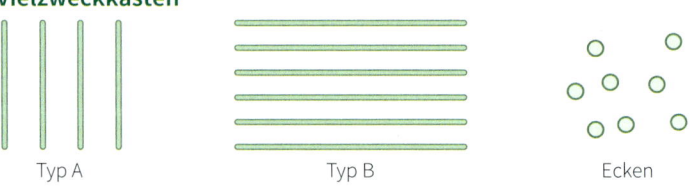

Typ A · Typ B · Ecken

Der Vielzweckkasten ist ein Baukasten, mit dem du verschiedene Körper bauen kannst. Gib jeweils an, welche Stäbe und Ecken du verwendest, um die Modelle zu bauen. Achtung: Manchmal fehlen Stäbe. Gib dann an, welche du zusätzlich benötigst. Wie viele Stäbe stoßen jeweils in einer Ecke zusammen?

Das alles willst du bauen: Quader, Würfel, Prisma, Pyramide mit vier Ecken, Pyramide.

5 Schrägbilder

a) Zeichne das Schrägbild eines Würfels mit der Kantenlänge 4 cm.

b) Zeichne das Schrägbild eines Quaders mit den Kantenlängen 6 cm, 4 cm und 3 cm.

Gerade und Strecke

Eine Gerade ist eine gerade Linie ohne Anfangs- und Endpunkt.
Eine Strecke ist eine gerade Linie mit Anfangs- und Endpunkt.

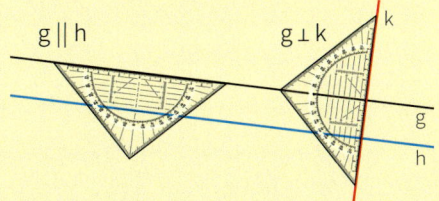

g und h sind parallel zueinander.
g und k sind senkrecht zueinander.

Abstand

Abstand zwischen den Punkten A und B:
Miss die Länge der Strecke $\overline{AB}$.

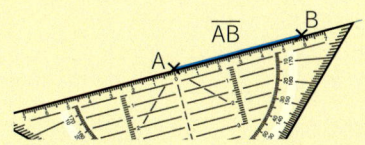

Abstand vom Punkt P zur Geraden g:
Zeichne eine Gerade k durch P, die senkrecht zu g ist. Markiere den Schnittpunkt F.
Miss die Länge der Strecke $\overline{PF}$.

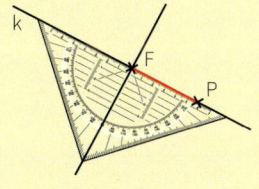

Koordinatensystem

Eine waagerechte x-Achse und eine senkrechte y-Achse bilden ein **Koordinatensystem**.

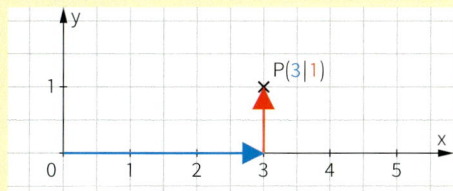

Schreibweise: P(3|1)

x-Koordinate   y-Koordinate
(x-Wert)   (y-Wert)

6 **Parallel – senkrecht?**
Welche Aussagen beschreiben zueinander parallele oder zueinander senkrechte Geraden?
a) Beide Geraden haben überall denselben Abstand.
b) Beide Geraden stehen zu einer dritten Geraden senkrecht.
c) Beide Geraden bilden einen rechten Winkel.
d) Eine Gerade kann man entlang der anderen auf sich selbst falten.

7 **Geraden prüfen**
Untersuche, ob die Geraden zueinander parallel oder senkrecht sind. Gib auch die entsprechende Schreibweise ab.

a)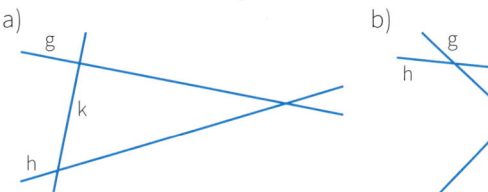

b)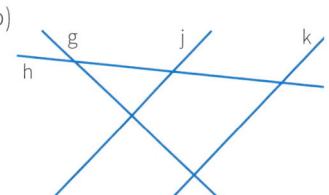

8 **Parallele und senkrechte Geraden auf Papier ohne Kästchen**
Zeichne zwei zueinander parallele Geraden, die den Abstand 2 cm haben. Zeichne zu diesen beiden Geraden zwei senkrechte Geraden, die den Abstand 3 cm haben.
Welche Figur entsteht durch die Schnittpunkte der Geraden?

9 **Dreieck und Viereck mit Geodreieck zeichnen**
a) Zeichne auf unlinertem Papier ein Rechteck mit den Kantenlängen 3 cm und 6 cm.
b) Zeichne ein Dreieck mit einem rechten Winkel und zwei gleichlangen Seiten mit der Länge 5 cm.

10 **Abstände und Koordinaten im Haus**
a) Übertrage die Figur in ein Koordinatensystem in deinem Heft.
b) Miss die Länge der Strecke $\overline{AC}$.
c) Wie weit ist der Punkt D von der Strecke $\overline{AC}$ entfernt?

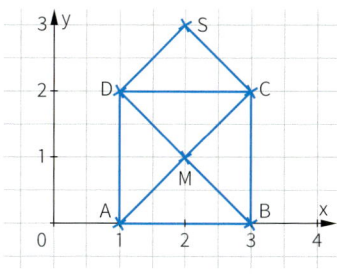

11 **Vierecke im Koordinatensystem**
Zeichne die Vierecke mit den angegebenen Koordinaten in ein Koordinatensystem. Um welches Viereck handelt es sich jeweils?
a) Viereck 1: A(2|1), B(6|1), C(8|4), D(0|4)
b) Viereck 2: A(8|13), B(11|13), C(11|16), D(8|16)
c) Viereck 3: A(12|10), B(14|10), C(16|16), D(14|16)
d) Viereck 4: A(13|5), B(18|7), C(13|9), D(11|7)
e) Viereck 5: A(1|8), B(8|8), C(8|11), D(1|11)

Sichern und Vernetzen
Vermischte Aufgaben zu Kapitel 5

Trainieren

WES-125660-060

Lösungen

1 **II** **Würfel**

Im Bild siehst du den gleichen Würfel in drei
verschiedenen Lagen. Zeichne die Schrägbilder
in dein Heft und trage in die freien Flächen
passende Zahlen ein.

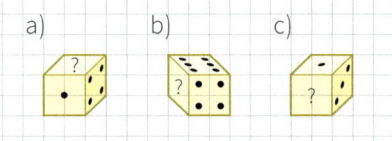

2 **II** **Netz eines Körpers**

Zeichne ein Netz des Körpers und beschrifte die Flächen mit den angegebenen Buchstaben.

a)

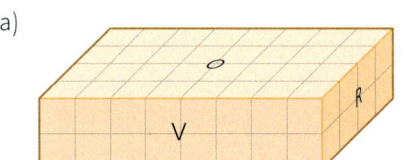

b)

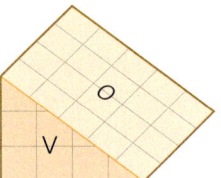

3 **II** **Figurensuche**

Übertrage in dein Heft.

a) Zeichne jeweils durch zwei benachbarte
Punkte eine Gerade. Welche Figur wird von
diesen Geraden eingeschlossen? Zeichne
diese farbig nach.

b) Schreibe auf, welche Geraden zueinander
parallel und welche zueinander senkrecht
sind (z. B. PQ ∥ UT).

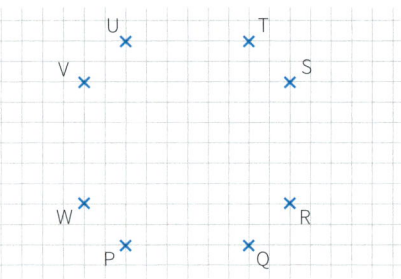

4 **II** **Muster**

Übertrage die Muster auf Papier ohne Kästchen. Setze sie zwei Stufen nach außen fort.

a)

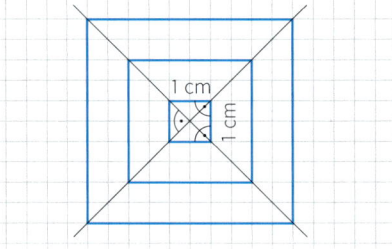

b)

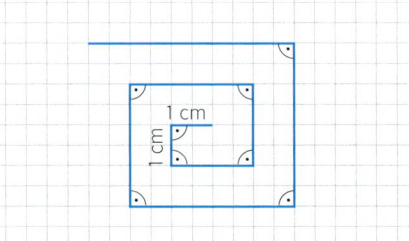

5 **II** **Strecken untersuchen**

a) Welche Strecken sind gleich lang? Schätze zunächst und miss anschließend.

b) Welche Strecken sind senkrecht zueinander?

c) Hat A zu den Geraden BD und CD den
gleichen Abstand?

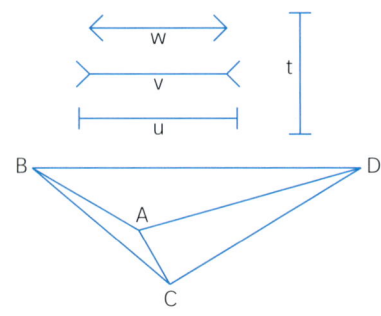

Verstehen

6 ⫿⫿⫿ Netze

Welches Netz passt?

a) 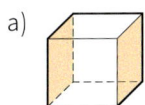 Ⓐ Ⓑ Ⓒ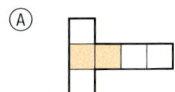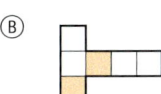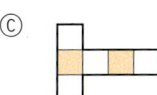

b) Ⓐ Ⓑ Ⓒ

c) Ⓐ Ⓑ Ⓒ

7 ⫿⫿ Spielwürfel

Welche Netze passen zum Spielwürfel?

Die Augensumme gegenüberliegender Flächen ist 7

a) Begründe deine Antwort.

b) Stelle selbst einen Spielwürfel her.

① 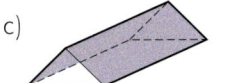 ② ③ 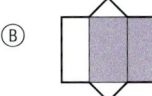 ④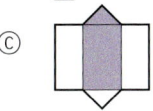

8 ⫿⫿⫿ Körpernetze

Hast du ein gutes Vorstellungsvermögen? Dann sage voraus, welche Körper aus den unten abgebildeten Netzen entstehen. Überprüfung: Zeichne die Netze auf Kästchenpapier, schneide aus und falte. Hattest du recht?

a) 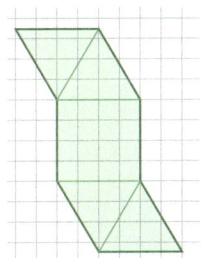 b) 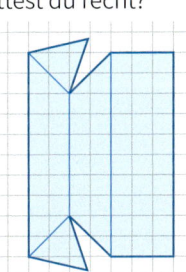 c) 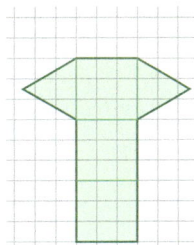 d)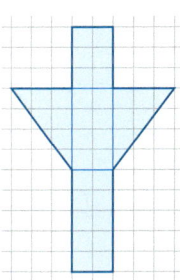

Anwenden

9 ⫿⫿ Schrägbild eines Daches

Zeichne das Schrägbild des Daches in dein Heft und ergänze es zu einem vollständigen Haus. Das karierte Papier ist dabei sehr nützlich.

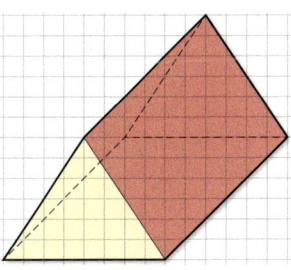

10 ⫿⫿ Kantenmodelle

Aus einem 96 cm langen Rundstab soll ein Kantenmodell

a) eines Würfels,

b) einer quadratischen Pyramide hergestellt werden.

In welche Stücke muss der Rundstab jeweils zerschnitten werden? Es soll dabei kein Reststück übrigbleiben.

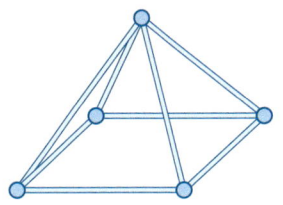

6 Flächen- und Rauminhalt

Im Tropen-Aquarium im Zoo gibt es viele verschiedene Aquarien. In dem größten Aquarium, einem Seewasseraquarium, tummeln sich unter anderem auch Meeresschildkröten. Dieses Aquarium hat einen Rauminhalt (Volumen) von 1,8 Millionen Liter Seewasser.

Die Panoramascheibe, durch die die Besucher die Fische beobachten können, ist etwa 14 m lang und 6 m hoch. Die Scheibenreiniger müssen eine Fläche von 84 m² reinigen.

Flächeninhalt und Umfang messen

1 **Gemüsegarten**

Christina und Florian dürfen zwei Flächen ihres Gartens
selbst nutzen. Florian möchte Gemüse anpflanzen, während
Christina Kaninchen halten möchte. Christina muss ihren
Teil einzäunen, damit ihre Kaninchen nicht weglaufen und
Florians Gemüse nicht anknabbern können.
Soll Christina Fläche A oder Fläche B nehmen?
Welche Gründe hast du für deine Entscheidung?

2 **Straßenbau**

Die Landstraße L236 wird verbreitert. Landwirt Hendricks soll dafür seinen Acker hergeben.
Als Entschädigung erhält er ein anderes Grundstück.
a) Ist der Tausch fair?
b) Landwirt Hendricks hat um sein altes Grundstück einen Zaun gespannt. Diesen möchte
   er nun abbauen und um das neue Grundstück wiederaufbauen. Reicht die Länge des
   alten Zauns?

3 **Fliesenlegen**

Ahmets Vater möchte den Hausflur neu fliesen. Der Hausflur hat eine
Fläche von 2 m Breite und 4 m Länge. Er möchte Marmorfliesen mit
einer Länge und Breite von jeweils 0,5 m verlegen.
a) Wie viele Fliesen benötigt er?
b) Im Flur soll ebenfalls eine Sockelleiste verlegt werden. Passende
   Sockelleisten zu den Marmorfliesen werden im Baumarkt mit
   einer Länge von 0,5 m verkauft. Wie viele Sockelleisten benötigt
   Ahmets Vater?

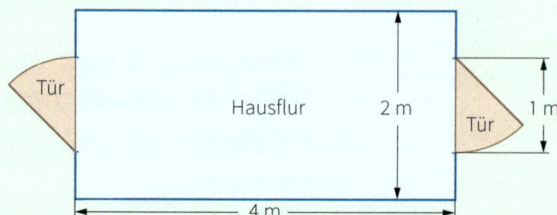

Basiswissen

WES-125660-034

Fläche:
lateinisch: Area

Fläche

Eine Pferdekoppel ist eine Fläche. Dabei sind zwei Größen wichtig:

Flächeninhalt A: Der Platz, der für die Pferde zur Verfügung steht.

Umfang u: Die Länge des Zaunes.

Flächeninhalt A

Der Flächeninhalt wird durch Auslegen mit Flächeneinheiten bestimmt.

Als Flächeneinheit kann man ein Quadrat mit der Kantenlänge 1 cm verwenden. Dieses Quadrat hat den Flächeninhalt 1 cm² (sprich: „ein Quadratzentimeter").

Das abgebildete Rechteck lässt sich mit 6 Quadraten mit dem Flächeninhalt 1 cm² auslegen.

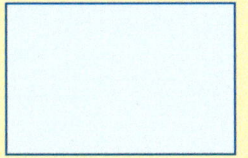

Flächeninhalt $A = 6\,cm^2$

Maßzahl   Maßeinheit

Umfang u

Legt man eine Schnur um eine Fläche, dann ist die Länge der Schnur der Umfang der Fläche.

Der Umfang wird durch Addieren der Seitenlängen berechnet.

Umfang $u = 3\,cm + 2\,cm + 3\,cm + 2\,cm = 10\,cm$

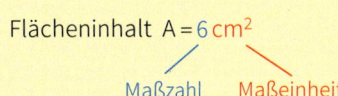

Beispiel

A Flächeninhalt A und Umfang u bestimmen

Bestimme den Flächeninhalt A und den Umfang u der Flächen. Vergleiche.

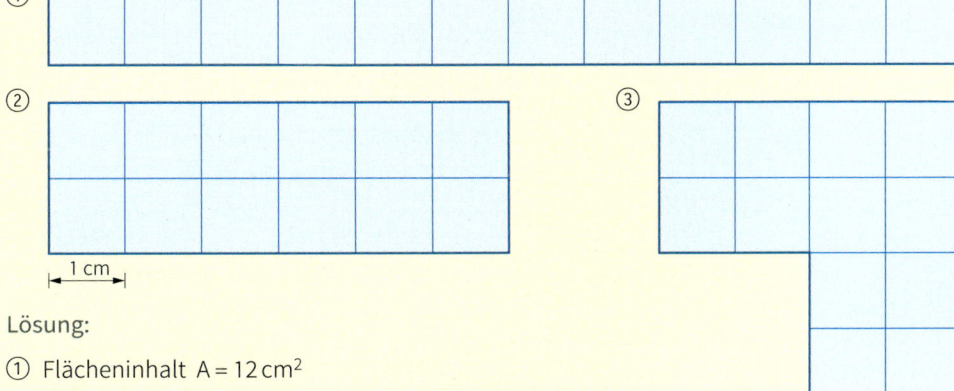

Lösung:

① Flächeninhalt $A = 12\,cm^2$
Umfang $u = 12\,cm + 1\,cm + 12\,cm + 1\,cm = 26\,cm$

② Flächeninhalt $A = 12\,cm^2$
Umfang $u = 6\,cm + 2\,cm + 6\,cm + 2\,cm = 16\,cm$

③ Flächeninhalt $A = 12\,cm^2$
Umfang $u = 4\,cm + 2\,cm + 2\,cm + 2\,cm + 2\,cm + 4\,cm = 16\,cm$

Der Flächeninhalt ist bei allen drei Flächen gleich groß. Die Flächen ② und ③ haben den gleichen Umfang. Der Umfang von Fläche ① ist größer als bei Fläche ② und ③.

Übungen

4 Ⅲ **Flächeninhalt oder Umfang**

Ist der Umfang oder der Flächeninhalt für die Tätigkeiten wichtig?
a) einen Fensterrahmen anfertigen
b) einen Sicherheitszaun errichten
c) die Decke eines Zimmers streichen
d) den Rand eines Fußballfeldes markieren
e) den Rasen in einem Garten säen
f) ein Blumenbeet anlegen

5 Ⅲ **Flächeninhalte bestimmen**

Bestimme den Flächeninhalt A und den Umfang u der abgebildeten Flächen.

a)

b)

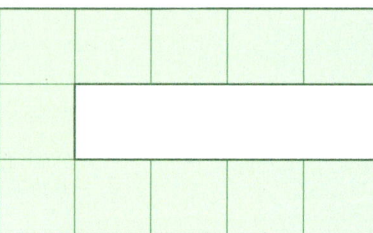

c)

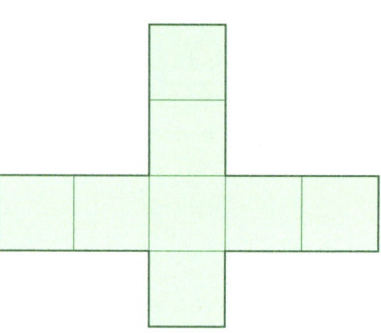

d)

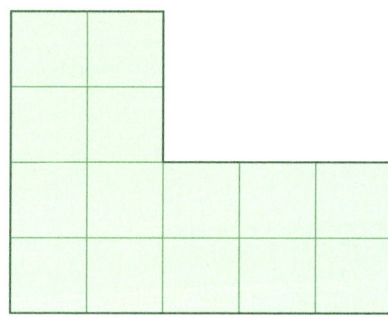

6 Ⅲ **Flächen legen**

Zeichne neun Quadrate mit 1 cm² Flächeninhalt und schneide sie aus. Lege verschiedene Figuren mit einem Flächeninhalt von
9 cm².

Bestimme jeweils auch den Umfang.

Tipp

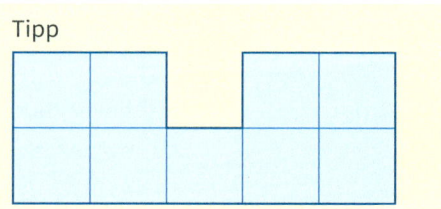

7 Ⅱ **Flächen zeichnen**

Zeichne mindestens zwei verschiedene Flächen mit dem angegebenen Flächeninhalt A und
bestimme jeweils den Umfang. Vergleiche deine Ergebnisse mit denen deiner Mitschülerinnen und Mitschüler.
a) A = 18 cm²
b) A = 25 cm²
c) A = 12 cm²
d) A = 16 cm²
e) A = 6 cm²
f) A = 9 cm²
g) A = 27 cm²
h) A = 5 cm²

8 Ⅱ **Flächen zeichnen**

Probieren erlaubt!
Quadrate ausschnei-
den.

Zeichne mindestens eine Fläche mit dem Flächeninhalt A und dem Umfang u.
Bei welcher Fläche wird dies schwierig?

	Flächeninhalt A	Umfang u
a)	6 cm²	10 cm
b)	5 cm²	12 cm
c)	8 cm²	12 cm
d)	10 cm²	14 cm
e)	7 cm²	20 cm

Tipp zu b)

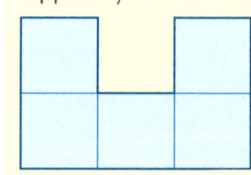

A = 5 cm²
u = 12 cm

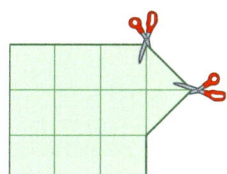

9 ▌▌ **Flächeninhalt bestimmen mit der Schere**

Paul stellt fest: „Den Flächeninhalt dieser komischen Figur kann ich nicht ermitteln. Das Auslegen mit 1 cm² Quadraten funktioniert nicht."

Paula sagt: „Ich habe eine Idee. Mit einer Schere klappt es prima."

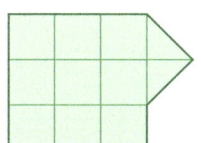 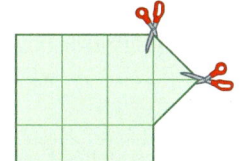 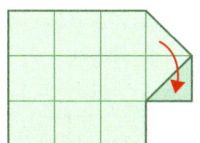 

Beschreibe in Worten, wie Paula vorgegangen ist. Wie groß ist der Flächeninhalt A der Figur?

Flächeninhalt bestimmen durch Zerlegen und Zusammensetzen

(1) 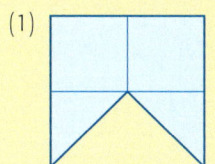 (2) 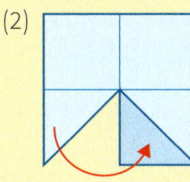 (3)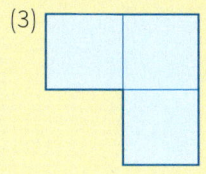

Die Figur hat einen Flächeninhalt von 3 cm².

10 ▌▌ **Gleich große Flächen**

Welche Flächen sind gleich groß? Welche Flächen haben den gleichen Umfang?

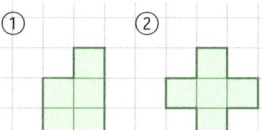 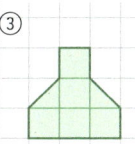 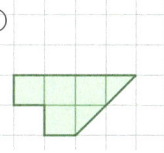 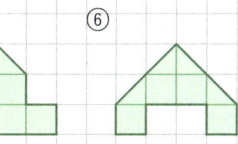

11 ▌▌ **Flächenvergleich**

a) Bestimme sowohl den Flächeninhalt A als auch den Umfang u der Fläche. Ein Kästchen entspricht hier 1 cm².

b) Ordne die Flächen nach der Größe des Flächeninhalts.

c) Ordne die Flächen nach der Größe des Umfangs.

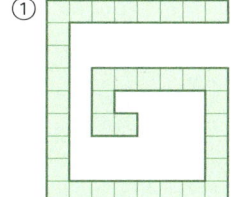 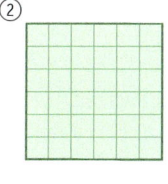

Grundwissen
zum Wiederholen

1 Miriams Brüderchen Hans wog bei der Geburt 3950 g und war 54 cm groß. Nach 6 Monaten wog Hans 7,3 kg und war 70 cm groß. Um wie viel hat das Brüderchen zugenommen und um wie viel Zentimeter ist es gewachsen?

2 Schreibe mit Ziffern: a) eine Million   b) einhundertfünfzigtausendfünfzig

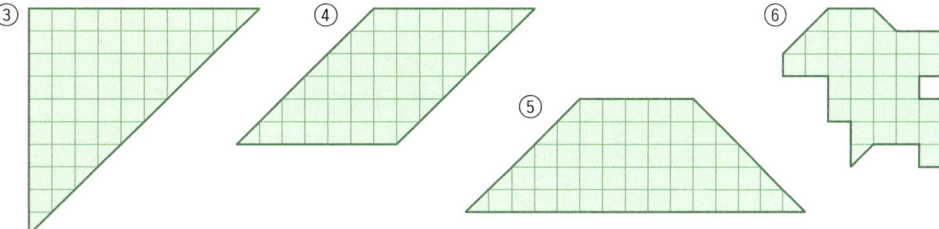

Einheiten von Flächeninhalten

Ein Quadratdezimeter ist der Flächeninhalt eines Quadrats mit der Seitenlänge 1 dm, es hat den Flächeninhalt 1 dm².

1 **Die Flächeneinheit ein Quadratdezimeter**

a) Mit wie vielen Quadraten mit dem Flächeninhalt 1 cm² kann man ein Quadrat mit der Kantenlänge 1 dm auslegen?

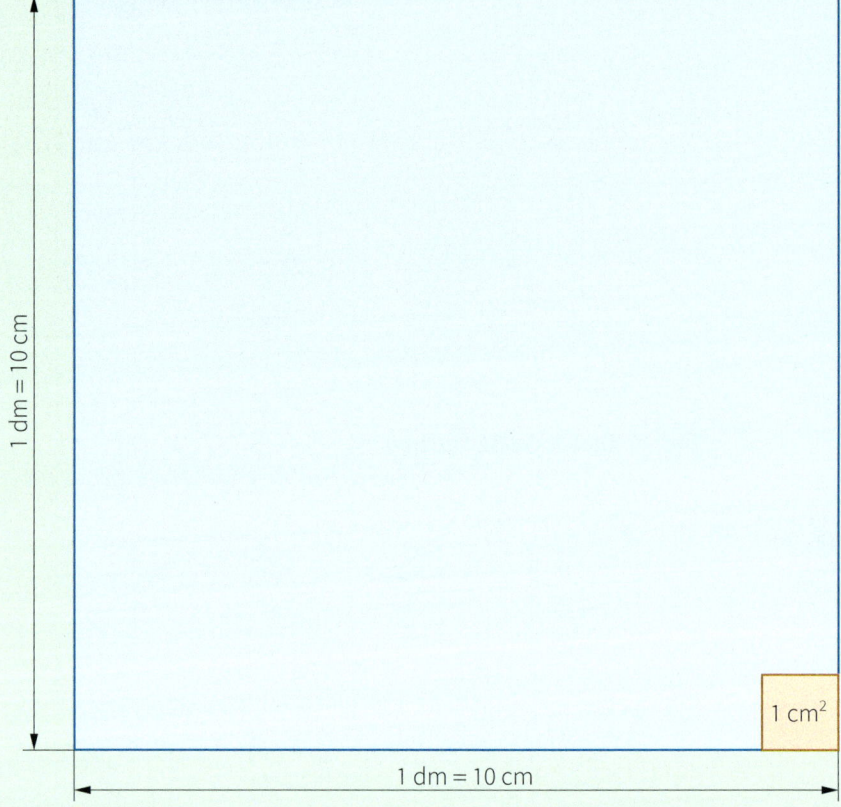

b) Ein Quadratdezimeter (1 dm²) ist der Flächeninhalt eines Quadrates mit der Kantenlänge 1 dm. Wie viele Quadratzentimeter entsprechen einem Quadratdezimeter?

c) Stelle mehrere Quadrate aus Papier mit dem Flächeninhalt von 1 dm² her. Ermittle den Flächeninhalt einer Heftseite durch Auslegen mit diesen Quadraten.

2 **Quadratmeter**

Wenn du die Bodenfläche deines Klassenraumes angeben möchtest, so wirst du sie nicht in Quadratzentimetern oder Quadratdezimetern angeben. Das Auslegen wäre viel zu aufwendig.

Auf dem Foto siehst du ein Quadrat mit dem Flächeninhalt 1 Quadratmeter (1 m²). Stelle einen Quadratmeter her. Schätze nun die Flächeninhalte

a) der Tafel,

b) der Tür,

c) des Fußbodens deines Klassenzimmers. Überprüfe die Schätzung mit dem Quadratmeter.

Basiswissen

Auch für Flächeninhalte gibt es verschiedene Flächeneinheiten. Die Umrechnung geschieht bei Längen mit dem Faktor 10 und bei Flächen mit dem Faktor 100.

Einheiten von Flächeninhalten

1 Quadrat-kilometer (km²)	1 Hektar (ha)	1 Ar (a)	1 Quadratmeter (m²)	1 Quadrat-dezimeter (dm²)	1 Quadrat-zentimeter (cm²)	1 Quadrat-millimeter (mm²)
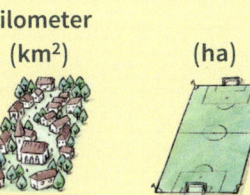						
Dorf	Fußballfeld	Wohnung	Tisch	Smartphone	Bonbon	Gitterquadrat auf Millimeterpapier

Flächeneinheiten umwandeln mit Umrechnungszahlen

$$\cdot 100$$
1 km² = 100 ha
$$:100$$

$$\cdot 100$$
1 ha = 100 a
$$:100$$

$$\cdot 100$$
1 a = 100 m²
$$:100$$

$$\cdot 100$$
1 m² = 100 dm²
$$:100$$

$$\cdot 100$$
1 dm² = 100 cm²
$$:100$$

$$\cdot 100$$
1 cm² = 100 mm²
$$:100$$

Beispiele

WES-125660-035

A **Von einer größeren in eine kleinere Einheit umwandeln**
Rechne die Flächeninhalte in die angegebene Einheit um.
a) 17 dm² in cm² b) 3 ha in m²

Lösung:

a) $\overset{\cdot 100}{\frown}$
17 dm² = 1700 cm²

b) $\overset{\cdot 100}{\frown}\;\overset{\cdot 100}{\frown}$
3 ha = 300 a = 30 000 m²

B **Von einer kleineren in eine größere Einheit umwandeln**
Rechne die Flächeninhalte in die angegebene Einheit um.
a) 3400 mm² in cm² b) 150 000 m² in ha

Lösung:

a) $\overset{:100}{\frown}$
3400 mm² = 34 cm²

b) $\overset{:100}{\frown}\;\overset{:100}{\frown}$
150 000 m² = 1500 a = 15 ha

Übungen

3 ‖‖ **Schätzen**
Schätze den Flächeninhalt. In welcher Einheit gibst du ihn an?
a) Sporthalle b) Schulhof c) Fläche eines Bettes d) Briefmarke

4 ‖‖‖ **Flächeneinheiten für große Flächen**
Versuche dir ein Quadrat mit der folgenden Seitenlänge vorzustellen.
a) 1 m b) 10 m c) 100 m d) 1 km
Welche der folgenden Flächen bieten in etwa den gleichen Platz?
① die Fläche eines Fußballfeldes ② die Fläche eines Einfamilienhauses
③ ein großer Parkplatz ④ die Fläche eines kleinen Dorfes
⑤ die Fläche eines Tennisplatzes ⑥ eine Judomatte
⑦ ein Küchentisch ⑧ ein Flughafen

5 ‖‖ **Dinge aus dem Alltag**

Ordne die Flächeninhalte passend zu.

Bett	Flugplatz	Mathebuch	Nordrhein-Westfalen	Knopf

$30\,km^2$	$1\,cm^2$	$580\,cm^2$	$2\,m^2$	$34\,077\,km^2$

Exkurs

Hektar und Ar

Hast du schon einmal die Angaben Hektar oder Ar gehört?
In der Land- und Forstwirtschaft werden zur Angabe von
Acker- und Waldflächen auch die Einheiten Ar (a) und
Hektar (ha) genutzt.
Ein Hektar hat die Größe eines Quadrates mit der Seiten-
länge 100 m. Ein besonders großes Fußballfeld ist etwa
1 ha groß.
Ein Ar hat die Größe eines Quadrates mit der Seitenlänge
10 m, etwa die Grundfläche eines Hauses.

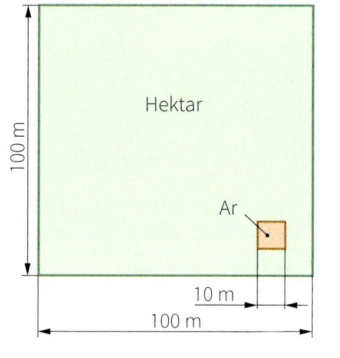

---

6 ‖‖ **Umwandeln in die nächstkleinere Einheit**

Rechne mithilfe der Umrechnungszahlen in die nächstkleinere Flächeneinheit um.

a) $17\,m^2$ b) $7\,km^2$ c) $23\,ha$ d) $41\,m^2$

e) $4\,a$ f) $12\,cm^2$ g) $4\,dm^2$ h) $45\,a$

7 ‖‖ **Umwandeln in die nächstgrößere Einheit**

Rechne mithilfe der Umrechnungszahlen in die nächstgrößere Flächeneinheit um.

a) $2500\,m^2$ b) $700\,mm^2$ c) $3000\,dm^2$ d) $400\,ha$

e) $4500\,cm^2$ f) $3000\,a$ g) $900\,ha$ h) $30\,000\,cm^2$

8 ‖‖ **Training zum Umwandeln**

Wandle in die angegebene Einheit um.

a) $53\,dm^2$ in cm^2 b) $12,5\,a$ in m^2 c) $5,9\,m^2$ in cm^2 d) $600\,dm^2$ in m^2

e) $5,8\,km^2$ in m^2 f) $40\,000\,m^2$ in ha g) $190\,cm^2$ in dm^2 h) $440\,mm^2$ in cm^2

9 ‖‖ **Erweitertes Traing**

Gib den Flächeninhalt in zwei anderen Einheiten an.

a) $3000\,m^2$ b) $6,5\,a$ c) $0,5\,m^2$ d) $400\,dm^2$

e) $3,8\,km^2$ f) $4,55\,cm^2$ g) $10\,000\,m^2$ h) $12,03\,ha$

10 ‖‖ **Umwandeln**

Wandle in die nächstkleinere Maßeinheit um.

a) Acker   b) 1-Cent-Münze   c) Buchdeckel   d) Reitanlage

    $4\,ha$ $2,07\,cm^2$ $5,5\,dm^2$ $17\,a$

11 ‖‖ **Umwandeln und ordnen**

Ordne der Größe nach. Rechne jeweils in eine geeignete Einheit um.

a) $600\,cm^2$; $2\,m^2$; $40\,dm^2$; $8000\,cm^2$ b) $4\,a$; $6000\,dm^2$; $30\,m^2$; $0,5\,ha$

c) $4000\,m^2$; $200\,a$; $30\,000\,dm^2$; $1\,ha$ d) $45\,000\,cm^2$; $3\,m^2$; $2\,000\,000\,mm^2$

e) $1,7\,dm^2$; $3450\,cm^2$; $40\,000\,mm^2$ f) $9\,a$; $1500\,m^2$; $5\,820\,100\,cm^2$

12 II **Monsterzahlen**

a) Uwe liebt Monsterzahlen. Diesmal hat er ausgerechnet, dass der Klassenraum 48 000 000 mm² groß ist. Kann das sein?

b) Michel behauptet, dass 10 000 cm² in einen Quadratmeter (1 m²) passen. Hat er Recht?

13 II **Flurbereinigung**

Bei einer Flurbereinigung werden Grundstücke mit folgenden Flächen zusammengelegt. Bestimme den Flächeninhalt der Gesamtfläche.

a) 2 ha; 200 m²

b) 600 m²; 9 a; 40 m²

c) 2 a; 40 m²; 150 m²; 3 ha

d) 2000 m²; 4 ha; 7 a

e) 2 a; 1 ha; 200 m²; 20 a

f) 4 ha; 15 a; 2500 m²; 6,3 a

Lösungen
124 a   303,9 a
202 a   446,3 a
427 a   15,4 a

14 II **Straßenneubau**

Von dem Grundstück muss für den Neubau einer Straße ein Teil der Fläche abgegeben werden. Bestimme die Größe der Restfläche.

	Grundstück	Straße
a)	817 m²	43 m²
b)	1653 m²	1 a
c)	71 a	390 m²
d)	10,57 a	68 m²

15 II **Teilen von Rechtecken**

Ein Rechteck von 3 m² Flächeninhalt soll in fünf gleich große Teile zerlegt werden. Berechne ebenso durch Umwandeln:

a) 4 dm² : 5

b) 21 cm² : 10

c) 12 m² : 8

d) 1 m² : 4

Tipp
3 m² : 5 = ▢
Umwandeln der Flächeneinheiten:
300 dm² : 5 = 60 dm²

16 II **Zerlegen**

a) Ein Acker von 46 ha soll in 40 gleich große „Parzellen" zerlegt werden.

b) Eine Wand von 12,25 m² soll in fünf gleich großen Streifen mit verschiedenen Farben gestrichen werden.

c) Ein Parkplatz von 12 a soll für einen Flohmarkt in 48 gleich große Flächen aufgeteilt werden.

17 III **Netze von Oberflächen**

Bestimme den Oberflächeninhalt des Quaders. Was könnte in die Schachtel passen?

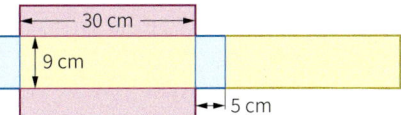

30 cm — 9 cm — 5 cm

18 III **Rasenmähen**

Axel will seine 19 m lange und 25 m breite Rasenfläche mähen. Sein Rasenmäher hat eine Schnittbreite von 50 cm. Wie viele Meter muss Axel dabei zurücklegen? Wie sollte er gehen?

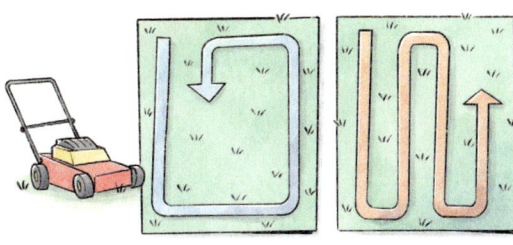

Grundwissen
zum Wiederholen

1 Runde:

a) 4490 auf Tausender

b) 6 543 000 auf Hunderttausender

c) 895 auf Zehner

2 Zeichne das Netz eines Quaders mit den Kantenlängen 1 cm, 2 cm und 3 cm.

3 Setze die Zahlenfolge in beide Richtungen fort: … 28, 26, 32, 30, 36, 34, …

4 Wie viele Kanten hat ein Würfel?

Flächeninhalt und Umfang eines Rechtecks berechnen

1 **Displaygrößen bei Smartphones**

Merle und Max haben beide ein neues Smartphone geschenkt bekommen. Merle meint, dass das Display ihres Smartphones größer ist als das von Max.
Max ist dagegen ganz anderer Meinung. Doch wer hat nun recht? Hilf ihnen. Beide Displays sind rechteckig.
Berechne den Flächeninhalt der beiden Displays und vergleiche.

	Länge	Breite
Merle	12 cm	6 cm
Max	13 cm	5 cm

2 **Gemüsegarten**

Familie Müller möchte auf ihrem Grundstück einen Gemüsegarten anlegen.

a) Der Gemüsegarten soll rechteckig sein und einen Flächeninhalt von 120 m² haben. Gib verschiedene Möglichkeiten an, welche Länge und welche Breite Familie Müller für den Garten wählen kann.

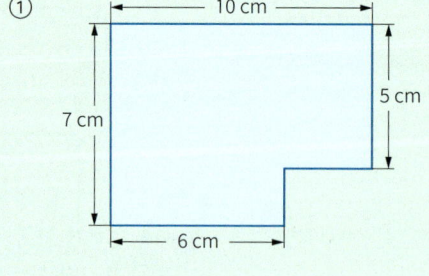

b) Das Grundstück der Familie Müller liegt am Ortsrand. Daher kommen oft Wildschweine „zu Besuch". Familie Müller will den Gemüsegarten zum Schutz einzäunen. Wie viel Meter Zaun benötigen sie für die verschiedenen von dir vorgeschlagenen Gemüsegärten?

3 **Flächeninhalt und Umfang von zusammengesetzten Körpern**

a) Übertrage die Figuren möglichst genau in dein Heft.

① 10 cm / 7 cm / 5 cm / 6 cm

② 8 cm / 3 cm / 7 cm / 10 cm / 5 cm

Tipp
Zerlege die Figur in Rechtecke und bestimme zuerst deren Flächeninhalt.

b) Berechne den Flächeninhalt der Figuren.
c) Bestimme den Umfang der beiden Figuren.

4 **Breite berechnen**

Der Mathematiklehrer erzählt: „Unser Klassenraum ist rechteckig. Laut Bauplan hat unser Klassenraum einen Flächeninhalt von 96 m². Ich habe die Länge unseres Klassenraumes gemessen. Sie beträgt 12 m."
Wie breit ist der Klassenraum und wie lang ist die Fußleiste? Achte auf die Türöffnung.

Basiswissen

WES-125660-036

Flächeninhalt und Umfang eines Rechtecks berechnen

Der **Flächeninhalt A** eines Rechtecks mit der Länge a und der Breite b:

Flächeninhalt A = Länge a mal Breite b
Schreibweise: $\mathbf{A = a \cdot b}$

Flächeninhalt des abgebildeten Rechtecks:
$A = 3\,cm \cdot 2\,cm = 6\,cm^2$

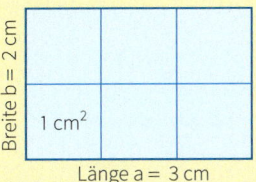

Der **Umfang u** eines Rechtecks ist die Summe der vier Seitenlängen.

Umfang u = 2 mal Länge a + 2 mal Breite b
Schreibweise: $\mathbf{u = 2 \cdot a + 2 \cdot b}$

Umfang des abgebildeten Rechtecks:
$u = 2 \cdot 3\,cm + 2 \cdot 2\,cm = 6\,cm + 4\,cm = 10\,cm$

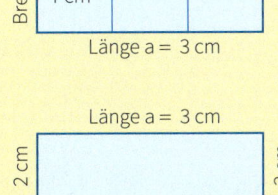

Beispiel

A **Flächeninhalt und Umfang von Rechtecken berechnen**
Berechne den Flächeninhalt A und den Umfang u des dargestellten Rechtecks.

Breite 2 cm

Länge 35 mm

Lösung:
Länge und Breite in die gleiche Einheit umwandeln.
Länge a = 35 mm;
Breite b = 2 cm = 20 mm
$A = 35\,mm \cdot 20\,mm = 700\,mm^2 = 7\,cm^2$
$u = 2 \cdot 35\,mm + 2 \cdot 20\,mm$
$\quad = \quad 70\,mm + \quad 40\,mm = 110\,mm = 11\,cm$

Übungen

5 **‖‖ Fächeninhalt und Umfang**
Miss Länge und Breite des Rechtecks. Berechne den Flächeninhalt A und den Umfang u.

a)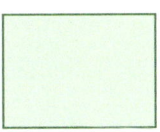
b)
c)

6 **‖‖ Rechteckige Poster**
Berechne für die rechteckigen Poster den Flächeninhalt und den Umfang. Verwandle die Seitenlängen gegebenenfalls in die gleiche Längeneinheit.
a) Länge 24 cm, Breite 30 cm   b) Länge 13 cm, Breite 200 mm   c) Länge 6 dm, Breite 4 dm

7 **‖‖ Flächeninhalt und Umfang berechnen**
Berechne den Flächeninhalt A und den Umfang u der angegebenen Rechtecke.
a) Länge a = 4 cm, Breite b = 6 cm
b) Länge a = 7 m, Breite b = 9 m
c) Länge a = 3 mm, Breite b = 9 mm
d) Länge a = 14 dm, Breite b = 3 dm
e) Länge a = 12 km, Breite b = 8 km
f) Länge a = 4 cm, Breite b = 70 mm
g) Länge a = 4,3 dm, Breite b = 2 cm
h) Länge a = 1,45 m, Breite b = 3 cm

Flächeneinheiten umrechnen

Der Flächeninhalt eines Rechtecks ist das Produkt aus zwei Längen. Das Umrechnen der Flächeneinheiten kann auf das Umrechnen von Längeneinheiten zurückgeführt werden.
$1\,m^2 = 1\,m \cdot 1\,m = 10\,dm \cdot 10\,dm = 10 \cdot 10\,dm^2 = 100\,dm^2$
Man multipliziert also die Längen und in gewissem Sinne auch die Einheiten.

8 ‖ **Umrechnen in kleinere Einheiten**

a) $73\,m^2 = \blacksquare\,cm^2 = \blacksquare\,mm^2$

b) $25\,ha = \blacksquare\,a = \blacksquare\,m^2$

c) $75\,a = \blacksquare\,m^2 = \blacksquare\,dm^2$

d) $100\,km^2 = \blacksquare\,ha = \blacksquare\,cm^2$

WES-125660-037

9 ‖ **Fehlende Seitenlänge**

Berechne die fehlende Seitenlänge des Rechtecks.

a) $A = 36\,cm^2$, $a = 4\,cm$

b) $A = 44\,mm^2$, $a = 11\,mm$

c) $A = 36\,m^2$, $b = 6\,m$

d) $u = 30\,cm$, $a = 6\,cm$

e) $u = 160\,m$, $b = 30\,m$

f) $u = 100\,m$, $a = 25\,m$

Lösungen
12 cm	3 m
225 cm²	100 cm
20 cm	36 cm
60 cm	200 cm²
15 cm	30 cm

10 ‖ **Rechtecke**

Berechne die fehlenden Größen des Rechtecks.

	Länge a	Breite b	Flächeninhalt A	Umfang u
a)	10 cm	20 cm	▨	▨
b)	6 cm	▨	72 cm²	▨
c)	▨	15 cm	▨	60 cm
d)	▨	50 cm	50 dm²	▨
e)	▨	▨	6 dm²	100 cm

11 ‖ **Länge und Breite gesucht**

Zu einer Fläche sind die Eigenschaften bekannt. Bestimme mögliche Längen und Breiten.

a) $A = 40\,m^2$

b) $A = 600\,cm^2$

c) $u = 80\,mm$

d) $u = 30\,km$

e) $A = 1\,ha$

f) $A = 4\,a$

12 ‖ **Veränderungen bei Umfang und Flächeninhalt**

a) Ein Quadrat von $4\,cm \times 4\,cm$ wird auf $5\,cm \times 5\,cm$ vergrößert.
Um wie viel wird der Umfang und um wie viel wird der Flächeninhalt größer?

b) Das Quadrat von $4\,cm \times 4\,cm$ wird zu einem Rechteck mit $3\,cm \times 5\,cm$ verändert. Wie verändern sich Umfang und Flächeninhalt?

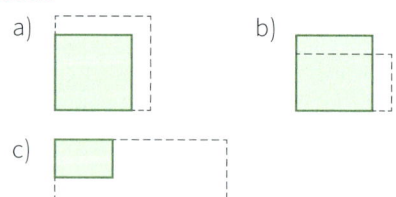

c) Die Länge und die Breite eines $2\,cm \times 3\,cm$-Rechtecks werden verdreifacht. Wie ändern sich Umfang und Flächeninhalt?

13 ‖ **Kinderzimmer**

Berechne die Fläche der beiden Kinderzimmer. Welches Zimmer würdest du dir aussuchen?
Vergleiche die Wohnfläche der Kinderzimmer mit der Fläche von Wohnzimmer, Schlafzimmer und Bad. Wie groß ist die gesamte Wohnfläche?

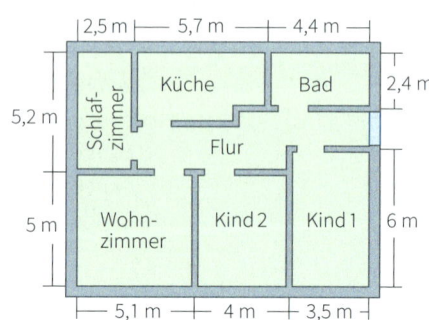

14 ⫶ Viel Papier

Eine Rolle Klopapier besteht aus 250 Blatt. Jedes Blatt ist rechteckig und 10 cm mal 14 cm groß. Welchen Flächeninhalt hat eine Rolle Klopapier insgesamt?

15 Haus mit Garten

Ein Architekt plant ein eingeschossiges Haus mit der abgebildeten Grundfläche.
Berechne den Flächeninhalt der Grundfläche.
Ermittle den Flächeninhalt auf zwei verschiedenen Rechenwegen.

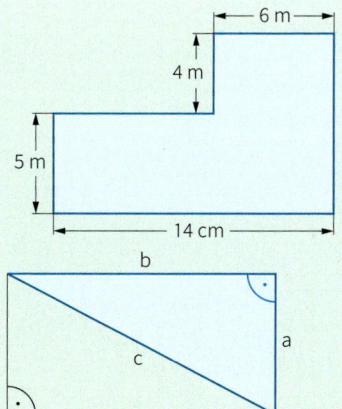

16 Fläche des Dreiecks

Berechne die Fläche des blauen Dreiecks mit den Kantenlängen $a = 5\,cm$ und $b = 3\,cm$.

WES-125660-038

Basiswissen

Unregelmäßige Flächen

Den Flächeninhalt von unregelmäßigen Flächen kann man häufig durch **Zerlegen** oder **Ergänzen** berechnen.

Zerlegen

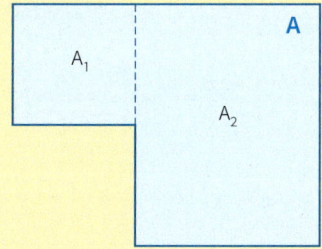

Zerlege die Fläche in Teilflächen. Berechne die Flächeninhalte A_1 und A_2. Der Flächeninhalt der gesamten Fläche ist dann: $A = A_1 + A_2$

Ergänzen

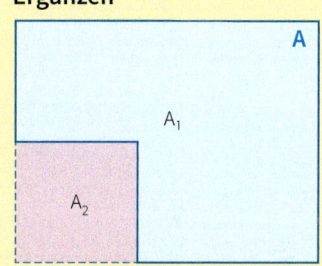

Ergänze die blaue Fläche zu einem Rechteck. Berechne den Flächeninhalt A_1 des großen Rechtecks und den Flächeninhalt A_2 des ergänzten Rechtecks. Der Flächeninhalt A ist dann: $A = A_1 - A_2$

Das rechtwinklige Dreieck – ein „halbes Rechteck"

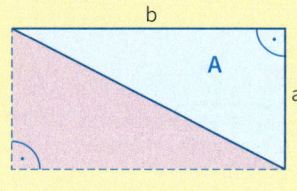

Ergänze das rechtwinklige Dreieck zu einem Rechteck. Berechne den Flächeninhalt des Rechtecks. Der Flächeninhalt A des Dreiecks ist die Hälfte des Flächeninhalts des Rechtecks.
Schreibweise: $A = (a \cdot b) : 2$

Beispiel

A Flächeninhalt durch Ergänzen bestimmen

Ermittle den Flächeninhalt des Dreiecks.

Lösung
Ergänze das Dreieck zu einem Rechteck.
Flächeninhalt des Rechtecks: $3\,cm \cdot 4\,cm = 12\,cm^2$
Flächeninhalt des Dreiecks: $12\,cm^2 : 2 = 6\,cm^2$

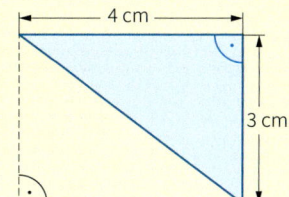

17 **II Zusammengesetzte Flächen berechnen**

Berechne den Flächeninhalt.

a)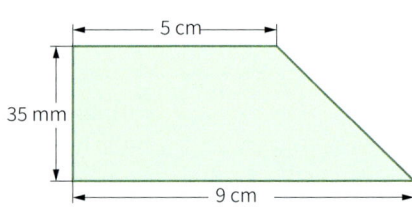

b)

18 **II Flächen und Unfänge**

Berechne den Flächeninhalt und den Umfang.

a)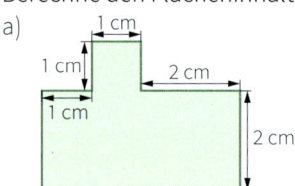

b)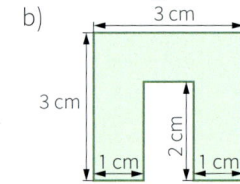

c)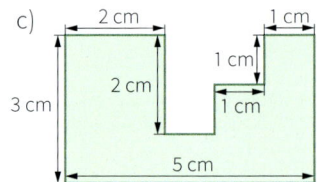

19 **II Rechtecke und Dreiecke**

Berechne den Flächeninhalt der aus einem Rechteck und rechtwinkligen Dreiecken zusammengesetzten Figur.

a)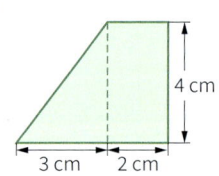

b)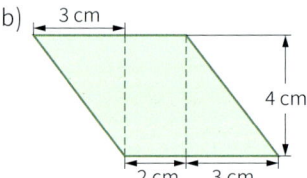

c)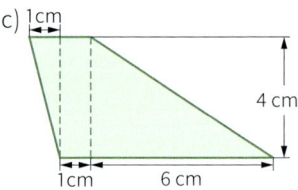

20 **III Abgebrochene Ecken**

Von der rechteckigen Fläche sind Ecken abgebrochen. Berechne den Flächeninhalt und den Umfang der „Restfläche".

a)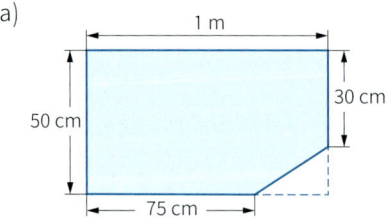

b)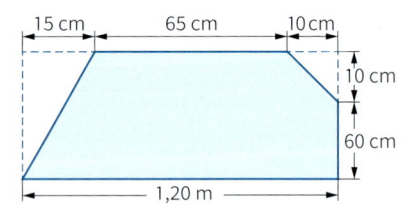

Grundwissen
zum Wiederholen

1 Ermittle mit dem Geodreieck den Abstand des Punktes P von der Geraden g.   × P

2 Berechne schriftlich.   a) $48 \cdot 111$ b) $53 \cdot 1010$

3 Wandle in die angegebene Einheit um.
a) 6,45 kg in g   b) 750 cm in m   c) 2400 min in h

4 Eine Rennstrecke ist 2,6 km lang. Ein Fahrer „dreht" acht Trainingsrunden. Welche Strecke hat er zurückgelegt?

5 Berechne geschickt: a) $2 + 79 + 18$ b) $15 \cdot 17 - 13 \cdot 17$

g

Exkurs

Schätzmethoden

Schätzen, was man nicht berechnen kann. Wie groß ist die nordfriesische Insel Föhr? Hier versagen unsere Methoden. Zumindest können wir den Flächeninhalt nicht so einfach bestimmen.
Wie wäre es mit Schätzen?

Maßstab unserer Karte:
1 : 250 000
1 cm auf der Karte entspricht 250 000 cm = 2,5 km in der Wirklichkeit.

Schätzmethode 1: „**Rechteckmethode**"
Wir legen ein Rechteck möglichst eng um die Insel. Auf unserer Karte messen wir für die Länge 5,1 cm, für die Breite 3,3 cm. Nach dem Maßstab sind dies gerundet 13 km und 8 km.
Die Fläche des Rechtecks ist also ungefähr 104 km² groß.
Die Fläche der Insel füllt nicht das ganze Rechteck aus, sie ist etwas kleiner.
Wir schätzen etwa 80 km².

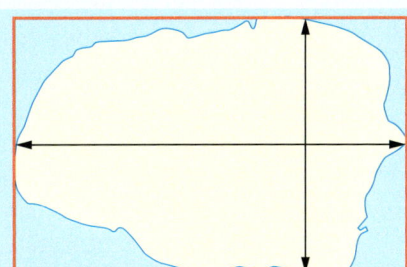

Findest du im Lexikon oder im Internet eine Information über die Fläche der Insel Föhr?

Schätzmethode 2: „**Gittermethode**"
Wir legen eine Gitterfolie mit kleinen Quadraten über die Insel. Es gibt solche Klarsichtfolien mit Millimeterpapier. In unserem Fall ist die Seite eines Quadrates gerade 0,4 cm, dies entspricht 1 km in der Wirklichkeit. Ein Quadrat hat somit eine Fläche von 1 km². Wir zählen 82 Quadrate, die die Insel überdecken.
Damit schätzen wir eine Fläche von 82 km².

---

21 **III Schätzen von Flächen**

a) Schätze mithilfe der Methoden aus dem Exkurs die folgenden Flächen. Besorge dir dafür jeweils eine geeignete Landkarte und beachte den Maßstab.

Nordrhein-Westfalen

Nordseeinsel Sylt

Bodensee

Bundesrepublik Deutschland

Für die Insel Sylt muss die Rechteckmethode verfeinert werden. Hast du eine Idee?

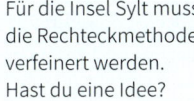

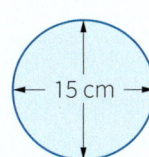

b) Schätze den Flächeninhalt eines Kreises von 15 cm Durchmesser.

c) Schätze, wie viel Kilometer du laufen müsstest, um die Insel Föhr einmal auf dem Deich zu umrunden.

d) Warum taugen unsere Schätzmethoden nicht für die Fläche der Wüste Sahara?

22 **II** **Spielfeldgrößen**

a) Für Fußballfelder gibt es Vorschriften. Die Länge muss zwischen 90 m und 120 m liegen, die Breite zwischen 45 m und 90 m. Wie groß ist der Unterschied des Flächeninhalts zwischen dem kleinstmöglichen und dem größtmöglichen Spielfeld?

b) Das Fußballfeld in Gelsenkirchen (Schalke 04) hat die Maße 105 m × 68,5 m. Ein guter Schiedsrichterassistent (Linienrichter) muss möglichst immer auf Ballhöhe sein. Schätze, welche Strecke er während eines Spiels ungefähr zurücklegt.

c) **III** Wie viele Volleyballfelder (Handballfelder, Basketballfelder, Tennisfelder) passen ungefähr auf ein Fußballfeld? Schätze zunächst und mache dann eine Überschlagsrechnung. Die Spielfeldmaße kannst du im Sportlexikon oder Internet nachschlagen, sonst erkundige dich bei Fachleuten.

23 **II** **Hockeyfeld**

Maße eines Hockeyspielfeldes im Stadion: 91,40 m × 55 m

Die Hockey-Damenmannschaft hat zum letzten Mal im alten Stadion gespielt und dabei das Endspiel zur Deutschen Meisterschaft gewonnen. Zur Unterstützung einer Stiftung wollen die Spielerinnen nun den Rasen des Hockeystadions in 20 cm × 20 cm großen Quadraten an die Fans verkaufen, das Stück zu 15 €. Mit welcher Einnahme können sie rechnen, wenn alle Rasenquadrate verkauft werden?

24 **III** **Hühnereier**

Je nachdem wie Hühner gehalten werden, werden die Eier in Klassen eingeteilt und entsprechend mit einer Ziffer beschriftet. In Deutschland leben Hühner überwiegend in Bodenhaltung. Hier leben die Hühner zwar nicht in Käfigen, sie werden jedoch nur im Stall auf dem Boden gehalten. Ein Freilauf ist bei der Bodenhaltung nicht vorgeschrieben.

Um die Bezeichnung „aus Freilandhaltung" zu erhalten, müssen die Legehennen neben ihrem Stall einen Mindestfreilauf von vier Quadratmetern Freiland pro Huhn haben. Die Vorschriften für den Stall sind dieselben wie bei der Bodenhaltung.
Die Käfighaltung, bei der noch weniger Platz pro Huhn zur Verfügung stand, ist seit 2012 verboten.

Ziffer	Bezeichnung	Hühner pro m² Stall	Auslauffläche pro Huhn
0	Bio-Eier	6	4 m²
1	Freilandhaltung	9	4 m²
2	Bodenhaltung	9	nicht vorgesehen

a) Berechne jeweils die Stallfläche, die für ein einzelnes Huhn zur Verfügung steht. Vergleiche mit der Fläche eines DIN-A4-Blattes.

b) Wie viele Hühner könnten nach den Bestimmungen auf einer Fläche eines Wohnraumes von 3 m × 4 m gehalten werden?

6.4 Raum- und Oberflächeninhalt messen

1 **Bauklötze**
Leas kleiner Bruder hat wieder einmal alle Bauklötze herumliegen lassen. Lea hilft ihm, die Bauklötze in die Schachtel einzuräumen. Können Lea und ihr Bruder alle Bauklötze in der Schachtel unterbringen?

2 **Unterschiedliche Quader**
In welchen Quader passen mehr Würfel?

① 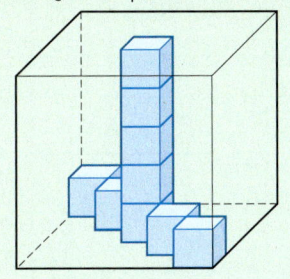   ②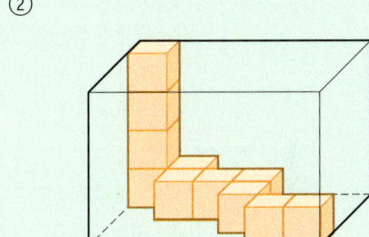

3 **Quader aus Bauklötzen**
Ina hat mit Bauklötzchen drei verschiedene Quader gelegt. Die Bauklötze sind Würfel mit einer Kantenlänge von 1 cm.

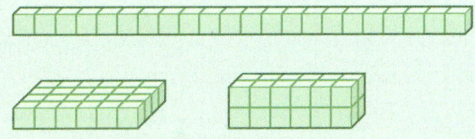

a) Was haben die drei Quader gemeinsam?
b) Baue weitere Quader mit 24 Bauklötzen. Übertrage die Tabelle mit den Längen, Breiten und Höhen der Quader, die du mit allen 24 Bauklötzen bauen kannst, in dein Heft. Trage zunächst die Maße der abgebildeten Quader in die Tabelle ein.

Länge	Breite	Höhe
24 cm	1 cm	1 cm
■	■	■
■	■	■

c) Andreas behauptet, dass es nur sechs verschiedene Möglichkeiten gibt, mit 24 Bauklötzen Quader zu bauen. Hast du mehr Möglichkeiten gefunden? Könnte Andreas dennoch recht haben?

4 **Die Oberfläche**
Lena will ein Geburtstagsgeschenk verpacken. Dazu will sie eine Kiste mit goldfarbener Folie bekleben. Sie überlegt, wie viel Quadratzentimeter Folie sie mindestens benötigt.

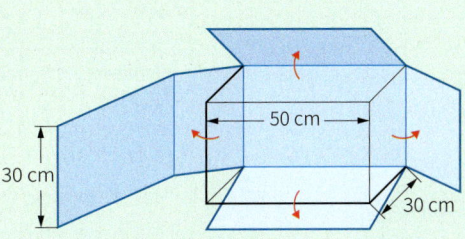

a) Schaue dir die Abbildung an. Was könnte Lena überlegt haben?
b) Berechne, wie viel Quadratzentimeter Folie Lena mindestens benötigt.
c) Lena möchte jede Fläche bekleben, ohne „anzustückeln". Sie hat noch eine Rolle goldfarbener Folie, die 70 cm breit und noch 1,20 m lang ist. Reicht diese Rolle zum Bekleben der gesamten Fläche oder siehst du Schwierigkeiten?

Basiswissen

WES-125660-039

Rauminhalt – Volumen V

Man kann den **Rauminhalt** eines Körpers ermitteln, indem man den Körper mit gleich großen Würfeln ausfüllt. Man kann Würfel mit der Kantenlänge 1 cm verwenden. Diese Würfel haben den Rauminhalt 1 cm³ (1 Kubikzentimeter).

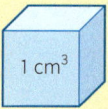

Der abgebildete Quader lässt sich mit 24 Würfeln mit dem Rauminhalt 1 cm³ ausfüllen. Der Quader hat einen Rauminhalt von 24 cm³.

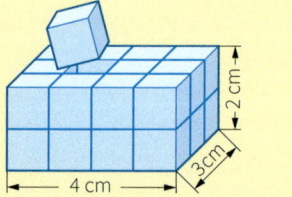

Der Rauminhalt wird auch **Volumen V** (Plural Volumina) genannt.

Oberfläche und Oberflächeninhalt O

Die **Oberfläche** eines Körpers besteht aus allen „äußeren" Flächen. Die äußeren Flächen sind alle Flächen, die man berühren kann, wenn man den Körper in der Hand hält.

Quader   Auseinanderfalten   **Quadernetz**

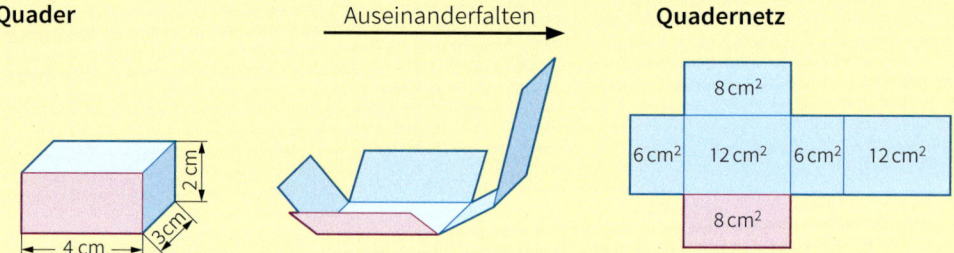

Der **Oberflächeninhalt O** eines Quaders ist die Summe aller Flächeninhalte im Quadernetz.

$$O = 8\,cm^2 + 8\,cm^2 + 12\,cm^2 + 12\,cm^2 + 6\,cm^2 + 6\,cm^2 = 52\,cm^2$$

Beispiel

 Volumen und Oberflächeninhalt

Bestimme das Volumen und den Oberflächeninhalt des abgebildeten Körpers.

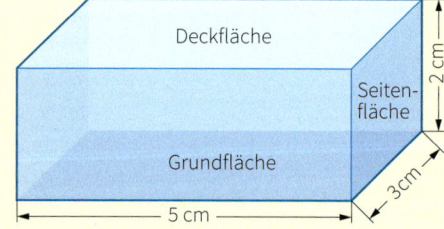

Lösung:
Der Quader lässt sich mit 30 Würfeln mit dem Volumen 1 cm³ ausfüllen. Der Quader hat ein Volumen von 30 cm³.
Oberflächeninhalt:

vordere Fläche und hintere Fläche:	$5\,cm \cdot 2\,cm + 5\,cm \cdot 2\,cm = 10\,cm^2 + 10\,cm^2 = 20\,cm^2$
Grundfläche und Deckfläche:	$5\,cm \cdot 3\,cm + 5\,cm \cdot 3\,cm = 15\,cm^2 + 15\,cm^2 = 30\,cm^2$
zwei Seitenflächen:	$3\,cm \cdot 2\,cm + 3\,cm \cdot 2\,cm = 6\,cm^2 + 6\,cm^2 = 12\,cm^2$
Oberflächeninhalt:	$O = 20\,cm^2 + 30\,cm^2 + 12\,cm^2 = 62\,cm^2$

Übungen

 ❚❚❚ Volumen und Oberflächeninhalt
Bestimme das Volumen und den Oberflächeninhalt der Körper.

Ⓐ 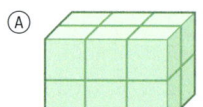   Ⓑ 1 cm 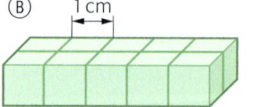   Ⓒ 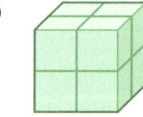   Ⓓ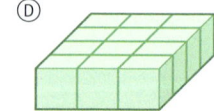

6 ▮▮ **Volumen und Oberflächenbestimmung**

Bestimme das Volumen und den Oberflächeninhalt des Quaders.
Erkläre dein Vorgehen.

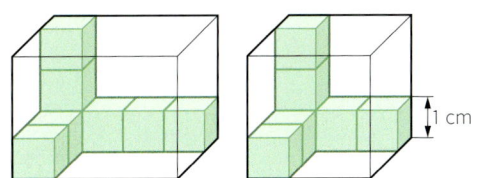

7 ▮▮ **Oberfläche**

Wie viel mal so groß ist der Oberflächeninhalt der linken Figur wie der Oberflächeninhalt der rechten Figur?

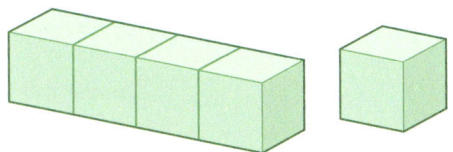

8 ▮▮ **Rauminhalt (Volumen) und Oberflächeninhalt**

Vergleiche den Rauminhalt und den Oberflächeninhalt der beiden Körper.
Was beobachtest du?

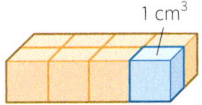
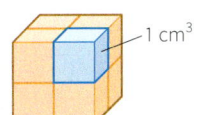

9 ▮▮ **Zusammengesetzte Körper**

Die Körper sind aus Würfeln mit der Kantenlänge 1 cm zusammengesetzt.
a) Vergleiche die Rauminhalte der Körper.
b) Die Körper sollen außen mit Papier beklebt werden. Vergleiche die Flächeninhalte des benötigten Papiers.

Ⓐ 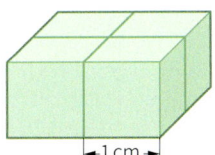 Ⓑ 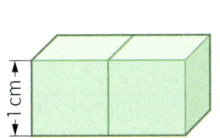 Ⓒ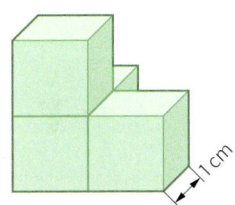

10 ▮▮ **Würfeltürme**

Die Kantenlänge der kleinen Würfel beträgt jeweils 1 cm. Gib den Rauminhalt der Körper an. Ergänze die Körper zu einem Quader. Bestimme jeweils das Volumen der Würfel, die du hinzugefügt hast.

① 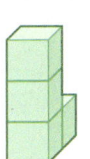 ② 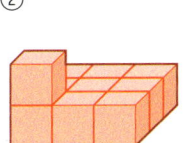 ③ 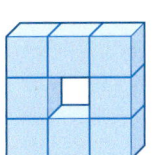 ④  ⑤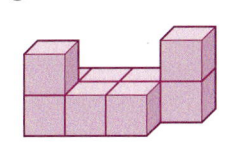

Grundwissen
zum Wiederholen

1 Berechne. a) 99 – (34 – 16)   b) 990 – (340 – 160)   b) 9900 – (3400 – 1600)

2 Beim Basteln soll eine 2,40 m lange Holzleiste in 15 gleich lange Stücke zersägt werden.
a) Wie viele Teilstücke erhält man?   b) Wie viele Schnitte sind nötig?

3 Zeichne ein Quadrat mit der Kantenlänge 4 cm und konstruiere den Mittelpunkt des Quadrates. Wie weit ist dieser Punkt von den Eckpunkten entfernt?

11 **II Volumen im Vergleich**

Welche Figur hat das größte, welche das kleinste Volumen?

① 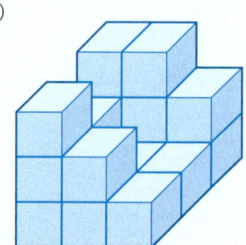　② 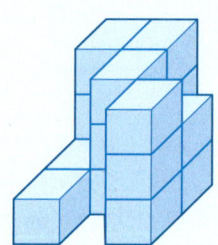　③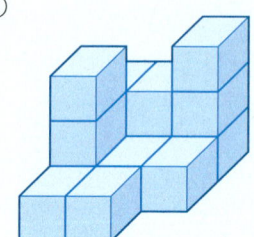

12 **II Quader mit kleinster Oberfläche**

Baue verschiedene Quader mit 64 gleichen Würfeln mit der Kantenlänge 1 cm.

a) Wie groß ist jeweils das Volumen dieser Quader?

b) Wie groß ist jeweils der Oberflächeninhalt?

c) Welcher der Quader hat die kleinste Oberfläche?

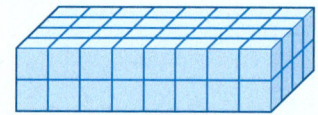

13 **III Schätzen von Volumina**

Beim Schätzen wird Bekanntes mit Unbekanntem verglichen. Beim Schätzen von Rauminhalten verschätzt man sich sehr leicht! Deshalb ist es sehr wichtig, eine geeignete Bezugsgröße zu suchen. Geeignet sind zum Beispiel 1-Liter-Packungen Milch oder Saft. Besonders geeignet sind quaderförmige Packungen. Egal, wie sie geformt sind, sie haben in der Regel ein Volumen von 1 Liter. Ein Liter ist ein Maß für das Volumen. Ein Würfel mit der Kantenlänge 1 dm hat das Volumen 1 Liter (1 dm = 10 cm).

a) Wie würdest du das Volumen eines Aquariums mithilfe von 1 l-Milchpackungen schätzen?

b) Ein Aquarium ist ungefähr 100 cm lang, 40 cm breit und 60 cm hoch.
Eine 1 l-Milchpackung hat in etwa die Maße 20 cm hoch, 9 cm breit, und 6 cm tief.
Wie viele Milchpackungen lassen sich in etwa in das Aquarium gießen, bis dieses voll ist? Gib das ungefähre Volumen des Aquariums in Liter an. Vorsicht, nicht zu Hause mit dem eigenen Aquarium ausprobieren.

c) Schwieriger wird es, wenn du schätzen sollst, wie viel Liter Wasser in eine Badewanne hineinpassen.
Dazu benötigst du einen Zollstock. Versuche einmal selbst das Volumen eurer Badewanne zu schätzen. Beschreibe, wie du vorgehen würdest.

d) Wie könntest du das Volumen eines Glases schätzen? Vielleicht hilft dir dabei auch eine 1 l-Milchpackung. Leicht zur Hand hast du sicher auch eine 1 l-Flasche. Auch mithilfe dieser Flasche kannst du das Volumen des Glases schätzen.

Einheiten von Rauminhalten

1 **Große Volumina (Rauminhalte)**

Emma, Jonas und Tim haben einen Würfel
mit der Kantenlänge 1 m angefertigt.
Der Würfel hat einen Rauminhalt von 1 m³
(ein Kubikmeter).

a) Schätze ab, wie viele solcher Würfel in
den Klassenraum hineinpassen.

b) Die Turnhalle an Emmas Schule ist 50 m
lang, 30 m breit und 7 m hoch.
Wie viele von den Würfeln passen in diese
Halle?

c) Ein quaderförmiger Container mit den
Maßen 20 cm × 10 cm × 5 cm hat ein
Volumen von genau 1 Liter (in etwa die
Maße einer Milchpackung). Wie viele dieser Packungen passen in den großen Würfel?

2 **Pakete**

Paketdienste bieten für den Versand Kartons in verschiedenen Größen an.

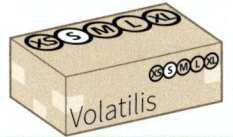  **SMALL**
25 x 17,5 x 10 cm
(Breite x Tiefe x Höhe)

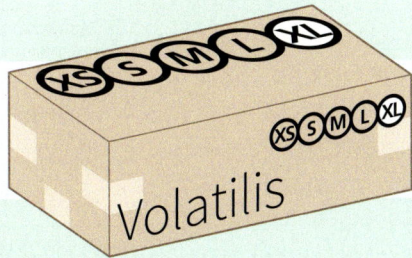  **EXTRA LARGE**
50 x 30 x 20 cm
(Breite x Tiefe x Höhe)

Wie viele Pakete der Größe „SMALL" passen ungefähr in ein Paket der Größe „EXTRA LARGE"?

3 **Kubikdezimeter und Kubikmeter**

a) Wie viele Würfel mit der Kantenlänge
1 cm passen in einen Würfel mit der Kantenlänge 1 dm? Schätze und prüfe nach.
Ein Würfel mit der Kantenlänge 1 dm hat
das Volumen 1 dm³ (ein Kubikdezimeter).
Wie vielen Kubikzentimeter entspricht ein
Kubikdezimeter?

b) Wie viele Würfel mit der Kantenlänge
1 dm passen in einen Würfel mit der Kantenlänge 1 m? Schätze und prüfe nach.
Ein Würfel mit der Kantenlänge 1 m hat
das Volumen 1 m³ (ein Kubikmeter).
Wie vielen Kubikdezimeter entspricht ein Kubikmeter?

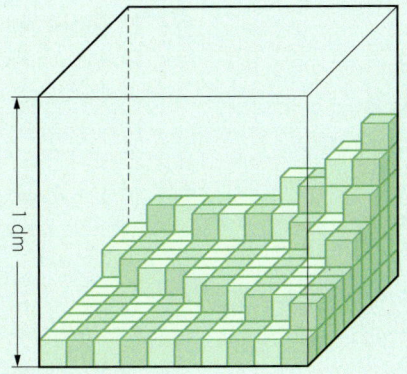

Übersicht über die Einheiten von Rauminhalten

1 Kubikmeter (m³)	1 Kubikdezimeter (dm³)	1 Kubikzentimeter (cm³)	1 Kubikmillimeter (mm³)

Badewanne	Flasche	Spielwürfel	Stecknadelkopf

Umwandeln mit Umrechnungszahlen

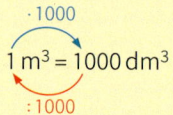 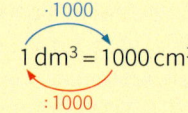 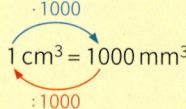

$$1\,m^3 = 1000\,dm^3 \qquad 1\,dm^3 = 1000\,cm^3 \qquad 1\,cm^3 = 1000\,mm^3$$

Volumen von Flüssigkeiten

Das Volumen von Flüssigkeiten wird häufig in Liter gemessen.
So passt in 1 dm³ genau ein Liter und in 1 cm³ genau ein Milliliter.

1 Liter (l)

$1\,l = 1\,dm^3$

1 Milliliter (ml)

$1\,ml = 1\,cm^3$

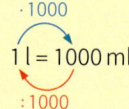

$$1\,l = 1000\,ml$$

Beispiel

A **Volumen in andere Einheiten umwandeln**

a) Wandle in die nächstkleinere Einheit um.
   2 m³ in dm³   3 l in cm³

b) Wandle in die nächstgrößere Einheit um.
   5000 ml in l   7000 l in m³

Lösung:

a) $2\,m^3 = 2000\,dm^3$ $3\,l = 3\,dm^3 = 3000\,cm^3$

b) $5000\,ml = 5\,l$ $7000\,l = 7000\,dm^3 = 7\,m^3$

---

4 ||| **Dinge aus dem Alltag**
Ordne die Rauminhalte passend zu.

| 1 l | Zimmer | 16 dm³ | 1 mm³ | Zuckerkristall |

| Schultasche | 0,3 l | Spielwürfel | 1 cm³ | Milchflasche | 36 m³ | Blumenvase |

5 ||| **Umwandeln in die nächstkleinere Einheit**
Wandle die Volumina in die nächstkleinere Maßeinheit um.
a) 12 dm³   b) 7 l   c) 50 m³   d) 120 cm³   e) 1,2 m³   f) 2,7 dm³

6 ||| **Umwandeln in die nächstgrößere Einheit**
Wandle in die nächstgrößere Maßeinheit um.
Gib die Länge, Breite und Höhe eines möglichen Quaders mit dem gegebenen Rauminhalt an.
a) 15 000 cm³   b) 75 000 dm³   c) 7500 l   d) 190 000 mm³   e) 300 ml

7 Ⅲ **Training zum Umwandeln**

Rechne in die angegebene Einheit um.

a) 320 l → ▨ ml
b) ▨ dm³ ← 42 000 cm³
c) 1,7 m³ → ▨ cm³
d) ▨ m³ ← 6 250 000 cm³
e) 0,2 l → ▨ mm³
f) 3,02 dm³ → ▨ cm³

8 Ⅱ **Ordnen**

Ordne der Größe nach. Beginne mit dem größten Volumen.
Rechne jeweils in eine geeignete Einheit um.

a) 300 cm³, 2 m³, 24 dm³
b) 5 l, 5000 dm³, 55 m³
c) 4000 cm³, 3,5 dm³, 30 000 mm³
d) 60 000 cm³, 6 m³, 6 000 000 mm²
e) 2,5 dm³, 2450 cm³, 2 510 000 mm³
f) 19 l, 1900 ml, 20 dm³

Hinweis:
1,5 dm³
= 1 dm³ + 500 cm³

9 Ⅲ **Aquarium**

Das Aquarium wird bis zur Höhe von
30 cm mit Wasser gefüllt.
Wie viel Wasser braucht man?

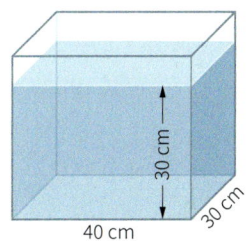

10 Ⅲ **Eine Schachtel**

Bestimme das Volumen der Schachtel.
Was könnte in die Schachtel passen?

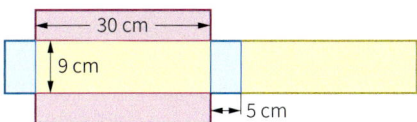

11 Ⅱ **Monsterzahlen**

Simon hat sich die Mühe gemacht und sehr genau gerechnet. Sein Klassenraum hat einen
Rauminhalt von 36 401 552 102 mm³. Kann das stimmen? Runde sinnvoll und wähle eine
passende Maßeinheit.

12 Ⅱ **Rechnen mit Volumina**

Beim Addieren und Subtrahieren von Volumina muss man stets darauf achten, dass man
mit den gleichen Einheiten rechnet. Wandle notfalls um.

a) 3 m³ + 12 000 dm³
b) 2,5 l + 500 ml
c) 5,5 m³ – 1250 l
d) 3400 cm³ – 2 dm³
e) 5000 l + 7 m³
f) 4,5 cm³ – 900 mm³

13 Ⅱ **Wassereimer**

a) Wie viele Zehn-Liter-Eimer Wasser kann man einem vollen Wassertank mit den Maßen
2 m × 1 m × 1,20 m entnehmen?
b) Die Wassermenge im Zehn-Liter-Eimer wird auf Flaschen zu 0,75 l oder in Gläser zu 0,2 l
verteilt. Wie viele Flaschen bzw. Gläser werden gefüllt?

Grundwissen
zum Wiederholen

1 Wie lange dauert die Zugfahrt?   Abfahrt 14.47 Uhr   Ankunft 16.28 Uhr

2 Berechne schriftlich.   a) 340 · 27   b) 8181 : 9   c) 5824 : 26

3 Können die Angaben stimmen?
a) Frau Hansen ist 1750 mm groß.   b) Der Kölner Dom ist 15 700 dm groß.

4 Welches ist die größte Zahl, welches die kleinste Zahl, die auf Hunderter gerundet
400 ergibt?

14 || **Rechnen mit Volumina**

a) In einem Öltank befinden sich 2,3 m³ Öl. Ein Tankwagen füllt 1800 l nach. Wie viel Öl ist anschließend im Tank?

b) Ein Tank ist mit 7,5 m³ Fruchtsaft gefüllt. Wie viele 0,5 l-Flaschen lassen sich damit füllen?

15 || **Zu viel Müll?**

a) Der Müllcontainer fasst 1100 l Müll. In einem Stadtviertel werden 85 dieser Container geleert. Welches Müllvolumen fällt an, wenn alle Container vollständig gefüllt sind?
Gib das Ergebnis in Kubikmeter an.

b) Im Jahr 2022 haben die Närrinnen und Narren am Rosenmontag in Köln 420 m³ Müll produziert. Wie viele von den Müllcontainern könnte man damit füllen?

16 || **Tanklastzug**

Ein Tanklastzug hat 42 m³ Öl geladen. An vier verschiedenen Stellen sollen jeweils 3500 l abgeladen werden, bei zwei Einkaufszentren je 11 m³. Reicht seine Ladung noch zum Betanken der Öltanks in einem Hotel, das 7500 l Öl bestellt hat?

17 || **Flugzeug**

Der Airbus A 380, ein sehr großes Passagierflugzeug, tankt 294 000 l Kerosin. Wie viele Tanklastwagen, die mit 42 m³ Kerosin beladen sind, werden benötigt, falls man das Flugzeug mithilfe von Tanklastwagen betanken möchte?

18 || **Mit einer Schubkarre arbeiten**

In eine Schubkarre „passen" 120 l Sand. Familie Schulz bestellt 9 m³ Sand. Ein Lkw bringt den Sand und lädt ihn am Straßenrand ab. Wie oft müssen die Schulzes mit der Schubkarre fahren, bis sie den Sand in den Garten gebracht haben?

19 ||| **Großes Volumen**

Vielleicht warst du schon einmal in den Ferien am Bodensee. Er ist der größte See Deutschlands mit einem Volumen von 48 km³.

a) Unter einem solchen Volumen kann man sich nur ganz schwer etwas vorstellen. Das Volumen von 1 km³ entspricht 1 000 000 000 m³. Wie viel Kubikmeter Wasser sind also im Bodensee?

b) Bei Köln fließen an einem Tag etwa 200 000 000 m³ (200 Millionen m³) Wasser durch den Rhein. In wie vielen Tagen würde der Rhein mit dem Wasser, das er bei Köln führt, den Bodensee füllen?

6.6 Raum- und Oberflächeninhalt eines Quaders berechnen

1 Volumen eines Quaders schnell berechnen

a) In der Abbildung siehst du, wie man das Volumen des Quaders bestimmen kann. Erläutere, wie du vorgehen würdest und was du als Ergebnis erhältst.

b) Hast du eine Idee, wie man das Volumen des zweiten Quaders schnell berechnen kann?
Hat der Quader ebenfalls ein Volumen von 36 cm³?

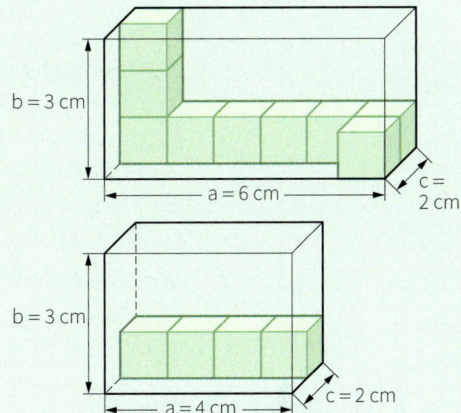

2 Einen Quader basteln

Kannst du mit diesen Flächen einen Quader bauen?

a) Wie müssen die Flächen aneinandergefügt werden, damit du damit einen Quader bauen kannst?

b) Wie groß ist das Volumen des Quaders, den du damit bauen kannst?
Welchen Oberflächeninhalt besitzt er?

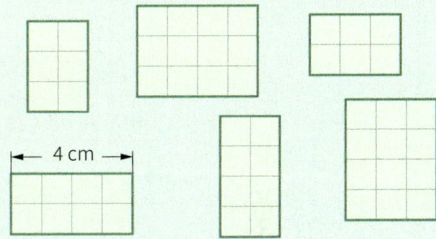

3 Container

In einen „20-Fuß-Container" passen ca. 10 000 Jeans.

Weltweit sind auf den Meeren, auf Lkws und auf Eisenbahnen geschätzt 30 bis 40 Millionen Container unterwegs. Der abgebildete Container, ein „20-Fuß-Container", ist etwa 60 dm lang, 24 dm breit und 26 dm hoch.

a) Die Maße sind in einer ungewöhnlichen Einheit angegeben. Du kannst aber mit diesen Angaben gut berechnen, welches Volumen die Container auf der Abbildung haben. Du erhältst das Ergebnis in Kubikdezimeter (Liter).

b) Rechne die Maße in Meter um. Veranschauliche im Klassenraum mithilfe eines Zollstocks, wie groß ein solcher Container ist.

c) Berechne den Oberflächeninhalt eines solchen Containers. Entnimm die benötigten Maße der Abbildung.

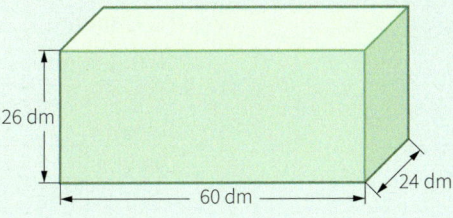

Das Volumen V und den Oberflächeninhalt O eines Quaders berechnen

Das **Volumen V** eines Quaders mit der Länge a, der Breite b und der Höhe c:

Volumen V = Länge a mal Breite b mal Höhe c
Schreibweise: $V = a \cdot b \cdot c$

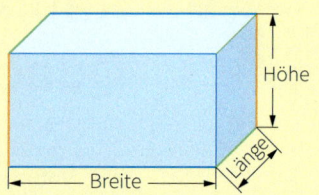

Die **Oberfläche** eines Quaders besteht aus sechs Flächen. Alle Flächen kommen jeweils paarweise vor.

Oberflächeninhalt O eines Quaders:

O = 2 mal Länge a mal Breite b
  + 2 mal Länge a mal Höhe c
  + 2 mal Breite b mal Höhe c

Schreibweise: $O = 2 \cdot a \cdot b + 2 \cdot a \cdot c + 2 \cdot b \cdot c$

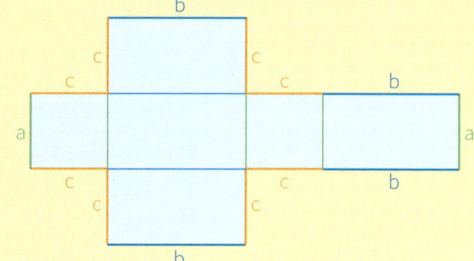

Beispiel

[A] **Quader**

a) Berechne das Volumen und den Oberflächeninhalt des Quaders.

b) Passt in den Quader 1 l Flüssigkeit?

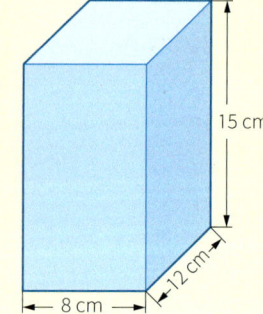

Lösung:

Länge a = 12 cm
Breite b = 8 cm
Höhe c = 15 cm

a) Volumen: $V = 12 \text{ cm} \cdot 8 \text{ cm} \cdot 15 \text{ cm} = 1440 \text{ cm}^3$
  Oberflächeninhalt:
  $O = 2 \cdot 12 \text{ cm} \cdot 8 \text{ cm} + 2 \cdot 12 \text{ cm} \cdot 15 \text{ cm} + 2 \cdot 8 \text{ cm} \cdot 15 \text{ cm}$
  $= 2 \cdot 96 \text{ cm}^2 + 2 \cdot 180 \text{ cm}^2 + 2 \cdot 120 \text{ cm}^2$
  $= 192 \text{ cm}^2 + 360 \text{ cm}^2 + 240 \text{ cm}^2 = 792 \text{ cm}^2$

b) 1 l Flüssigkeit hat ein Volumen von 1000 cm³. Der Quader hat mit 1440 cm³ ein größeres Volumen, daher passt 1 l Flüssigkeit in den Quader hinein.

Übungen

[4] ||| **Volumen und Oberflächeninhalt**

Berechne das Volumen und den Oberflächeninhalt der Quader.

Länge	12 cm	Länge	6 cm	Länge	60 cm
Breite	10 cm	Breite	6 cm	Breite	40 cm
Höhe	7 cm	Höhe	10 cm	Höhe	2 cm

[5] ||| **Training**

Berechne das Volumen und den Oberflächeninhalt des Quaders.

	a)	b)	c)	d)	e)	f)
Länge a	6 cm	4 dm	20 mm	8 m	4 dm	1 m 5 cm
Breite b	3 cm	8 dm	3 cm	25 dm	50 mm	20 dm
Höhe c	7 cm	5 dm	40 mm	4 m	6 cm	1 m 5 dm

Achte beim Rechnen auf gleiche Einheiten.

6 II **Verschiedene Quader, gleiches Volumen**
Gib die Seitenlängen von mindestens fünf verschiedenen Quadern an, die alle ein Volumen von 120 m³ haben. Vergleiche die Oberflächeninhalte der Quader.

7 II **Da fehlt doch etwas**
Ein quaderförmiger Container mit der Länge 20 cm und der Breite 10 cm soll das Volumen von 1 l haben.
Wie hoch muss er sein?

8 II **Berechne die fehlenden Größen eines Quaders**

	Länge	Breite	Höhe	Volumen	Oberfläche
a)	5 cm	6 cm	10 cm	▪	▪
b)	2 m	1 m	1 m	▪	▪
c)	6 cm	3 cm	▪	▪	36 cm²
d)	40 cm	▪	15 cm	6 l	
e)	4 cm	4 cm	▪	64 cm³	▪
f)	1 m	1 m	▪	10 l	▪

WES-125660-042

> ### Volumeneinheiten umrechnen
> Das Volumen eines Quaders ist das Produkt aus drei Längen. Das Umrechnen der Volumeneinheiten kann auf das Umrechnen von Längeneinheiten zurückgeführt werden.
> $1\,m^3 = 1\,m \cdot 1\,m \cdot 1\,m = 10\,dm \cdot 10\,dm \cdot 10\,dm = 10 \cdot 10 \cdot 10\,dm^3 = 1000\,dm^3$
> Man multipliziert also die Längen und in gewissem Sinne auch die Einheiten.

9 II **Umrechnen in kleinere Einheiten**
a) $73\,m^3 = \blacksquare\,dm^3 = \blacksquare\,cm^3$
b) $25\,km = \blacksquare\,m = \blacksquare\,dm$
c) $75\,dm^3 = \blacksquare\,cm^3 = \blacksquare\,mm^3$
d) $100\,m^3 = \blacksquare\,cm^3 = \blacksquare\,mm^3$

10 II **Kantenlängen mit Kommazahlen – was tun?**
a) Berechne das Volumen und den Oberflächeninhalt des abgebildeten Quaders.
b) Ein rechteckiger Wasserbehälter mit den Maßen 0,8 m × 0,45 m × 1,5 m soll mit Wasser gefüllt werden.
Wie viel Liter kann er fassen?

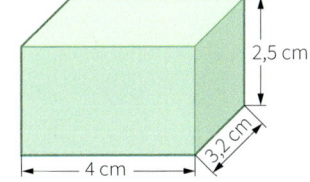

2,5 cm
3,2 cm
4 cm

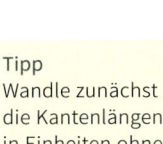

Tipp
Wandle zunächst die Kantenlängen in Einheiten ohne Komma um.

11 III **Schiffsschleuse**
Eine Schleusenkammer hat die Form eines großen Quaders, in den Wasser eingelassen oder abgelassen werden kann. Sie ist 90 m lang und 20 m breit. Wie viel m³ Wasser werden pro Schleusung verbraucht, wenn ein eingefahrenes Schiff um 5 m gehoben werden soll?

12 II **Das Herz, eine starke Pumpe**
Das menschliche Herz drückt jedes Mal, wenn es sich zusammenzieht, ungefähr 60 ml Blut in den Körper. Miss deinen Puls am Handgelenk, um herauszufinden, wie oft dein Herz sich in einer Minute zusammenzieht.
a) Berechne, wie viel Liter Blut dein Herz pro Minute in den Körper pumpt.
b) Wie viel Blut pumpt dein Herz pro Tag?

13 II **Schnee kann schwer sein**

Das Flachdach einer Halle ist 40 m lang und 30 m breit. Nach einem starken Schneefall liegen auf diesem Dach 25 cm Schnee.

a) Welches Volumen hat der Schnee auf dem Dach? Gib das Volumen in m³ und in dm³ an.

b) 1 dm³ Pulverschnee wiegt 50 g und 1 dm³ nasser Schnee wiegt 200 g. Berechne das Gewicht des Schnees auf dem Hallendach für Pulverschnee und nassen Schnee.

14 II **Würfel – Formeln**

a) Was ist das Besondere am Würfel?

b) Finde eine Formel für das Volumen und den Oberflächeninhalt des Würfels. Verwende in der Formel den Begriff „Kantenlänge".

c) Berechne das Volumen und den Oberflächeninhalt des Würfels.

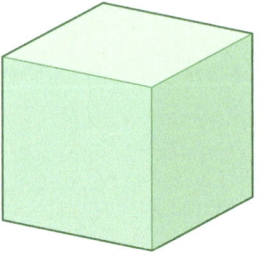

	(1)	(2)	(3)	(4)	(5)	(6)
Kantenlänge	6 cm	4 dm	0,50 m	2,5 m	1 m	100 m
Volumen	▨	▨	▨	▨	▨	▨
Oberflächeninhalt	▨	▨	▨	▨	▨	▨

15 III **Oberflächeninhalt bekannt – Volumen gesucht**

Von einem Würfel ist bekannt, dass der Oberflächeninhalt 150 cm² beträgt.

① Welchen Flächeninhalt hat die Seitenfläche des Würfels?

② Ermittle aus dem Flächeninhalt der Seitenfläche die Kantenlänge.

③ Berechne jetzt das Volumen des Würfels.

16 II **Zusammengesetzte Körper**

Berechne das Volumen und den Oberflächeninhalt der Körper.

a)

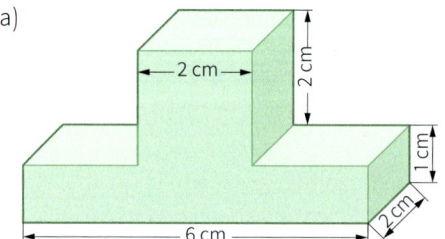

b)

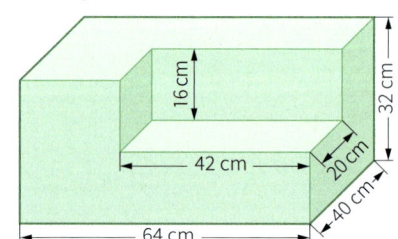

WES-125660-043

17 III **Aufgaben finden**

Erstelle zu den Bildern Situationen und Textaufgaben, in denen bestimmte Größen berechnet werden sollen.

  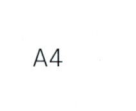

Grundwissen
zum Wiederholen

1 Rezept für Eierkuchen für zwei Personen: 2 Eier, 125 g Mehl, 350 ml Milch. Erstelle das Rezept für acht Personen.

2 Was ist das Besondere an einem Quadrat, wenn man es mit einem Rechteck vergleicht?

3 Welches Maß beschreibt die Höhe einer Zimmertür?

Ⓐ 3 m Ⓑ 2100 mm Ⓒ 500 cm Ⓓ 10 dm

18 II Turm

Berechne das Volumen und den Oberflächeninhalt der Figur.

a)

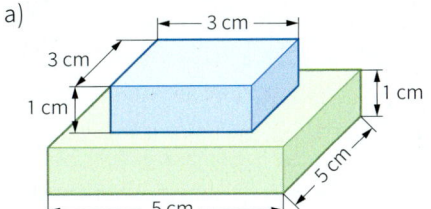

b)

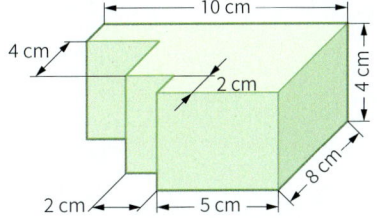

19 II Würfel im Vergleich

Beschreibe, wie sich die beiden Würfel unterscheiden.

a) Was meinst du, ist das Volumen des größeren Würfels doppelt, viermal oder gar achtmal so groß wie das des kleineren Würfels?
Überprüfe deine Vermutung durch eine Rechnung.

b) Schätze, um das Wievielfache der Oberflächeninhalt des größeren Würfels größer ist als der Oberflächeninhalt des kleinen Würfels.

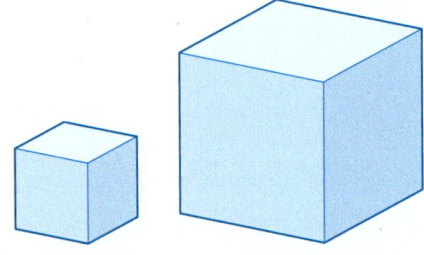

20 III Niederschlagsmengen oder wie viel Liter regnet es auf einen Quadratmeter?

In Köln beträgt die jährliche Niederschlagsmenge 510 mm. Dies bedeutet: Sammelt man alle Niederschläge, die in einem Jahr gefallen sind, in einem schmalen Quader mit der Länge und Breite von einem Zentimeter, so steht das Wasser in dem Gefäß 510 mm hoch

a) Welche Menge Regen fällt in Köln in einem Jahr auf 1 m^2?

b) Im Harz fallen jährlich 1770 mm Niederschlag. Wie viel Liter pro 1 m^2 Regen entspricht dies?

c) Bei einem Starkregen fielen 30 mm Regen in einer Stunde. Wie viel Liter Wasser fielen auf den Sportplatz, der 100 m lang und 60 m breit ist?

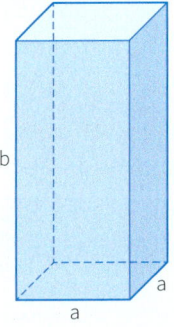

21 III Findling

Welchen Rauminhalt hat ein Findling?
Fine und Opa Fritz beantworten die Frage jeder auf seine Weise.

Ein Findling ist ein sehr großer Stein, der in einer Eiszeit durch einen Gletscher an seinen heutigen Ort gebracht wurde.

Der Große Stein von Tonnenheide wiegt ungefähr 350 t und stammt aus Südschweden.

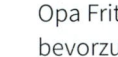

Zu welchen Ergebnissen kommen Fine und Opa Fritz? Welche Methode würdest du bevorzugen?

Opa Fritz:
„Der Findling ist 1,80 m hoch und misst an der breitesten Stelle etwa 80 cm. Eine Bretterkiste zum Einpacken müsste also die Maße 80 cm × 80 cm × 1,80 m haben. Der Findling füllt diese Kiste etwa zur Hälfte aus."

Fine:
„Im Dorf steht ein großer quaderförmiger Wassertrog von 3 m Länge, 1,50 m Breite und 1,30 m Höhe. Im Augenblick steht das Wasser im Trog 95 cm hoch. Wenn ich den Findling in den Trog lege, steigt der Wasserspiegel auf 1,07 m."

Wasserbedarf

Rund 25 Liter Wasser werden in Indien pro Person und Tag im Haushalt verbraucht. In Europa dagegen sind es 150 Liter, in den USA 300 Liter, jeweils ein Drittel wird allein für die WC-Spülung benutzt. Weil sich immer mehr Menschen am westlichen Lebensstandard orientieren, wächst der globale Bedarf an Haushaltswasser noch schneller als die Weltbevölkerung: Mit heute 300 Kubikkilometern pro Tag hat er sich gegenüber 1950 versechsfacht – während sich die Zahl der Menschen im selben Zeitraum etwa verdoppelte. Stand 2007

Projekt

Wasserverbrauch im Alltag

Trinkwasser ist wertvoll und lebenswichtig. Es steht auf der Erde zwar in großen Mengen, aber nicht unbegrenzt zur Verfügung. Hast du eine Vorstellung, wie viel Trinkwasser in deiner Familie innerhalb einer Woche verbraucht wird?
In Gruppen könnt ihr euch auf verschiedene Arten mit dem Thema auseinandersetzen.

A **Plakat zum Thema Wasserverbrauch im Alltag**
Überlegt euch, wo überall im Alltag eurer Familie Wasser verbraucht wird. Aus Prospekten, Katalogen usw. schneidet ihr Verbrauchsgeräte aus, typische Situationen könnt ihr in eigenen Bildern und Fotos auf einem Plakat festhalten. Zu jeder Situation ermittelt ihr dann durch eigene Untersuchungen und Experimente den Wasserverbrauch innerhalb einer Woche. Unter die Bilder schreibt ihr diese Zahlen in Liter auf. Rechnet den durchschnittlichen Verbrauch pro Tag und pro Person aus.

B **Wasseruhr**
Der Wasserverbrauch lässt sich auch an der Wasseruhr ablesen. Ermittle mithilfe eurer Wasseruhr den Verbrauch in einer Woche. Vergleiche mit den Werten aus der Collage. Vielleicht kannst du die Werte auch aus der Jahresabrechnung für das Wasser gewinnen. Dabei erfährst du auch, was das Wasser bei uns kostet. Zusätzlich werden noch die „Abwasserkosten" berechnet.

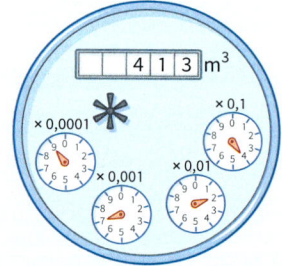

C **Ratgeber Wasser sparen**
Wie kann man Wasser sparen? Wodurch wird Trinkwasser vergeudet? Erstellt eine kleine Broschüre, in der die Ratschläge mit entsprechenden Zahlenwerten belegt werden. Hier einige Anregungen:

Undichter Wasserhahn tropft.
(Wie viel Wasser geht am Tag verloren? Wie lange würde es dauern, bis die Badewanne voll ist?)

Stopp- oder Spartaste bei der WC-Spülung.
(Sparwerte werden oft in den Werbeblättern angegeben)

Dusche statt Vollbad und beim Einseifen das Wasser abdrehen.
(Volumen der Badewanne schätzen, Zeit fürs Duschen stoppen und 10 Sekunden Wasser im Eimer auffangen)

Viele Menschen lassen während des Zähneputzens das Wasser laufen.
(Wie viel Wasser verschwendet z. B. eine vierköpfige Familie in einer Woche?)

Flächeninhalt messen

$1\,cm^2$ | Flächeninhalte mit $1\,cm^2$ vergleichen.

Übersicht über die Flächeneinheiten

$1\,km^2$; $1\,ha$; $1\,a$; $1\,m^2$; $1\,dm^2$; $1\,cm^2$; $1\,mm^2$

Die Umrechnungszahl für Flächeneinheiten ist 100.

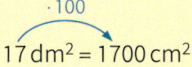
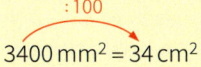

$17\,dm^2 = 1700\,cm^2$ $3400\,mm^2 = 34\,cm^2$

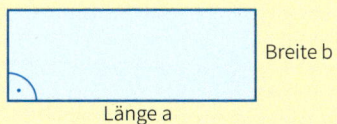

Breite b

Länge a

Flächeninhalt A eines Rechtecks

A = Länge a mal Breite b
Schreibweise: $\mathbf{A = a \cdot b}$

Umfang u eines Rechtecks

u = 2 mal Länge a + 2 mal Breite b
Schreibweise: $\mathbf{u = 2 \cdot a + 2 \cdot b}$

Flächeneinheiten umrechnen

Der Flächeninhalt eines Rechtecks ist das Produkt aus zwei Längen. Das Umrechnen der Flächeneinheiten kann auf das Umrechnen von Längeneinheiten zurückgeführt werden.

$1\,m^2 = 1\,m \cdot 1\,m = 10\,dm \cdot 10\,dm$
$\quad = 10 \cdot 10\,dm^2 = 100\,dm^2$

Man multipliziert also die Längen und in gewissem Sinne auch die Einheiten.

Flächeninhalt durch Zerlegen oder Ergänzen bestimmen

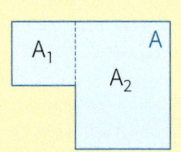
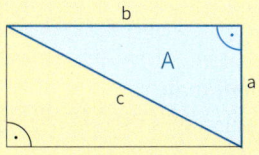

In zwei Rechtecke zerlegen:
$A = A_1 + A_2$

Dreieck zu einem Rechteck ergänzen:
$A = (a \cdot b) : 2$

Check-up

1 **Verschiedene Flächen, gleicher Flächeninhalt**
Zeichne drei rechteckige Flächen mit dem Flächeninhalt $A = 12\,cm^2$.

2 **Umwandeln von Flächeneinheiten**
Wandle den Flächeninhalt in die angegebene Einheit um.
a) $6984\,m^2$ in a
b) $6{,}3\,a$ in m^2
c) $0{,}5\,km^2$ in m^2
d) $450\,m^2$ in ha
e) $4{,}5\,m^2$ in dm^2
f) $40\,mm^2$ in cm^2

3 **Vergleich von Flächeninhalten**
Welches der drei Grundstücke hat den größten Flächeninhalt?
A: $4500\,m^2$ B: $0{,}6\,ha$ C: $40\,a$

4 **Rechnen mit Flächeninhalten**
Familie Stumm kauft ein Grundstück mit einer Fläche von $220\,m^2$ und ein angrenzendes Grundstück von $3{,}4\,a$. Wie groß ist der Flächeninhalt des gesamten gekauften Grundstücks?

5 **Erbschaft**
Drei Geschwister erben ein $23{,}1\,a$ großes Grundstück. Wie viel sollte jeder erhalten?

6 **Umfang und Flächenhalt von Rechtecken**
Berechne den Umfang und den Flächeninhalt des Rechtecks mit
a) einer Länge von $10\,cm$ und einer Breite von $7\,cm$,
b) einer Länge von $2{,}5\,m$ und einer Breite von $90\,cm$.

7 **Fehlende Größen berechnen**
Berechne die in der Tabelle fehlenden Größen eines Rechtecks.

	Länge a	Breite b	Umfang u	Fläche A
a)	4 m	2 m	▨	▨
b)	6 m	▨	▨	30 m²
c)	▨	8 m	50 m	▨

8 **Rechtwinkliges Dreieck**
Berechne den Flächeninhalt und den Umfang des Dreiecks in der Abbildung. Miss dazu die Länge der dritten Dreiecksseite (Maßstab 1:2).
Tipp: Ergänze das Dreieck zu einem Rechteck

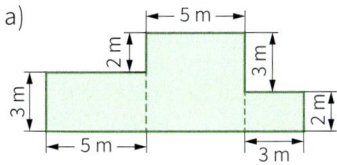

6 cm

3 cm

9 **Flächeninhalt und Umfang**
Berechne den Umfang und den Flächeninhalt der abgebildeten Fläche.
a)

b)

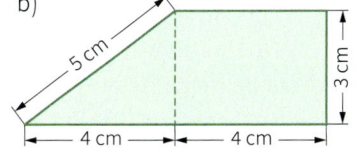

Volumen und Oberflächeninhalt

Volumen $V = 1\,cm^3$

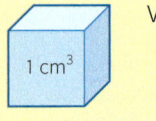

$1\,cm^3$

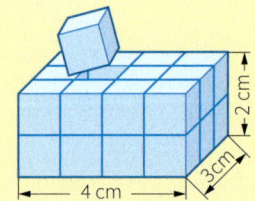

2 cm

4 cm

3 cm

Volumen $V = 24\,cm^3$

Oberflächeninhalt $O = 52\,cm^2$

Die Oberfläche eines Körpers besteht aus allen „äußeren" Flächen. Dies sind alle Flächen, die man berühren kann, wenn man den Körper in der Hand hält.

Übersicht über die Raumeinheiten

$1\,m^3$; $1\,dm^3 = 1\,l$; $1\,cm^3 = 1\,ml$; $1\,mm^3$

Die Umrechnungszahl für Raumeinheiten ist 1000.

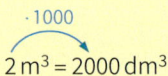

·1000

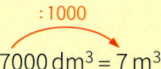

:1000

$2\,m^3 = 2000\,dm^3$ $\qquad$ $7000\,dm^3 = 7\,m^3$

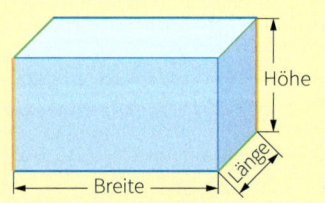

Höhe

Länge

Breite

Volumen V eines Quaders

V = Länge mal Breite mal Höhe

Schreibweise: $\mathbf{V = a \cdot b \cdot c}$

Oberflächeninhalt O eines Quaders

O = 2 mal Länge mal Breite
$\qquad$ + 2 mal Länge mal Höhe
$\qquad$ + 2 mal Breite mal Höhe

Schreibweise: $\mathbf{O = 2 \cdot a \cdot b + 2 \cdot a \cdot c + 2 \cdot b \cdot c}$

Volumeneinheiten umrechnen

Das Umrechnen der Volumeneinheiten kann auf das Umrechnen von Längeneinheiten zurückgeführt werden.

$1\,m^3 = 1\,m \cdot 1\,m \cdot 1\,m = 10\,dm \cdot 10\,dm \cdot 10\,dm$
$\qquad = 10 \cdot 10 \cdot 10\,dm^3 = 1000\,dm^3$

Man multipliziert also die Längen und in gewissem Sinne auch die Einheiten.

---

10 Volumen ermitteln

Aus wie vielen Würfeln mit der Kantenlänge 1 cm kann man einen Würfel mit einer Kantenlänge von 5 cm bauen? Wie groß ist das Volumen eines Würfels mit einer Kantenlänge von 5 cm?

11 Umwandeln in die nächstgrößere Einheit

Gib in der nächstgrößeren Einheit an.

a) 78 000 l $\qquad$ b) 200 000 mm³ $\qquad$ c) 1500 cm³

d) 2000 cm³ $\qquad$ e) 700 mm³ $\qquad$ f) 87 000 000 mm³

12 Umwandeln in die nächstkleinere Einheit

a) 4 m³ $\qquad$ b) 4,5 l $\qquad$ c) 40 cm³ $\qquad$ d) 8,05 m³

13 „Gemischte Schreibweise"

Trägt man 7 m³ 450 l in die Einheitentabelle ein, dann sieht man, dass man dafür auch schreiben kann: 7,450 m³. Verwende die Einheitentabelle, um die Volumina mit einer Einheit zu schreiben.

a) 5 dm³ 350 cm³ $\qquad$ b) 5 l 8 cm³ $\qquad$ c) 70 cm³ 50 mm³

14 Rechnen mit Volumina

Berechne. $\qquad$ a) 4 m³ + 4500 dm³ $\qquad$ b) 8 cm³ – 6500 mm³

15 Quader

Berechne das Volumen und den Oberflächeninhalt eines Quaders mit

a) der Länge 3 m, der Breite 2 m und der Höhe 1 m,

b) der Länge 5 m, der Breite 70 cm und der Höhe 4 dm.

16 Weitsprunggrube

Eine Weitsprunggrube mit einer Breite von 3 m und einer Länge von 10 m soll einen halben Meter hoch mit Sand aufgefüllt werden. Wie oft muss ein Lkw fahren, wenn er pro Fahrt 5 m³ Sand anliefert?

17 Aquarium

Ein Aquarium ist 120 cm lang, 40 cm breit und 55 cm hoch.

a) Berechne die Glasfläche, die man zum Bau des Aquariums benötigt.

b) Wie viele Eimerfüllungen (10 l) benötigt Heinrich zum Füllen seines Aquariums, um es bis 5 cm unter den oberen Rand zu füllen?

18 Rauminhalt eines Quaders

Wie ändert sich der Rauminhalt eines Quaders, wenn man

a) die Länge verdoppelt,

b) die Länge und die Breite verdoppelt,

c) die Länge, die Breite und die Höhe verdoppelt?

19 Volumen und Oberflächeninhalt

Berechne den Oberflächeninhalt und das Volumen eines Würfels mit der Kantenlänge von 6 cm und eines Quaders mit einer Länge von 54 cm, einer Breite von 2 cm und einer Höhe von 2 cm. Vergleiche den Oberflächeninhalt und das Volumen miteinander. Was beobachtest du?

Sichern und Vernetzen
Vermischte Aufgaben zu Kapitel 6

Trainieren

WES-125660-060

Lösungen

1 III **Umwandeln 1**
Schreibe in der nächstgrößeren Maßeinheit.
a) $6700\,m^2$ b) $4000\,dm^2$ c) $20\,000\,cm^3$ d) $5000\,a$ e) $5000\,dm^3$

2 III **Umwandeln 2**
Wandle in die nächstkleinere Einheit um.
a) $6,5\,a$ b) $4,35\,m^3$ c) $0,25\,l$ d) $8,3\,m^2$ e) $7\,ha$

3 III **Wahr oder falsch?**
a) $120\,m^2 = 12\,000\,cm^2$ b) $2\,ha = 200\,a$ c) $5\,dm^3 = 5\,l$
d) $1\,m^3 = 1\,000\,000\,cm^3$ e) $3000\,cm^2 = 30\,dm^2$ f) $4000\,dm^3 = 4\,000\,000\,m^3$

4 III **Ordnen**
Ordne jeweils der Größe nach.
a) $4500\,cm^2$; $44\,dm^2$; $460\,m^2$ b) $23\,m^3$; $2300\,dm^3$; $230\,000\,cm^3$
c) $7,5\,m^2$; $5\,a$; $8000\,dm^2$ d) $1500\,dm^3$; $20\,m^3$; $1\,050\,000\,cm^3$

5 III **Rechnen mit Größen**
a) $4,5\,ha + 4300\,m^2$ Gib das Ergebnis in m^2 und in ha an.
b) $5900\,l + 4,1\,m^3$ Gib das Ergebnis in l und in m^3 an.

6 III **Flächeninhalt und Umfang berechnen**
Berechne den Flächeninhalt und den Umfang des Rechtecks mit
a) Länge $a = 12\,cm$;   Breite $b = 5\,cm$ b) Länge $a = 4,5\,dm$;   Breite $b = 6\,cm$

7 II **Flächeninhalt und Umfang**
Zeichne mindestens eine Fläche mit dem Flächeninhalt A und dem angegebenen Umfang u.

	A	u
a)	$5\,cm^2$	$9\,cm$, $10\,cm$, $12\,cm$
b)	$6\,cm^2$	$10\,cm$, $12\,cm$, $14\,cm$

8 III **Flächeninhalt und Umfang bestimmen**
Bestimme jeweils den Flächeninhalt und den Umfang.
a)   b)   c)

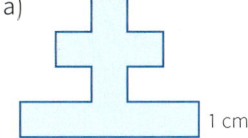  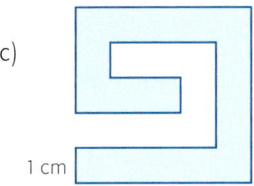

1 cm   1 cm   1 cm

Verstehen

9 II **Fadenfiguren**
Clara hat mit einem $24\,cm$ langen Faden folgende Figuren gespannt.

a) Zeichne die Figuren in dein Heft und vergleiche die Flächeninhalte. Was fällt dir auf?
b) Findest du noch weitere Rechtecke zum Umfang $24\,cm$?

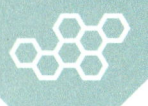

10 ❙❙ **Quadrate**

Lege aus neun Quadraten von 1 cm² ein großes Quadrat. Welchen Umfang hat dieses Quadrat? Entferne nun möglichst viele kleine Quadrate, ohne dass sich der Umfang ändert.

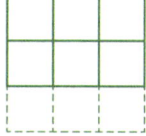

11 ❙❙ **Würfel im Vergleich**

Kristina und Can haben je einen Würfel gebastelt. Kristinas Würfel hat eine Kantenlänge von 4 cm, Cans Würfel hat eine doppelt so große Kantenlänge.

a) Überprüfe, ob das Volumen von Cans Würfel doppelt so groß ist, wie das Volumen von Kristinas Würfel.

b) Um das Wievielfache ist der Oberflächeninhalt von Cans Würfel größer als der Oberflächeninhalt von Kristinas Würfel?

12 ❙❙❙ **Umwandeln im Rechteck**

a) Was passiert mit der Maßzahl für den Flächeninhalt, wenn man Meter in Zentimeter umwandelt?

b) Was passiert mit der Maßzahl für den Umfang, wenn man Meter in Zentimeter umwandelt?

Anwenden

13 ❙❙ **Ein Haus wird gebaut**

Eine Baugrube für ein Haus wird ausgebaggert. Die Baugrube ist 12 m lang, 6 m breit und 3,50 m tief.

a) Wie viel Kubikmeter (m³) Erde muss ausgebaggert werden?

b) Wie viele Lastwagenladungen von 12 m³ ergibt der Erdaushub?

c) Wie viele Tonnen Erde werden bewegt, wenn 1 m³ Erde ein Gewicht von 2500 kg hat?

14 ❙❙❙ **Grundstücksverkauf**

Die Stadt Unterhausen will 1,6 ha Bauland verkaufen. Für Straßen und Zufahrten werden 7,5 a benötigt.

a) Wie groß ist jedes Grundstück, wenn die Stadt 25 in etwa gleich große Grundstücke verkaufen will? Rechne mit m².

b) Wie teuer wird jedes Grundstück, wenn der Preis 120 € pro Quadratmeter sein soll?

15 ❙❙ **Grünschnitt**

Herr Delfs sammelt Grünschnitt in einem Gartenabfallsack mit 90 l Fassungsvermögen. Wenn der Sack voll ist, entleert er ihn auf dem Anhänger. Später fährt er den vollen Anhänger auf die Deponie und muss für jeden angefangenen Kubikmeter 2,80 € bezahlen.

16 ❙❙❙ **Wasserspiel**

Magnus baut sich aus quaderförmigen Plastikkisten ein Wasserspiel. Mit einer Pumpe füllt er die Kisten. Die Pumpe pumpt pro Minute 8 Liter.

a) Wann läuft die erste Kiste über?

b) Wie lange dauert es, bis die letzte Kiste überläuft?

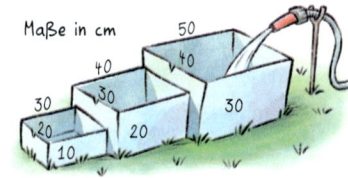

17 ❙❙ **Malerarbeiten**

Die Wände und die Decke eines 6 m langen, 5 m breiten und 2,50 m hohen Zimmers werden angestrichen. Wie viel m² sind zu streichen, wenn eine Tür (2,20 m hoch und 1,50 m breit) und zwei Fenster (je 1,35 m hoch und 1 m breit) zu berücksichtigen sind?

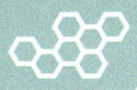

18 ❚❘ Verpackung

Zeige, dass die Kartons den gleichen Rauminhalt haben.
Für welchen Karton benötigst du am wenigsten Verpackungspapier?

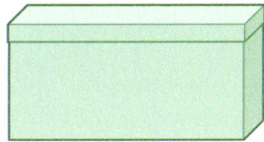

Karton 1: 80 cm x 20 cm x 40 cm

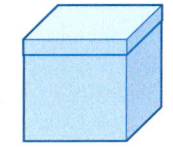

Karton 2: 40 cm x 40 cm x 40 cm

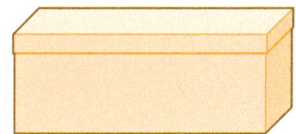

Karton 3: 80 cm x 25 cm x 32 cm

19 ❚❘ Zusammengesetzte Flächen

Berechne den Umfang und den Flächeninhalt der Fläche in der Abbildung.

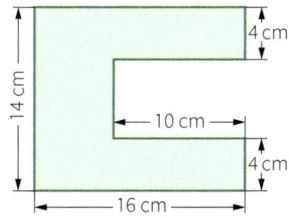

20 ❚❙❙ Anstreichen

Die Malermeisterin Petri soll das Kinderzimmer der Familie Pauli streichen. Das Kinderzimmer hat eine rechteckige Grundfläche. Um den Bedarf an Farbe abzuschätzen, misst sie die Länge, Breite und Höhe des Kinderzimmers.

Das Kinderzimmer hat die Maße: Länge: 5 m, Breite 4 m, Höhe 2,50 m.

Türen und Fenster berücksichtigt die Malermeisterin nicht.

1 l Farbe reicht für 6 m². Wie viel Farbe benötigt Frau Petri, wenn sie die Wände zweimal streicht?

21 ❚❘ Getränkepackungen

a) Eine Milchpackung hat die Form eines Quaders. Sie hat die Maße 20 cm × 9 cm × 6 cm. Passt in diese Packung 1 l Milch?

b) Eine quaderförmige Packung für Orangensaft ist 7 cm breit und 7 cm lang. Wie hoch muss die Packung mindestens sein, damit in diese Packung 1 l Orangensaft gefüllt werden kann?

22 ❚❘ Holzbalken

Verschiedene Holzarten sind unterschiedlich schwer. 1 dm³ gut getrocknetes Tannenholz wiegt 460 g und 1 dm³ gut getrocknetes Ahornholz 720 g.

a) Berechne das Volumen eines Balkens, der 20 cm breit, 15 cm hoch und 3 m lang ist. Gib das Volumen in dm³ an.

b) Berechne das Gewicht des Balkens aus Ahorn und des Balkens aus Tanne.

23 ❚❙❙ Volumen zusammengesetzter Körper

Berechne das Volumen des Körpers.

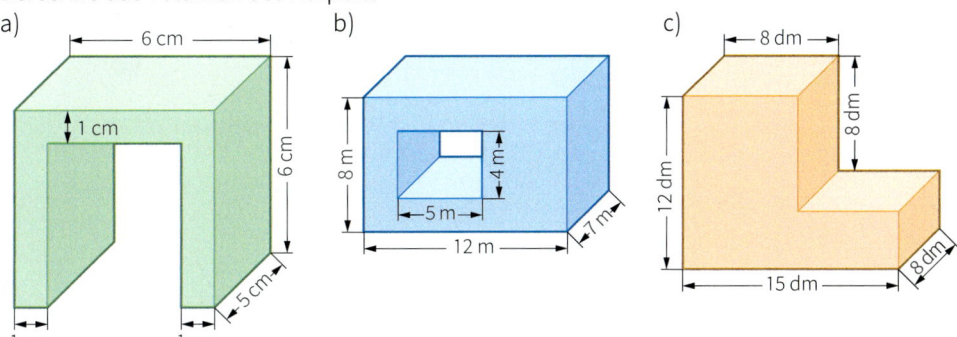

7 Teiler und Vielfache

Tom hat einen Ferienjob im Freibad angenommen. Er kassiert den Eintritt von den Besuchern. Erwachsene zahlen 6 Euro Eintritt, Kinder zahlen 3 Euro.

Zur Mittagspause kommt Toms kleine Schwester Luna zu Besuch. Tom erzählt stolz: „Heute ist richtig viel los, ich habe bis zum Mittag schon 1211 Euro eingenommen."
Nach kurzem Grübeln sagt Luna: „Da musst du dich aber verrechnet haben."

Mithilfe von Teilbarkeitsregeln hat sie schnell gemerkt, dass etwas nicht stimmen kann.

Teiler und Vielfache

1 Schokolade

Meist sind Schokoladentafeln in 24 Stückchen unterteilt. Warum ist das so?

Stelle in deinem Heft dar, wie du eine 24er-Schokoladentafel in gleich große Teile brechen kannst. Welche Möglichkeiten findest du?

2 Murmeln

Leon hat Murmeln gesammelt und will mit seinen Freunden spielen. Jeder soll gleich viele Murmeln bekommen. Ziel ist es, die Murmeln in ein vorbereitetes Loch zu rollen.

a) Wie viele Murmeln braucht er mindestens, damit er sie gleichmäßig sowohl an drei als auch an vier Kinder verteilen kann? Gibt es weitere Anzahlen, die Leon gleichmäßig an die Kinder verteilen kann?

b) Wie viele Murmeln braucht Leon mindestens, damit er sie gleichmäßig an drei, vier oder sechs Kinder verteilen kann?

c) Finde heraus, wie viele Murmeln Leon mindestens braucht, um sie an drei, vier oder fünf Kinder gerecht verteilen zu können. Könnte diese Murmelanzahl auch an noch mehr Kinder gerecht verteilt werden?

3 Gummibärchen

In der Packung sind ungefähr 21 Minitüten. Die Anzahl kann aber abweichen. 21 Minitüten kannst du allein essen oder an drei, sieben oder 21 Kinder gerecht verteilen. Nun hast du aber eine Packung mit 19, 20, 22 oder 23 Minitüten. Stelle dar, wie du gerecht verteilen kannst.

Teiler und Vielfache

Basiswissen

WES-125660-044

Beim Teilen kommt es darauf an, ob eine Zahl ohne Rest durch eine andere geteilt werden kann oder nicht.

6 ist ein **Teiler** von 18, denn $18 : 6 = 3$.

18 ist ein **Vielfaches** von 6, denn $3 \cdot 6 = 18$.

Teiler von 18

$18 : 18 = 1$

$18 : 9 = 2$

$18 : 6 = 3$

$18 : 3 = 6$

$18 : 2 = 9$

$18 : 1 = 18$

Vielfache von 6

$1 \cdot 6 = 6$

$2 \cdot 6 = 12$

$3 \cdot 6 = 18$

$4 \cdot 6 = 24$

$5 \cdot 6 = 30$

und so weiter …

Die **Teilermenge** von 18 ist
$T_{18} = \{1, 2, 3, 6, 9, 18\}$

Die **Vielfachenmenge** von 6 ist
$V_6 = \{6, 12, 18, 24, …\}$

Die Zahl 1 und die Zahl selbst gehören immer zur Teilermenge.

Es ist unmöglich, alle Vielfachen einer Zahl aufzuschreiben. Die Pünktchen bedeuten, dass es unendlich viele Vielfache gibt.

Manche Zahlen haben viele verschiedene Teiler, andere nur sehr wenige.
Jede Zahl ist ein Vielfaches ihrer Teiler.

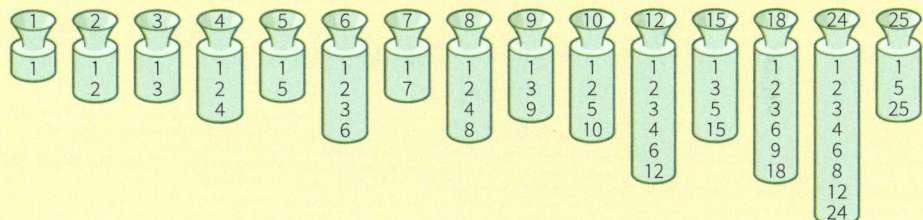

Beispiele

A **Teiler – Vielfaches**

a) Ist 4 Teiler von 12?

Lösung:

a)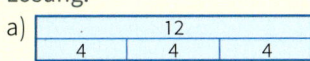

4 ist ein Teiler von 12, denn $12 : 4 = 3$.
12 ist Vielfaches von 4, denn $12 = 3 \cdot 4$.

kein Teiler – kein Vielfaches

b) Ist 5 Teiler von 12?

b)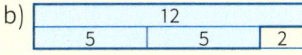

5 ist kein Teiler von 12, denn $12 : 5 = 2$ Rest 2.
12 ist kein Vielfaches von 5, denn $12 = 2 \cdot 5 + 2$.

B **Vielfachenmenge bestimmen**
Bestimme die Vielfachenmenge von 8.

Lösung:
Die Vielfachenmenge von 8 besteht aus den Produkten $1 \cdot 8$, $2 \cdot 8$, $3 \cdot 8$, $4 \cdot 8$, $5 \cdot 8$, $6 \cdot 8$, …
Die Pünktchen bedeuten, dass es unendlich viele Vielfache gibt. $V_8 = \{8, 16, 24, 32, 40, 48, …\}$

C **Teilermenge bestimmen**

Bestimme alle Teiler von 24 und die Teilermenge T_{24}.

Lösung:

Schreibe alle Produkte für 24 auf: $24 = 1 \cdot 24 = 2 \cdot 12 = 3 \cdot 8 = 4 \cdot 6 = 6 \cdot 4 = 8 \cdot 3 = 12 \cdot 2 = 24 \cdot 1$
Die Faktoren der Produkte sind die Teiler von 24.

An dem Produkt $24 = 3 \cdot 8$ kannst du zwei Teiler ablesen:

3 ist ein Teiler von 24, denn $24 : 3 = 8$ und 8 ist ein Teiler von 24, denn $24 : 8 = 3$.

Daher genügen hier vier Produkte, um alle Teiler von 24 zu bestimmen

$24 = 1 \cdot 24$	1 und 24 sind Teiler von 24,	$T_{24} = \{1, \qquad , 24\}$
$= 2 \cdot 12$	2 und 12 sind Teiler von 24,	$T_{24} = \{1, 2, \qquad , 12, 24\}$
$= 3 \cdot 8$	3 und 8 sind Teiler von 24,	$T_{24} = \{1, 2, 3, \qquad 8, 12, 24\}$
$= 4 \cdot 6$	4 und 6 sind Teiler von 24.	$T_{24} = \{1, 2, 3, 4, 6, 8, 12, 24\}$

Übungen

4 ▐▐▌ **Teilermengen bestimmen**

a) Bestimme die Teilermengen von 12, 8, 9 und 5. Vergleiche mit dem Basiswissen.
Bestimme die Teilermengen zu

b) 11, 13 und 14   c) 17, 19 und 20   d) 21, 22 und 23   f) 8, 16, 32 und 64.

5 ▐▐▌ **Teiler oder Vielfaches**

Ordne die Zahlen richtig zu.

a) 30, 1, 10, 15, 60,
   45, 3, 5

   ▨ ist Teiler von 15.
   ▨ ist Vielfaches von 15.

b) 30, 1, 4, 10, 12, 60,
   48, 3, 5, 24

   ▨ ist Teiler von 12.
   ▨ ist Vielfaches von 12.

c) 50, 1, 4, 150, 12, 75,
   100, 3, 5, 2, 25

   ▨ ist Teiler von 50.
   ▨ ist Vielfaches von 50.

6 ▐▐▌ **Teilermengen vervollständigen**

Ergänze zu Teilermengen.

a) $T_\blacksquare = \{1, 2, \blacksquare, \blacksquare, 16\}$ b) $T_\blacksquare = \{\blacksquare, 3, \blacksquare, 15\}$ c) $T_\blacksquare = \{1, 2, 7, \blacksquare\}$

d) ≡ $T_\blacksquare = \{\blacksquare, \blacksquare, \blacksquare, 4, 6, \blacksquare, \blacksquare, \blacksquare\}$ e) ≡ $T_\blacksquare = \{\blacksquare, \blacksquare, 5, 9, \blacksquare, \blacksquare\}$

f) ≡ $T_\blacksquare = \{\blacksquare, \blacksquare, \blacksquare, 4, \blacksquare, 9, \blacksquare, \blacksquare, \blacksquare\}$ g) ≡ $T_\blacksquare = \{\blacksquare, \blacksquare, \blacksquare, \blacksquare, \blacksquare, \blacksquare, \blacksquare, 18, \blacksquare\}$

h) ≡ $T_\blacksquare = \{\blacksquare, \blacksquare, \blacksquare, \blacksquare, 6, \blacksquare\}$ i) ≡ $T_\blacksquare = \{\blacksquare, \blacksquare, \blacksquare\}$ (finde hier 3 Lösungen)

7 ▐▐▌ **Vielfachenmengen vervollständigen**

Ergänze zu Vielfachenmengen.

a) $V_5 = \{5, \blacksquare, 15, 20, \blacksquare, 30, \ldots\}$ b) $V_9 = \{9, 18, \blacksquare, 36, \blacksquare, 54, \ldots\}$

c) $V_{12} = \{12, \blacksquare, 36, \blacksquare, 60, \ldots\}$ d) $V_{18} = \{\blacksquare, 36, \blacksquare, \blacksquare, 90, \ldots\}$

e) $V_\blacksquare = \{11, \blacksquare, \blacksquare, 44, 55, \ldots\}$ f) $V_\blacksquare = \{\blacksquare, 20, 30, \blacksquare, 50, \ldots\}$

g) $V_\blacksquare = \{\blacksquare, 42, \blacksquare, \blacksquare, 105, \ldots\}$ h) $V_\blacksquare = \{\blacksquare, \blacksquare, \blacksquare, \blacksquare, 175, \ldots\}$

8 ▐▌ **Teiler und Vielfache**

a) Gibt es Zahlen, die 3 und 5 als Teiler besitzen? Schreibe die Antwort als Vielfachenmenge.

b) Gibt es Zahlen, die 2, 3 und 5 als Teiler besitzen? Schreibe die Antwort als Vielfachenmenge.

9 ▐▌ **Gerade oder ungerade Anzahl von Teilern?**

a) Bestimme die Teilermengen und die Anzahl der Teiler von 27, 29, 32, 36, 49 und 64.

b) Klara behauptet: „Die Anzahl der Teiler ist immer gerade."
   Erkläre, wie sie auf diesen Gedanken kommt. Schau dir die Anzahlen der Teiler an und begründe, warum sie nicht recht hat.

10 III Zahlen mit einer ungeraden Anzahl von Teilern

a) Suche vier verschiedene Teilermengen mit drei Teilern.

b) Suche zwei verschiedene Teilermengen mit fünf Teilern.

c) Suche eine Teilermenge mit sieben Teilern.

d) Suche zwei Teilermengen mit neun Teilern.

e) Schreibe die Teilermenge zu $12 \cdot 12 = 144$ auf.

f) Welche Zahlen haben eine gerade Anzahl von Teilern? Formuliere eine Antwort und begründe sie.

11 III Ungewohnte Schokoladentafeln

Außer den Schokoladentafeln mit 24 Stückchen gibt es auch andere.

Schreibe für die abgebildeten Schokoladentafeln alle Möglichkeiten auf, sie gleichmäßig aufzuteilen. Überlege dir eine angemessene Darstellung.

12 III Leuchtende LEDs

Sechs LEDs können einzeln durch Schalter ein- oder ausgeschaltet werden. In der Tabelle ist zu sehen, welche LEDs jeweils leuchten.

LED-Schalter	1	2	3	4	5	6
Zunächst sind alle LEDs aus.						
Das 1. Kind schaltet alle LEDs an.	●	●	●	●	●	●
Das 2. Kind betätigt jeden 2. Schalter.	●	○	●	○	●	○
Das 3. Kind betätigt jeden 3. Schalter.	●	○	○	○	●	●
Das 4. Kind betätigt jeden 4. Schalter.	●	○	○	●	●	○
Das 5. Kind betätigt jeden 5. Schalter.	●	○	○	●	○	○
Das 6. Kind betätigt jeden 6. Schalter.	●	○	○	●	○	○
Anzahl der Schaltvorgänge	1	2	2	3	2	4

Die Abbildung zeigt, dass zum Schluss LED 1 und LED 4 leuchten.

a) Fertige in deinem Heft eine erweiterte Tabelle für 10 LEDs und 10 Kinder an.
Schau dir dann an, wie oft die einzelnen LEDs ein- und wieder ausgeschaltet wurden. Begründe, welche LEDs zum Schluss eingeschaltet sind. Schau dir dazu an, wie oft die LEDs geschaltet werden, die am Schluss leuchten.

b) Welche LEDs leuchten am Ende, wenn du 20 LEDs hast und 20 Kinder die Schalter betätigen? Versuche, die Aufgabe ohne eine neue Tabelle zu lösen.

c) Welche LEDs sind am Schluss eingeschaltet, wenn 100 LEDs und 100 Kinder gemäß den entsprechenden Regeln die Schalter betätigen?

Grundwissen
zum Wiederholen

1 Bestimme alle natürlichen Zahlen, die kleiner als 20 sind und dabei durch 5 ohne Rest teilbar sind.

2 Die Schattenbilder zeigen einen Körper von oben und von vorn. Welcher Körper könnte es sein?

3 Es ist 10.20 Uhr. Wie spät ist es 12 Stunden später?

4 Die 18 Kaninchen fressen 9 Möhren. Erstelle dazu eine Rechenaufgabe.

5 Welcher geometrische Körper kann gemeint sein: „Er kann geradeaus rollen."?

7.2 Teilbarkeitsregeln

1 Ausflug

Lehrer Müller organisiert einen gemeinsamen Ausflug der Jahrgangsstufe 5. In der 5 a sind 30 Schülerinnen und Schüler, in der 5 b sind 25 Schülerinnen und Schüler und in der 5 c sind sogar 32 Schülerinnen und Schüler. Die Kosten für jeden betragen 17 €.

Herr Müller erhält drei Briefumschläge, auf denen die eingesammelten Geldbeträge stehen: 515 € für die 5 a, 425 € für die 5 b und 540 € für die 5 c.

Mit einem Blick erkennt er: „So ein Mist, in mindestens zwei Klassen ist ein Fehler beim Einsammeln unterlaufen."

Finde ohne zu rechnen heraus, in welchen Klassen mit Sicherheit ein falscher Betrag auf dem Briefumschlag steht.

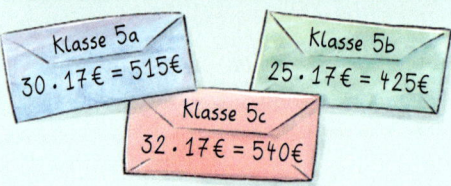

Klasse 5a
$30 \cdot 17 € = 515 €$

Klasse 5b
$25 \cdot 17 € = 425 €$

Klasse 5c
$32 \cdot 17 € = 540 €$

2 Eiskauf

Peter Pfiffig spendiert sich und zwei Freunden am Kiosk ein Eis. Alle drei entscheiden sich für dieselbe Sorte. Peter soll 5,69 € bezahlen. *„Das kann nicht stimmen!"*, sagt er sofort.

a) Prüfe, ob 569 tatsächlich nicht durch 3 teilbar ist.

b) Probiere Peters Quersummenregel an den Zahlen 69, 75, 82, 112, 123 und weiteren Zahlen deiner Wahl aus.

c) Probiere aus, ob es für 9 auch eine Quersummenregel gibt.

3 Geht das auf?

Frau Meier möchte für jeden ihrer Schülerinnen und Schüler 5 Arbeitsblätter kopieren. Der Kopierer zeigt an, dass sie 117 Kopien gemacht hat.

Sie weiß sofort, dass irgendetwas nicht stimmen kann.

Wie stellt Frau Meier das fest?

Basiswissen

WES-125660-045

Die Quersumme ist die Summe der Ziffern einer Zahl.

Teilbarkeitsregeln

Für manche Teiler gibt es Regeln, mit denen Zahlen auf Teilbarkeit geprüft werden können.

Endstellenregeln

Eine Zahl ist …

… durch **2 teilbar**, wenn die letzte Ziffer eine 0, 2, 4, 6 oder 8 ist.

… durch **5 teilbar**, wenn die letzte Ziffer eine 0 oder 5 ist.

… durch **10 teilbar**, wenn die letzte Ziffer eine 0 ist.

… durch **4 teilbar**, wenn die letzten beiden Ziffern eine durch 4 teilbare Zahl bilden.

Quersummenregeln

Eine Zahl ist …

… durch **3 teilbar**, wenn die Quersumme durch 3 teilbar ist.

… durch **9 teilbar**, wenn die Quersumme durch 9 teilbar ist.

Beispiele

A **Teilbarkeit durch 2, 4, 5 oder 10**

Prüfe, ob die Zahl 12 130 durch 2, 4, 5 oder 10 teilbar ist.

Lösung:

Die Endziffer der Zahl 12 130 ist 0. Somit ist 12 130 nach den Endstellenregeln durch 2, 5 und 10 teilbar.

30 ist nicht durch 4 teilbar. Daher ist die Zahl 12 130 nicht durch 4 teilbar.

B **Quersummenregel anwenden**

Ist die Zahl 15 147 durch 3 oder 9 teilbar?

Lösung:

Die Quersumme von 15 147 ist $1 + 5 + 1 + 4 + 7 = 18$.

18 ist durch 3 und durch 9 teilbar. Daher ist 15 147 durch 3 und durch 9 teilbar.

Übungen

4 ‖‖ **Teilbarkeit durch 2, 4, 5 oder 10**

Prüfe, ob die Zahl durch 2, 4, 5 oder 10 teilbar ist.

a) 226   b) 225   c) 520   d) 329   e) 57 825

f) 21 720   g) 55 387   h) 152 050   i) 31 729   j) 87 000

5 ‖‖ **Quersummenregel anwenden**

Ist die Zahl durch 3 oder 9 teilbar?

a) 213   b) 216   c) 521   d) 621   e) 921

f) 222 222   g) 33 333   h) 333 333   i) 31 729   j) 87 002

6 ‖‖ **Ziffern ergänzen**

Ersetze ■ durch eine Ziffer so, dass die Zahl …

a) durch 3 teilbar ist: 23■45; 6920■; 157■2; 15■72; ■2810

b) durch 5 teilbar ist: 460■; 73■0; 508■; ■575

c) durch 4 teilbar ist: 523■; 61■4; 42■12; 22■2

Wenn es mehrere Möglichkeiten gibt, schreibe alle auf.

7 ‖‖ **Ziffern tauschen**

Tausche die Ziffern so, dass die Zahl durch 5 teilbar ist.   a) 523   b) 206   c) 4051

8 Ⅰ Ⅰ **Teilbarkeit durch Zerlegen prüfen**

Beispiel: *Prüfe, ob 252 durch 7 teilbar ist.*
Mia: „*Zuerst schreibe ich 252 als Summe:*
252 = 210 + 42.
210 ist durch 7 teilbar und 42 ist durch 7
teilbar, dann ist auch 252 durch 7 teilbar."

Beispiel: *Prüfe, ob 322 durch 11 teilbar ist.*
Klaus: „*Ich schreibe 322 als Differenz:*
322 = 330 − 8. 330 ist das 30-fache von
11, aber 8 ist kein Vielfaches von 11.
322 ist also nicht durch 11 teilbar."

Prüfe, ob die Zahl durch die angegebene Zahl teilbar ist, indem du geeignet zerlegst.

a) 364 durch 7   b) 213 durch 7   c) 553 durch 7   d) 2211 durch 11
e) 232 durch 11   f) 319 durch 11   g) 273 durch 13   h) 250 durch 13

9 Ⅰ Ⅰ **Teilbarkeitsregeln durch Zerlegen bestätigen**

Prüfe mit einer geeigneten Teilbarkeitsregel, ob die Zahl durch die angegebene Zahl teilbar ist, und bestätige dein Ergebnis, indem du geeignet zerlegst.

a) 8755 durch 5   b) 222 durch 3   c) 148 durch 4   d) 207 durch 9

Beispiel

12 345 ist durch
5 teilbar, weil die
letzte Ziffer 5 ist.

Weitere Teilbarkeitsregeln

Endstellenregeln
Eine Zahl ist …
  … durch **25 teilbar**, wenn die letzten beiden Ziffern 00, 25, 50 oder 75 sind.
    Beispiel: 625 ist durch 25 teilbar, weil die letzten beiden Ziffern 25 sind.
  … durch **8 teilbar**, wenn die letzten drei Ziffern eine durch 8 teilbare Zahl bilden.
    Beispiel: 12136 ist durch 8 teilbar, weil 136 durch 8 teilbar ist.

Zusammengesetzte Regeln
Eine Zahl ist …
  … durch **6 teilbar**, wenn sie durch 2 und durch 3 teilbar ist.
    Beispiel: Die Zahl 13 026 ist gerade, also durch 2 teilbar. Die Quersumme von
    13 026 ist 1 + 3 + 0 + 2 + 6 = 12. 12 ist durch 3 teilbar. Somit ist 13 026 durch 6 teilbar.

10 Ⅰ Ⅰ **Teilbarkeit durch 4, 8 oder 25**

Welche der Zahlen sind durch 4, 8 oder 25 teilbar? Fertige eine Tabelle an.

a) 875   b) 876   c) 1872   d) 1525   e) 8800
f) 510   g) 1520   h) 998 775 i) 698 884 j) 1 205 304

11 Ⅰ Ⅰ **Endstellenregeln**

a) Nenne eine Endstellenregel für Zahlen, die durch 100 teilbar sind.
b) Formuliere eine Endstellenregel für Zahlen, die durch 20 teilbar sind.
c) Formuliere eine Endstellenregel für Zahlen, die durch 50 teilbar sind.
d) Formuliere Endstellenregeln für Zahlen, die durch 200 bzw. 500 teilbar sind.

12 Ⅰ Ⅰ **Die Quersummenregel gilt nur für 3 und 9**

Die Quersummenregel gilt nur für 3 und 9 und nicht für andere Teiler.

Gegenbeispiel für den Teiler 7
716 hat die Quersumme 7 + 1 + 6 = 14 und 14 ist durch 7 teilbar.
Aber 716 = 700 + 14 + 2 ist nicht durch 7 teilbar.

a) Finde ein weiteres Gegenbeispiel für den Teiler 7.
b) Finde je ein Gegenbeispiel für die Teiler 4, 6 und 8.

13 II **Zusammengesetzte Regeln**

a) Stelle eine Teilbarkeitsregel für die Teilbarkeit durch 15 auf.

b) Finde ein Gegenbeispiel für die Aussage:
„Eine Zahl ist durch 12 teilbar, wenn sie durch 2 und durch 6 teilbar ist."

c) Gib eine Teilbarkeitsregel für Zahlen an, die durch 12 teilbar sind.

d) Finde ein Gegenbeispiel für die Aussage:
„Eine Zahl ist durch 18 teilbar, wenn sie durch 3 und durch 6 teilbar ist."

e) Gib eine Teilbarkeitsregel für Zahlen an, die durch 18 teilbar sind.

14 II **Zusammengesetzte Regel anwenden**

Ist die Zahl durch die angegebene Zahl teilbar?

a) 9738 durch 6
b) 5111 durch 6
c) 51 111 durch 6
d) 5625 durch 15
e) 5615 durch 15
f) 43 830 durch 18
g) 555 111 durch 18
h) 33 224 durch 24
i) 444 144 durch 24

15 II **Ziffern ergänzen**

Welche Ziffern sind unleserlich geworden?
Nenne alle Möglichkeiten, sodass die Zahlen

a) durch 4 teilbar sind,
b) durch 8 teilbar sind,
c) durch 6 teilbar sind,
d) durch 12 teilbar sind.

16 II **Vierermannschaften**

Für den Sporttag sollen die Schülerinnen und Schüler aller Klassen Vierermannschaften bilden. Bei welchen Klassen gibt es Probleme? Welche Klassen können reine Mädchen- und reine Jungenmannschaften bilden?

Lege eine neue Tabelle an und trage die Anzahlen der Mannschaften ein.

Klasse	6a	6b	6c	6d	6e
Mädchen	16	13	12	14	9
Jungen	14	15	16	15	20

17 II **Fahrradschloss**

Erik hat zwei Ziffern seiner Fahrradschlossnummer vergessen. Die Nummer ist aber durch 8 teilbar.

 5 ▥ 8

a) Beschreibe, welche Zahlen er ausprobieren muss, und begründe, warum das so ist.

b) Sein Bruder meint, die Zahl sei nicht durch 8, sondern durch 9 teilbar gewesen.
Beschreibe, welche Zahlen Erik in diesem Fall ausprobieren muss. Begründe.

c) Es gibt die Möglichkeit, dass beide recht haben. Finde diese Möglichkeit heraus. Am besten notierst du dazu übersichtlich die Möglichkeiten zu a) und b).

18 III **Wahr oder falsch?**

Es haben sich drei Falschaussagen eingeschlichen.

a) 17 teilt 187
b) 260 ist ein Vielfaches von 13
c) 6 ist ein Teiler von 154
d) 15 teilt 195
e) 14 teilt 296
f) 336 ist ein Vielfaches von 7
g) 14 teilt 166 nicht
h) 5721 ist kein Vielfaches von 3
i) 9 teilt 78 999 nicht
j) 67 875 ist ein Vielfaches von 25

Begründe deine Entscheidung mit einer Teilbarkeitsregel oder durch geschicktes Aufteilen.

> **Beispiel**
> *13 teilt 273, weil*
> *273 = 260 + 13*
> *ist und daher*
> *273 : 13 = 21 gilt.*
>
> *5 ist kein Teiler von*
> *24, also gilt:*
> *5 teilt 24 nicht.*

Grundwissen
zum Wiederholen

1 In einer Strichliste steht, dass  Kinder mit dem Fahrrad zur Schule kommen. Wie viele Kinder sind es?

2 Berechne geschickt.
a) 13 + 134 + 567
b) 7000 · 299
c) 1 + 2 + 3 + 4 + 5 + 6

Primzahlen

1 Das Sieb des ERATOSTHENES

Primzahlen sind natürliche Zahlen, die genau zwei Teiler haben. Du möchtest die Primzahlen von 1 bis 100 herausfinden. Dies ist kein Problem, wenn du nach folgendem Verfahren die Primzahlen „heraussiebst":

- *Schreibe die Zahlen von 1 bis 100 in eine 10 · 10 Tabelle auf.*
- *Streiche die Zahl 1.*
- *Streiche die Vielfachen von 2 außer der 2 selbst.*
- *Die 3 ist noch nicht gestrichen. Streiche die Vielfachen der 3 außer der 3 selbst.*
- *Die nächste noch nicht gestrichene Zahl ist die 5. Streiche alle Vielfachen von 5 außer der 5 selbst.*
- *…*
- *Alle Zahlen, die zum Schluss nicht gestrichen sind, sind Primzahlen.*

1	2	3	4	5	6	7	8	9	10
11	12	13	14	15	16	17	18	19	20
21	22	23	24	25	26	27	28	29	30
31	32	33	34	35	36	37	38	39	40
41	42	43	44	45	46	47	48	49	50
51	52	53	54	55	56	57	58	59	60
61	62	63	64	65	66	67	68	69	70
71	72	73	74	75	76	77	78	79	80
81	82	83	84	85	86	87	88	89	90
91	92	93	94	95	96	97	98	99	100

Gib alle Primzahlen von 1 bis 100 an.

2 Zahlen zertrümmern

Franziska denkt sich die Zahl 990 aus. Dann geht es los. Nach welchen Regeln spielen Franziska und Paul das Zahlenspiel? Sie haben übrigens die Zahl 1 verboten, weil sonst das Spiel nie aufhört. Spielt das Spiel mit der Startzahl 48, 49, 61, 83, 315 und 585. Was fällt euch auf?

3 Zahlen mit mehr als zwei Teilern

Begründe mithilfe der Teilbarkeitsregeln oder durch Zerlegen, dass die folgenden Zahlen mehr als zwei Teiler haben.

a) 120, 303, 695, 288, 495   b) 111, 501, 5001, 9994

4 Zahlen mit genau zwei Teilern

Begründe, dass die folgenden Zahlen genau zwei Teiler haben.

a) 7, 13, 17, 29, 37   b) 67, 79, 97, 101, 103

Basiswissen

WES-125660-046

Primzahlen

Natürliche Zahlen, die genau zwei Teiler haben, nennt man Primzahlen.
Primzahlen sind nur durch 1 und sich selber teilbar.
Die ersten Primzahlen sind: **2 3 5 7 11 13 17 …**
Die 1 ist eine „Ausnahmezahl". Da sie nur einen Teiler hat, zählt man sie nicht zu den Primzahlen.

Primfaktorzerlegung

Die Primfaktorzerlegung ist die Zerlegung einer Zahl in ein Produkt von Primzahlen. Für jede Zahl gibt es immer nur eine Primfaktorzerlegung. Sie ist die Zerlegung in das Produkt mit den meisten Faktoren.

$$540 = 2 \cdot 270$$
$$= 2 \cdot 2 \cdot 135$$
$$= 2 \cdot 2 \cdot 5 \cdot 27$$
$$= 2 \cdot 2 \cdot 5 \cdot 3 \cdot 9$$
$$= 2 \cdot 2 \cdot 5 \cdot 3 \cdot 3 \cdot 3$$
$$= 2^2 \cdot 5 \cdot 3^3$$

Beispiel

A **In Primfaktoren zerlegen**

Bei der Zerlegung von 840 in Primfaktoren führen verschiedene Wege zum Ziel.

Lösung:

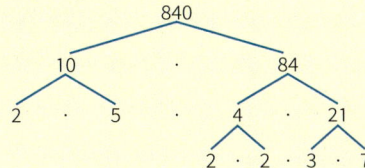
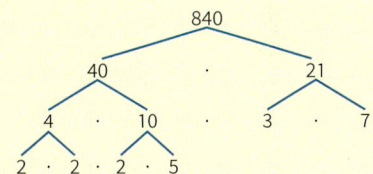

Mit System geht es, indem man systematisch die Primzahlen 2, 3, 5, usw. als Teiler probiert.
Häufig treten Primzahlen auch mehrfach als Teiler auf: $840 = 2 \cdot 2 \cdot 2 \cdot 3 \cdot 5 \cdot 7 = 2^3 \cdot 3 \cdot 5 \cdot 7$

Übungen

5 ⫶ **Primzahlensuche**
a) Wie viele Primzahlen gibt es zwischen 20 und 50, wie viele von 50 bis 70?
b) Welche der Zahlen sind Primzahlen? 303 83 695 288 113 495 111

6 ⫶ **Trainiere die Primfaktorzerlegung**
Zerlege in Primfaktoren.
a) 6   b) 12   c) 70   d) 55   e) 63   f) 64
g) 100   h) 88   i) 360   j) 221   k) 18   l) 66
⫶ Jetzt wird es etwas komplizierter. Achtung, eine der Zahlen ist eine Primzahl.
m) 6688   n) 1053   o) 4098   p) 1009   q) 1024   r) 1001

7 ⫶ **Primzahlen helfen, Teiler zu finden**
Was man mit Primfaktoren anfangen kann. Zerlegt man 90 in Primfaktoren, so erhält man
$90 = 2 \cdot 3 \cdot 3 \cdot 5$. Alle Primfaktoren werden in einem „Topf" gesammelt. Produkte von Zahlen aus dem Topf ergeben Teiler von 90, z. B. ist $2 \cdot 3 \cdot 3 = 18$ ein solcher Teiler.
a) Finde alle Teiler von 90, indem du alle möglichen Produkte mit Zahlen aus dem „Topf" der Primfaktoren ausrechnest.
b) Zerlege 120 (630, 480) in Primfaktoren und finde mit diesen alle Teiler.

Grundwissen
zum Wiederholen

1 Mia und Emma sollen einen Rasen mähen. Sie teilen sich die Arbeit und den Lohn von 11,50 €. Bestimme den Geldbetrag, den jede erhält.

Primzahlen

Exkurs

Die Suche nach Primzahlen, die schon die antiken Griechen betrieben, hat bis heute ihre Faszination nicht verloren. Der Grieche ERATOSTHENES, nach dem das Verfahren aus Aufgabe 1 benannt ist, lebte im 3. Jahrhundert v. Chr.

Gibt es eine größte Primzahl?

EUKLID aus Alexandria hat schon vor mehr als 2300 Jahren bewiesen, dass es unendlich viele Primzahlen gibt. Es gibt also keine größte Primzahl. Für Mathematiker ist es dennoch ein Sport, die größte bekannte Primzahl zu übertreffen.

Große Primzahlen

Ein Mönch namens MERSENNE entwarf eine Formel, mit der man noch heute auf die Jagd nach noch größeren Primzahlen geht:

„Subtrahiere 1 von einer Zweierpotenz, deren Exponent eine Primzahl ist oder kurz $2^p - 1$."
Das Ergebnis ist fast immer eine Primzahl.

Jagd nach Primzahlen

2013 wurde bewiesen, dass $2^{57\,885\,161} - 1$ eine Primzahl ist. Sie ist die 48. Mersenne-Primzahl und hat 17 425 170 Stellen. 2016 wurde die 49. Mersenne-Primahl $2^{74\,207\,281} - 1$ gefunden.
Am 3. Januar 2018 wurde die 50. Mersenne-Primzahl entdeckt: $2^{77\,232\,917} - 1$.
Am 7. Dezember 2018 wurde die 51. Mersenne-Primzahl entdeckt: $2^{82\,589\,933} - 1$.
Sie hat 24 862 048 Stellen und der Computer des Entdeckers musste 6 Tage im Dauerbetrieb laufen, um den Nachweis zu führen.

---

8 **III Mersenne-Primzahlen**

a) Berechne und überprüfe die vier kleinsten Mersenne-Primzahlen (siehe Exkurs).

b) Recherchiere im Internet, ob inzwischen vielleicht schon eine noch größere Primzahl entdeckt wurde.

9 **III Forschen nach Primzahlen**

In der Liste findest du alle Primzahlen bis 1000.

2	3	5	7	11	13	17	19	23	29	31	37
41	43	47	53	59	61	67	71	73	79	83	89
97	101	103	107	109	113	127	131	137	139	149	151
157	163	167	173	179	181	191	193	197	199	211	223
227	229	233	239	241	251	257	263	269	271	277	281
283	293	307	311	313	317	331	337	347	349	353	359
367	373	379	383	389	397	401	409	419	421	431	433
439	443	449	457	461	463	467	479	487	491	499	503
509	521	523	541	547	557	563	569	571	577	587	593
599	601	607	613	617	619	631	641	643	647	653	659
661	673	677	683	691	701	709	719	727	733	739	743
751	757	761	769	773	787	797	809	811	821	823	827
829	839	853	857	859	863	877	881	883	887	907	911
919	929	937	941	947	953	967	971	977	983	991	997

Du kannst mit den Forschungsaufträgen interessante Entdeckungen machen.

Aufeinanderfolgende Primzahlen mit der Differenz 2 nennt man „Primzahlzwillinge". Erstelle eine Liste der Primzahlzwillinge bis 1000.

Wie viele Primzahlen liegen zwischen 0 und 100, zwischen 100 und 200, zwischen 200 und 300 und so weiter? Lege eine Tabelle an.

Primzahlvierlinge liegen innerhalb eines Zehners und haben die Endstellen 1, 3, 7 und 9. Schreibe alle Primzahlvierlinge unter 1000 in dein Heft.

Welches ist die größte Lücke zwischen zwei Primzahlen unter 1000?

Welche Primzahldrillinge gibt es bis zur 1000?

Gibt es Primzahlen, bei denen alle Ziffern gleich sind?

Primzahlzwillinge

569 +2 571

– drillinge

3 +2 5 +2 7

– vierlinge

191 193 197 199

Gemeinsame Teiler und Vielfache

1 **Kleiderhaken**

Vor dem Klassenraum der Klasse 5 c sind 25 Kleiderhaken im Abstand von 20 cm angebracht.

Es sollen mehr Kleiderhaken angebracht werden. Der Abstand der Kleiderhaken soll 15 cm betragen. Der Hausmeister möchte möglichst wenige Kleiderhaken versetzen. Er hat dazu eine Skizze erstellt.

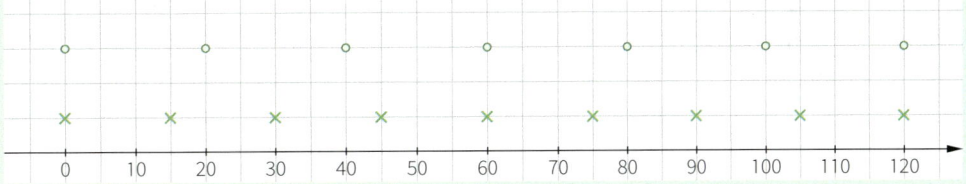

a) Wie viele Kleiderhaken können an der Wand bleiben?
b) In welchem Abstand können die alten Haken wieder benutzt werden?

2 **Einzäunung**

Eine Weide soll eingezäunt werden. Die Weide ist 32 m lang und 20 m breit. Die Pfosten sollen überall den gleichen Abstand haben. Es gibt Zaunelemente für einen Pfostenabstand von 2 m, 3 m oder 4 m.

a) Welche Einteilungen der beiden Seiten sind möglich?
b) Entscheide, was für Zaunelemente infrage kommen. Berechne, wie viele Zaunelemente jeweils benötigt werden.
c) Für welche Möglichkeit entscheidest du dich? Begründe.

3 **Neue Fliesen im Esszimmer**

Herr Becker möchte das Esszimmer selbst mit Fliesen auslegen. Die Bodenfläche ist rechteckig und 450 cm lang und 375 cm breit. Es gibt quadratische Fliesen in 20 cm, 25 cm und 30 cm Breite, die Familie Becker gut gefallen. Für welche Fliesen sollte sich Herr Becker entscheiden, wenn er keine Fliesen schneiden möchte?

Gemeinsame Vielfache – gemeinsame Teiler

Gemeinsame Vielfache von 6 und 8

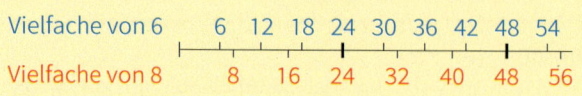

Vielfache von 6 | 6 12 18 24 30 36 42 48 54

Vielfache von 8 | 8 16 24 32 40 48 56

Gemeinsame Vielfache von 6 und 8 sind 24, 48, 72, …

Das **k**leinste **g**emeinsame **V**ielfache von 6 und 8 ist kgV(6, 8) = 24.

Gemeinsame Teiler von 45 und 75

Die Teiler von 45 sind 1, 3, 5, 9, 15 und 45.

Die Teiler von 75 sind 1, 3, 5, 15, 25 und 75

Gemeinsame Teiler von 45 und 75 sind 1, 3, 5 und 15.

Der **g**rößte **g**emeinsame **T**eiler von 45 und 75 ist ggT(45, 75) = 15.

Wenn 1 der größte gemeinsame Teiler zweier Zahlen ist, so nennt man die Zahlen teilerfremd.

Beispiele

A **Gemeinsame Vielfache und kgV**

Bestimme die gemeinsamen Vielfachen von 4 und 5 und ihr kleinstes gemeinsames Vielfaches.

Lösung:

Die Vielfachen von 4 sind 4, 8, 12, 16, 20, 24, 28, 32, 36, 40, 44, 48, 52, 56, 60, …

Die Vielfachen von 5 sind 5, 10, 15, 20, 25, 30, 35, 40, 45, 50, 55, 60, 65, …

Gemeinsame Vielfache von 4 und 5 sind 20, 40, 60, …

Das kleinste gemeinsame Vielfache von 4 und 5 ist kgV(4, 5) = 20.

B **Gemeinsame Teiler und ggT**

Bestimme die gemeinsamen Teiler von 14 und 27 und ihren größten gemeinsamen Teiler.

Lösung:

Die Teiler von 14 sind 1, 2, 7 und 14.

Die Teiler von 27 sind 1, 3, 9 und 27.

Der einzige gemeinsame Teiler ist 1, somit ist ggT(14, 27) = 1.

Die Zahlen 14 und 27 sind teilerfremd.

Übungen

4 ||| **Gemeinsame Vielfache – gemeinsame Teiler**

Bestimme die gemeinsamen Vielfachen und die gemeinsamen Teiler.

a) von 2 und 7
b) von 6 und 12
c) von 12 und 18
d) von 5 und 15
e) von 10 und 15
f) von 12 und 15
g) von 15 und 20
h) von 20 und 30
i) von 20 und 25
j) von 14 und 35
k) von 28 und 35
l) von 24 und 36

5 ||| **Training ggT und kgV**

a) kgV(2,4)
b) ggT(4, 6)
c) ggT(5, 15)
d) ggT(12, 7)
e) ggT(21, 30)
f) ggT(49, 28)
g) kgV(4, 5)
h) kgV(42, 7)
i) kgV(6, 9)
j) kgV(54, 12)
k) kgV(11, 14)
l) ggT(6, 50)
m) kgV(50, 30)
n) ggT(36, 45)
o) kgV(72, 48)
p) ggT(66, 49)

6 **II** **Weg zum Spielplatz**

Karin und ihr kleiner Bruder Markus gehen zusammen zum Spielplatz. Karins Schrittlänge ist ungefähr 70 cm, Markus Schritte sind nur 45 cm lang. Er muss also in derselben Zeit viel mehr Schritte machen – kein Wunder, dass er schimpft.

a) Fertige eine Skizze für zehn Schritte von Karin an und markiere auch die Schritte von Markus auf dieser Strecke.

b) Berechne die Vielfachenmengen zu 45 und 70 und gib an, nach wie vielen Schritten von Karin und wie vielen Schritten von Markus sie jeweils eine gleich lange Strecke zurückgelegt haben. Gib die Länge dieser Strecke in m an.

c) Für den Weg zum Spielplatz muss Karin ca. 100 Schritte machen. Berechne, wie viele Schritte es für Markus sind.

7 **II** **Autorennbahn**

Tim, Rico und Jenny starten auf der Rennbahn drei Autos gleichzeitig. Tims Wagen fährt eine Runde in 14 Sekunden, Ricos in 28 Sekunden und Jennys in 20 Sekunden.

a) Berechne, nach wie vielen Sekunden sich die drei Autos am Start wieder treffen. Gib das Ergebnis auch in Minuten an.

b) Berechne, wie viele Runden jedes Auto dann zurückgelegt hat.

8 **II** **Geschenkanhänger**

Anna benötigt zum Basteln von Geschenkanhängern gleich lange Schleifenbänder. Ihre Mutter gibt ihr Schleifenbänder zu 24 cm, 36 cm und 60 cm Länge. Beim Zerschneiden sollen keine Reste übrig bleiben. Wie lang können die Bänder werden, wenn sie möglichst lang, aber auch gleich lang sein sollen?

9 **II** **Zum Nachdenken**

a) Jan behauptet, dass der größte gemeinsame Teiler zweier verschiedener Primzahlen immer 1 ist. Hat er recht?

b) Was gilt für das kleinste gemeinsame Vielfache zweier verschiedener Primzahlen?

10 **III** **Entdeckung an ggT und kgV**

a) Übertrage die Tabelle in dein Heft und ergänze.

b) Berechne in jeder Zeile das Produkt aus a und b und das Produkt von ggT und kgV. Was fällt dir auf?

c) Überprüfe deine Vermutung aus b) mit den Zahlen 60 und 78.

a	b	ggT	kgV
2	3	▦	6
4	6	2	▦
6	8	▦	▦
6	9	▦	▦
8	12	▦	▦

Grundwissen
zum Wiederholen

1 Berechne: $1 \cdot 1\,000\,000 + 3 \cdot 1\,000 + 8 \cdot 1$

2 Beschreibe die Lage der Geraden a, b und c zueinander.

3 Gib in Stunden und Minuten an: $25\,\text{min} + 75\,\text{min}$.

4 Gib einen passenden Rechenausdruck an und berechne: Multipliziere die Summe von 17 und 23 mit der Zahl 5.

5 Welcher geometrische Körper ist gemeint? „Mit diesem Körper werden Mauern gebaut."

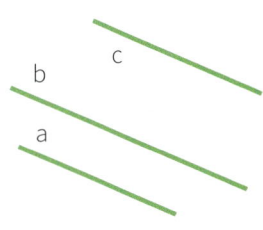

ggT bestimmen

Der ggT umfasst alle Primfaktoren, die in beiden Zahlen vertreten sind.

$$840 = 2 \cdot 2 \cdot 2 \cdot 3 \cdot 5 \cdot 7$$
$$660 = 2 \cdot 2 \quad \cdot 3 \cdot 5 \quad \cdot 11$$
$$\text{ggT}(840, 660) = 2 \cdot 2 \quad \cdot 3 \cdot 5 \qquad = 60$$

kgV bestimmen

Das kgV umfasst alle Primfaktoren der größeren Zahl. Weitere Faktoren kommen durch die kleinere Zahl hinzu.

$$72 = 2 \cdot 2 \cdot 2 \cdot 3 \cdot 3$$
$$300 = 2 \cdot 2 \quad \cdot 3 \quad \cdot 5 \cdot 5$$
$$\text{kgV}(72, 300) = 2 \cdot 2 \cdot 2 \cdot 3 \cdot 3 \cdot 5 \cdot 5 = 1800$$

11 Ⅲ **ggT und kgV mit Primfaktorzerlegung**

Bestimme den ggT.

a) ggT (192, 72)　　b) ggT (144, 40)　　c) ggT (92, 24)　　d) ggT (136, 144)

Bestimme das kgV.

e) kgV (56, 12)　　f) kgV (40, 65)　　g) kgV (72, 84)　　h) kgV (92, 100)

Exkurs

EUKLID

EUKLID hat im 4. Jahrhundert v. Chr. in Alexandria in Ägypten gelebt. Er hat verschiedene Verfahren beschrieben, mit denen man zu zwei Zahlen, gleichgültig wie groß sie sind, den ggT berechnen kann. Wir wissen nicht, ob Euklid gut mit einer Säge umgehen konnte. Eines seiner Verfahren verwendet die fortgesetzte Subtraktion, d. h. das wiederholte „Absägen" wie in Aufgabe 12.

EUKLID ist ein berühmter Mathematiker. Er hat ein Mathematikbuch geschrieben, das man heute noch kaufen kann. Der amerikanische Präsident ABRAHAM LINCOLN hat es gelesen. Er wollte Richter werden und war überzeugt, dass er richtig Folgern und Beweisen nur von Mathematikern lernen könne.

12 Ⅲ **Der euklidische Algorithmus zur Bestimmung des ggT**

1. Die Entdeckung:

Der ggT zweier Zahlen ist auch ein Teiler der Differenz.　　ggT (192; 72)　　192 – 72 = 120

2. Die Grundidee:

An Stelle der beiden Zahlen berechnet man den ggT von der kleineren Zahl und der Differenz.　　ggT (120; 72)　　120 – 72 = 48

3. Das Tolle daran:

Diesen Schritt kann man wiederholen, so oft man will. Die Zahlen werden　　ggT (72; 48)　　72 – 48 = 24

immer kleiner und die Aufgabe immer einfacher.　　ggT (48; 24)　　48 – 24 = 24

4. Der Erfolg:

Ist die letzte Zahl 0 erreicht, dann hört man auf. Die vorletzte Zahl ist der gesuchte ggT. Oft erkennt man den ggT schon früher.　　ggT (24; 24)　　24 – 24 = 0

ggT (192; 72) = 24

13 Ⅲ **ggT mit dem euklidischen Algorithmus bestimmen**

a) ggT (92; 24)　　b) ggT (144; 40)　　c) ggT (1085; 372)　　d) ggT (451; 449)

Check-up

Teiler

4 ist ein **Teiler** von 12, denn $12 : 4 = 3$.
Teiler von 12: 1, 2, 3, 4, 6, 12

Teilermenge von 12
$T_{12} = \{1, 2, 3, 4, 6, 12\}$

Vielfache

20 ist ein **Vielfaches** von 4, denn $5 \cdot 4 = 20$.
Vielfache von 4: $1 \cdot 4$, $2 \cdot 4$, $3 \cdot 4$, $4 \cdot 4$, …

Vielfachenmenge von 4
$V_4 = \{4, 8, 12, 16, 20, 24, 28, …\}$

Teilbarkeitsregeln

Endstellenregel

Eine Zahl ist **teilbar** durch
- **2**, wenn die letzte Ziffer eine 0, 2, 4, 6 oder 8 ist,
- **4**, wenn die beiden letzten Ziffern eine Zahl bilden, die durch 4 teilbar ist,
- **5**, wenn die letzte Ziffer eine 0 oder eine 5 ist.
- **10**, wenn die letzte Ziffer eine 0 ist.

Quersummenregeln

Eine Zahl ist **teilbar** durch **3**, wenn die Quersumme durch 3 teilbar ist.

Eine Zahl ist **teilbar** durch **9**, wenn die Quersumme durch 9 teilbar ist.

Zusammengesetzte Regeln

Eine Zahl ist **teilbar** durch **6**, wenn sie durch 2 und durch 3 teilbar ist.

Primzahlen

Zahlen, die genau zwei Teiler haben, nämlich 1 und sich selbst, nennt man Primzahlen. Die Zahl 1 ist keine Primzahl.

Primfaktorzerlegung

Die Primfaktorzerlegung ist die Zerlegung einer Zahl in ein Produkt von Primzahlen.
$120 = 2 \cdot 2 \cdot 2 \cdot 3 \cdot 5$
$ = 2^3 \cdot 3 \cdot 5$

---

1 Teilermengen
Bestimme alle Teiler der Zahlen 47, 50, 99, 128 und 198. Eine Zahl fällt auf. Welche könnte gemeint sein?

2 Vielfache einer Zahl
Gib die Vielfachenmengen V_2, V_4 und V_8 an. Was fällt dir auf?

3 Überprüfen
a) Antonia behauptet, dass 364 ein Vielfaches von 13 ist. Stimmt ihre Behauptung?
b) Benjamin stellt fest, dass 1001 das Produkt von drei aufeinanderfolgenden Primzahlen ist. Welche sind das? Gib die Teilermenge von 1001 an.

4 Begriffe ergänzen
Ergänze „Teiler", „Vielfaches", „teilt" oder „teilt nicht".
a) 4 ▮▮▮▮ 62
b) 6 ist ein ▮▮▮▮ von 84.
c) 7 ▮▮▮▮ 105
d) 84 ist ein ▮▮▮▮ von 14.

5 Teilbarkeitsregeln
Überprüfe mit vier Beispielen die Teilbarkeitsregel zur 9:
Eine Zahl ist durch 9 teilbar, wenn ihre Quersumme, das heißt die Summe ihrer Ziffern, durch 9 teilbar ist, sonst nicht.

6 Teiler von 2 bis 10 gesucht
Finde mit den Teilbarkeitsregeln die Teiler von 2 bis 10 der folgenden Zahlen.
a) 444   b) 3474   c) 3480   d) 123450

7 Primzahlen
Prüfe, ob die Zahlen Primzahlen sind.
a) 12; 31; 57; 67   b) 111; 123; 127

8 Primfaktorzerlegung
Stelle die folgenden Zahlen als Produkt von Primzahlen dar. Dabei dürfen Primzahlen mehrfach auftreten.
a) 63   b) 76   c) 108   d) 101   e) 504

9 Zahnräder
Zwei Zahnräder, von denen das eine 36 Zähne und das andere 30 Zähne hat, greifen ineinander. Die Stellen, die sich gerade berühren, sind in der Abbildung markiert. Nach wie vielen Umdrehungen der Räder treffen diese gekennzeichneten Stellen wieder zusammen?

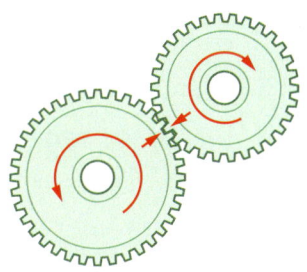

Sichern und Vernetzen
Vermischte Aufgaben zu Kapitel 7

Trainieren

WES-125660-060

Lösungen

1 III **Teilermenge – Vielfachenmenge**

Gib jeweils die Teilermenge und die Vielfachenmenge an.

a) 8   b) 10   c) 15   d) 20   e) 23   f) 24   g) 63

2 III **Teiler**

Welche der Zahlen hat die meisten Teiler? 37, 49, 56, 90 oder 95

3 III **Teilbarkeit 1**

Welche der Zahlen sind teilbar durch 2, 4, 5 oder 10?

a) 124; 90; 125: 210;   b) 400; 255; 64 ; 120

c) 1000; 1024; 1234;   d) 2018; 2222; 10 520

4 III **Teilbarkeit 2**

a) Welche der Zahlen sind durch 4, welche sogar durch 8 teilbar? Welche der Zahlen sind durch 6 teilbar?

     4 224 668   792 900   3 454 3172   123 456

b) Ergänze eine Ziffer, sodass die Zahl jeweils durch 9 teilbar ist.

     1■6   ■99   25■   7■1   ■36   4■1

     Wie kannst du ergänzen, damit die Zahl durch 3, aber nicht durch 9 teilbar ist? Gib alle Möglichkeiten an.

5 III **Fünfstellige Zahlen**

Bilde aus den Ziffern 1, 2, 3, 4 und 5 die größte fünfstellige Zahl, die …

a) … durch 5 teilbar ist.   b) … durch 4 teilbar ist.

c) … durch 3 teilbar ist.   d) … durch 25 teilbar ist.

6 III **Primfaktorzerlegung**

Zerlege in Primfaktoren.

a) 20   b) 36   c) 40   d) 56   e) 72   f) 80   g) 84

h) 125   i) 150   j) 200   k) 225   l) 250   m) 300   n) 1000

7 III **Von der Primfaktorzerlegung zur Zahl**

Von einer Zahl ist die Primfaktorzerlegung angegeben. Gib die Zahl an.

a) $2^2 \cdot 3 \cdot 5$ b) $2 \cdot 3 \cdot 5 \cdot 7$ c) $7 \cdot 11 \cdot 13$ d) $2^2 \cdot 3^2 \cdot 5^2$

8 III **Gemeinsame Vielfache – gemeinsame Teiler**

Bestimme die gemeinsamen Vielfachen und die gemeinsamen Teiler.

a) von 2 und 4   b) von 7 und 12   c) von 4 und 6

d) von 6 und 9   e) von 48 und 72   f) von 28 und 70

9 III **ggT und kgV**

Bestimme den ggT und das kgV.

a) ggT (10, 15)   b) ggT (21, 33)   c) ggT (56, 42)   d) ggT (12, 60)

e) kgV (2, 5)   f) kgV (10, 12)   g) kgV (6, 15)   h) kgV (42, 14)

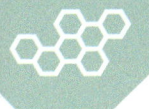

Verstehen

10 **II Primfaktorzerlegung**

Begründe mit der Primfaktorzerlegung, dass 75 kein Teiler von 360 ist.

11 **II Was haben die Zahlen gemeinsam? 456 456 und 528 528**

Schreibt man eine dreistellige Zahl zweimal nebeneinander, so erhält man eine sechsstellige Zahl (z. B. 456 456). Solche Zahlen sind immer durch 7, 11 und 13 teilbar.

a) Teile 456 456 durch 7. Dividiere das Ergebnis durch 11 und das neue Ergebnis durch 13. Probiere das gleiche Verfahren auch für 528 528 und mit weiteren selbst ausgedachten Zahlen. Fällt dir etwas auf?

b) Multipliziere die Zahlen 7, 11 und 13 miteinander. Kannst du damit erklären, warum alle zweimal aneinandergehängten dreistelligen Zahlen durch 7, 11 und 13 teilbar sind?

12 **II Wahr oder falsch?**

Die richtige Lösung führt zum Lösungswort.

Tipp
Zahlen, die außer 1 keinen weiteren gemeinsamen Teiler haben, nennt man teilerfremd.

	wahr	falsch
a) Zwei gerade Zahlen sind nie teilerfremd.	E	N
b) Eine Primzahl ist zu jeder anderen Zahl teilerfremd.	R	U
c) Zahlen mit der gleichen Quersumme sind nie teilerfremd.	F	K
d) Zwei verschiedene Primzahlen sind immer teilerfremd.	L	O
e) Der ggT zweier Zahlen ist immer kleiner als die kleinere Zahl.	L	I
f) Das kgV zweier aufeinanderfolgender Zahlen ist gleich ihrem Produkt.	D	G

Anwenden

13 **II Gardinenstangen**

Maren hat von ihrer Mutter zwei alte Gardinenstangen bekommen, um daraus zylinderförmige Bauklötze für ihren Bruder zu sägen. Alle Klötze sollen gleich lang sein und das Holz soll restlos verbraucht werden.

Wie lang kann Maren die Klötze machen?

Ist es falsch, wenn sie erst einmal die längere Stange bei 128 cm durchsägt?

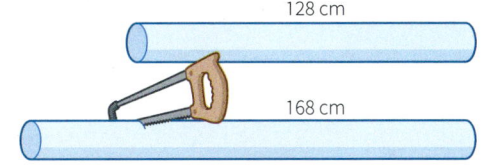

128 cm

168 cm

14 **II Hochrad**

Bei dem Hochrad hat ein Rad einen Umfang von 450 cm, das andere einen Umfang von 125 cm.

a) Wie oft muss sich das große (kleine) Rad in etwa drehen, wenn man mit dem Rad neun Kilometer fährt?

b) Nach welcher Entfernung berühren die markierten Stellen zum ersten Mal wieder gleichzeitig den Boden? Wie oft haben sich das kleine und das große Rad dann jeweils gedreht?

15 **II Jupiter**

Der Planet Jupiter dreht sich in 10 h einmal um sich selbst. Wie lange dauert es bei der Erde? Wie viele Jupitertage entsprechen wie vielen Erdtagen?

16 **II Primzahlen zwischen zwei Zahlen**

Der Mathematikprofessor PETER GUSTAV DIRICHLET hat vor mehr als 150 Jahren bewiesen, dass zwischen einer natürlichen Zahl (größer als 1) und dem Doppelten dieser Zahl mindestens eine Primzahl liegt.

a) Ergänze die Tabelle in deinem Heft.

Zahl	2	3	4		7	12		100	
Primzahl	3	5							
Doppeltes	4	6		10			40		400

b) Meinst du, es gibt eine Primzahl, die größer als eine Milliarde ist?

8 Brüche

Felix, Hannah und Tim haben ihre Pizza in sechs gleich große Stücke aufgeteilt. Jeder nimmt sich ein Stück, als Tims kleine Schwester Lara ins Zimmer kommt. Lara bettelt: „Ich möchte genauso viel von der Pizza haben wie ihr." Die Kinder überlegen, wie sie die Pizza nun noch gerecht aufteilen können. „Lara bekommt das nächste Stück. Dann sind noch zwei von den sechs Stücken übrig, die können wir beide nochmal teilen", schlägt Hannah vor. „Jeder bekommt dann ein kleines Stück ab." „Insgesamt hat dann jeder ein Viertel von der Pizza", stimmt Felix zu.

Brüche im Alltag

1 Ein Radtour-Bericht mit Brüchen

> Seit einer $\frac{3}{4}$ Stunde warteten wir bereits auf das Startsignal für die 24 km lange Tour. Als es endlich losging, war es schon halb neun. Nach ungefähr $\frac{1}{3}$ der Strecke hatten wir dann unsere erste Reifenpanne, nach $\frac{5}{8}$ der Strecke machten wir eine lange Pause.
> Nach $1\frac{3}{4}$ Stunden waren wir schließlich am Ziel.

Übersetze alle Angaben im Text so, dass keine Brüche mehr auftauchen.
Beispiel: Seit einer $\frac{3}{4}$ Stunde → Seit 45 Minuten

2 Brüche sind überall

Ein Dutzend ist ein alter Begriff für 12.

Manchmal sind Brüche auch versteckt. Zu jedem Bild gehört eine Zeile in der Tabelle. Jedoch sind die meisten Erklärungen verloren gegangen. Übertrage die Tabelle in dein Heft und fülle die Lücken.

Angabe ohne Bruch	Angabe mit Bruch
6 Stück	$\frac{1}{2}$ Dutzend
50 mm²	
	$\frac{1}{5}$ €
	$\frac{1}{4}$ kg
	$\frac{3}{4}$ l
	$\frac{3}{4}$ h

3 Waffelrezept

Nicole und Marius wollen Omas Waffelrezept ausprobieren, doch das Abmessen der Zutaten ist schwierig: Die Einteilung auf dem Messbecher zeigt nur Milliliter, die Waage nur Gramm.

Waffelrezept
$\frac{1}{4}$ kg Butter
4 Eier
$\frac{1}{4}$ kg Mehl
$\frac{1}{5}$ ℓ Milch
4 Esslöffel Zucker
1 Prise Salz

a) Schreibe die Zutaten des Rezepts in g und ml auf. Ist dies immer möglich?
b) Notiere die markierten Gramm- und Milliliterangaben als Bruchteile.
c) Entscheide mit der Skala des Messbechers, was mehr ist: $\frac{4}{5}$ l oder $\frac{3}{4}$ l.

Basiswissen

WES-125660-048

Brüche im Alltag

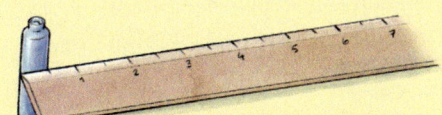

„ein halber Zentimeter" $\frac{1}{2}$ cm = 5 mm

„eine dreiviertel Stunde" $\frac{3}{4}$ h = 45 min

„ein viertel Kilogramm" $\frac{1}{4}$ kg = 250 g

„ein halber Liter" $\frac{1}{2}$ l = 500 ml

Beispiele

A Anteil eines Dezimeters

Wie lang sind $\frac{3}{5}$ dm? Zeichne und erkläre.

Lösung:
Zeichne eine 1 dm = 10 cm lange Strecke. Teile die Strecke in 5 gleich große Teile.
Jede Teilstrecke ist $\frac{1}{5}$ dm = 2 cm lang. 3 Teilstrecken sind 6 cm lang.

2 cm	4 cm	6 cm	8 cm	10 cm
$\frac{1}{5}$ dm	$\frac{2}{5}$ dm	$\frac{3}{5}$ dm	$\frac{4}{5}$ dm	1 dm

Somit $\frac{3}{5}$ dm = 6 cm.

B Anteil einer Stunde

Wie lang sind $\frac{2}{5}$ von einer Stunde?

Lösung:
Wandle in Minuten um: 1 h = 60 min

$\frac{1}{5}$ von einer Stunde sind 12 Minuten.

$\frac{2}{5}$ von einer Stunde sind 24 Minuten.

$$1\,h \xrightarrow{:5} \frac{1}{5}h \xrightarrow{\cdot 2} \frac{2}{5}h$$
$$60\,min \xrightarrow{:5} 12\,min \xrightarrow{\cdot 2} 24\,min$$

Übungen

4 ||| Anteil einer Länge
Skizziere und erkläre.
a) Wie lang sind $\frac{3}{10}$ dm? b) Wie lang sind $\frac{3}{4}$ dm?
c) Wie lang sind $\frac{4}{5}$ km? d) Wie lang sind $\frac{3}{8}$ km?

5 ||| Anteile von Größen
Gib den Anteil ohne Bruch in einer kleineren Maßeinheit an.
a) $\frac{1}{2}$ d $\frac{1}{3}$ h $\frac{3}{4}$ km $\frac{1}{4}$ h $\frac{1}{6}$ min
b) $\frac{1}{8}$ t $\frac{2}{3}$ d $\frac{1}{4}$ m $\frac{3}{8}$ kg $\frac{4}{5}$ l
c) $\frac{3}{4}$ dm² $\frac{1}{100}$ m² $\frac{1}{2}$ m² $\frac{1}{4}$ km³ $\frac{3}{5}$ m²
d) $\frac{3}{2}$ h $\frac{8}{5}$ m $\frac{5}{2}$ kg $\frac{11}{4}$ kg $\frac{5}{4}$ l

Tipp

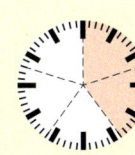

$$1\,m \xrightarrow{:5} \frac{1}{5}m \xrightarrow{\cdot 4} \frac{4}{5}m$$
$$100\,cm \xrightarrow{:5} 20\,cm \xrightarrow{\cdot 4} 80\,cm$$

6 **|||** **Brüche in der Küche**

In einem Kochbuch sind die Koch- und Backzeiten für
verschiedene Gerichte unterschiedlich angegeben.

„Uhr"	Backzeit	Anteil der gefärbten Fläche
⊕	$\frac{3}{4}$ h = 45 Minuten	$\frac{3}{4}$ „drei Viertel"

Welche „Uhr" (Kreismodell) passt zu den folgenden Back- und Garzeiten?

30 min   15 min   50 min   10 min   5 min   35 min

Zeichne sie in dein Heft und bestimme den gefärbten Anteil.

7 **|||** **Uhren**

Welcher Anteil einer Stunde ist auf der Uhr gelb markiert? Welcher Anteil fehlt noch zu einer
vollen Stunde? Gib die Lösungen jeweils als Bruch in Stunden und Wert in Minuten an.

a)   b)   c)   d)   e)

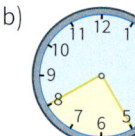  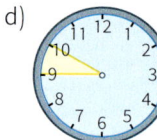 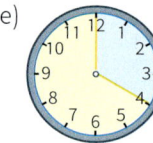

8 **||** **Rund um die Uhr**

Formuliere jeweils eine passende Frage und berechne.

a) Es ist 18.15 Uhr, in $1\frac{1}{2}$ Stunden kommt Fred vorbei.

b) Vor einer Dreiviertelstunde kam mein Zug an, jetzt ist es 13.07 Uhr.

c) Der Zug braucht genau $2\frac{1}{4}$ Stunden nach Essen. Wir fahren um 9.37 Uhr los.

d) Die meisten Sprechweisen im Bild sind unüblich. Was bedeuten sie?

 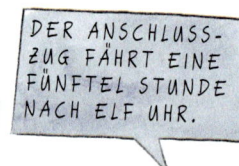 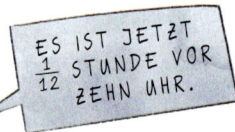

9 **|||** **Brüche und Längen**

Gib die Länge als Bruch an. Beachte die Aufteilung des Meters.

a)   b)

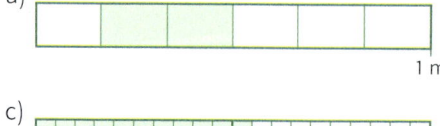 

c)   d)

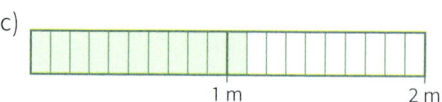 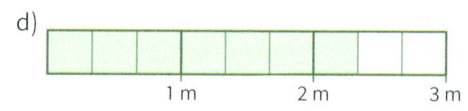

Grundwissen
zum Wiederholen

1 Nenne den größten Teiler von 44 und 99.

2 Welche Figuren haben eine Spiegelachse?

3 Wandle 10 cm in Millimeter um.

 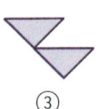 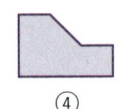
① ② ③ ④

4 Berechne.

a) 42 : 7   b) 56 : 8   c) 72 : 6   d) 81 : 3

Brüche als Anteil eines Ganzen

1 Schokoladenkuchen gerecht teilen

Brittas Mutter hat einen Blechkuchen gebacken.

a) Britta, ihre drei Geschwister und die Eltern wollen den Kuchen gerecht teilen. Zeichne den Kuchen als Rechteck mit den Kantenlängen 4 cm und 6 cm in dein Heft. Teile den Kuchen nun gerecht auf.
   Findest du verschiedene Möglichkeiten?
   Gib auch den Anteil des Kuchens an, den jeder bekommt.

b) Kannst du den Kuchen auch dann aufteilen, wenn nicht alle Familienmitglieder mitessen? Finde auch hier verschiedene Möglichkeiten.

c) Brittas Bruder Eric ist absoluter Kuchenfan. Er sagt: „Ich esse zwei Fünftel des Kuchens."
   „Okay, ich nehme vom Rest ein Drittel – dann könnt ihr aufteilen, was übrig bleibt", meint Britta. Zeichne.

40 cm

60 cm

2 Pizza-Party

Die Klasse 6 b feiert zum Schuljahresende eine Pizza-Party.
Die Abbildungen zeigen, wie viele Stücke Pizza Britta, Marcel und Yvonne essen.

Britta: Salamipizza

Marcel: Thunfischpizza

Yvonne: vegetarische Pizza

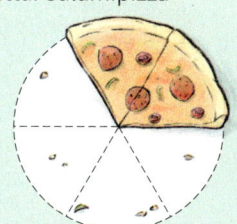
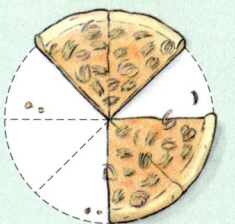
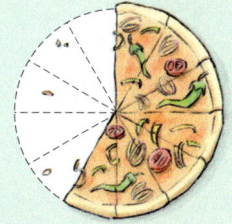

a) Bestimme die Anteile, die Britta, Marcel und Yvonne jeweils von der ganzen Pizza essen.

> Der Bruch $\frac{2}{5}$ bedeutet: Teile das Ganze in 5 gleich große Teile und nimm 2 davon.

b) Auf dem Tisch liegen weitere Pizzen, die genau so geteilt sind wie in den Abbildungen.
   Janne isst die Hälfte von einer Salamipizza, Timo ein Viertel von einer Thunfischpizza und Fabian vier Zwölftel von einer vegetarischen Pizza.
   Wie viele Stücke essen Janne, Timo und Fabian? Skizziere jeweils in einem Kreismodell.
   Zum Weiterdenken:
   Ole meint: „Dann haben Fabian und Britta gleich viel gegessen". Was meinst du?

3 Schokolade

Eine Tafel Schokolade mit 24 Stücken soll aufgeteilt werden.

a) Justus soll eine Hälfte bekommen, Romi ein Viertel und Mike ein Achtel.
   • Wie viele Stücke bekommen die Kinder jeweils?
   • Wie viele Stücke bleiben übrig?
   Gib als Anteil an.

b) Mona isst 8 Stücke einer solchen Schokolade, David 5. Welchen Anteil essen sie jeweils?

Brüche als Anteile eines Ganzen

Brüche treten beim **Aufteilen** auf.

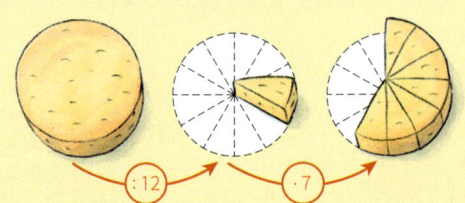

$\frac{7}{12}$ eines Kuchens:

Teile den Kuchen in 12 gleich große Teile und nimm 7 davon.

$$\frac{7}{12}$$

— Zähler
— Bruchstrich
— Nenner

Lies: „sieben Zwölftel"

Mit Brüchen werden Anteile von einem Ganzen dargestellt. Dazu muss das Ganze in **gleich große Teile** aufgeteilt werden.

Modell	Das Ganze	Der Anteil	Der Anteil als Bruch
Rechteckmodell			$\frac{2}{5}$ 5 Teile, 2 davon „zwei Fünftel"
Kreismodell			$\frac{1}{4}$ 4 Teile, 1 davon „ein Viertel"

Ein Bruch mit dem Zähler 1 heißt **Stammbruch**.

Beispiele

A **Anteil am Rechteckmodell**
Der Käsekuchen wurde von Omas Geburtstagsgästen kreuz und quer von dem Blech genommen. Wie viel Kuchen ist noch übrig? Schreibe den Anteil als Bruch.

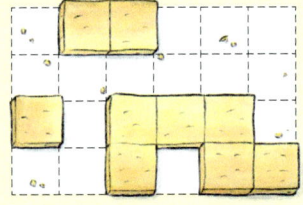

Lösung:
Von 24 Stücken sind noch 9 Stücke übrig, also $\frac{9}{24}$.

B **Anteil am Kreismodell**
Gib die Anteile der Kinder, die ein bestimmtes Schwimmabzeichen erworben haben, als Bruch an.

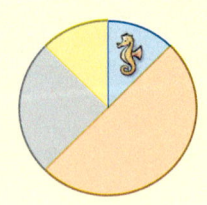

Lösung:
Seepferdchen: $\frac{1}{8}$ Bronze: $\frac{1}{2}$ Silber: $\frac{1}{4}$ Gold: $\frac{1}{8}$

Übungen

4 ‖‖ **Anteile**
Welcher Anteil ist grün gefärbt?

a)    b) 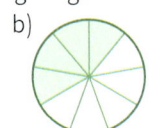   c) 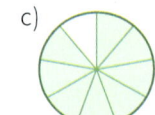   d) 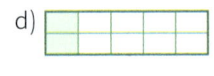   e)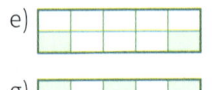

f)   g)

5 ‖‖ **Anteil abschneiden**
Welcher Anteil wird links abgeschnitten?

a) 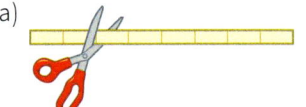   b) 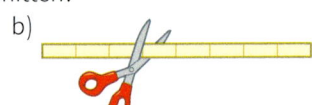   c)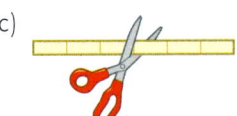

6 ||| Anteile zeichnen

Stelle die folgenden Anteile zeichnerisch dar.

a) mit einem Kreismodell ① $\frac{3}{8}$ ② $\frac{3}{4}$ ③ $\frac{1}{2}$ ④ $\frac{7}{8}$

b) mit einem Rechteckmodell ① $\frac{1}{3}$ ② $\frac{2}{6}$ ③ $\frac{1}{12}$ ④ $\frac{3}{10}$

7 ||| Schätzen von Anteilen

Welcher Bruch passt zu einem Anteil, der grün gefärbt dargestellt ist?

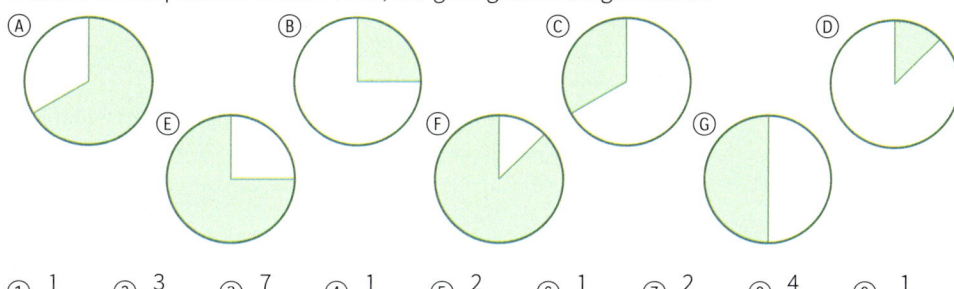

① $\frac{1}{3}$ ② $\frac{3}{4}$ ③ $\frac{7}{8}$ ④ $\frac{1}{4}$ ⑤ $\frac{2}{3}$ ⑥ $\frac{1}{8}$ ⑦ $\frac{2}{8}$ ⑧ $\frac{4}{8}$ ⑨ $\frac{1}{20}$

8 ||| Pizzamathematik

Toni hat eine Pizza in Viertel geteilt.

a) Er halbiert jedes Viertel und verteilt die Stücke an seine Gäste.
Wie groß ist jedes der Stücke?

b) Wie groß wären die Teilstücke, wenn er jedes Viertel gedrittelt hätte?

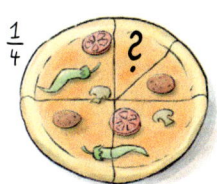 

9 || Kann das sein?

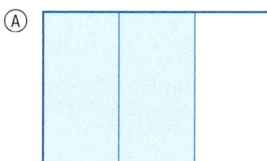 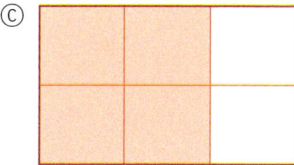

Was sagst du zu den Meinungen der Kinder?

Michel: „Es sind immer $\frac{2}{3}$ gefärbt. Die Formen und Farben sind unwichtig."

Ben: „Das sind nicht immer $\frac{2}{3}$, weil die farbigen Flächen unterschiedlich aussehen."

Anna: „Das sind nicht immer $\frac{2}{3}$, weil in Ⓒ vier Flächen gefärbt sind und nicht zwei."

10 || Verschiedene Formen – gleicher Anteil?!

Begründe, dass alle Bilder bis auf eines den Anteil $\frac{3}{4}$ darstellen. Finde das schwarze Schaf.

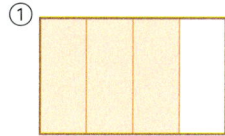 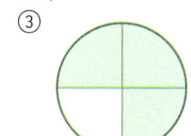 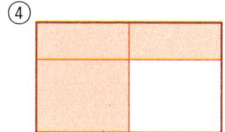

⑤

Costa Rica
Republik Kongo
Ruanda
Schweden
Schweiz
Tschechische Republik

11 **II Flaggen haben es in sich**

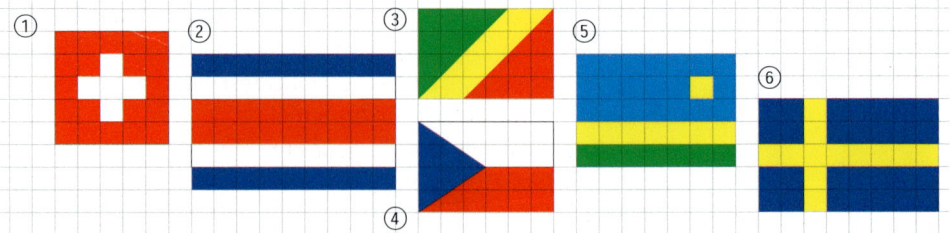

a) Welcher Anteil Stoff der Flagge entfällt auf die einzelnen Farben?
   Zu welchem Land gehört welche Flagge?
b) Suche nach weiteren Flaggen und bestimme die Farbanteile.
c) Entwirf eine Flagge auf kariertem Papier, bei der $\frac{1}{5}$ rot und $\frac{3}{10}$ blau ist. Der Rest soll weiß
   bleiben. Welcher Anteil ist weiß geblieben?

12 **II Brüche mit dem 5×5-Geobrett**

a) Christoph hat mit einem Gummiband $\frac{1}{8}$ der Fläche des
   Geobretts umspannt. Finde noch zwei weitere Möglichkeiten,
   $\frac{1}{8}$ der Fläche zu umspannen.

b) Laura hat mit Gummibändern weitere Figuren gespannt.
   Welcher Bruchteil des Geobretts ist jeweils umspannt?

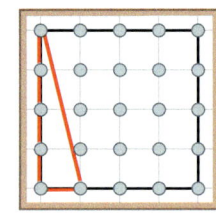

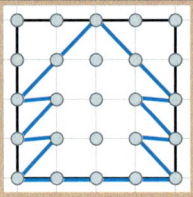
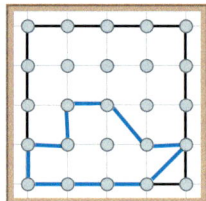
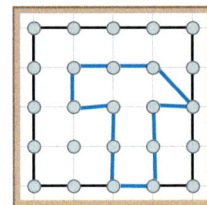
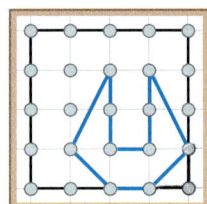

c) Spanne ein Gummiband so, dass $\frac{3}{4}$ der Fläche umspannt ist. Ebenso $\frac{3}{8}$, $\frac{9}{16}$, $\frac{7}{16}$, $\frac{10}{16}$.

d) Erfinde weitere Figuren und gib deren Bruchteil an der Gesamtfläche an.

13 **II Schafweide gesucht**

Landwirt Herr Schäfer möchte dem Schaf Bella ein Viertel der Wiese
zum Weiden überlassen. Doch ihm fallen mindestens fünf Möglichkeiten ein, wie er das bewerkstelligen kann. Eine ist in der Abbildung
dargestellt. Zeichne die quadratische Wiese in dein Heft, am besten
acht Kästchen lang und acht Kästchen breit, und teile ein Viertel ab.
Finde möglichst viele verschiedene Weideflächen für das Schaf.

14 **II Das Ganze ergänzen**

a) Du siehst jeweils einen Anteil eines
   Ganzen. Übertrage die Figur ins Heft und
   verfahre entsprechend dem Beispiel.
   Die ganze Figur kann ein Quadrat, ein
   Rechteck oder ein Dreieck sein.
   Gib den Anteil des ergänzten Stücks an.

$\frac{1}{3}$ → $\frac{1}{3}$ $\frac{2}{3}$ →

① $\frac{1}{5}$ ② $\frac{1}{4}$ ③ $\frac{1}{9}$ ④ $\frac{2}{3}$ ⑤ $\frac{1}{8}$

b) Denke dir selbst fünf neue Aufgaben aus und bearbeite sie.

15 **II** **Kuchenmathematik**

Simone soll beim Konditor vier Stücke Käsekuchen holen. Sie hat in Mathematik gerade mit Bruchrechnung angefangen. Um ihre Kenntnisse auszuprobieren, bestellt sie $\frac{4}{12}$ Käsekuchen. „Aha", meint die Verkäuferin. „Du möchtest also ein Drittel Käsekuchen."

a) Meint die Verkäuferin dasselbe? Am besten veranschaulichst du die Anteile mit einem „Kuchendiagramm". Oder vielleicht sogar mit einem richtigen Kuchen.

b) Wie hätte Simone einen halben Käsekuchen (drei Viertel Käsekuchen) auf verschiedene Arten bestellen können?

Gleiche Brüche können verschiedene Namen haben

Für jeden Bruch gibt es viele verschiedene Namen. Durch eine feinere oder gröbere Aufteilung kann man gleiche Brüche mit verschiedenen Namen erhalten.

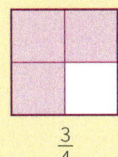 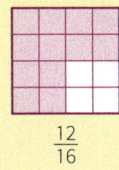 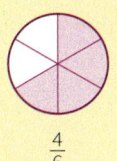 

$\frac{3}{4}$ $\frac{12}{16}$ $\frac{4}{6}$ $\frac{2}{3}$

$\frac{3}{4}$ und $\frac{12}{16}$ stellen denselben Anteil dar. $\frac{4}{6}$ und $\frac{2}{3}$ stellen denselben Anteil dar.

---

16 **III** **Namensvettern bei Brüchen**

①  ②  ③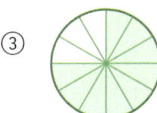

a) Welche Brüche sind in den Zeichnungen dargestellt? Gib für die Brüche zwei Namen an.

b) Findest du weitere Namen für die Brüche?

17 **II** **Bruchuhr**

Mit zwei kreisförmigen Papierscheiben hat sich Miriam eine „Bruchuhr" gebaut. Auf eine der Papierscheiben hat sie dabei eine Unterteilung in 12 gleiche Teile gezeichnet.

a) Baue eine Bruchuhr und stelle damit die folgenden Brüche dar: $\frac{1}{4}$, $\frac{1}{6}$, $\frac{5}{6}$, $\frac{1}{3}$, $\frac{3}{4}$.

b) Stelle einen Anteil ein und zeige deinem Nachbarn die Rückseite der Bruchuhr. Dieser muss nun den eingestellten Bruch erraten. Wechselt euch ab. Wer hat zuerst fünf Brüche richtig erraten?

Grundwissen
zum Wiederholen

1 Nenne den größten gemeinsamen Teiler von 45 und 54.

2 Wandle 1000 cm in Meter um.

3 Berechne im Kopf: a) $15 : 5 \cdot 3$ b) $15 : (5 \cdot 3)$ c) $15 : 3 \cdot 5$

4 Die Sonne ist von der Erde 150 000 000 km entfernt.
Das Licht legt in einer Sekunde 300 000 km zurück.
Wie lange braucht das Licht von der Sonne zur Erde?

18 ⫿⫿ Brüche bei Quadern

In einer Schreinerei wurden aus quaderförmigen Holzstücken bestimmte Teile herausgesägt. Welcher Anteil des Quaders wurde jeweils herausgesägt, welcher Anteil ist übrig geblieben?

a) 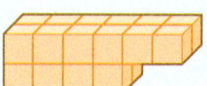 b) c)  d)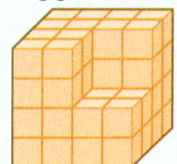

19 ⫿⫿⫿ Sportlich, sportlich

Die Klasse 5 a besteht aus 27 Schülerinnen und Schülern, die Klasse 5 b aus 28 Schülerinnen und Schülern und die 5 c aus 26 Schülerinnen und Schülern. Sie sind für ihre Sportbegeisterung bekannt und werden für die Schülerzeitung interviewt. Nach dem Interview sind dem Redakteur die Angaben jedoch durcheinander geraten. Er erinnert sich aber noch daran, dass die Anteile aufgehen.

$\frac{2}{3}$ der einen Klasse spielen Handball

$\frac{5}{13}$ der einen Klasse reiten

$\frac{1}{9}$ einer Klasse macht Freeclimbing

$\frac{4}{7}$ von einer Klasse spielen Fußball

$\frac{1}{4}$ einer Klasse spielt Basketball

$\frac{5}{13}$ einer Klasse surfen

Übertrage die Tabelle in dein Heft und fülle die Lücken:

Klasse	Sportart	Anzahl der Kinder	Anteil der Klasse
5 a	Handball	▨	▨
▨	Fußball	▨	▨
⋮	⋮	⋮	⋮

Exkurs

Eisberge

Eisberge sind eine Gefahr für die Schifffahrt. Dies liegt auch daran, dass der größte Teil des Eises unter Wasser liegt. Die Eintauchtiefe von Eisbergen hängt auch vom Salzgehalt des umgebenden Wassers ab. Sind es in Salzwasser etwa $\frac{1}{10}$ bis $\frac{1}{9}$ des Eisberges, die über der Wasseroberfläche liegen, so ist in Süßwasser nur etwa $\frac{1}{12}$ des Eisberges sichtbar.

---

20 ⫿⫿ Eisberge

Die Eisberge werden mit Kästchen gezeichnet.

a) Bestimme, welcher Anteil über und welcher Anteil unter der Wasseroberfläche liegt. Welcher der Eisberge schwimmt in Süßwasser?

① 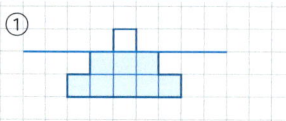 ② 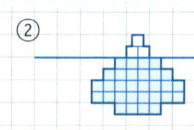 ③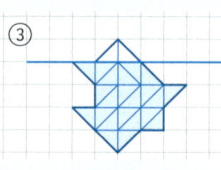

b) Zeichne den Eisberg ab und ergänze ihn so, dass $\frac{9}{10}$ unter der Wasseroberfläche sind.

8.3 Brüche beim Verteilen

1 Waffeln verteilen

Fünf oder zehn Waffeln kann man leicht an fünf Kinder verteilen, aber kann man auch zwei Waffeln gerecht an fünf Kinder verteilen?

a) Zeichne zwei Waffeln als Rechtecke in dein Heft und finde Möglichkeiten, sie gerecht zu verteilen. Wie viel bekommt dann jedes Kind?

b) Wie könnte man neun dieser Waffeln an fünf Kinder verteilen? Findest du verschiedene Möglichkeiten?

c) Löse auch die beiden folgenden Verteilungsprobleme.

> ① Die acht Spieler der Fußball-mannschaft von Marcel bekommen 14 Waffeln.

> ② Die sechs Kinder aus der Akrobatik-gruppe bekommen zehn Waffeln.

d) Formuliere die Verteilungsprobleme als Rechenaufgaben. Gib den Anteil, den jedes Kind bekommt, als Bruch an. Was fällt dir auf? Überprüfe deine Vermutung an eigenen Beispielen.

2 Lakritzschnecken verteilen

Fenja hat für sich und ihre Freundinnen Lea und Antonia drei Lakritzschnecken gekauft. Gerade will sie jedem Kind eine geben, da kommt ihr Bruder Lars dazu. „Dann verteilen wir die drei Lakritzschnecken eben an uns Vier", sagt Fenja. Aber wie? Die Kinder machen Vorschläge.

> *Fenja rollt alle Lakritz-schnecken ab, legt sie in eine Reihe und teilt die ganze Reihe in vier gleich große Teile.*

> *Lea will jede Lakritz-schnecke vierteln und jedem dann von jeder Lakritzschnecke ein Stück geben.*

> *Antonia will jedem Kind eine halbe Lakritzschnecke geben und von der dritten Lakritzschnecke ein Viertel.*

a) Hilf den Kindern, indem du ihre Vorschläge aufzeichnest. Eine Lakritzschnecke kannst du zum Beispiel als 6 cm lange Strecke darstellen. Wie würdest du verteilen?

b) Gib den Anteil, den jedes Kind erhält, als Bruch an.

3 Pizzaessen

Tom, Paul, Lara und Anna wollen sich drei Pizzen teilen. Die Kinder bestellen eine Pizza mit Salami, eine Pizza mit Schinken und eine vegetarische Pizza.

a) Verteile die Pizzen gerecht an die Kinder. Fertige auch eine Skizze an und gib den Anteil, den jedes Kind erhält, als Bruch an.

b) Tom mag die Pizza mit Schinken nicht. Zeichne mögliche Verteilungen so, dass trotzdem jedes Kind gleich viel Pizza bekommt.

c) Wie wurde hier verteilt? Erkläre das Verfahren. Wähle je eine Farbe für ein Kind.

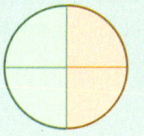 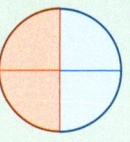 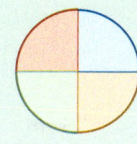

Brüche beim Verteilen

„Verteile 3 Pizzen auf 4 Kinder."

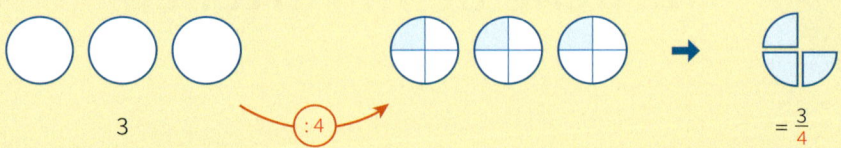

3   : 4 $= \frac{3}{4}$

Teile jede Pizza in 4 gleich große Teile. Jedes Kind erhält 3 Viertel, das sind $\frac{3}{4}$ einer Pizza.

„Verteile 5 Pizzen auf 3 Kinder."

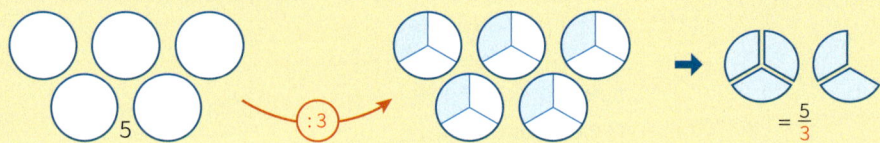

5   : 3 $= \frac{5}{3}$

Teile jede Pizza in 3 gleich große Teile. Jedes Kind erhält 5 Drittel. Das schreibt man als $\frac{5}{3}$.

Gemischte Zahlen

Wenn der Zähler größer ist als der Nenner, ist ein Bruch größer als ein Ganzes. Diese Brüche können auch als gemischte Zahl geschrieben werden: $\frac{5}{3} = \frac{3}{3} + \frac{2}{3} = 1 + \frac{2}{3} = 1\frac{2}{3}$

Lies: „Ein Ganzes und zwei Drittel" oder kurz „ein zwei Drittel".

Übungen

4 ┃┃┃ **Verteilungsproblem**

Bestimme, wie viel jedes Kind erhält. Gib das Ergebnis, wenn möglich, als gemischte Zahl an.

a) Verteile 3 Pizzen an 6 Kinder.   b) Verteile 5 Eierkuchen an 4 Kinder.

c) Verteile 8 Tafeln Schokolade an 3 Kinder.   d) Verteile 2 Bleche Kuchen an 5 Kinder.

5 ┃┃┃ **Manchmal ist Verteilen schwierig**

Drei Geschwister teilen stets alles gerecht untereinander auf.

a) Wie viel bekommt jeder von 5 Pfannkuchen?

b) Für das Rasenmähen bekommen die drei Geschwister zusammen 10 €. Warum fällt es den Dreien schwer, die 10 € untereinander aufzuteilen?

6 ┃┃┃ **„Besondere" Brüche beim Verteilen**

① Verteile 4 Pizzen auf ein Kind.   ② Verteile 5 Pizzen auf fünf Kinder.   ③ Verteile 8 Pizzen auf vier Kinder.

Wie viel Pizza bekommt jedes Kind?

7 ┃┃ **Gemischte Zahlen**

Stelle die Brüche als gemischte Zahl dar. Bei drei Aufgaben klappt das nicht. Begründe.

a) ① $\frac{8}{3}$ ② $\frac{35}{8}$ ③ $\frac{11}{15}$ ④ $\frac{27}{6}$ ⑤ $\frac{110}{100}$ ⑥ $\frac{45}{4}$

b) ① $\frac{63}{6}$ ② $\frac{83}{4}$ ③ $\frac{99}{100}$ ④ $\frac{100}{100}$ ⑤ $\frac{101}{100}$ ⑥ $\frac{79}{8}$

Grundwissen

zum Wiederholen

1 Berechne im Kopf: a) $12 - 2 \cdot 4$ b) $(12 - 2) \cdot 4$ c) $12 - (2 \cdot 4)$

2 Welcher geometrische Körper kann gemeint sein:

„Vier Kanten dieses Körpers treffen sich in einer Ecke."

3 Zeichne ein Rechteck mit der Länge 6 cm und der Breite 4 cm.

8.4 Erweitern und Kürzen

1 **Verschiedene Brüche – oder verschiedene Namen für dasselbe?**

a) In den vier Kreisdiagrammen ist jeweils ein Bruch dargestellt. Der Bruch im Diagramm Ⓐ ist $\frac{1}{2}$. Gib die anderen Brüche an. Vergleiche die Brüche.

Ⓐ 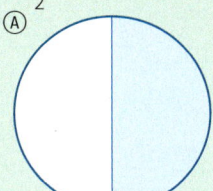 Ⓑ 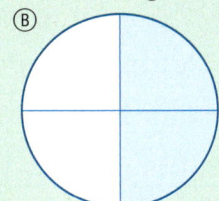 Ⓒ 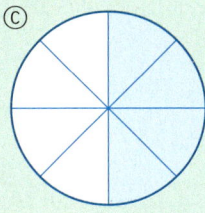 Ⓓ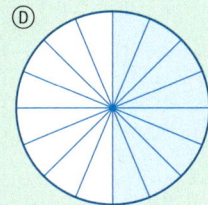

Wie könnten die Brüche aus dem ersten Bruch entstanden sein?

b) Die Abbildungen erinnern an die Kreisdiagramme in Teilaufgabe a).

Ⓐ 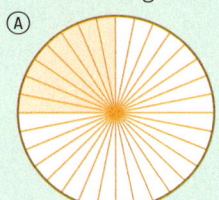 Ⓑ 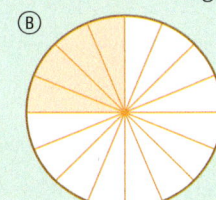 Ⓒ 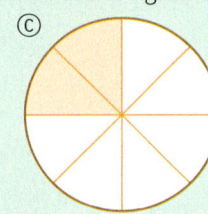 Ⓓ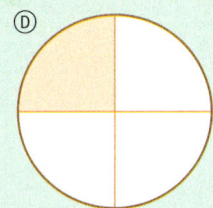

Welche Brüche sind dargestellt? Vergleiche die Brüche.
Wie könnten die Brüche aus dem ersten Bruch entstanden sein?

2 **Gleiche Brüche – verschiedene Namen**

$\frac{1}{2}$ und $\frac{2}{4}$ sind verschiedene Namen für den gleichen Bruch.

$\frac{1}{2}$

$\frac{2}{4}$

$\frac{\blacksquare}{6}$

$\frac{\blacksquare}{\blacksquare}$

$\frac{\blacksquare}{\blacksquare}$

$\frac{\blacksquare}{\blacksquare}$

Sprache

a) Finde vier weitere Namen für $\frac{1}{2}$.

b) Erkläre, wie du andere Namen für $\frac{1}{2}$ findest.

c) Julia meint: „Man könnte sagen, gleiche Brüche mit verschiedenen Namen gehören zu einer Familie." Wie groß kann diese Familie sein?

d) Finde andere Namen für $\frac{1}{4}$ $\left(\text{bzw. } \frac{3}{4}\right)$.

WES-125660-051

Gleichwertige Brüche

Brüche, die denselben Anteil beschreiben, nennt man **gleichwertig**.

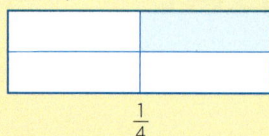

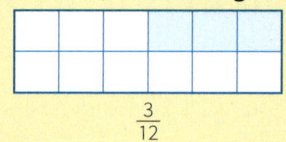

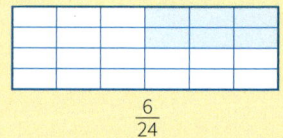

$\frac{1}{4}$ $\frac{3}{12}$ $\frac{6}{24}$

Erweitern

Das **Erweitern eines Bruchs** entspricht einer feineren Unterteilung des Ganzen.

Verfeinern mit 3	Erweitern mit 3
$\frac{2}{5}$ $\quad$ $\frac{6}{15}$	Zähler und Nenner mit 3 multiplizieren. $\frac{2}{5} = \frac{2 \cdot 3}{5 \cdot 3} = \frac{6}{15}$

Beim Erweitern werden der Zähler und der Nenner mit der gleichen Zahl multipliziert.

Durch Erweitern kann man zu einem Bruch beliebig viele gleichwertige Brüche erhalten.

Kürzen

Das **Kürzen eines Bruchs** entspricht einer gröberen Unterteilung des Ganzen.

Vergröbern mit 4	Kürzen mit 4
$\frac{8}{12}$ $\quad$ $\frac{2}{3}$	Zähler und Nenner durch 4 dividieren. $\frac{8}{12} = \frac{8 : 4}{12 : 4} = \frac{2}{3}$

Beim Kürzen werden der Zähler und der Nenner durch die gleiche Zahl dividiert.

Beispiel

A   Kürzen und Erweitern

Finde durch Kürzen und Erweitern insgesamt sechs gleichwertige Brüche zu $\frac{18}{24}$.

Lösung:

Kürzen mit 2	$\frac{18}{24} = \frac{18 : 2}{24 : 2} = \frac{9}{12}$	Erweitern mit 2	$\frac{18}{24} = \frac{18 \cdot 2}{24 \cdot 2} = \frac{36}{48}$
Kürzen mit 3	$\frac{18}{24} = \frac{18 : 3}{24 : 3} = \frac{6}{8}$	Erweitern mit 10	$\frac{18}{24} = \frac{18 \cdot 10}{24 \cdot 10} = \frac{180}{240}$
Kürzen mit 6	$\frac{18}{24} = \frac{18 : 6}{24 : 6} = \frac{3}{4}$	Erweitern mit 5	$\frac{18}{24} = \frac{18 \cdot 5}{24 \cdot 5} = \frac{90}{120}$

Übungen

3 ||| Erweitern und Kürzen – Training

a) Erweitere jeden Bruch mit der angegebenen Zahl.

① $\frac{2}{3}$ mit 5   ② $\frac{4}{9}$ mit 3   ③ $\frac{1}{4}$ mit 10   ④ $\frac{3}{8}$ mit 4

b) Kürze soweit wie möglich.

① $\frac{30}{40}$ ② $\frac{16}{20}$ ③ $\frac{5}{15}$ ④ $\frac{24}{45}$ ⑤ $\frac{6}{33}$ ⑥ $\frac{5}{6}$ ⑦ $\frac{12}{30}$ ⑧ $\frac{13}{39}$

4 ||| **Erweitern und Kürzen – gleichwertige Brüche finden**

Finde zu jedem Bruch drei gleichwertige Brüche. Gib jeweils an, mit welcher Zahl du den Bruch gekürzt oder erweitert hast.

a) $\frac{10}{50}$ b) $\frac{6}{11}$ c) $\frac{5}{15}$ d) $\frac{25}{5}$ e) $\frac{7}{9}$ f) $\frac{6}{4}$ g) $\frac{14}{30}$

5 ||| **Etwas fehlt**

a) Bestimme den fehlenden Zähler.

$\frac{3}{4} = \frac{\blacksquare}{20}$ $\frac{18}{30} = \frac{\blacksquare}{5}$ $\frac{2}{7} = \frac{\blacksquare}{28}$ $\frac{24}{60} = \frac{\blacksquare}{5}$

b) Bestimme den fehlenden Nenner.

$\frac{3}{5} = \frac{36}{\blacksquare}$ $\frac{4}{7} = \frac{48}{\blacksquare}$ $\frac{1}{9} = \frac{12}{\blacksquare}$ $\frac{3}{8} = \frac{27}{\blacksquare}$

6 ||| **Immer feiner**

a) Was wurde hier jeweils gemacht? Erkläre die Darstellung.

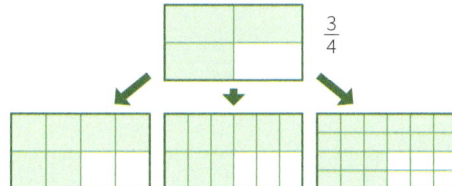

b) Begründe durch geeignete Bilder, dass die Brüche $\frac{1}{3}$, $\frac{2}{6}$, $\frac{3}{9}$ und $\frac{5}{15}$ alle den gleichen Anteil darstellen.

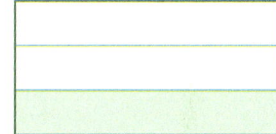

7 ||| **Etwas gehört nicht dazu**

Die meisten Brüche aus der Liste sind durch Erweitern aus $\frac{2}{7}$ entstanden. Mit welcher Zahl wurde jeweils erweitert? Welche Brüche passen nicht dazu? Begründe.

$\frac{6}{21}$, $\frac{22}{77}$, $\frac{14}{42}$, $\frac{20}{70}$,
$\frac{1}{14}$, $\frac{30}{105}$, $\frac{200}{700}$, $\frac{20}{7}$

8 ||| **Gleich und gleich gesellt sich gern**

Finde zu jedem Bruch drei weitere Namen. In welchen Fällen hast du gekürzt, in welchen erweitert?

In welchen Fällen brauchtest du gar nicht rechnen?

a) $\frac{10}{50}$ b) $\frac{16}{32}$ c) $\frac{200}{300}$ d) $\frac{6}{4}$ e) $\frac{6}{11}$ f) $\frac{25}{5}$ g) $\frac{3}{1}$

9 ||| **Unmögliche Unterteilung**

a) Einige der Brüche aus der Liste lassen sich auf den Nenner 100 bringen, die anderen nicht. Entscheide und begründe jeweils.

b) Versuche, die Brüche aus der Liste so zu erweitern, dass der Nenner 1000 ist. Wo gelingt es jetzt? Finde eine Erklärung.

$\frac{1}{2}$, $\frac{12}{20}$, $\frac{3}{4}$, $\frac{7}{8}$,
$\frac{4}{5}$, $\frac{8}{13}$, $\frac{9}{10}$, $\frac{3}{40}$

10 ||| **Auch kleine Schritte führen zum Ziel**

Jonas hat in mehreren Schritten gekürzt:

$$\frac{48}{72} = \frac{12}{18} = \frac{4}{6} = \frac{2}{3}$$

Probiere Jonas Methode beim Kürzen folgender Brüche aus: $\frac{48}{100}$, $\frac{96}{144}$, $\frac{36}{188}$, $\frac{50}{75}$.

Grundwissen
zum Wiederholen

1 Nenne die kleinste zweistellige Zahl.

2 Arne möchte eine zu g senkrechte Gerade durch den Punkt D zeichnen. Wie viele Möglichkeiten hat er?

Ⓐ keine   Ⓑ eine   Ⓒ zwei   Ⓓ unendlich viele

3 Eine kleine Pizza kostet 4,50 € und eine große Pizza 7,50 €. Thomas bestellt vier kleine und zwei große Pizzen. Wie viel muss er bezahlen?

Brüche vergleichen und ordnen

1 Große Torte statt vieler Worte

Für die Geburtstagsgäste möchte Opa Beneke ausreichend Torte besorgen. Eigentlich wollte er der erste Kunde sein, aber da war jemand schneller …

ANANASTORTE KIRSCHTORTE NUSSTORTE MANDELTORTE MOCCATORTE

a) Von welcher Torte ist am wenigsten übrig, von welcher am meisten?

b) Finde mehrere Namen für den übrig gebliebenen Bruchteil jeder Torte.

2 Wer war in dem Quiz besser?

Acht Mädchen und vier Jungen treten in einem Quiz an. Die Themengebiete sind Stadt, Land, Fluss. Zu jedem Thema muss jedes der acht Mädchen und jeder der vier Jungen je eine Frage beantworten. Die Anzahl der richtigen Antworten sind in der Tabelle dargestellt.

	Mädchen	Jungen
Stadt	⦀⦀	⦀
Land	⦀⦀	⦀
Fluss	⦀⦀⦀	⦀

a) Welches war das beste Themengebiet bei den Mädchen, welches bei den Jungen?

b) Bei welchen Themen waren die Jungen besser als die Mädchen?

3 Brüche – mal größer, mal kleiner

Jannick will einige Brüche vergleichen. Bei $\frac{1}{4}$ und $\frac{3}{4}$ sieht er sofort, welcher Bruch größer ist. In schwierigeren Fällen hilft ihm eine Zeichnung.

KLAR DOCH: $\frac{5}{12} < \frac{1}{2}$

a) Vergleiche die Brüche durch Hinsehen oder durch Einteilen und Färben in einem Rechteckmodell.
Setze das entsprechende Zeichen <, > oder = ein.

① $\frac{1}{4}$ ▮ $\frac{1}{3}$
② $\frac{4}{6}$ ▮ $\frac{2}{3}$
③ $\frac{4}{7}$ ▮ $\frac{5}{7}$
④ $\frac{7}{12}$ ▮ $\frac{1}{2}$
⑤ $\frac{2}{5}$ ▮ $\frac{4}{7}$
⑥ $\frac{7}{8}$ ▮ $\frac{4}{3}$
⑦ $\frac{7}{8}$ ▮ $\frac{4}{5}$
⑧ $\frac{10}{12}$ ▮ $\frac{3}{4}$

b) Formuliere die Strategien, die du gefunden hast. Hast du ein rechnerisches Verfahren gefunden, mit dem du $\frac{3}{5}$ und $\frac{5}{8}$ vergleichen kannst?

4 Zeitungsartikel

„Bei einer Geschwindigkeitskontrolle am vergangenen Dienstag fuhr ein Viertel der Autos schneller als erlaubt. Am Mittwoch war sogar ein Fünftel der Autos zu schnell."
Was meinst du zu dieser Meldung?

Basiswissen

WES-125660-052

Brüche miteinander vergleichen

Gleiche Nenner

Vergleiche $\frac{2}{5}$ und $\frac{3}{5}$.

 <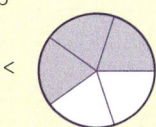

Einteilung in 5 gleich große Teile: $\frac{2}{5} < \frac{3}{5}$

Gleiche Zähler

Vergleiche $\frac{3}{4}$ und $\frac{3}{5}$.

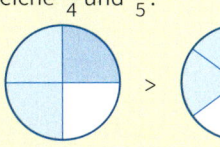

Viertel sind größer als Fünftel: $\frac{3}{4} > \frac{3}{5}$

Verschiedene Nenner und verschiedene Zähler

Vergleiche $\frac{3}{5}$ und $\frac{2}{3}$.

Brüche gleichnamig machen
- Einen gemeinsamer Nenner bestimmen, Produkt der beiden Nenner $3 \cdot 5 = 15$
- Brüche auf den gemeinsamen Nenner erweitern:

$$\frac{3}{5} = \frac{3 \cdot 3}{5 \cdot 3} = \frac{9}{15} \text{ (erweitern mit 3)}$$

$$\frac{2}{3} = \frac{2 \cdot 5}{3 \cdot 5} = \frac{10}{15} \text{ (erweitern mit 5)}$$

$\frac{3}{5} < \frac{2}{3}$, da $\frac{9}{15} < \frac{10}{15}$

Gemeinsame Verfeinerung, damit beide Anteile aus gleich großen Stücken bestehen.

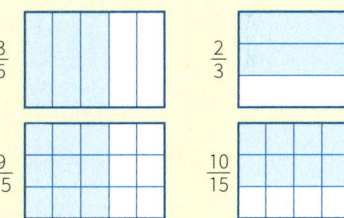

Beispiel

A **Vergleich zweier Brüche**

Vergleiche die angegebenen Brüche.

a) $\frac{5}{9}$ und $\frac{5}{7}$

b) $\frac{5}{8}$ und $\frac{2}{3}$

Lösung:

a) Vergleiche $\frac{5}{9}$ und $\frac{5}{7}$. Die Zähler der beiden Brüche sind gleich.
$\frac{5}{7} > \frac{5}{9}$, da Siebentel größer als Neuntel sind.

b) Vergleiche $\frac{5}{8}$ und $\frac{2}{3}$.
Zähler und Nenner sind verschieden.
Brüche gleichnamig machen:
- Ein gemeinsamer Nenner: $3 \cdot 8 = 24$
- $\frac{5}{8}$ mit 3 erweitern: $\frac{5}{8} = \frac{5 \cdot 3}{8 \cdot 3} = \frac{15}{24}$
- $\frac{2}{3}$ mit 8 erweitern: $\frac{2}{3} = \frac{2 \cdot 8}{3 \cdot 8} = \frac{16}{24}$

$\frac{5}{8} < \frac{2}{3}$, da $\frac{5}{8} = \frac{15}{24} < \frac{16}{24} = \frac{2}{3}$

16 Teilstücke sind mehr als 15 genauso große Teilstücke.

Übungen

5 **|||** **Größer, kleiner oder gleich?**

Vergleiche die Brüche. Wenn du nicht sicher bist, helfen dir Diagramme.

Ersetze das ▩ durch >, < oder =.

a) $\frac{1}{3}$ ▩ $\frac{3}{6}$

b) $\frac{2}{4}$ ▩ $\frac{4}{8}$

c) $\frac{3}{4}$ ▩ $\frac{7}{8}$

d) $\frac{4}{5}$ ▩ $\frac{6}{10}$

e) $\frac{2}{3}$ ▩ $\frac{3}{5}$

f) $\frac{2}{3}$ ▩ $\frac{5}{8}$

g) $\frac{5}{7}$ ▩ $\frac{5}{19}$

h) $\frac{3}{4}$ ▩ $\frac{7}{9}$

i) $\frac{5}{11}$ ▩ $\frac{2}{5}$

j) $\frac{4}{5}$ ▩ $\frac{6}{12}$

6 ||| **Brüche im Vergleich**

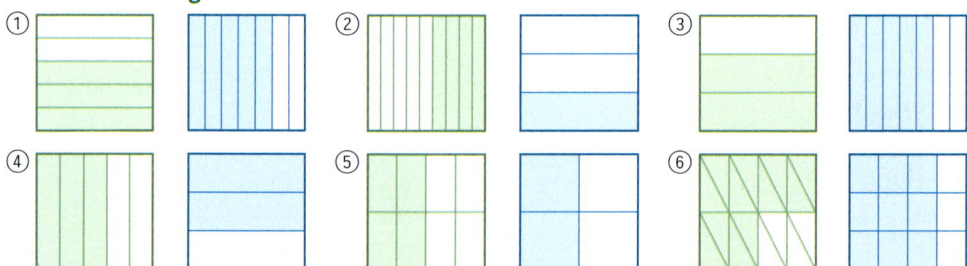

Welche Brüche sind durch die farbigen Anteile dargestellt? Vergleiche die Brüche
- mithilfe der Rechteckmodelle
- durch Erweitern und Kürzen.

7 ||| **Kleiner, größer oder gleich?**

Vergleiche die Brüche. Ersetze das ▨-Zeichen durch <, > oder =. Vielleicht findest du bei einigen Aufgaben einen gemeinsamen Nenner „auf einen Blick". Schaue dir dazu das vorgerechnete Beispiel an.

> Beispiel: Vergleiche $\frac{2}{3}$ und $\frac{5}{9}$.
> Ein gemeinsamer Nenner ist 9.
> $\frac{2}{3} = \frac{2 \cdot 3}{3 \cdot 3} = \frac{6}{9} > \frac{5}{9}$

a) $\frac{3}{4}$ ▨ $\frac{7}{9}$ b) $\frac{3}{4}$ ▨ $\frac{3}{5}$ c) $\frac{2}{5}$ ▨ $\frac{3}{5}$ d) $\frac{1}{4}$ ▨ $\frac{1}{8}$ e) $\frac{3}{4}$ ▨ $\frac{7}{8}$

f) $\frac{3}{14}$ ▨ $\frac{1}{6}$ g) $\frac{7}{9}$ ▨ $\frac{11}{13}$ h) $\frac{2}{5}$ ▨ $\frac{14}{35}$ i) $\frac{2}{4}$ ▨ $\frac{5}{8}$ j) $\frac{5}{9}$ ▨ $\frac{4}{7}$

8 ||| **Strategie „$\frac{1}{2}$" und Strategie „1"**

Vergleiche die Brüche. Überlege zunächst, ob einer der Brüche größer als $\frac{1}{2}$ und der andere kleiner als $\frac{1}{2}$ ist. Überlege entsprechend für „größer oder kleiner 1".

a) $\frac{5}{9}$ ▨ $\frac{6}{13}$ b) $\frac{8}{7}$ ▨ $\frac{14}{15}$ c) $\frac{13}{30}$ ▨ $\frac{18}{35}$ d) $\frac{9}{10}$ ▨ $\frac{85}{84}$ e) $\frac{3}{4}$ ▨ $\frac{9}{12}$

9 ||| **Strategien zum Ordnen von Brüchen**

Max, Lina, Samuel, Tobias und Anna haben als Gruppenauftrag, die Brüche

$$\frac{7}{9}, \frac{5}{6}, \frac{43}{54}, \frac{7}{10}, \frac{21}{42}, \frac{8}{5}, \frac{1}{100}$$

der Größe nach zu ordnen.
Diskutiert die Vorschläge.
Ordnet die Brüche dann.

> Max: „Wir bringen alle Brüche auf einen gemeinsamen Nenner und vergleichen sie."
> Lina: „$6 \cdot 9 = 54$"
> Samuel: „Ein Bruch lässt sich kürzen."
> Tobias: „Zwei Brüche haben denselben Zähler."
> Anna: „Ein einziger Bruch ist größer als 1!"
> Lina: „Ja, und nur einer ist kleiner als $\frac{1}{2}$".

10 ||| **Strategien zum Ordnen gemischter Zahlen**

Sprache

a) Jennifer und Claas vergleichen $\frac{9}{5}$ und $1\frac{5}{7}$ auf verschiedene Weise.

> Jennifer: $\frac{9}{5} = 1\frac{4}{5}$; $\frac{4}{5} = \frac{28}{35}$; $\frac{5}{7} = \frac{25}{35}$; $1\frac{5}{7} < \frac{9}{5}$

> Claas: $1\frac{5}{7} = \frac{12}{7}$; $\frac{12}{7} = \frac{60}{35}$; $\frac{9}{5} = \frac{63}{35}$; $1\frac{5}{7} < \frac{9}{5}$

Beschreibe jeweils, wie die beiden vorgegangen sind. Vergleiche.

① $1\frac{2}{3}$ ▨ $\frac{7}{3}$ ② $\frac{16}{5}$ ▨ $\frac{13}{3}$ ③ $4\frac{2}{7}$ ▨ $\frac{19}{5}$ ④ $\frac{13}{8}$ ▨ $1\frac{8}{13}$

b)

> Jona: Wenn ich immer in gemischte Zahlen umwandle, bin ich manchmal schnell fertig.

Was meint Jona? Gib Beispiele dafür an.

Grundwissen
zum Wiederholen

1 Nenne einen gemeinsamen Teiler von 26 und 39.

2 Wandle sechs Stunden in Minuten um.

3 Berechne im Kopf: a) $11 - 2 \cdot 3$ b) $(11 - 2) \cdot 3$ b) $11 - 3 \cdot 2$

Brüche als Zahlen

8.6

1 Brüche einmal anders

Vergleiche die beiden Bildfolgen. Erkläre, was die Bildfolgen darstellen.

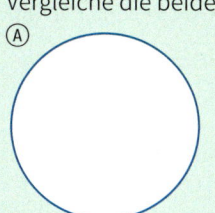 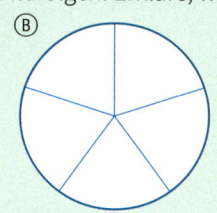 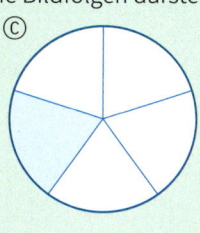 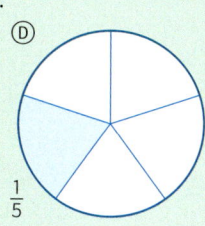

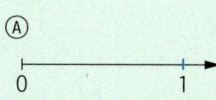 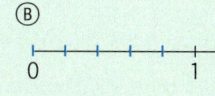 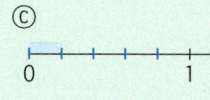 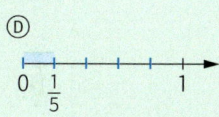

2 Brüche wohnen auf dem Zahlenstrahl

Brüche sind auch Zahlen. Sie wohnen damit auch auf dem Zahlenstrahl, wie die natürlichen Zahlen 1, 2, 3, …

a) Zeichne einen 12 cm langen Zahlenstrahl in dein Heft. Wo wohnen vermutlich die Brüche?
Trage die Brüche auf dem Zahlenstrahl ein.

① $\frac{1}{2}$ ② $\frac{1}{4}$ ③ $\frac{3}{4}$ ④ $\frac{3}{8}$ ⑤ $\frac{1}{12}$

b) Übertrage den Zahlenstrahl in dein Heft. Trage die Brüche auf dem Zahlenstrahl ein.

① $\frac{1}{6}$ ② $\frac{5}{3}$ ③ $\frac{3}{2}$ ④ $\frac{17}{12}$ ⑤ $\frac{8}{4}$

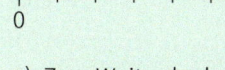

c) Zum Weiterdenken:
- Gibt es bei $\frac{1}{2}$ noch weitere Bewohner?
- Sind die natürlichen Zahlen auch Bewohner im Land der Brüche?
- Gibt es mehr als 10 Bewohner zwischen 0 und 1?

3 Bruchzollstock

Welche Maßzahlen kannst du als Bruch an die markierten Stellen des Zollstocks schreiben?

a)

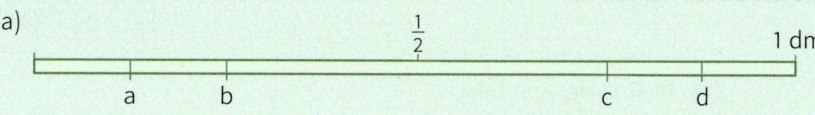

b)

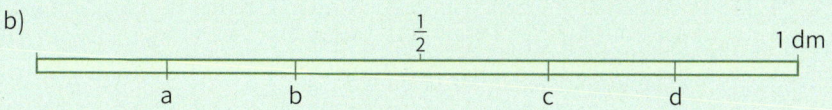

Brüche als Zahlen

Die Zahlen 0, 1, 2, 3,… heißen **natürliche Zahlen**. Man bezeichnet sie mit $\mathbb{N}$.
Sie können auf dem Zahlenstrahl dargestellt werden.

Brüche sind Zahlen. Sie können auf dem Zahlenstrahl eingetragen werden. Dazu muss der Bereich zwischen zwei natürlichen Zahlen in gleich große Teile zerlegt werden.
Am Nenner des jeweiligen Bruches kann man erkennen, in wie viele Teile der Bereich zwischen zwei natürlichen Zahlen zerlegt werden muss.

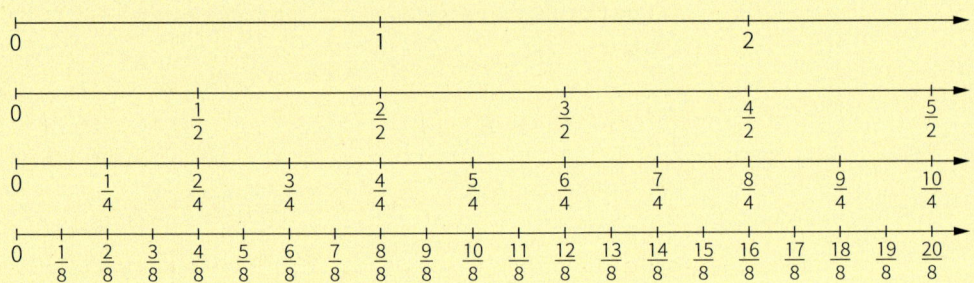

- Eine Bruchzahl kann durch verschiedene Brüche dargestellt werden: $\frac{1}{2} = \frac{2}{4} = \frac{4}{8}$
- Die natürlichen Zahlen können auch als Bruch notiert werden: $2 = \frac{2}{1} = \frac{4}{2} = \frac{8}{4} = \frac{16}{8}$

Beispiele

A **Brüche auf dem Zahlenstrahl eintragen**
Zeichne einen Zahlenstrahl. Trage die Brüche $\frac{5}{8}$ und $\frac{11}{8}$ auf dem Zahlenstrahl ein.

Lösung:
Man muss den Bereich zwischen 0 und 1 in 8 gleich große Teile teilen. Um auch $\frac{11}{8}$ eintragen zu können, muss man die Einteilung über die 1 hinaus fortsetzen.

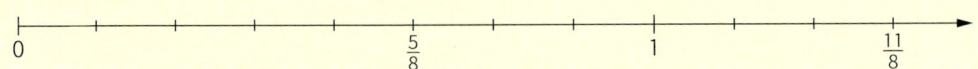

B **Brüche benennen**
Welche Zahlen sind auf dem Zahlenstrahl markiert?

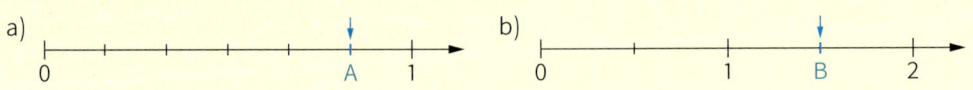

Lösung:
a) Markiert ist $\frac{5}{6}$.   b) Markiert ist $\frac{3}{2}$.

Übungen

4 ||| **Brüche auf Zahlenstrahlen eintragen**
Trage die Brüche auf einem Zahlenstrahl ein. Benutze für jeden Bruch einen Zahlenstrahl.
a) $\frac{3}{5}$ b) $\frac{9}{4}$ c) $\frac{3}{7}$ d) $\frac{13}{10}$ e) $\frac{17}{6}$ f) $\frac{15}{8}$

5 ||| **Richtig oder falsch**
Auf welchem Zahlenstrahl Ⓐ, Ⓑ oder Ⓒ ist der Bruch $\frac{4}{3}$ richtig markiert?

6 III **Brüche richtig ablesen**

Welche Zahlen sind auf dem Zahlenstrahl markiert?

7 III **Brüche auf einem Zahlenstrahl eintragen**

a) $\frac{2}{3}$ $\frac{29}{12}$ $\frac{5}{6}$ $\frac{11}{4}$ $\frac{1}{12}$ $\frac{11}{6}$

Hinweis: Heft quer legen

Warum können mit einer Einteilung in 12 Teile zwischen zwei natürlichen Zahlen alle Brüche gut eingetragen werden? Trage die Zahlen ein und schreibe sie der Größe nach auf, beginne mit der kleinsten.

b) $\frac{1}{4}$ $\frac{6}{5}$ $1\frac{1}{4}$ $\frac{7}{10}$ $\frac{27}{20}$ $\frac{15}{20}$

Finde eine sinnvolle Einteilung. Trage dann die Zahlen ein und schreibe sie der Größe nach auf, beginne mit der kleinsten.

c) $\frac{1}{2}, \frac{13}{12}, \frac{1}{3}, \frac{4}{4}, \frac{8}{48}, \frac{1}{4}, \frac{4}{6}, \frac{14}{7}$

d) $\frac{3}{5}, \frac{5}{8}, \frac{5}{10}, \frac{8}{10}, \frac{8}{12}, \frac{37}{37}$

8 III **Überraschung**

Trage die folgenden Brüche auf dem Zahlenstrahl ein. Geht das zeichnerisch überhaupt?

a) $\frac{8}{8}$ b) $\frac{10}{100}$ c) $\frac{6}{3}$ d) $\frac{5}{2}$

9 III **Unterschiedliche Brüche auf einem Zahlenstrahl**

a) Zeichne einen Zahlenstrahl. Teile den Zahlenstrahl so ein, dass du die Brüche $\frac{1}{2}, \frac{1}{5}, \frac{3}{10}$ und $\frac{1}{4}$ auf dem Zahlenstrahl gut markieren kannst.

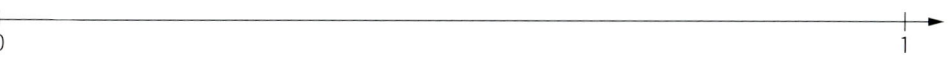

b) Zeichne einen Zahlenstrahl. Der Abstand zwischen 0 und 1 sollte 6 cm betragen. Markiere die folgenden Brüche.

$A = \frac{10}{6}$, $B = \frac{11}{6}$, $C = \frac{1}{12}$, $D = \frac{5}{4}$, $E = \frac{7}{12}$, $F = 1\frac{1}{24}$

10 III **Unterschiedliche Brüche**

„echter Bruch“:
Zähler < Nenner

„unechter Bruch“:
Zähler > Nenner

Ordne die richtige Bezeichnung „echter Bruch“, „unechter Bruch“, „gemischte Zahl“ den jeweiligen Zahlen zu und stelle sie auf dem Zahlenstrahl dar.
Verwende für jede Teilaufgabe einen eigenen Zahlenstrahl.

a) $\frac{7}{3}$ b) $2\frac{1}{5}$ c) $\frac{9}{10}$ d) $\frac{11}{10}$ e) $1\frac{1}{10}$

Grundwissen
zum Wiederholen

1 Ein Turnverein erhebt folgende Beiträge für jeweils ein Jahr: Erwachsener 90 €, Kind 45 €. Bestimme den Beitrag der Familie Elsner (Mutter, Vater, 4 Kinder).

2 Stimmt das?
① Ein Dreieck hat nie parallele Seiten.
② Bei jedem Viereck sind mindestens zwei Seiten parallel zueinander.
③ Bei einem Fünfeck kann es nie parallele Seiten geben.
④ In einem Quadrat sind alle Seiten parallel zueinander.

3 Welche drei Teile lassen sich zu dem Rechteck zusammensetzen?

   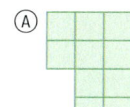   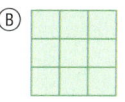   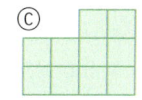   

WES-125660-054

11 II **Die Zahl in der Mitte**

Welche Zahl liegt genau in der Mitte zwischen $\frac{1}{3}$ und $\frac{1}{2}$? So viel sei schon verraten: Es gibt diese Zahl. Sie ist ein Bruch. Der Nenner dieses Bruches könnte 12 sein.

> **Ein Bruch genau in der Mitte zwischen zwei Brüchen**
>
> Problem: Finde einen Bruch, der auf dem Zahlenstrahl genau in der Mitte zwischen $\frac{3}{5}$ und $\frac{2}{3}$ liegt.
>
> Strategie: Mache die Brüche gleichnamig und erweitere anschließend mit 2:
>
> $\frac{3}{5} = \frac{9}{15} = \frac{9 \cdot 2}{15 \cdot 2} = \frac{18}{30}$ und $\frac{2}{3} = \frac{10}{15} = \frac{10 \cdot 2}{15 \cdot 2} = \frac{20}{30}$.
>
> $\frac{19}{30}$ liegt genau in der Mitte zwischen $\frac{3}{5} = \frac{18}{30}$ und $\frac{2}{3} = \frac{20}{30}$.

12 II **Zahl in der Mitte von zwei Brüchen**

a) Welche Zahl liegt in der Mitte zwischen den beiden angegebenen Zahlen?

① 5 und 6   ② $\frac{1}{4}$ und $\frac{1}{3}$ ③ $\frac{1}{6}$ und $\frac{1}{5}$

④ $\frac{1}{4}$ und $\frac{2}{3}$ ⑤ $\frac{99}{100}$ und 1   ⑥ $\frac{999\,999}{1\,000\,000}$ und 1

b) Begründe:

> Zwischen zwei verschiedenen Brüchen liegt stets eine weitere Zahl.

c) Begründe mit b): Zwischen zwei Brüchen liegen unendlich viele Brüche.

13 II **Nachfolger und Vorgänger**

> Bei den natürlichen Zahlen findet man zu allen Zahlen eine nächste Zahl, den Nachfolger. So ist z. B. 4 der Nachfolger der Zahl 3. Was aber ist der Nachfolger von $\frac{1}{3}$?

Begründe die folgenden Aussagen:

a) $6\frac{1}{10}$ ist nicht der Nachfolger von 6.   b) $\frac{99}{100}$ ist nicht der Vorgänger von 1.

c) Was meinst du: Gibt es einen Nachfolger von $\frac{1}{3}$?

14 III **Einfache Brüche für komplizierte**

Kannst du dir unter dem Bruch $\frac{29}{40}$ etwas vorstellen? Ricarda und Jonathan zeichnen und überlegen: $\frac{29}{40}$ kann man nicht kürzen. Aber $\frac{29}{40}$ ist ungefähr so viel wie $\frac{30}{40}$.

Daher ist $\frac{29}{40}$ ungefähr so viel wie $\frac{3}{4}$. Das sieht man auch im Bild.

 ≈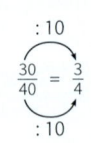

a) Finde auch für die folgenden komplizierten Brüche einfachere. Mache es wie Ricarda und Jonathan: Runde den Zähler oder den Nenner so, dass du kürzen kannst.

$\frac{49}{100}$ $\frac{50}{201}$ $\frac{79}{240}$ $\frac{21}{160}$ $\frac{359}{450}$ $\frac{99}{1000}$ $\frac{320}{481}$

b) Bei einer Verkehrskontrolle in Düsseldorf waren von 162 kontrollierten Fahrern 41 nicht angeschnallt. In Köln wurde zur gleichen Zeit kontrolliert:
Von 119 kontrollierten Fahrern hatten sich 18 nicht angeschnallt. Wo war der Anteil der Verkehrssünder größer?

Brüche und Prozente

1 **„Sale"**

In vielen Geschäften gibt es „Sonderange-bote, die mit dem %-Zeichen („Prozent-zeichen") angegeben werden.
Was bedeuten „50 %" und „70 %"?
Angenommen, eine Hose kostet eigentlich 80 €. Was kostet sie jetzt im „Sale" bei 50 % oder 70 %?

2 **Mädchen, Jungen und Bücher**

In der KIM Studie („Kinder-Internet-Medien") aus dem Jahr 2012 wurde gefragt:
„Wie oft liest du Bücher in deiner Freizeit?" Die Auswertung ist mit einem Diagramm dar-gestellt. Die Angaben sind in Prozent (%) gemacht. So bedeutet die „18" bei den Mädchen, dass 18 von 100 Mädchen nie ein Buch in ihrer Freizeit lesen.

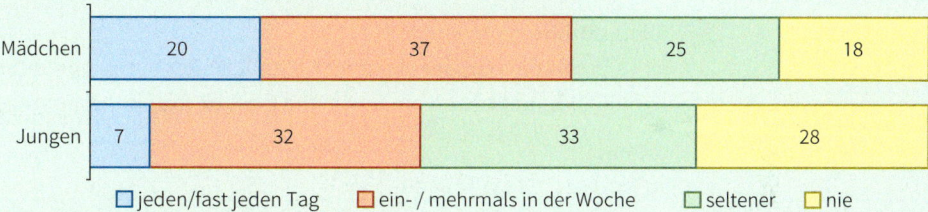

a) Beschreibe, was 20 % bedeutet. Schreibe als Bruch. Schreibe auch die anderen Angaben in Prozent und als Bruch.
b) Ein Viertel der Mädchen und ein Drittel der Jungen liest selten ein Buch.
   Stimmt das? Erkläre.
c) Diskutiert die Ergebnisse. Vergleicht sie auch mit aktuelleren Studien.

3 **Bruchteile und Prozente**

Beschreibe, was die Aufschriften jeweils bedeuten.

Prozente sind Brüche mit dem Nenner 100. $35 \% = \frac{35}{100}$

Veranschauliche die Prozentangaben in einem passenden Modell.

„Prozent" kommt aus dem Lateinischen:
centum: hundert
pro centum: von Hundert

Centurio: Offizier des römischen Reichs, der eine *Centuria* (Hundertschaft) befehligte.

Prozentangaben

Prozente sind Anteile. Prozent bedeutet Hundertstel.

$1\% = \frac{1}{100}$; $25\% = \frac{25}{100} = \frac{1}{4}$

100 % ist das Ganze.
50 % ist die Hälfte des Ganzen.
25 % ist ein Viertel des Ganzen.
10 % ist ein Zehntel des Ganzen.
1 % ist ein Hundertstel des Ganzen.

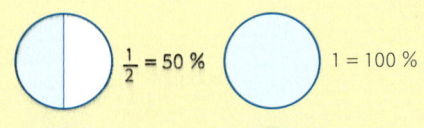

$\frac{1}{2} = 50\%$ $1 = 100\%$

$\frac{1}{4} = 25\%$ $\frac{1}{10} = 10\%$

Prozentangabe	1 %	5 %	10 %	20 %	25 %	50 %	100 %
Anteil	$\frac{1}{100}$	$\frac{1}{20}$	$\frac{1}{10}$	$\frac{1}{5}$	$\frac{1}{4}$	$\frac{1}{2}$	1

Beispiele

A **Prozentangaben veranschaulichen**
Veranschauliche 20 %.

Lösung:
$20\% = \frac{20}{100} = \frac{1}{5}$ **20 % ist ein Fünftel des Ganzen.**

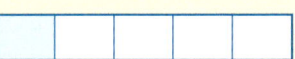

B **Lohnerhöhung**
Frau Brammer verdient monatlich 2500 €. In der Firma übernimmt sie eine neue Stelle und erhält 10 % mehr Lohn als zuvor. Wie groß ist die Lohnerhöhung in Euro?

Lösung:
10 % sind $\frac{1}{10}$ ihres früheren Lohns.   2500 €   250 €
Die Lohnerhöhung macht monatlich 250 € aus.

: 10

Übungen

4 **⫿ Anteile in Diagrammen**
Ordne jeweils der gefärbten Fläche ihren Anteil zu.

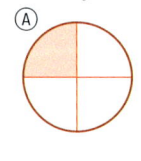

Ⓐ   Ⓑ   Ⓒ   Ⓓ   Ⓔ   Ⓕ

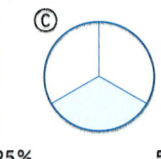

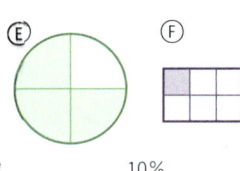

$\frac{1}{3}$ 25 %   50 %   75 %   10 % $\frac{4}{5}$

5 **⫿ Anteile und Prozentangaben**
Übertrage die Tabelle in dein Heft und ergänze jeweils den Anteil als Bruch oder den Anteil als Prozent.

Anteil als Bruch	▦	$\frac{1}{5}$	▦	$\frac{1}{8}$	▦	$\frac{3}{5}$	▦
Anteil als Prozent	10 %	▦	25 %	▦	75 %	▦	100 %

6 **⫿ Anteil als Prozent**
Gib den Anteil in Prozent an.
a) $\frac{1}{2}$ b) $\frac{1}{4}$ c) $\frac{2}{5}$ d) $\frac{3}{3}$ e) $\frac{4}{5}$ f) $\frac{3}{10}$

7 ||| **Prozentangaben im Rechteckmodell**

Bei den beiden großen Rechtecken ist jeweils 25 % der Fläche gefärbt. Zeichne je zwei verschiedene Rechtecke mit folgenden gefärbten Anteilen in dein Heft:

a) 75 %   b) 50 %   c) 20 %   d) 10 %   e) 80 %

8 ||| **Training mit Größen**

Berechne die angegebenen Anteile, wähle dabei die Einheiten passend.

a) 10 % einer Stunde   b) 75 % von 24 €   c) 30 % von 3 m
d) 50 % von 3,8 km²   e) 25 % von 2 l   f) 5 % von 1 t

9 || **Prozente im Einsatz**

a) Tim hat bereits 50 % einer Strecke zurückgelegt. Wie viel ist das, wenn die Strecke 1800 m lang ist?

b) Hannah hat bereits 25 % einer 32 km langen Strecke zurückgelegt. Welcher Anteil fehlt noch? Wie lang sind die beiden Teilstrecken?

c) Wie viel sind 20 % von 2000 €?

d) Wie viel sind 75 % von 1,20 €?

10 || **Vereinsbericht**

Marina hat die Geschäftsleitung des VfR Bolzdorf übernommen und liest den letzten Vereinsbericht. Dabei hat sie mit vielen Prozentangaben zu tun.

① Der Verein zählt 240 Mitglieder.
   50 % der Mitglieder sind weiblich.
   10 % sind jünger als sechs Jahre.
   25 % sind Rentner.
    5 % spielen in der C-Jugend.

② Die Jahresbeiträge der erwachsenen Vereinsmitglieder sollen ab dem kommenden Jahr von 108 € um 25 % angehoben werden. Dafür sollen die Jahresbeiträge der Jugendlichen von 72 € um 25 % gesenkt werden.

a) Gib zu den Prozentangaben im ersten Teil des Berichts die Anzahl der Personen an.

b) Wie viel müssen die Erwachsenen und die Jugendlichen ab dem kommenden Jahr jeweils bezahlen? Das Beispiel B kann helfen.

11 ||| **Zwei Gespräche über Prozente**

Was meinst du zu den beiden Gesprächen?

Lehrer Lempel:
„65 % von euch wissen immer noch nicht, was Prozente sind."
Marc:
„So viele sind wir doch gar nicht."

Grundwissen
zum Wiederholen

1 Ordne die Zahlen nach Größe: 432; 342; 324; 243; 423; 234.

2 Wandle 1000 cm in Kilometer um.

3 Gib die Anzahl und die Form der Flächen an, aus denen das Netz einer quadratischen Pyramide besteht.

12 II Mega-Kuchen

Bäcker Helmchen hat für das Volksfest einen 8 m langen Kuchen gebacken. Eine Stunde nach Beginn des Festes sind 20 % des Kuchens verkauft. Bereits eine Stunde später sind 25 % des ganzen Kuchens verkauft. Noch zwei Stunden später sind 80 % des ganzen Kuchens aufgegessen. Wie lang war der Rest des Kuchens jeweils? Zeichne und rechne.

13 II Schülerbefragung

Emmas kleiner Bruder Benne kann noch keine Bruchrechnung und keine Prozente. Hilf Emma, den Artikel aus der Jugendzeitung für ihn zu übersetzten.

> *200 Schüler wurden befragt: 80 % gaben an, sich sehr auf die Ferien zu freuen.*
> $\frac{1}{4}$ *möchte in diesem Jahr sehr gerne ans Meer fahren. 20 % werden aber zuhause bleiben und dort etwas Schönes unternehmen, während* $\frac{1}{5}$ *lieber Verwandte besuchen möchte.*
> *5 % werden in den Ferien lernen. Die Hälfte der befragten Schüler war noch in der Grundschule, 30 % auf dem Gymnasium und der Rest auf anderen Schulen.*

15 III Ein Zeitungsartikel

Weniger Raser auf den Straßen
Fuhr vor einigen Jahren noch jeder zehnte Autofahrer zu schnell, so ist es mittlerweile heute „nur noch" jeder fünfte. Doch auch fünf Prozent sind zu viele. So wird weiterhin kontrolliert, und die Schnellfahrer haben zu zahlen.

Schreibe einen Leserbrief.

16 III Sale

a)

T-Shirt	Kleid	Hose
10 €	200 €	50 €

Die Tabelle gibt die Preise an, die die Kleidungsstücke vor dem „Sale" gekostet haben.
Was kosten sie jetzt?

b)

Alter Preis:	140 €
Rabatt in %:	30 % = $\frac{3}{10}$
Rabatt in €:	140 € $\xrightarrow{:10}$ 14 € $\xrightarrow{\cdot 3}$ 42 €
Neuer Preis:	140 € − 42 € = 98 €

Ein Paar Schuhe hat 140 € gekostet.
Hier siehst du eine Möglichkeit, den Rabatt und den neuen Preis auszurechnen.
Berechne den neuen Preis einer Uhr, die vorher 70 € gekostet hat und von fünf Paar Strümpfen, die vorher 20 € gekostet haben.

17 III Alltagsprobleme

① Sven ist auf einer 360 km langen Fahrradtour unterwegs. Nach 5 Tagen hat er 40 % geschafft.

② Die Waldschule hat 750 Schülerinnen und Schüler. 60 % kommen mit dem Fahrrad zur Schule.

③ Die Einwohnerzahl von Ahausen betrug im letzten Jahr 120 000. Sie ist in diesem Jahr um 8 % gestiegen.

Brüche und Verhältnisse

1 KiBa – Kirsch-Bananen-Saft

KiBa ist ein Mischgetränk aus Kirsch- und Bananensaft.

a) Fülle die Tabelle aus.

Mischung	Diagramm	Anteile
3 Kirsch zu 2 Banane 3 zu 2		
2 Kirsch zu 1 Banane 2 zu 1		$\frac{2}{3}$ Kirsch und $\frac{1}{3}$ Banane
5 Kirsch zu 3 Banane 5 zu 3		

b) Lena und Stefanie haben jeweils einen KiBa mit 3 Teilen Kirschsaft und 2 Teilen Bananensaft gemischt. Lena hat einen Liter hergestellt, Stefanie zwei Liter.
Wie viel Kirsch- und Bananensaft haben die beiden jeweils benutzt?
Was meinst du, schmecken die Mischungen unterschiedlich?

2 Ein tolles Orange

Herr Kühne ist vom Garagentor seiner Nachbarin Frau Schimanski begeistert.

Gib für die folgenden Mischungen jeweils das Mischungsverhältnis der Flüssigkeiten an.

a) 1 Saft   3 Wasser

b) 20 l   1 l

c) Essig   Wasser   1   9

Welchen Bruchteil der Mischung macht jede Flüssigkeit aus?

3 Klassenfahrt

Die Klasse 5 d hat abgestimmt, wohin die nächste Klassenfahrt gehen soll.

Berge	Meer
₩₩₩	₩₩₩ ₩₩₩ ₩₩₩ ₩₩₩

Der Mathematiklehrer:
Ihr habt im Verhältnis eins zu vier für eine Fahrt ans Meer abgestimmt.

Miriam:
Dann hat ein Viertel für die Berge gestimmt?!

a) Erkläre die Aussage des Mathematiklehrers. Was meinst du zu Miriams Aussage?
b) Die Klasse 6 a besteht aus 30 Schülerinnen und Schülern. Es haben 12 für das Meer und 18 für die Berge gestimmt.
• Gib das Verhältnis der Stimmen zueinander an.
• Welcher Anteil der Klasse möchte ans Meer, welcher in die Berge?

Brüche und Verhältnisse

Lebensmittel bestehen häufig aus Mischungen verschiedener Teile. Wichtig ist dabei oft das Verhältnis der einzelnen Teile zueinander.

Beispiel: Marzipan wird aus gemahlenen Mandeln (Rohmasse) und Zucker hergestellt.

Verhältnis	Diagramm	Anteile	
Rohmasse und Zucker stehen im Verhältnis **7 zu 3**.		**7 von 10** Teilen sind Rohmasse, **3 von 10** Teilen sind Zucker	Rohmasse: $\frac{7}{10}$ Zucker: $\frac{3}{10}$

Beispiele

A **Verhältnis ablesen**

In welchem Verhältnis wurde die Strecke geteilt?

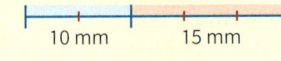

10 mm   15 mm

Lösung:
Es sind 5 Abschnitte. Es wurde im Verhältnis 3 zu 2 geteilt.

B **Streckenverhältnis**

Teile eine 35 mm lange Strecke im Verhältnis 2 zu 5 auf.

Lösung:
Teile die Strecke in $2 + 5 = 7$ gleich lange Abschnitte.
Jeder Abschnitt ist also $35\,\text{mm} : 7 = 5\,\text{mm}$ lang.
Die Abschnitte von $2 \cdot 5\,\text{mm} = 10\,\text{mm}$ und $5 \cdot 5\,\text{mm} = 25\,\text{mm}$ stehen im Verhältnis 2 zu 5 zueinander.

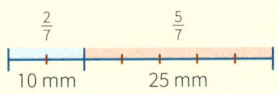

$\frac{2}{7}$ $\frac{5}{7}$

10 mm   25 mm

Übungen

4 ‖‖ **Strecke teilen**

Zeichne eine Strecke von 12 cm und teile sie im angegebenen Verhältnis.

a) 1 zu 3   b) 5 zu 1   c) 4 zu 4   d) 1 zu 11   e) 8 zu 4

5 ‖‖ **Im Baumarkt**

Im Baumarkt wurden Bretter nach angegebenen Verhältnissen zurechtgeschnitten.

a) Ordne den Zuschnitten im Bild das passende Verhältnis zu.

Ⓐ 4 zu 5   Ⓑ 1 zu 2   Ⓒ 3 zu 3   Ⓓ 1 zu 9

b) Kai: „Ist 3 zu 3 nicht dasselbe wie 1 zu 1?"
Was meinst du? Finde für 1 zu 2 auch eine andere Darstellung für das Verhältnis.

c) Zeichne selbst Bretter in dein Heft, die in folgenden Verhältnissen zugeschnitten wurden: Ⓐ 3 zu 4   Ⓑ 5 zu 5   Ⓒ 2 zu 7

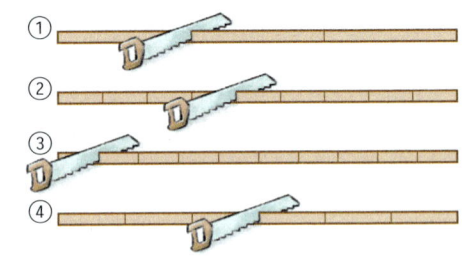

6 ‖‖ **Grautöne**

Aus weißer und schwarzer Farbe sollen verschiedene Grautöne gemischt werden. Für jede Farbdose steht ein Kästchen. Gib jeweils die Mischungsverhältnisse an.

a)   b)   c)

d) Welcher Bruchteil der Mischungen ist schwarze Farbe, welcher weiße Farbe? Bei welcher der drei Mischungen ist der Grauton am hellsten?

7 Ⅲ **Orangetöne**

Aus gelber und roter Farbe sollen verschiedene Orangetöne gemischt werden.

Mischung	A	B	C	D
Verhältnis Rot zu Gelb	3 zu 1	1 zu 1	4 zu 5	2 zu 5

a) Zeichne zu den Mischungsverhältnissen die Anzahl der jeweils benötigten Farbdosen in dein Heft. Welcher der Orangetöne wird eher rötlich, welcher eher gelblich sein?

b) Gib an, welcher Bruchteil der Mischungen gelbe Farbe und welcher rote Farbe ist.

8 Ⅲ **Farbmuster**

Manchmal werden mehr als zwei Teile „gemischt".

In welchem Verhältnis stehen die Farben in den einzelnen Mustern? Gib auch die jeweiligen Anteile an.

 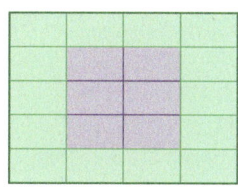 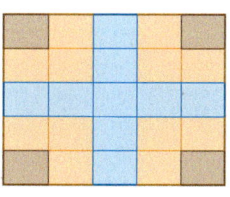 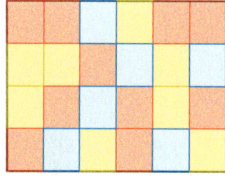

9 Ⅱ **Farben im Drucker**

Ein Tintenstrahldrucker erzeugt die Farben durch Mischung von drei Grundfarben. Jeder Farbton ist also durch ein bestimmtes Mischungsverhältnis gekennzeichnet.

	Cyan	Magenta	Gelb
①	0	25	50
②	30	30	40
③	40	60	20

a) Benenne die Mischungsverhältnisse der Farbtöne ①, ② und ③. Gib auch die entsprechenden Bruchteile der einzelnen Grundfarben an. Versuche dir vorzustellen, welcher Farbton entsteht. Ist ein Grünton dabei?

Zum Knobeln

b) Welches Mischungsverhältnis erhält man, wenn man doppelt so viel Magenta wie Cyan und doppelt so viel Gelb wie Magenta mischt? Welche Anteile erhält man?

10 Ⅲ **Cocktails**

Beschreibe, welche Anteile von jedem Saft für die Cocktails benötigt werden. Wie viel von jedem Saft muss der Barkeeper nehmen, um jeweils 2 Liter Cocktail herzustellen?

Cocktails

Sommerabend: Himbeersirup und Orangensaft im Verhältnis 1 zu 4

Grüne Wiese: Waldmeistersirup und Limonade im Verhältnis 2 zu 8

Eisbär: Heidelbeersaft und Kokosmilch im Verhältnis 6 zu 4

Alte Liebe: Zu gleichen Teilen Kirsch- und Ananassaft

Beispiel:

Für den Cocktail Sommerabend musst du einen Anteil Himbeersirup mit 4 Anteilen Orangensaft mischen.

Der Cocktail besteht aus einem Fünftel Himbeersirup und vier Fünfteln Orangensaft.

Für 1 Liter Cocktail benötigt man deshalb 200 ml Himbeersirup und 800 ml Orangensaft.

Grundwissen
zum Wiederholen

1 Wandle 1000 Tonnen in Kilogramm um.

2 Welche Aufgaben haben keine Lösung?

a) $0 \cdot 1$ b) $0 : 1$ c) $1 : 0$ d) $1 \cdot 0$

3 Lea will höchstens 5 € für Brötchen ausgeben, ein Brötchen kostet 57 ct. Wie viele Brötchen kann sie kaufen?

Dinosaurier – Riesen der Urzeit

Dinosaurier lebten im mittleren Zeitalter der Erde, dem sogenannten Mesozoikum. Es endete vor ca. 65 Millionen Jahren. Der Mensch, der etwa vor $3\frac{1}{2}$ Mio. Jahren auf die Bühne der Weltgeschichte trat, kann deshalb niemals einem lebenden Dinosaurier begegnet sein. Die Erforschung dieser faszinierenden Giganten begann im 19. Jahrhundert, ist aber noch lange nicht abgeschlossen. Erst 1993 wurde der Argentinosaurus entdeckt. Man hat von diesem Pflanzenfresser zwar nur Rückenwirbel, Rippen, Schienbeine und wenige andere Knochen gefunden, doch lässt sich damit bereits eines sagen: Er ist der größte bisher bekannte Dinosaurier. Seine Länge betrug etwa 30 m, sein Gewicht bis zu 80 Tonnen.

Forscher suchen nun auch noch nach den übergroßen Fleischfressern, die den Argentinosaurus vielleicht einst jagten …

P **Projekt: Dinosaurier**

In den Abbildungen unten stecken viele Informationen zu den Dinosauriern, die euch helfen, die folgenden Aufträge zu bearbeiten.

- Bestimmt die Originallänge und -höhe (oder Flügelspannweite) der Dinosaurier. Mit Kreide und Maßband könnt ihr die tatsächlichen Abmessungen auf dem Schulhof verdeutlichen.
- Ermittelt das Gesamtgewicht eurer Klasse und gebt es als Bruchteil der Dinosauriergewichte an.
- In welchem Maßstab zeigt das Bild oben den Argentinosaurus?
- Vergleicht die Höhen der abgebildeten Dinosaurier mit der eines Pferdes. Stellt die Höhen mit maßstabsgerechten Balken nebeneinander dar und gebt die Höhe des Pferdes als Bruchteil der Dinosaurierhöhen an.

Größen mit Maßstäben und Bruchteilen veranschaulichen.

Quetzalcoatlus 100 kg
Maßstab 1 : 240

Parasaurolophus 2,5 t
Maßstab 1 : 150

Brachiosaurus 30 t
Maßstab 1 : 300

Allosaurus 1 500 kg
Maßstab 1 : 130

Bei manchen Dinosauriermodellen wird ein Mensch im gleichen Maßstab mitgeliefert, um die Größenverhältnisse zu veranschaulichen. Wie lang war der abgebildete Stegosaurus in Wirklichkeit, und in welchem Maßstab ist er hier abgebildet?

Forschungsaufträge und Postererstellung

Sammelt weitere Abbildungen und Modelle von Dinosauriern und ermittelt die Maßstäbe.

Vergleicht die Gewichte der Dinosaurier mit denen großer Säugetiere.

Vergleicht die Spannweite des Quetzalcoatlus mit der heute lebender Vögel.

In den Aufgaben 11, 12, 13 und 14 treten Brüche in all ihrer Vielfalt auf: Anteile, Verhältnisse, Prozente, Mischungen und mehr. Teste deine Fähigkeiten.

• …im Verhältnis von…
• Der prozentuale Anteil von…
• Der Anteil von…

11 **II Darstellungen**

Beschreibe die Darstellungen auf verschiedene Weise. Formuliere jeweils eine Aufgabe zu den Darstellungen.

a)

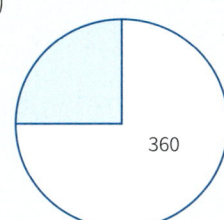

b)

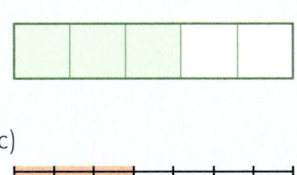

c)

d)

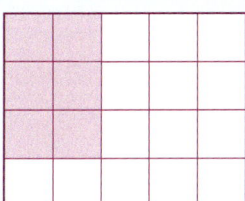

12 **II Anteile, Prozente, Verhältnisse**

Welche Aussagen zu nebenstehender Darstellung sind richtig? Begründe deine Entscheidung.

① Der gefärbte Anteil ist $\frac{3}{9}$ vom gesamten Pfeil.

② Der gefärbte und der weiße Teil des Pfeils beschreiben das Mischungsverhältnis 3 zu 9.

③ Der prozentuale Anteil der weißen Teilfläche kann mit 100 % – 25 % berechnet werden.

④ Der gefärbte Anteil ist $\frac{1}{4}$.

⑤ Wenn ich zwei weitere Kästchen im Pfeil färbe, ist der farbige Anteil $\frac{5}{12}$.

⑥ Den gefärbten Anteil kann ich berechnen, wenn ich die Anzahl der farbigen Kästchen durch die Anzahl der weißen Kästchen dividiere.

13 **II Rechteckvergrößerung**

Welches Rechteck gehört zu welcher Beschreibung? Das Ausgangsrechteck ist blau dargestellt, das neue Rechteck ist das gesamte. Hinweis: Es können auch mehrere passen.

Ⓐ

Ⓑ

Ⓒ

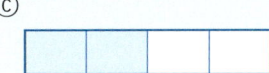

① Der Flächeninhalt ist jetzt $\frac{3}{2}$-mal so groß wie der des Ausgangsrechtecks.

② Der Flächeninhalt nahm um 50 % zu.

③ Das neue Rechteck ist im Maßstab 1:2 gezeichnet.

④ Das Verhältnis des Ausgangsrechtecks zum neuen Rechteck ist 2 zu 3.

⑤ Der Flächeninhalt ist jetzt $\frac{3}{2}$-mal größer.

14 **II Natürliche Zahlen und Bruchzahlen**

Schreibe einen Bericht über den Unterschied von natürlichen Zahlen und Bruchzahlen. In diesem Bericht sollten Begriffe aus diesem Kapitel vorkommen.

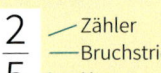

Brüche

$\dfrac{2}{5}$ ─ Zähler
─ Bruchstrich
─ Nenner

Lies:
„Zwei Fünftel"

Brüche als Anteil eines Ganzen

$\dfrac{3}{4}$ eines Pfannkuchens

Brüche beim Verteilen

3 Pfannkuchen an 4 Kinder verteilen: $3:4=\dfrac{3}{4}$

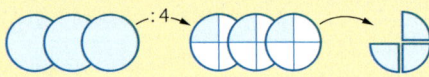

5 Pfannkuchen an 3 Kinder verteilen: $5:3=\dfrac{5}{3}$

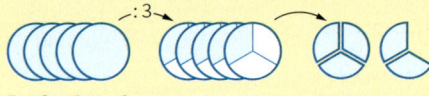

$\dfrac{5}{3}=\dfrac{3}{3}+\dfrac{2}{3}=1\dfrac{2}{3}$ wird **gemischte Zahl** genannt.

Gleichwertige Brüche

Brüche, die denselben Anteil beschreiben, nennt man gleichwertig.

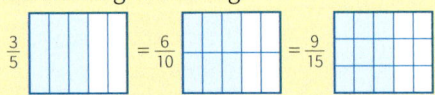

$\dfrac{3}{5}$ = $\dfrac{6}{10}$ = $\dfrac{9}{15}$

Erweitern

Verfeinern mit 3	Erweitern mit 3
	Zähler und Nenner mit 3 multiplizieren.
$\dfrac{2}{5}$ $\dfrac{6}{15}$	$\dfrac{2}{5}=\dfrac{2\cdot3}{5\cdot3}=\dfrac{6}{15}$

Beim Erweitern werden der Zähler und der Nenner mit der gleichen Zahl multipliziert.

Kürzen

Vergröbern mit 4	Kürzen mit 4
	Zähler und Nenner durch 4 dividieren.
$\dfrac{8}{12}$ $\dfrac{2}{3}$	$\dfrac{8}{12}=\dfrac{8:4}{12:4}=\dfrac{2}{3}$

Beim Kürzen werden der Zähler und der Nenner durch die gleiche Zahl dividiert.

Check-up

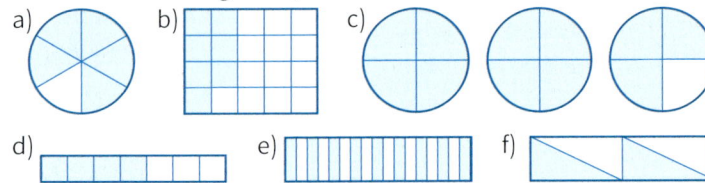

1 **Anteile bestimmen**
Welche Anteile sind gefärbt, welche weiß?
a)   b)   c)

d)   e)   f)

2 **Anteile zeichnen**
Stelle die Anteile zeichnerisch dar.
a) Kreismodell: ① $\dfrac{1}{2}$ ② $\dfrac{3}{4}$ ③ $\dfrac{5}{8}$ ④ $1\dfrac{1}{2}$

b) Rechteckmodell: ① $\dfrac{7}{8}$ ② $\dfrac{5}{12}$ ③ $\dfrac{3}{16}$ ④ $1\dfrac{3}{4}$

3 **Anteile von Größen**
Gib den Anteil ohne Bruch in einer kleineren Maßeinheit an.
a) $\dfrac{4}{5}$ m b) $\dfrac{9}{4}$ kg c) $\dfrac{3}{10}$ dm d) $4\dfrac{1}{4}$ km e) $\dfrac{5}{6}$ h f) $20\dfrac{1}{2}$ l

4 **Verteilungsprobleme**
Bestimme, wie viel jedes Kind erhält. Gib das Ergebnis, wenn möglich, als gemischte Zahl an.
a) Verteile 2 Pizzen an 5 Kinder.
b) Verteile 6 Pfannkuchen an 5 Kinder.
c) Verteile 6 Tafeln Schokolade an 4 Kinder.
d) Verteile 3 Bleche Kuchen an 7 Kinder.

5 **Gemischte Zahl**
a) Stelle als Bruch dar: ① $3\dfrac{2}{3}$ ② $14\dfrac{1}{2}$ ③ $7\dfrac{5}{9}$ ④ $15\dfrac{1}{10}$

b) Schreibe als gemischte Zahl: ① $\dfrac{12}{5}$ ② $\dfrac{13}{4}$ ③ $\dfrac{55}{23}$ ④ $\dfrac{1001}{10}$

6 **Erweitern und kürzen**
Erweitere oder kürze die Brüche.
Erweitere mit 3: a) $\dfrac{2}{3}$ b) $\dfrac{4}{7}$ c) $\dfrac{1}{4}$ d) $\dfrac{5}{2}$ e) $\dfrac{6}{5}$

Kürze mit 4: a) $\dfrac{8}{4}$ b) $\dfrac{16}{12}$ c) $\dfrac{24}{52}$ d) $\dfrac{76}{100}$ e) $\dfrac{24}{36}$

7 **Erweitern oder kürzen und dann vergleichen**
Erweitere oder kürze so, dass du >, < oder = setzen kannst.
a) $\dfrac{3}{8}$ ▢ $\dfrac{7}{16}$ b) $\dfrac{9}{10}$ ▢ $\dfrac{8}{9}$ c) $\dfrac{7}{3}$ ▢ $\dfrac{69}{33}$

d) $\dfrac{4}{5}$ ▢ $\dfrac{16}{20}$ e) $\dfrac{4}{16}$ ▢ $\dfrac{3}{15}$ f) $4\dfrac{1}{5}$ ▢ $4\dfrac{1}{3}$

8 **Geschickt vergleichen**
Vergleiche die Brüche durch Vergleich der Zähler oder Nenner.
a) $\dfrac{2}{3}$ ▢ $\dfrac{2}{5}$ b) $\dfrac{5}{6}$ ▢ $\dfrac{4}{6}$ c) $\dfrac{2}{3}$ ▢ $\dfrac{6}{9}$ d) $\dfrac{4}{5}$ ▢ $\dfrac{4}{6}$ e) $\dfrac{4}{7}$ ▢ $\dfrac{5}{7}$

f) $\dfrac{3}{5}$ ▢ $\dfrac{2}{7}$ g) $\dfrac{8}{9}$ ▢ $\dfrac{9}{8}$ h) $\dfrac{7}{4}$ ▢ $\dfrac{7}{5}$ i) $\dfrac{15}{5}$ ▢ $\dfrac{6}{2}$ j) $\dfrac{11}{12}$ ▢ $\dfrac{12}{11}$

Brüche miteinander vergleichen

Gleiche Nenner

$\frac{2}{5} < \frac{3}{5}$, da 2 kleiner **als 3 ist.**

Gleiche Zähler

$\frac{3}{4} > \frac{3}{5}$, da Viertel größer als Fünftel sind.

Verschiedene Zähler und Nenner

Vergleiche $\frac{3}{5}$ und $\frac{2}{3}$.

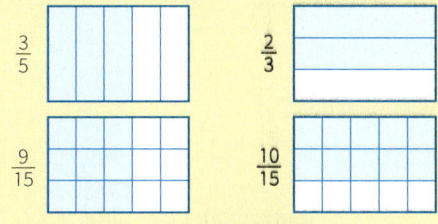

$\frac{3}{5}$ $\frac{2}{3}$

$\frac{9}{15}$ $\frac{10}{15}$

Brüche **gleichnamig** machen

- Einen gemeinsamer Nenner bestimmen, Produkt der beiden Nenner $3 \cdot 5 = 15$
- Brüche auf den **gemeinsamen Nenner** erweitern

$\frac{3}{5} = \frac{3 \cdot 3}{5 \cdot 3} = \frac{9}{15}$ (erweitern mit 3)

$\frac{2}{3} = \frac{2 \cdot 5}{3 \cdot 5} = \frac{10}{15}$ (erweitern mit 5)

- Brüch vergleichen: $\frac{3}{5} < \frac{2}{3}$, da $\frac{9}{15} < \frac{10}{15}$

Brüche als Zahlen

Brüche auf dem Zahlenstrahl eintragen.

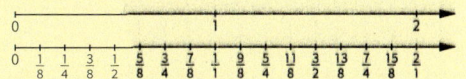

Die natürlichen Zahlen können auch als Bruch notiert werden: $2 = \frac{2}{1} = \frac{4}{2} = \frac{8}{4}$

Prozentangaben

Prozent bedeutet Hundertstel. $1\% = \frac{1}{100}$

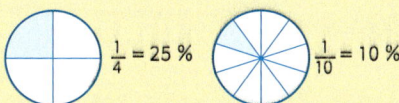

$\frac{1}{4} = 25\%$ $\frac{1}{10} = 10\%$

Prozent	1 %	5 %	10 %	20 %	25 %	50 %
Anteil	$\frac{1}{100}$	$\frac{1}{20}$	$\frac{1}{10}$	$\frac{1}{5}$	$\frac{1}{4}$	$\frac{1}{2}$

Verhältnisse

Verhältnis	Diagramm	Anteile
7 zu 3		$\frac{7}{10}$ und $\frac{3}{10}$

---

9 Brüche vergleichen mit Rechnen

Vergleiche die Brüche.

a) $\frac{5}{8}$ und $\frac{2}{3}$ b) $\frac{7}{4}$ und $\frac{8}{5}$ c) $\frac{2}{11}$ und $\frac{3}{14}$ d) $\frac{5}{8}$ und $\frac{8}{13}$

e) $\frac{3}{10}$ und $\frac{4}{12}$ f) $\frac{1}{6}$ und $\frac{4}{20}$ g) $\frac{25}{3}$ und $\frac{42}{5}$ h) $\frac{1}{11}$ und $\frac{11}{111}$

10 Brüche am Zahlenstrahl

Trage auf einem Zahlenstrahl ($\frac{1}{10} \mathrel{\widehat{=}} 2$ Kästchen) die Brüche ein.

a) $\frac{2}{5}$, $\frac{1}{4}$, $\frac{1}{5}$, $\frac{3}{5}$, $\frac{9}{10}$, $\frac{95}{100}$ b) $\frac{79}{100}$, $\frac{3}{4}$, $\frac{81}{100}$, $\frac{8}{10}$, $\frac{21}{100}$

11 Platz finden ohne Rechnen

In welchem farbig markierten Bereich liegt der Bruch?

① $\frac{2}{5}$ ② $\frac{14}{8}$ ③ $\frac{13}{10}$ ④ $\frac{25}{11}$ ⑤ $\frac{17}{30}$ ⑥ $\frac{16}{9}$ ⑦ $\frac{29}{12}$

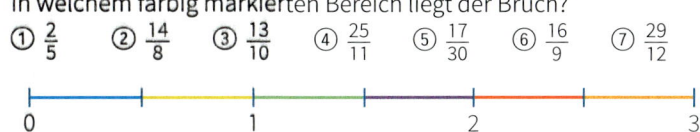

12 Brüche als Prozente

Gib den Bruchteil in Prozent an:

a) $\frac{1}{5}$ b) $\frac{3}{4}$ c) $\frac{3}{10}$ d) $\frac{2}{2}$ e) $\frac{4}{5}$ f) $\frac{1}{8}$

13 Prozente als Brüche

Gib die Prozentzahlen als gekürzten Bruch an:

a) 25 %   b) 65 %   c) 8 %   d) 36 %   e) 96 %

14 Kopfrechnen

Berechne im Kopf die Bruchteile folgender Größen:

a) 50 % von …
b) 25 % von …
c) 10 % von …

> 25 km   16 kg   2 m   30 min   500 g
> 3,8 t   120 cm²   75 kg   18 m²   4,4 km $1\frac{1}{2}$ h

15 Brüche und Prozente ordnen

Sortiere der Größe nach, beginne mit der größten Zahl.

a) 50 %, $\frac{26}{50}$, $\frac{51}{100}$, 52 %   b) $\frac{99}{100}$, $\frac{995}{1000}$, 98 %, $\frac{9}{10}$, 95 %

16 Schulstatistik

Die Schule am großen See besuchen 800 Schülerinnen und Schüler. 50 % sind Mädchen, 10 % spielen Fußball im Verein, 70 % kommen mit dem Fahrrad zur Schule und 1 % sind größer als 1,90 Meter. Berechne jeweils die Anzahl der Schülerinnen und Schüler.

17 Mischungen

Gib jeweils die Anteile und das Mischungsverhältnis an.

a) weiß   rot   b) Sirup   Wasser 16 l   c) Öl 1 l   Benzin 25 l

18 Mischungsverhältnisse herstellen

Zeichne eine Strecke (9 cm lang) und stelle an ihr das Mischungsverhältnis 5 : 13 dar.

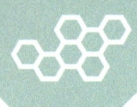

Sichern und Vernetzen
Vermischte Aufgaben zu Kapitel 8

Trainieren

WES-125660-060

Lösungen

1 |‖ **Von Färbungen zu Brüchen**

Welcher Anteil ist grün gefärbt? Kürze den Bruch, wenn möglich.

a)  b) 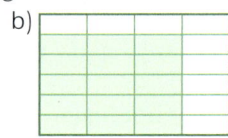 c)  d)

2 |‖ **Bruchstücke schneiden**

Welcher Anteil wird abgeschnitten?

a) 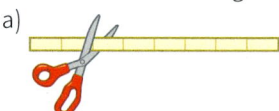 b) 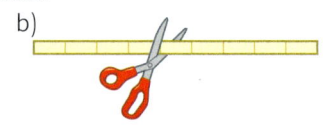 c)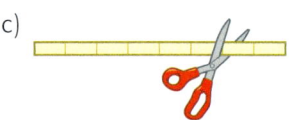

3 |‖ **Bruchteile und Prozentangaben**

Übertrage die Tabelle in dein Heft und ergänze die Einträge.

Bruchteil	$\frac{1}{4}$	■	■	$\frac{3}{8}$	■	$\frac{13}{20}$	$\frac{4}{5}$	■
Prozentangabe	■	30 %	12,5 %	■	45 %	■	■	5 %

4 |‖ **Anteile mit Größen**

Berechne die angegebenen Anteile, wähle dabei passende Einheiten.

a) 25 % von zwei Stunden b) 40 % von 200 km c) 5 % von 2 kg

d) 10 % von zwei Tonnen e) 20 % von 3 € f) 75 % von 36 Litern

5 |‖ **Passende Brüche**

Gib jeweils passende Brüche an.

a) Vier von sieben Kindern besitzen einen Schlitten.

b) Die Farbmischung der Wandfarbe besteht aus 9 Teilen Weiß und 1 Teil Gelb.

c) Sieben Pizzen werden auf neun Personen verteilt.

6 |‖ **Kürzungen**

Mit welcher Zahl wurde gekürzt?

a) $\frac{6}{18} = \frac{1}{3}$ $\frac{24}{21} = \frac{8}{7}$ $\frac{36}{16} = \frac{9}{4}$ $\frac{9}{81} = \frac{1}{9}$ $\frac{25}{100} = \frac{1}{4}$ $\frac{12}{39} = \frac{4}{13}$ $\frac{34}{51} = \frac{2}{3}$

b) $\frac{18}{72} = \frac{1}{4}$ $\frac{3}{12} = \frac{1}{4}$ $\frac{12}{144} = \frac{1}{12}$ $\frac{19}{38} = \frac{1}{2}$ $\frac{75}{100} = \frac{3}{4}$ $\frac{375}{1000} = \frac{3}{8}$ $\frac{15}{100} = \frac{3}{20}$

7 |‖ **Ordnen**

Ordne die Zahlen der Größe nach, beginne mit der kleinsten.

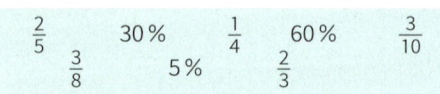

$\frac{2}{5}$ 30 % $\frac{1}{4}$ 60 % $\frac{3}{10}$ $\frac{3}{8}$ 5 % $\frac{2}{3}$

8 |‖ **Brüche auf dem Zahlenstrahl**

a) Welche Zahlen sind auf dem Zahlenstrahl markiert?

b) Bestimme jeweils die Mitte zwischen

① 0 und A ② 0 und B ③ B und 1 ④ A und 1 ⑤ A und B

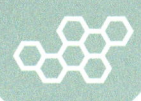

Verstehen

9 II **Wahr oder falsch?**

Überprüfe, ob die Aussagen wahr sind, und gib eine Begründung.

a) Wenn zwei Brüche denselben Nenner haben, ist der Bruch größer, der den größeren Zähler hat.

b) Es gibt unendlich viele Namen für denselben Bruch.

c) Prozentzahlen sind gekürzte Brüche.

d) 33 % sind ein Drittel.

10 III **Multiple choice**

Wenn man den Zähler und den Nenner eines Bruchs jeweils verdoppelt, wird der Bruch
① nicht verändert,
② doppelt so groß,
③ verändert.

Wenn ich einen Liter Apfelsaftschorle aus Apfelsaft und Wasser im Verhältnis 1 : 3 herstelle, enthält die Mischung
① $\frac{1}{4}$ l Apfelsaft,
② $\frac{1}{3}$ l Apfelsaft,
③ $\frac{2}{3}$ l Apfelsaft.

Wenn man einen Bruch zunächst mit 6 erweitert und dann mit 3 kürzt, ist der Bruch
① halb so groß,
② doppelt so groß,
③ gleich groß.

11 II **Eine Schokolade**

Lisa, Ilona und Niklas wollen eine Tafel „Quadrato" mit vier Stücken gerecht aufteilen und gehen dabei vor wie in der Abbildung gezeigt.

a) Beschreibe das Vorgehen. Welcher Anteil der Schokolade bleibt nach jedem Teilen noch übrig? Was passiert mit diesen Werten, wenn immer wieder geteilt wird? Welches Problem werden die drei haben?

b) Wie würdet ihr das Problem in der Praxis lösen?

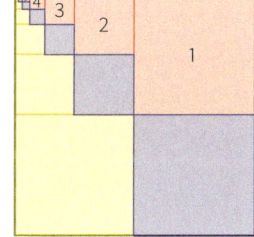

Anwenden

Tipp
Probiere doch einfach aus. Oder schaue dir dieses Bild an.

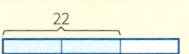

12 II **Haustiere, Internetanschlüsse und Fahrradfahrer**

a) Zwei Drittel aller Schülerinnen und Schüler der Klasse 5 a haben ein Haustier, nämlich 22. Wie viele Schülerinnen und Schüler sind in der Klasse 5 a?

b) 14 Schülerinnen und Schüler der Klasse 5 b haben einen Internetanschluss. Das sind $\frac{7}{12}$ der Klasse. Wie groß ist die 5 b?

c) 32 Lehrerinnen und Lehrer kommen mit dem Fahrrad zur Schule. Das sind 40 % der Lehrkräfte. Wie viele Lehrerinnen und Lehrer unterrichten an der Schule?

13 II **Tage mit Sonnenschein**

Michael, Ole und Jorin waren unterschiedlich lange im Urlaub. Michael hatte an 7 von 10 Tagen Sonnenschein, Ole an 3 von 5 Tagen und Jorin konnte an 8 von 14 Tagen in der Sonne spielen. Wer hatte das beste Wetter?

14 II **Eine Schiffsschraube**

Eine Schiffsschraube dreht sich bei voller Motorleistung (Zeigerstellung auf „Vollkraft") 900-mal in 1 Minute.

a) Wie viele Umdrehungen macht die Schiffsschraube, wenn der Hebel auf ①, ②, ③ oder ④ steht?

b) Wie viele Umdrehungen macht die Schiffsschraube dann jeweils in 1 Sekunde?

Lösungen Check-up

Lösungen zu Kapitel 1 Seite 21

1

Tier	Alter
Hund	15 Jahre
Ratte	3 Jahre
Meerschwein	10 Jahre
Katze	20 Jahre
Pferd	30 Jahre
Goldhamster	4 Jahre

5

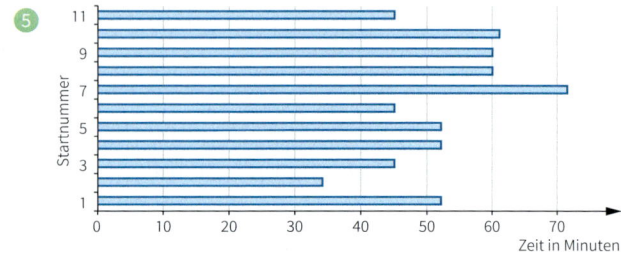

2 Wähle im Heft zwei Kästchen für 5 °C.

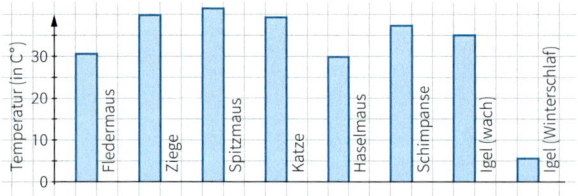

3 a)

Zahl	Rundung	sprechweise
13 567	14 000	dreizehntausendfünfhundertsiebenundsechzig
27 195	27 000	siebenundzwanzigtausendeinhundertfünfundneunzig
356 023	356 000	dreihundertsechsundfünfzigtausenddreiundzwanzig
1 789 627	1 790 000	eine Million siebenhundertneunundachtzigtausendsechshundertsiebenundzwanzig
19 823	20 000	neunzehntausendachthundertdreiundzwanzig
12 390	12 000	zwölftausenddreihundertneunzig

b) 1286 ≈ 1300;   2397 ≈ 2400;   888 ≈ 900;
209 ≈ 200;   904 ≈ 900;   1096 ≈ 1100;
5604 ≈ 5600;   16 006 ≈ 16 000

4

	Fläche in km²	Einwohnerzahl
NI	47 614 ≈ 48 000	7 915 675 ≈ 8 000 000
NRW	34 110 ≈ 34 000	17 872 763 ≈ 18 000 000
SH	15 763 ≈ 16 000	2 889 821 ≈ 3 000 000
HE	21 115 ≈ 21 000	6 061 951 ≈ 6 000 000
BW	35 751 ≈ 36 000	10 744 921 ≈ 11 000 000

Lösungen zu Kapitel 2 Seite 68

a) $(37 + 23) + 14 = 74$ b) $(103 + 47) + (84 + 6) = 240$
c) $(35 - 15) + (28 + 12) = 60$ d) $(12 + 18) + (14 + 16) + 20 + 16 = 96$

Mit Anwendung des Distributivgesetzes folgen:
a) $10 \cdot 8 + 7 \cdot 8 = 136$ b) $40 \cdot 7 + 3 \cdot 7 = 301$
c) $80 : 8 + 16 : 8 = 12$ d) $120 : 12 + 12 : 12 = 11$
e) $10 \cdot 25 + 2 \cdot 25 = 25 \cdot 4 \cdot 3 = 300$ f) $20 \cdot 19 + 3 \cdot 19 = 437$
g) $100 \cdot 13 - 1 \cdot 13 = 1287$ h) $360 : 9 + 9 : 9 = 41$
i) $1700 : 17 + 85 : 17 = 105$ j) $630 : 7 + 14 : 7 = 92$
k) $125 \cdot 8 = 100 \cdot 8 + 25 \cdot 8 = 1000$ l) $102 : 3 = 90 : 3 + 12 : 3 = 34$

a) Überschlag: $200 + 5000 + 100 + 3300 = 8600$;   Ergebnis: 8636
b) Überschlag: $350 - 260 + 710 = 800$;   Ergebnis: 798
c) Überschlag: $1000 - (300 + 200 + 200) = 300$;   Ergebnis: 270
d) Überschlag: $100 + 1000 + 10\,000 + 100\,000 = 111\,100$;
Ergebnis: 111 096

a)
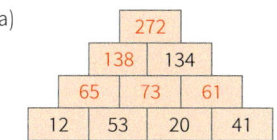

b)
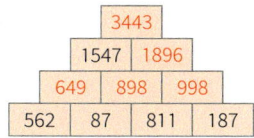

a) 604   b) 6741   c) 35 937   d) 1112
e) 441   f) 45 114   g) 88 893   h) 87 795

a) $392 + 346 = 738$ b) $6587 - 1505 = 5082$
c) $2666 - 2222 = 444$ d) $621 - 143 - 78 = 400$
e) $754 - 3255 + 2501 = 0$ f) $7264 + 2736 = 10\,000$

a)
```
  130 043
+  95 885
─────────
  225 928
```
b)
```
  70 234
- 16 952
────────
  53 282
```
c)
```
  20 202
- 12 345
────────
   7 857
```

Lösungen zu Kapitel 2 Seite 69

a) ÜS: $20 \cdot 40 = 800$;   874   b) ÜS: $80 \cdot 90 = 7200$;   6942
c) ÜS: $600 \cdot 50 = 30000$; 30 282   d) ÜS: $190 \cdot 100 = 19000$; 18 333
e) ÜS: $420 : 7 = 60$;   56   f) ÜS: $6300 : 9 = 700$;   721
g) ÜS: $550 : 11 = 50$;   52   h) ÜS: $1800 : 30 = 60$;   56

a) 26 268   b) 317 052   c) 81 810   d) 322 472
e) 67 716   f) 328 966   g) 82 636 281   h) 3 176 448

a)
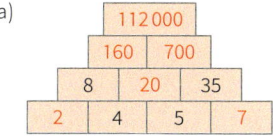

b)
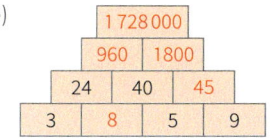

c)
$67 \cdot 502$

a) $9 \cdot 24 = 216$ b) $15 \cdot 11 = 165$ c) $111 \cdot 3 = 333$
d) $200 : 8 = 25$ e) $3216 : 8 = 402$ f) $6060 : 101 = 60$
g) $213 \cdot 10\,000 = 2\,130\,000$

a)

b)

---

⑬ a)
```
 4200 : 6 = 700
+  18 : 6 =   3
───────────────
 4218 : 6 = 703
```
b)
```
 9000 : 9 = 1000
+  90 : 9 =   10
────────────────
 9090 : 9 = 1010
```
c)
```
 40 000 : 8 = 5000
+     8 : 8 =    1
──────────────────
 40 008 : 8 = 5001
```

d)
```
 4800 : 12 = 400
+ 600 : 12 =  50
+  12 : 12 =   1
────────────────
 5412 : 12 = 451
```
e)
```
 38 000 : 38 = 1000
+   760 : 38 =   20
───────────────────
 38760 : 38 = 1020
```
f)
```
 80 000 : 4 = 20 000
-     8 : 4 =      2
────────────────────
 79 992 : 4 = 19 998
```

g)
```
 101 000 : 101 = 1000
-  10 100 : 101 =  100
──────────────────────
  90 900 : 101 =  900
```
h)
```
 5400 : 18 = 300
+ 180 : 18 =  10
────────────────
 5580 : 18 = 310
```

⑭ a) 741   b) 2158   c) 9304   d) 12 345
e) 658   f) 793   g) 2351   h) 3542

⑮ a) 66 Rest 2   b) 91 Rest 6   c) 108 Rest 8   d) 1 Rest 111

⑯ a) 275 000   b) 800 000   c) 30
d) 99 999   e) 25 000 000   f) 4000

Lösungen zu Kapitel 2 Seite 70

⑰ Ⓐ $2 + 3 + 4 = 9$ Ⓑ $2 \cdot (3 + 4) = 2 \cdot 7 = 14$ Ⓒ $2 \cdot 3 + 4 = 6 + 4 = 10$
Ⓓ $2 \cdot 3 \cdot 4 = 6 \cdot 4 = 24$ Ⓔ $4 \cdot (2 + 3) = 4 \cdot 5 = 20$ Ⓕ $3 \cdot (2 + 4) = 3 \cdot 6 = 18$
Der Rechenausdruck Ⓓ ergibt die größte Zahl.

⑱ a)
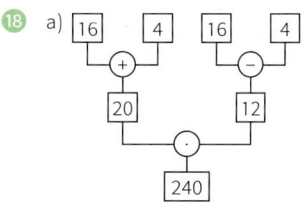

b)
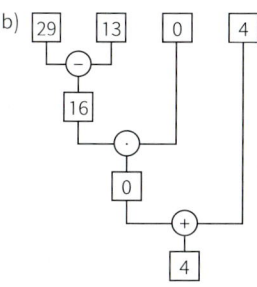

⑲ a) $9 \cdot (36 - 27) = 9 \cdot 9 = 81$
b) $38 - 19 - 9 = 19 - 9 = 10$
c) $(29 + 35) : (19 - 15) = 64 : 4 = 16$
d) $24 \cdot (16 \cdot 5 - 60) = 24 \cdot (80 - 60) = 24 \cdot 20 = 480$
e) $36 : 9 \cdot 4 = 4 \cdot 4 = 16$
f) $(36 + 64) \cdot (32 - 8 \cdot 4) = 100 \cdot (32 - 32) = 100 \cdot 0 = 0$

⑳ a) $3 \cdot 12 = 36$; $36 - 8 = 28$; $28 : 7 = 4$
als Rechenausdruck: $(3 \cdot 12 - 8) : 7 = (36 - 8) : 7 = 28 : 7 = 4$
b) $5 + 8 = 13$; $9 - 6 = 3$; $13 \cdot 3 = 39$
als Rechenausdruck: $(5 + 8) \cdot (9 - 6) = 13 \cdot 3 = 39$
c) $72 : 6 = 12$; $12 + 3 = 15$
als Rechenausdruck: $72 : 6 + 3 = 12 + 3 = 15$
d) $6 + 3 = 9$; $72 : 9 = 8$
als Rechenausdruck: $72 : (6 + 3) = 72 : 9 = 8$

㉑ a) Addiere zum Produkt von 14 und 6 das Produkt von 3 und 16.
$14 \cdot 6 + 3 \cdot 16 = 84 + 48 = 132$
b) Multipliziere 14 mit der Summe von 6 und 3 und multipliziere mit 16.
$14 \cdot (6 + 3) \cdot 16 = 14 \cdot 9 \cdot 16 = 126 \cdot 16 = 2016$
c) Addiere zu 14 das Produkt von 3 und 6 und addiere 16 dazu.
$14 + 3 \cdot 6 + 16 = 14 + 18 + 16 = 30 + 18 = 48$
d) Multipliziere die Summe von 14 und 3 mit 6 und addiere 16.
$(14 + 3) \cdot 6 + 16 = 17 \cdot 6 + 16 = 102 + 16 = 118$
e) Multipliziere die Summe von 14 und 3 mit der Summe von 6 und 16.
$(14 + 3) \cdot (6 + 16) = 17 \cdot 22 = 374$
f) Multipliziere 16 mit der Summe aus 14 und dem Produkt von 3 und 6.
$(14 + 3 \cdot 6) \cdot 16 = (14 + 18) \cdot 16 = 32 \cdot 16 = 512$

22 a) $13 \cdot 4 + 17 \cdot 4 = (13 + 17) \cdot 4 = 30 \cdot 4 = 120$
b) $6 \cdot (21 + 19) = 6 \cdot 40 = 240$
c) $3 \cdot 29 + 7 \cdot 29 = (3 + 7) \cdot 29 = 10 \cdot 29 = 290$
d) $34 \cdot 7 + 3 \cdot 34 = 34 \cdot (7 + 3) = 34 \cdot 10 = 340$
e) $5 \cdot 42 + 12 \cdot 42 - 7 \cdot 42 = 42 \cdot (5 + 12 - 7) = 42 \cdot (17 - 7) = 42 \cdot 10 = 420$
f) $(13 + 12 + 5) \cdot 12 = (25 + 5) \cdot 12 = 30 \cdot 12 = 360$

23 a) $32 : 4 = 8;\quad 8 - 5 = 3$ b) $36 : 2 = 18;\quad 24 - 18 = 6$
c) $33 + 12 = 45;\quad 45 : 5 = 9$ d) $14 : 2 = 7;\quad 7 - 1 = 6;\quad 6 : 6 = 1$
e) $6 \cdot 12 = 72;\quad 72 - 58 = 14$ f) $20 - 2 = 18;\quad 18 : 3 = 6;\quad 12 - 6 = 6$

24 a) $(4 + 3) \cdot (6 + 2) = 7 \cdot 8 = 56$
b) $(2 + 4) \cdot (5 + 6) = 6 \cdot 11 = 66$
c) $(3 \cdot 4 + 5) \cdot 2 = (12 + 5) \cdot 2 = 17 \cdot 2 = 34$

Lösungen zu Kapitel 2 Seite 71

25 Jedes Kind hat 10 Monate jeden Monat 5 € gespart: $10 \cdot 5 \, € = 50 \, €$
Gesamtkosten 1482 € für 26 Kinder: $1482 \, € : 26 = 57 \, €$
$57 \, € - 50 \, € = 7 \, €$
Antwort: Jedes Kind muss noch 7 € zuzahlen.

26 Dosen in einem Karton: $25 \cdot 10 \cdot 15 = 250 \cdot 15 = 3750$
36 Kartons auf dem Lkw: $3750 \cdot 36 = 135\,000$
oder als Term: $25 \cdot 10 \cdot 15 \cdot 36 = 250 \cdot 15 \cdot 36 = 3750 \cdot 36 = 135\,000$
Auf dem Lkw befinden sich 135 000 Dosen mit Erbsen.

27 1 Stunde: $55 \, € + 0 \cdot 29 \, € = 55 \, €$
2 Stunden: $55 \, € + 1 \cdot 29 \, € = 84 \, €$
4 Stunden: $55 \, € + 3 \cdot 29 \, € = 55 \, € + 87 \, € = 142 \, €$
Antwort: Die Rechnung hat den Betrag 55 € (84 €, 142 €).

28 a) In 13 s legt der Schall $13 \cdot 330$ m zurück: $13 \cdot 330 = 4290$
Antwort: Das Gewitter ist 4290 m von Evi entfernt.
b) $6 \, \text{km} = 6000 \, \text{m}$
$6000 : 330 = 600 : 33 = 18$ Rest $6 \approx 18$
Antwort: Den Donner hört man nach 18 Sekunden.

29 a)

2	8	4	·	6	5
	1	7	0	4	
		1	4	2	0
	1	8	4	6	0

c)

4	0	8	·	3	4
		1	2	2	4
			1	6	3	2
		1	3	8	7	2

30 a)

Text	Start	1.	2.	3.
20 Kekse gekauft	20			
an der zweiten doppelt so viele wie an der ersten Kreuzung, nämlich 6			6	
an der zweiten doppelt so viele wie an der ersten Kreuzung		$6 : 2 = 3$		
dritten Kreuzung noch einen mehr als an der ersten Kreuzung				$3 + 1 = 4$

Anzahl der Kekse zuhause: $20 - 3 - 6 - 4 = 7$
Antwort: Anna hat zuhause noch 7 Kekse.
b) $3 + 6 + 4 = 13$ oder $20 - 7 = 13$ Anna hat 13 Kekse gegessen.
Ben hat auch 13 Kekse gegessen, hat aber noch 17 Kekse:
$13 + 17 = 30$
Antwort: In Bens Packung waren 30 Kekse.

Lösungen zu Kapitel 3 Seite 99

1 a) Ein Fußballfeld ist ungefähr 100 m lang.
b) Mit einem Fahrrad kannst du in der Stunde 18 km fahren.
c) Der Fuß von Laura ist 25 cm lang.
d) Ein Marienkäfer ist 8 mm groß.

2 a) $400 \, \text{cm} = 4 \, \text{m}$ b) $700\,000 \, \text{mm} = 700 \, \text{m}$
c) $7{,}034 \, \text{km} = 7034 \, \text{m}$ d) $6 \, \text{m} \, 66 \, \text{cm} = 666 \, \text{cm}$
e) $0{,}8 \, \text{km} = 800 \, \text{m}$ f) $5 \, \text{km} \, 25 \, \text{m} = 5025 \, \text{m} = 50\,250 \, \text{dm}$

3

	km		m			dm	cm	mm	
	Z	E	H	Z	E				
a)					5	4	0	0	5400 mm
b)			2	2	0	0	0		22 000 cm
c)	5	4	0	0	0	0	0		5 400 000 cm
d)			7	7	0	5	0		77 050 mm
e)				0	8	5	5		85,5 cm
f)				1	0	0	1		10,01 dm

4 a) $0{,}2 \, \text{km} = 200 \, \text{m}$ b) $0{,}02 \, \text{km} = 20 \, \text{m}$ c) $0{,}002 \, \text{km} = 2 \, \text{m}$
d) $4{,}25 \, \text{m} = 425 \, \text{cm}$ e) $0{,}37 \, \text{m} = 37 \, \text{cm}$ f) $6{,}82 \, \text{dm} = 682 \, \text{mm}$

5 Peter: 3,80 m;   Ida: $380 \, \text{cm} = 3{,}80 \, \text{m}$
Paul: $39 \, \text{dm} = 3{,}90 \, \text{m}$ Claudia: $3080 \, \text{mm} = 3{,}08 \, \text{m}$
Antwort: Paul springt mit 3,90 m am weitesten.

6 a) $20 \, \text{km} + 2540 \, \text{m} + 4{,}4 \, \text{km} = 20\,000 \, \text{m} + 2540 \, \text{m} + 4400 \, \text{m} = 26\,940 \, \text{m}$
b) $73{,}90 \, \text{m} - 99 \, \text{cm} = 7390 \, \text{cm} - 99 \, \text{cm} = 7291 \, \text{cm} = 72{,}91 \, \text{m}$

7

Maßstab	Zeichnung	Wirklichkeit
40 : 1	$40 \cdot 2 \, \text{mm} = 80 \, \text{mm} = 8 \, \text{cm}$	2 mm
1 : 400	5 cm	$400 \cdot 5 \, \text{cm}$ $= 2000 \, \text{cm} = 20 \, \text{m}$
1 : 2 000 000	150 000 000 mm : 2 000 000 = 75 mm = 7,5 cm	$150 \, \text{km} = 150\,000\,000 \, \text{mm}$

8 Der Maßstab lautet 1 : 500 000.

9 a) 1 cm auf der Karten entspricht 160 km in der Wirklichkeit;
13 cm auf der Karten entsprechen also $13 \cdot 160 \, \text{km} = 2080 \, \text{km}$;
Antwort: Die Entfernung zwischen Köln und Izmir beträgt in der Wirklichkeit 2080 km.
b) $800 \, \text{km} = 80\,000\,000 \, \text{cm}$; $80\,000\,000 \, \text{cm} : 16\,000\,000 \, \text{cm} = 5 \, \text{cm}$
oder 1 cm auf der Karten entspricht 160 km; also $800 : 160 = 5$;
Antwort: Auf der Karte ist die Entfernung von Köln nach Göteborg 5 cm lang.

Lösungen zu Kapitel 3 Seite 100

0 a) $900\,s : 60 = 15\,min$ 　　　　b) $2\,h\,35\,min = 155\,min \cdot 60 = 9300\,s$
c) $168\,h : 24 = 7\,d$ 　　　　　　d) $250\,h : 24 = 10\,d\,10\,h$
e) $6960\,s : 60 = 116\,min = 1\,h\,56\,min$

1 a) $7\,min \cdot 60 = 420\,s < 430\,s;$ 　　　　430 s ist größer als 7 min.
b) $1\,h\,2\,min = 62\,min < 72\,min;$ 　　　　72 min ist größer als 1 h 2 min.
c) $5\,d \cdot 24 = 120\,h < 125\,h;$ 　　　　125 h ist größer als 5 d.
d) $1\,h \cdot 3600 = 3600\,s < 86\,400\,s;$ 　　86 400 s ist größer als 1 h.
e) $90\,h \cdot 60 = 5400\,min > 1140\,min\,50\,s;$ 90 h ist größer als 1140 min 50 s.
f) $1\,d \cdot 24 = 24\,h \cdot 3600 = 86\,400\,s > 86\,000\,s;$ 　1 d ist größer als 86 000 s.

2

Abfahrt	Fahrtdauer	Ankunft
7.55 Uhr	5 h 47 min	13.42 Uhr
6.48 Uhr	2 h 25 min	9.13 Uhr
11.36 Uhr	2 h 27 min	14.03 Uhr

3 $2:58\,min + 3:12\,min = 6:10\,min;$ $9:05\,min - 6:10\,min = 2:55\,min$
Antwort: Der Läufer braucht für den dritten Kilometer 2:55 min.

4 Wenn das Flugzeug in Frankfurt startet, ist es in San Francisco
01:30 Uhr. $01:30 + 11\,h\,25\,min$ 12:55 Uhr
Antwort: Die Uhr zeigt in San Francisco bei der Landung 12:55 Uhr.

5 a) Paket in kg 　　b) Lastwagen in t 　　c) Amsel in g
d) Smartphone in g 　e) Brief in g 　　　　f) Pkw in t (oder kg)

6 a) $6\,kg = 6000\,g$ 　　b) $8\,kg\,2\,g = 8002\,g$ 　c) $5\,kg = 5\,000\,000\,mg$
d) $0,4\,t = 400\,000\,g$ 　e) $7300\,g = 7,3\,kg$ 　　f) $120\,kg = 0,12\,t$

7

5350 g	6250 g	4300 g	10 100 g
5,350 kg	6,250 g	4,300 kg	10,100 kg
5 kg 350 g	6 kg 250 g	4 kg 300 g	10 kg 100 g

8 a) $3,5\,kg = 3500\,g;$ 　　$3,05\,kg = 3050\,g;$ 　　　$3,055\,kg = 3055\,g$
b) $4560\,kg = 4,56\,t;$ 　$500\,g = 0,5\,kg;$ 　　　$5050\,mg = 5,05\,g$

9 Tag: $4000 \cdot 1200\,g = 4\,800\,000\,g = 4800\,kg = 4,8\,t$
Woche: $7 \cdot 4800\,kg = 33\,600\,kg = 33,6\,t$
An einem Tag entstehen 4,8 t Abfall, in einer Woche 33,6 t Abfall.

Lösungen zu Kapitel 4 Seite 122

1 a) 1, 3, 5, 7, 9, 11, 13, 15, … 　　　immer 2 addieren
b) 1, 2, 4, 8, 16, 32, 62, 128, … 　　immer mit 2 multiplizieren
c) 1, 4, 9, 16, 25, 36, 49, … 　　　　Quadratzahlen
d) 1, 4, 7, 10, 13, 16, 19, 22, … 　　immer 3 addieren
e) 1, 3, 9, 27, 81, 243, 729, 2187, … immer mit 3 multiplizieren
f) 1, 3, 7, 13, 21, 31, 33, 45, … 　　addiere das nächste Vielfache von 2

2 Anzahl der Punkte: 6, 12, 18, 24, 30
Die Anzahl der Punkte erhöht sich immer um 6, da auf jeder der sechs
Seite immer ein Punkt hinzukommt.

3 a) …, 10 000, 100 000, 1 000 000, 10 000 000, 100 000 000; Regel: $\cdot 10$
b) …, 625, 3125, 15 625, 78 125, 390 625; Regel: $\cdot 5$

4 a) Tausender: $3 \cdot 1000 = 3000$
b) Zehntausender: $6 \cdot 10 000 = 60 000$

5 a) $3^2 + 4^2 = 5^2$ 　　b) $12^2 + 5^2 = 13^2$ 　　c) $8^2 + 15^2 = 17^2$
d) $24^2 + 7^2 = 25^2$ 　e) $10^2 - 6^2 = 8^2$ 　　f) $5^2 - 4^2 = 3^2$

6 a) $3 \cdot 3 \cdot 4 \cdot 4 \cdot 4 = 576$ b) $3 \cdot 3 + 2 \cdot 2 \cdot 2 = 17$ 　c) $7 \cdot 7 + 2 \cdot 2 \cdot 2 \cdot 2 = 65$
d) $2 \cdot 2 \cdot 2 \cdot 2 \cdot 2 \cdot 3 \cdot 3 = 288$

7 Zweipotenzzahlen: 2, 4, 8, 16, 32, 64, 128, 254, 512, 1028
Die roten Zahlen sind Quadratzahlen. Es sind 5 unter den ersten 10
Zweierpotenzzahlen.

8 a) ① $11 = 1 \cdot 8 + 0 \cdot 4 + 1 \cdot 2 + 1 \cdot 1 = (1011)_2$
　　② $21 = 1 \cdot 16 + 0 \cdot 8 + 1 \cdot 4 + 0 \cdot 2 + 1 \cdot 1 = (10101)_2$
　　③ $35 = 1 \cdot 32 + 0 \cdot 16 + 0 \cdot 8 + 0 \cdot 4 + 1 \cdot 2 + 1 \cdot 1 = (100011)_2$
　　④ $88 = 1 \cdot 64 + 0 \cdot 32 + 1 \cdot 16 + 1 \cdot 8 + 0 \cdot 4 + 0 \cdot 2 + 0 \cdot 1 = (1011000)_2$
　　⑤ $128 = 1 \cdot 128 + 0 \cdot 64 + 0 \cdot 32 + 0 \cdot 16 + 0 \cdot 8 + 0 \cdot 4 + 0 \cdot 2 + 0 \cdot 1$
　　　 $= (10000000)_2$
b) ① $(101)_2 = 1 \cdot 4 + 0 \cdot 2 + 1 \cdot 1 = 4 + 0 + 1 = 5$
　　② $(100100)_2 = 1 \cdot 32 + 0 \cdot 16 + 0 \cdot 8 + 1 \cdot 4 + 0 \cdot 2 + 0 \cdot 1 = 36$
　　③ $(111111)_2 = 1 \cdot 32 + 1 \cdot 16 + 1 \cdot 8 + 1 \cdot 4 + 1 \cdot 2 + 1 \cdot 1 = 63$
　　④ $(1010101)_2 = 1 \cdot 64 + 0 \cdot 32 + 1 \cdot 16 + 0 \cdot 8 + 1 \cdot 4 + 0 \cdot 2 + 1 \cdot 1 = 85$

9 a) 999 　　b) 9089 　　c) $(111)_2$ 　　d) $(10101)_2$ 　　e) XIX

Lösungen zu Kapitel 5 Seite 160

1 a) Würfel: 8 Ecken, 12 Kanten und 6 Flächen
　　Quader: 8 Ecken, 12 Kanten und 6 Flächen
b) Quadratische Pyramide: 5 Ecken, 8 Kanten und 5 Flächen
　　Die Flächen sind 4 Dreiecke und 1 Quadrat.

2 a) Quader oder Würfel 　　　b) quadratische Pyramide
c) Würfel 　　　　　　　　　d) Quader, Würfel (oder Oktaeder)
e) Tetraeder (Dreieckspyramide) f) Dreiecksprisma

3 a) Quader 　　　　　　　b) Dreieckprisma
c) Würfel 　　　　　　　　d) quadratische Pyramide

4 Quader: 3 Kanten pro Ecke; es werden noch 4 Stäbe Typ A gebraucht.
Würfel: 3 Kanten pro Ecke; es werden noch 6 Stäbe Typ B gebraucht.
Dreiecksprisma: 3 Kanten pro Ecke; es werden noch 2 Stäbe Typ A
　　　　　　　　gebraucht
Quadratische Pyramide: 3 Kanten pro Ecke an Grundfläche,
　　　　　　　　　　　4 Kanten an der Spitze

5 a) 　　　　　　　　　　　　　b)

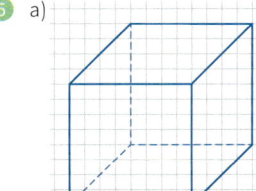

Lösungen zu Kapitel 5 Seite 161

6 a) parallel
b) parallel
c) senkrecht
d) parallel

7 a) g und k sind senkrecht zueinander.
b) j und k sind parallel zueinander;
g und j sind senkrecht zueinander;
g und k sind senkrecht zueinander.

8

3 cm

2 cm

Es entsteht ein Rechteck.

9 a)

3 cm

6 cm

b)

5 cm

5 cm

10 a) Zeichnung wie im Buch.
b) Die Strecke $\overline{AC}$ ist ungefähr 2,8 cm lang.
c) Punkt D ist ungefähr 1,4 cm von der Strecke $\overline{AC}$ entfernt.

11

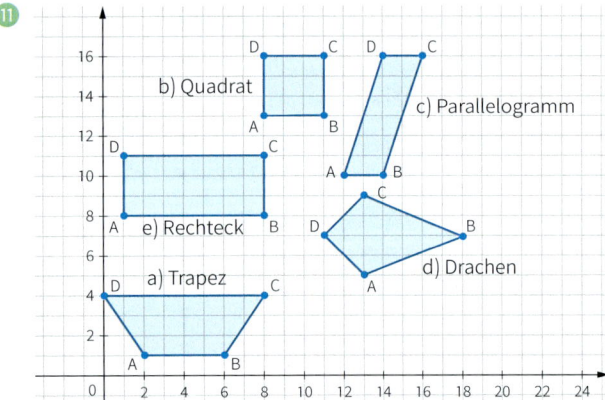

Lösungen zu Kapitel 6 Seite 195

1

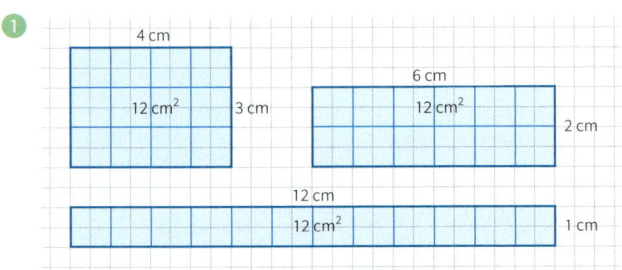

2

	km²		ha		a		m²		dm²		cm²		mm²		
	Z	E	Z	E	Z	E	Z	E	Z	E	Z	E	Z	E	
a)					6	9	8	4							6985 m² = 69,84 a
b)					6	3	0								6,3 a = 630 m²
c)	0	5	0	0	0	0	0								0,5 km² = 500 000 m²
d)		0	0	0	4	5	0								450 m² = 0,045 ha
e)							4	5	0						4,5 m² = 450 dm²
f)										0	0	4	0		40 mm² = 0,4 cm²

3 A: 4500 m²   B: 0,6 ha = 6000 m²   C: 40 a = 4000 m²
Grundstück B hat den größten Flächeninhalt.

4 A = 220 m² + 3,4 a = 220 m² + 340 m² = 560 m² = 5,6 a
Das gesamte gekaufte Grundstück hat einen Flächeninhalt
von 560 m² (5,6 a).

5 23,1 a = 2310 m²;   2310 m² : 3 = 770 m²   770 m² = 7,7 a
Die Geschwister sollten jeweils eine 7,7 a großen Teil erben.

6 a) u = 2 · 10 cm + 2 · 7 cm = 20 cm + 14 cm = 34 cm
A = 10 cm · 7 cm = 70 cm²
b) u = 2 · 2,5 m + 2 · 0,9 m = 5 m + 1,8 m = 6,8 m
A = 2,5 m · 0,9 m = 2,25 m²

7

	Länge a	Breite b	Umfang u	Fläche A
a)	4 m	2 m	12 m	8 m²
b)	6 m	5 m	22 m	30 m²
c)	17 m	8 m	50 m	136 m²

zu a)   u = 2 · 4 m + 2 · 2 m = 8 m + 4 m = 12 m
A = 4 m · 2 m = 8 m²
zu b)   b = 30 m² : 6 m = 5 m
u = 2 · 6 m + 2 · 5 m = 12 m + 10 m = 22 m
zu c)   2 · a = 50 m − 2 · 8 m = 50 m − 16 m = 34 m;   34 : 2 = 17 m
A = 17 m · 8 m = 136 m²

8 Seitenlängen: a = 3 cm; b = 6 cm; c ≈ 6,7 cm (gemessen 3,35 cm)
u = 3 cm + 6 cm + 6,7 cm = 15,7 cm
A = (3 cm · 6 cm) : 2 = 9 cm²

9 a) u = 5 m + 5 m + 3 m + 2 m + 3 m + 3 m + 5 m + 2 m + 5 m + 3 m
= (5 m + 5 m + 3 m) + (2 m + 3 m) + (3 m + 5 m + 5 m) + (2 m + 3 m)
= 13 m + 5 m + 13 m + 5 m = 36 m
A = A_1 + A_2 + A_3
A_1 = 5 m · 3 m = 15 m²; A_2 = 5 m · 5 m = 25 m²; A_3 = 3 m · 2 m = 6 m²
A = 15 m² + 25 m² + 6 m² = 46 m²
b) u = 4 cm + 4 cm + 3 cm + 4 cm + 5 cm = 20 cm
A = A_1 + A_2
A_1 = (4 cm · 3 cm) : 2 = 6 cm²; A_2 = 4 cm · 3 cm = 12 cm²
A = 6 cm² + 12 cm² = 18 cm²

Lösungen zu Kapitel 6 Seite 196

In einen Würfel mit der Seitenlänge 5 cm passen $5 \cdot 5 \cdot 5$, also 125 Würfel mit dem Volumen $1\,cm^3$. Das Volumen des Würfels beträgt $125\,cm^3$.

a) $78\,000\,l = 78\,000\,dm^3 = 78\,m^3$
b) $200\,000\,mm^3 = 200\,cm^3 = 200\,ml$
c) $1500\,cm^3 = 1,5\,dm^3 = 1,5\,l$
d) $2000\,cm^3 = 2\,dm^3 = 2\,l$
e) $700\,mm^3 = 0,7\,cm^3 = 0,7\,ml$
f) $87\,000\,000\,mm^3 = 87\,000\,cm^3 = 87\,000\,ml$

a) $4\,m^3 = 4000\,dm^3 = 4000\,l$
b) $4,5\,l = 4500\,ml = 4500\,cm^3$
c) $40\,cm^3 = 40\,000\,mm^3$
d) $8,05\,m^3 = 8050\,dm^3 = 8050\,l$

	dm³ ≙ l			cm³ ≙ ml			mm³			
	H	Z	E	H	Z	E	H	Z	E	
a)		5	3	5	0					$5\,dm^3\ 350\,ml = 5,35\,dm^3$
b)		5	0	0	8					$5\,l\ 8\,cm^3 = 5,008\,l$
c)			7	0	0	5	0			$70\,cm^3\ 50\,mm^3 = 70,05\,cm^3$

a) $4\,m^3 + 4500\,dm^3 = 4000\,dm^3 + 4500\,dm^3 = 8500\,dm^3 = 8,5\,m^3$
b) $8\,cm^3 - 6500\,mm^3 = 8000\,mm^3 - 6500\,mm^3 = 1500\,mm^3 = 1,5\,cm^3$

a) $V = a \cdot b \cdot c = 3\,m \cdot 2\,m \cdot 1\,m = 6\,m^3$
$O = 2 \cdot a \cdot b + 2 \cdot a \cdot c + 2 \cdot b \cdot c = 2 \cdot 3\,m \cdot 2\,m + 2 \cdot 3\,m \cdot 1\,m + 2 \cdot 2\,m \cdot 1\,m$
$= 12\,m^2 + 6\,m^2 + 4\,m^2 = 22\,m^2$
b) $V = a \cdot b \cdot c = 50\,dm \cdot 7\,dm \cdot 4\,dm = 1400\,dm^3 = 1,4\,m^3$
$O = 2 \cdot a \cdot b + 2 \cdot a \cdot c + 2 \cdot b \cdot c$
$= 2 \cdot 50\,dm \cdot 7\,dm + 2 \cdot 50\,dm \cdot 4\,dm + 2 \cdot 7\,dm \cdot 4\,dm$
$= 700\,dm^2 + 400\,dm^2 + 56\,dm^2 = 1156\,dm^2 = 11,56\,m^2$

$V = a \cdot b \cdot c = 3\,m \cdot 10\,m \cdot 0,5\,m = 15\,m^3$
$15\,m^3 : 5\,m^3 = 3$; Der Lkw muss dreimal fahren.

a) $O = a \cdot b + 2 \cdot a \cdot c + 2 \cdot b \cdot c$ (da das Aquarium oben offen ist, fällt einmal $a \cdot b$ als Deckfläche aus der üblichen Formel weg)
$O = 120\,cm \cdot 40\,cm + 2 \cdot 120\,cm \cdot 55\,cm + 2 \cdot 40\,cm \cdot 55\,cm$
$= 4800\,cm^2 + 13\,200\,cm^2 + 4400\,cm^2$
$= 22\,400\,cm^2$
b) $V = a \cdot b \cdot c = 120\,cm \cdot 40\,cm \cdot 50\,cm = 240\,000\,cm^3 = 240\,dm^3 = 240\,l$
$240\,l : 10\,l = 24$; Man braucht 24 Eimerfüllungen.

a) Der Rauminhalt wird verdoppelt.
b) Der Rauminhalt wird vervierfacht.
c) Der Rauminhalt wird verachtfacht.

$V_{Würfel} = a \cdot a \cdot a = 6\,cm \cdot 6\,cm \cdot 6\,cm = 216\,cm^3$

$O_{Würfel} = 2 \cdot a \cdot a + 2 \cdot a \cdot a + 2 \cdot a \cdot a = 6 \cdot a \cdot a = 6 \cdot 6\,cm \cdot 6\,cm = 216\,cm^2$

$V_{Quader} = a \cdot b \cdot c = 54\,cm \cdot 2\,cm \cdot 2\,cm = 216\,cm^3$

$O_{Quader} = 2 \cdot a \cdot b + 2 \cdot a \cdot c + 2 \cdot b \cdot c$
$= 2 \cdot 54\,cm \cdot 2\,cm + 2 \cdot 54\,cm \cdot 2\,cm + 2 \cdot 2\,cm \cdot 2\,cm$
$= 216\,cm^2 + 216\,cm^2 + 8\,cm^2$
$= 440\,cm^2$

Der Würfel und der Quader haben das gleiche Volumen, der Oberflächeninhalt ist jedoch unterschiedlich.

Lösungen zu Kapitel 7 Seite 217

1. $T_{47} = \{1, 47\}$ $\qquad$ $T_{50} = \{1, 2, 5, 10, 25, 50\}$
$T_{99} = \{1, 3, 9, 11, 33, 99\}$ $\qquad$ $T_{128} = \{1, 2, 4, 8, 16, 32, 64, 128\}$
$T_{198} = \{1, 2, 3, 6, 9, 11, 18, 22, 33, 66, 99, 198\}$
Die Zahl 47 ist nur durch 1 und 47 teilbar. Sie ist daher eine Primzahl.

2. $V_2 = \{2, 4, 6, 8, 10 \ldots\}$ $\qquad$ Es fällt auf, dass V_2 die Vielfachen von
$V_4 = \{4, 8, 16, 20, 24, \ldots\}$ $\qquad$ V_4 und V_8 beinhaltet und dass V_4 die
$V_8 = \{8, 16, 24, 32, 40, \ldots\}$ $\qquad$ Vielfachen von V_8 beinhaltet.

3. a) 13 ist ein Teiler von 364, denn $364 : 13 = 28$
Ja, Antonias Behauptung stimmt.
b) $T_{1001} = \{1, 7, 11, 13, 77, 91, 143, 1001\}$; $\quad 1001 = 7 \cdot 11 \cdot 13$
Benjamin meint die Primzahlen 7, 11 und 13.

4. a) 4 teilt nicht 62.
b) 6 ist ein Teiler von 84.
c) 7 teilt 105.
d) 84 ist ein Vielfaches von 14.

5. (1) $9 : 9 = 1$; Quersumme: 9 ist durch 9 teilbar.
(2) $54 : 9 = 6$; Quersumme: $5 + 4 = 9$ ist durch 9 teilbar.
(3) 5454: Quersumme: $5 + 4 + 5 + 4 = 18$ ist durch 9 teilbar.
$5454 : 9 = 606$
(4) 3825, 8253, 5328, 3582, … (Alle Zahlen mit den Ziffern 2, 3, 5, 8)
Quersumme: $3 + 8 + 2 + 5 = 18$ ist durch 9 teilbar.
$3825 : 9 = 415$, $8253 : 9 = 917$, $5328 : 9 = 592$, $3582 : 9 = 398$
(5) 596331 und alle Zahlen mit den Ziffern 1, 3, 3, 5, 6, 9
Quersumme: $5 + 9 + 6 + 3 + 3 + 1 = 27$ ist durch 9 teilbar.
$596331 : 9 = 66259$
Gegenbeispiel: Quersumme: $1 + 2 + 3 + 4 = 10$ ist nicht durch 9 teilbar.
Keine Zahl mit den Ziffern 1, 2, 3, 4 ist durch 9 teilbar.
Zum Beispiel: $\qquad$ $1243 : 9 = 138$ Rest 1, $\qquad$ $1324 : 9 = 147$ Rest 1,
$1342 : 9 = 149$ Rest 1, $\quad$ $1423 : 9 = 158$ Rest 1, $\quad$ $1432 : 9 = 159$ Rest 1,

6. a) 444 ist teilbar durch 2, 3, 4, 6
3474 ist teilbar durch 2, 3, 6, 9
3480 ist teilbar durch 2, 3, 4, 5, 6, 8, 10
123450 ist teilbar durch 2, 3, 5, 6, 10

7. a) $T_{12} = \{1, 2, 3, 4, 6, 12\}$; 12 ist keine Primzahl
$T_{31} = \{1, 31\}$; $\qquad$ 31 ist eine Primzahl
$T_{57} = \{1, 3, 19, 57\}$; $\quad$ 57 ist keine Primzahl
$T_{67} = \{1, 67\}$; $\qquad$ 67 ist eine Primzahl
b) $T_{111} = \{1, 3, 37, 111\}$; $\quad$ 111 ist keine Primzahl
$T_{123} = \{1, 3, 41, 123\}$; $\quad$ 123 ist keine Primzahl
$T_{127} = \{1, 127\}$; $\qquad$ 127 ist eine Primzahl

8. a) $63 = 3 \cdot 21 = 3 \cdot 3 \cdot 7$
b) $76 = 2 \cdot 2 \cdot 19$
c) $108 = 2 \cdot 2 \cdot 3 \cdot 3 \cdot 3$
d) 101 ist eine Primzahl.
e) $504 = 2 \cdot 2 \cdot 2 \cdot 3 \cdot 3 \cdot 7$

9. Bei gemeinsamen Vielfachen von 30 und 36 treffen die gekennzeichneten Stellen wieder aufeinander.
$V_{30} = \{30, 60, 90, 120, 150, 180, 210, \ldots\}$
$V_{36} = \{36, 72, 108, 144, 180, 216, \ldots\}$
Das kleinste gemeinsame Vielfache von 30 und 36 ist 180. Nach 180 durchgelaufenen Zähnen treffen die gekennzeichneten Stellen wieder aufeinander.
Dies entspricht $180 : 30 = 6$ Umdrehungen des kleineren bzw.
$180 : 36 = 5$ Umdrehungen des größeren Rades.
Alternativ: kgV mithilfe der Primfaktorzerlegung bestimmen
$30 = 2 \cdot 3 \cdot 5$ und $36 = 2 \cdot 2 \cdot 3 \cdot 3$, also $kgV(30, 36) = 2 \cdot 2 \cdot 3 \cdot 3 \cdot 5 = 180$

Lösungen zu Kapitel 8 Seite 252

1

	a)	b)	c)	d)	e)	f)
weiß	$\frac{1}{6}$	$\frac{13}{20}$	$\frac{1}{4}$	$\frac{3}{7}$	$\frac{8}{17}$	$\frac{2}{4} = \frac{1}{2}$
blau	$\frac{5}{6}$	$\frac{7}{20}$	$\frac{11}{4} = 2\frac{3}{4}$	$\frac{4}{7}$	$\frac{9}{17}$	$\frac{2}{4} = \frac{1}{2}$

2 a) Kreismodelle

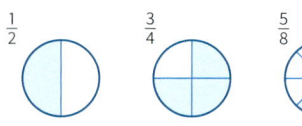
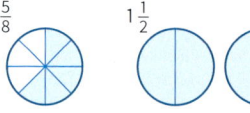

$\frac{1}{2}$ $\frac{3}{4}$ $\frac{5}{8}$ $1\frac{1}{2}$

b) Rechteckmodelle

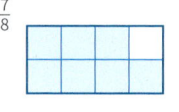
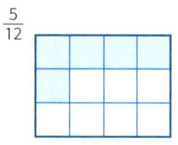
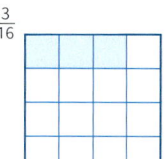

$\frac{7}{8}$ $\frac{5}{12}$ $\frac{3}{16}$

$1\frac{3}{4}$

3 a) $1\,\text{m} = 100\,\text{cm}$; $100\,\text{cm} \xrightarrow{:5} 20\,\text{cm} \xrightarrow{\cdot 4} 80\,\text{cm}$

b) $1\,\text{kg} = 1000\,\text{g}$; $1000\,\text{g} \xrightarrow{:4} 250\,\text{g} \xrightarrow{\cdot 9} 2250\,\text{g}$

c) $1\,\text{dm} = 10\,\text{cm}$; $10\,\text{cm} \xrightarrow{:10} 1\,\text{cm} \xrightarrow{\cdot 3} 3\,\text{cm}$

d) $1\,\text{km} = 1000\,\text{m}$; $\frac{1}{4}\,\text{km}$: $1000\,\text{m} \xrightarrow{:4} 250\,\text{m} \xrightarrow{\cdot 1} 250\,\text{m}$
$4\,\text{km} = 4000\,\text{m}$; zusammen $4250\,\text{m}$

oder $4\frac{1}{4} = \frac{17}{4}$; $1000\,\text{m} \xrightarrow{:4} 250\,\text{m} \xrightarrow{\cdot 17} 4250\,\text{m}$

e) $1\,\text{h} = 60\,\text{min}$; $60\,\text{min} \xrightarrow{:6} 10\,\text{min} \xrightarrow{\cdot 5} 50\,\text{min}$

f) $1\,\text{l} = 1000\,\text{ml}$; $\frac{1}{2}\,\text{l}$: $1000\,\text{ml} \xrightarrow{:2} 500\,\text{ml} \xrightarrow{\cdot 1} 500\,\text{ml}$
$20\,\text{l} = 20\,000\,\text{ml}$; zusammen $20\,500\,\text{ml}$

oder $20\frac{1}{2} = \frac{41}{2}$; $1000\,\text{ml} \xrightarrow{:2} 500\,\text{ml} \xrightarrow{\cdot 41} 20\,500\,\text{ml}$

4 a) Jedes Kind erhält $\frac{2}{5}$ einer Pizza.

b) Jedes Kind erhält $\frac{6}{5} = 1\frac{1}{5}$ Pfannkuchen.

c) Jedes Kind erhält $\frac{6}{4} = 1\frac{1}{2}$ Tafeln Schokolade.

d) Jedes Kind erhält $\frac{3}{7}$ eines Bleches Kuchen, das ist weniger als ein halbes Blech.

5 a) $3\frac{2}{3} = \frac{3\cdot 3}{3} + \frac{2}{3} = \frac{9}{3} + \frac{2}{3} = \frac{11}{3}$; $14\frac{1}{2} = \frac{14\cdot 2}{2} + \frac{1}{2} = \frac{28}{2} + \frac{1}{2} = \frac{29}{2}$;
$7\frac{5}{9} = \frac{7\cdot 9}{9} + \frac{5}{9} = \frac{63}{9} + \frac{5}{9} = \frac{68}{9}$; $15\frac{1}{10} = \frac{15\cdot 10}{10} + \frac{1}{10} = \frac{150}{10} + \frac{1}{10} = \frac{151}{10}$

b) $\frac{12}{5} = \frac{10}{5} + \frac{2}{5} = 2\frac{2}{5}$; $\frac{13}{4} = \frac{12}{4} + \frac{1}{4} = 3\frac{1}{4}$
$\frac{55}{23} = \frac{46}{23} + \frac{9}{23} = 2\frac{9}{23}$; $\frac{1001}{10} = \frac{1000}{10} + \frac{1}{10} = 100\frac{1}{10}$

6 Erweitere mit 3:
a) $\frac{2}{3} = \frac{2\cdot 3}{3\cdot 3} = \frac{6}{9}$ b) $\frac{4}{7} = \frac{12}{21}$ c) $\frac{1}{4} = \frac{3}{12}$ d) $\frac{5}{2} = \frac{15}{6}$ e) $\frac{6}{5} = \frac{18}{15}$

Kürze mit 4:
a) $\frac{8}{4} = \frac{8:4}{4:4} = \frac{2}{1} = 2$ b) $\frac{16}{12} = \frac{4}{3}$ c) $\frac{24}{52} = \frac{6}{13}$ d) $\frac{76}{100} = \frac{19}{25}$ e) $\frac{24}{36} = \frac{6}{9}$

7 a) $\frac{6}{16} < \frac{7}{16}$ b) $\frac{81}{90} > \frac{80}{90}$ c) $\frac{77}{33} > \frac{69}{33}$

d) $\frac{4}{5} = \frac{16}{20}$ e) $\frac{1}{4} > \frac{1}{5}$ f) $4\frac{1}{5} < 4\frac{1}{3}$, denn $\frac{1}{5} < \frac{1}{3}$

8 a) $\frac{2}{3} > \frac{2}{5}$, Drittel sind größer als Fünftel

b) $\frac{5}{6} > \frac{4}{6}$, gleicher Nenner   c) $\frac{2}{3} = \frac{6}{9}$, $\frac{2}{3}$ mit 3 erweitern

d) $\frac{4}{5} > \frac{4}{6}$, Fünftel sind größer als Sechstel

e) $\frac{4}{7} < \frac{5}{7}$, gleicher Nenner

f) $\frac{3}{5} > \frac{2}{7}$, Fünftel sind größer als Siebentel und $3 > 2$

g) $\frac{8}{9} < \frac{9}{8}$, denn $\frac{8}{9} < 1 < \frac{9}{8}$

h) $\frac{7}{4} > \frac{7}{5}$, Viertel sind größer als Fünftel

i) $\frac{15}{5} = \frac{6}{2} = 3$ j) $\frac{11}{12} < \frac{12}{11}$, denn $\frac{11}{12} < 1 < \frac{12}{11}$

Lösungen zu Kapitel 8 Seite 253

9 a) Ein gemeinsamer Nenner ist $3 \cdot 8 = 24$

$\frac{5}{8} = \frac{5\cdot 3}{8\cdot 3} = \frac{15}{24}$ und $\frac{2}{3} = \frac{2\cdot 8}{3\cdot 8} = \frac{16}{24}$, also $\frac{5}{8} = \frac{15}{24} < \frac{16}{24} = \frac{2}{3}$

b) Gemeinsamer Nenner $4 \cdot 5 = 20$; $\frac{7}{4} = \frac{35}{20}$ und $\frac{8}{5} = \frac{32}{20}$, also $\frac{8}{5} < \frac{7}{4}$

c) Gemeinsamer Nenner $11 \cdot 14 = 154$; $\frac{2}{11} = \frac{28}{154}$ und $\frac{3}{14} = \frac{33}{154}$, $\frac{2}{11} < \frac{3}{14}$

d) Gemeinsamer Nenner $8 \cdot 13 = 104$; $\frac{5}{8} = \frac{65}{104}$ und $\frac{8}{13} = \frac{64}{104}$, also $\frac{8}{13} < \frac{5}{8}$

e) Gemeinsamer Nenner $10 \cdot 12 = 120$; $\frac{3}{10} = \frac{36}{120}$ und $\frac{4}{12} = \frac{40}{120}$, $\frac{3}{10} < \frac{4}{12}$

f) Gemeinsamer Nenner $6 \cdot 20 = 120$; $\frac{1}{6} = \frac{20}{120}$ und $\frac{4}{20} = \frac{24}{120}$, $\frac{1}{6} < \frac{4}{20}$

g) Gemeinsamer Nenner $3 \cdot 5 = 15$; $\frac{25}{3} = \frac{125}{15}$ und $\frac{42}{5} = \frac{126}{15}$, also $\frac{25}{3} < \frac{42}{5}$

h) $\frac{1}{11} = \frac{1\cdot 11}{11\cdot 11} = \frac{11}{121}$, Nenner vergleichen: $\frac{1}{11} = \frac{11}{121} < \frac{11}{111}$

10

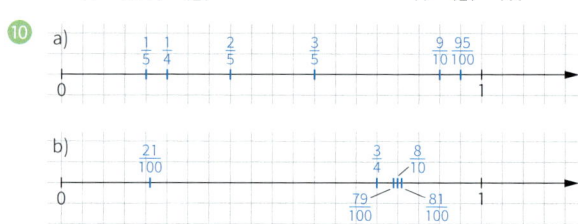

a)

b)

11

blau	gelb	grün	lila	rot	orange
$\frac{2}{5}$	$\frac{17}{30}$	$\frac{13}{10}$	$\frac{16}{9}, \frac{14}{8}$	$\frac{25}{11}, \frac{29}{12}$	

12 a) 20 %   b) 75 %   c) 30 %   d) 100 %
e) 80 %   f) 12,5 %

13 a) $\frac{25}{100} = \frac{1}{4}$ b) $\frac{65}{100} = \frac{13}{20}$ c) $\frac{8}{100} = \frac{2}{25}$ d) $\frac{36}{100} = \frac{9}{25}$
e) $\frac{96}{100} = \frac{24}{25}$

14

	3,8 t	25 km	120 cm²	16 kg	75 kg	2 m
a)	1,9 t	12,5 km	60 cm²	8 kg	37,5 kg	1 m
b)	0,95 t	6,25 km	30 cm²	4 kg	18,75 kg	0,5 m
c)	0,38 t	2,5 km	12 cm²	1,6 kg	7,5 kg	0,2 m

	18 m²	30 min	4,4 km	500 g	$1\frac{1}{2}$ h = 90 min
a)	9 m²	15 min	2,2 km	250 g	$\frac{3}{4}$ h = 45 min
b)	4,5 m²	$7\frac{1}{2}$ min	1,1 km	125 g	22 min 30 s
c)	1,8 m²	3 min	0,44 km	50 g	9 min

15 a) $52\,\% = \frac{52}{100} = \frac{26}{50} > \frac{51}{100} > 50\,\%$ b) $\frac{995}{1000} > \frac{99}{100} > 98\,\% > 95\,\% > \frac{9}{10}$

16 50 % von 800 SuS: $\frac{50}{100} = \frac{1}{2}$; $\frac{1}{2}$ von 800 SuS

800 SuS $\xrightarrow{:2}$ 400 SuS $\xrightarrow{\cdot 1}$ 400 SuS

10 % von 800 SuS: $\frac{10}{100} = \frac{1}{10}$; $\frac{1}{10}$ von 800 SuS

800 SuS $\xrightarrow{:10}$ 80 SuS $\xrightarrow{\cdot 1}$ 80 SuS

70 % von 800 SuS: $\frac{70}{100} = \frac{7}{10}$; $\frac{7}{10}$ von 800 SuS

800 SuS $\xrightarrow{:10}$ 80 SuS $\xrightarrow{\cdot 7}$ 560 SuS

1 % von 800 SuS: $\frac{1}{100}$ von 800 SuS

800 SuS $\xrightarrow{:100}$ 8 SuS $\xrightarrow{\cdot 1}$ 8 SuS

An der Schule sind 400 Mädchen, 80 Schülerinnen und Schüler spielen Fußball, 560 Schülerinnen und Schüler kommen mit dem Fahrrad zur Schule und 8 Schülerinnen und Schüler sind größer als 1,90 m.

17 a) $\frac{1}{4}$ rot, $\frac{3}{4}$ weiß   Verhältnis: 1 zu 3

b) $\frac{1}{17}$ Sirup, $\frac{16}{17}$ Wasser   Verhältnis: 1 zu 16

c) $\frac{1}{26}$ Öl, $\frac{25}{26}$ Benzin   Verhältnis: 1 zu 25

18

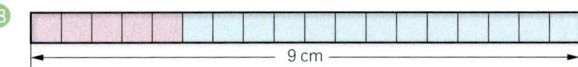

9 cm

Stichwortverzeichnis

Verzeichnis der QR- und Webcodes

 1.1 Daten erheben durch Befragung
WES-125660-001

 1.2 Ein Experiment planen und durchführen
WES-125660-002

 1.3 Runden
WES-125660-003

 1.3 Große Zahlen lesen
WES-125660-004

 1.3 Schätzen
WES-125660-005

 2.1 Addieren und Subtrahieren
WES-125660-006

 2.2 Schriftliches Addieren und Subtrahieren
WES-125660-007

 2.3 Multiplizieren und Dividieren
WES-125660-008

 2.3 Multiplikation und Division mit 10, 100, 1000 …
WES-125660-009

 2.3 Multiplikation und Division mit der Null
WES-125660-010

 2.4 Schriftliches Multiplizieren
WES-125660-011

 2.5 Halbschriftliches Dividieren
WES-125660-012

 2.5 Schriftliches Dividieren
WES-125660-013

 2.5 Division mit Rest
WES-125660-014

 2.6 Vorfahrtsregeln bei Rechenausdrücken
WES-125660-015

 2.7 Geschicktes Rechnen
WES-125660-016

 2.8 Strategien bei Textaufgaben
WES-125660-017

 3.1 Längen
WES-125660-018

 3.2 Maßstäbe
WES-125660-019

 3.3 Zeit und Zeitspannen
WES-125660-020

 3.4 Gewichte
WES-125660-021

 3.5 Geldbeträge
WES-125660-022

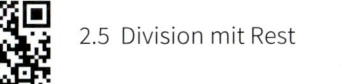 4.1 Zahlenfolgen und Muster
WES-125660-023

 4.2 Quadratzahlen und weitere Potenzzahlen
WES-125660-024

 4.2 Zehnerpotenzen
WES-125660-025

 4.3 Stellenwert-systeme
WES-125660-026

 5.1 Körper erkennen und beschreiben
WES-125660-027

 5.2 Kantenmodelle
WES-125660-028

 5.3 Schrägbilder
WES-125660-029

 5.4 Würfel- und Quadernetze
WES-125660-030

 5.5 Senkrechte und parallele Geraden
WES-125660-031

 5.6 Abstände
WES-125660-032

 5.7 Koordinaten-system
WES-125660-033

 6.1 Flächeninhalt und Umfang
WES-125660-034

 6.2 Einheiten von Flächeninhalten
WES-125660-035

 6.3 Flächeninhalt und Umfang eines Rechtecks
WES-125660-036

 6.3 Seitenlänge gesucht
WES-125660-037

 6.3 Unregelmäßige Flächen
WES-125660-038

 6.4 Volumen und Oberflächeninhalt
WES-125660-039

 6.5 Einheiten von Rauminhalten
WES-125660-040

 6.6 Volumen und Oberflächeninhalt eines Quaders
WES-125660-041

 6.6 Volumeneinhei-ten umrechnen
WES-125660-042

 6.6 Zusammengesetzte Körper
WES-125660-043

 7.1 Teiler und Viel-fache
WES-125660-044

 7.2 Teilbarkeitsregeln
WES-125660-045

 7.3 Primzahlen
WES-125660-046

 7.4 Gemeinsame Tei-ler und Vielfache
WES-125660-047

 8.1 Brüche im Alltag
WES-125660-048

 8.2 Brüche als Anteil eines Ganzen
WES-125660-049

 8.3 Brüche beim Verteilen
WES-125660-050

 8.4 Erweitern und Kürzen
WES-125660-051

 8.5 Brüche vergleichen und ordnen
WES-125660-052

 8.6 Brüche als Zahlen
WES-125660-053

 8.6 Ein Bruch genau in der Mitte zwischen zwei Brüchen
WES-125660-054

 8.7 Prozentangaben
WES-125660-055

 8.8 Brüche und Verhältnisse
WES-125660-056

 Lösungen Sichern und Vernetzen
WES-125660-060

An Stellen mit QR Code stehen digitale Zusatzmaterialien wie Videos oder Dateien dynamischer Geometriesoftware zur Verfügung. Dazu einfach den QR-Code scannen oder den Webcode unter **www.westermann.de/webcode** eingeben.

Verzeichnis der Exkurse

Bildquellenverzeichnis

|Alamy Stock Photo (RMB), Abingdon/Oxfordshire: Bagnall, David 46.1; David Pimborough 215.1; History and Art Collection 216.1; Marshall, J /Tribaleye Images 91.2; Redding, Ian 121.2; Smak, Lourens 121.4; The Picture Art Collection 37.1. |Astrofoto, Sörth: 159.1; ESA 82.4. |Bundesministerium der Finanzen, Berlin: 32.1, 78.2. |Deling, Björn, Braunschweig: 144.4. |fotolia.com, New York: akf 180.3; Baggett, Tony 19.3; Bonan, Marco 103.1; Donets 64.1; ehrenberg-bilder 145.3; Light Impression 179.2; Reimer, Thomas 219.2; Rosskothen, Michael 250.1; Steinbichler, Nicole 20.1; stockphoto-graf 118.1; styleuneed 145.1. |Getty Images (RF), München: andresr 97.2. |iStockphoto.com, Calgary: 25ehaag6 249.3; Animaflora 71.1; Bene_A Titel; BiancaGrueneberg 51.4; bjdlzx 38.1; Blair Costelloe 51.6; bruev 66.1; Contributor 92.6; CroMary 65.1; deepblue4you 92.7; devolmon 126.6; FatCamera 42.1; Floortje 92.9; fotyma 209.2; gece33 74.2; georgeclerk 51.3; GlobalP 52.1; hh5800 246.2; Iñaki Antoñana Plaza 67.1; kaanates 92.5; kali9 4.2, 164.1, 206.1; KatarzynaBialasiewicz 126.8; ljubaphoto 65.2; LynMc42k 51.2; malven57 74.1; mbongorus 92.8; mediaphotos 92.2; Mizina 4.4, 220.1, 231.3; Moussa81 231.2; Muenz 215.2; olaser 243.1; Photoshopix 66.2; polarica 22.2; Rawf8 231.1; sasapanchenko 92.4; scaliger 62.1; SelenaRus 14.1; Sergiy1975 188.1; SeventyFour 63.1; SolisImages 245.2; SolStock 45.1; Spaskov, Mikhail 4.1, 124.1; Steidl, James 230.2; traumschoen 62.2; Valengilda 81.2; Vallenari, Flavio 188.4; Winter, Maren 3.4, 104.1, 104.2; Yuri_Arcurs 16.1; zoranm 206.4. |mauritius images GmbH, Mittenwald: ib/Enters, Dirk 91.5. |OKAPIA KG - Michael Grzimek & Co., Frankfurt/M.: imagebroker/Mark Newman/FLPA 88.4. |PantherMedia GmbH (panthermedia.net), München: alekss 84.4; Andreas_N 22.4; Berg, Martina 145.2; DonyaNedomam 102.1; Fribus, Ekaterina 133.4; Häusle, Gabriele 202.2; Kiatying-Angsulee, Vichaya 17.1; Knab, Helmut 150.1; Naumov, Dmitry 75.2. |Picture-Alliance GmbH, Frankfurt a.M.: AFP/NASA 95.3; blickwinkel/Hartl, A. 85.1; BSIP/Oto, Jose 51.1; dpa 82.5; dpa/Becker, Marius 14.2; dpa/Berg, Oliver 96.2; dpa/Hollemann, Holger 80.1; dpa/Kaiser, Henning 96.1; dpa/MAXPPP/Delobelle, Pierrick 3.3, 76.1; dpa/Wendt, Georg 86.1; ZUMAPRESS.com 82.1. |Schlierf, Birgit und Olaf, Lachendorf: 15.1, 15.2, 18.1, 22.1, 22.7, 111.2, 120.1, 160.4. |Science Photo Library, München: Dennis Kunkel Microscopy 84.2. |Shutterstock.com, New York: Arranz, Ander Arrieta 121.3; Catmando 250.3; Chones 88.3; Erni 19.4; Eskridge, Daniel 250.2, 250.4; FamVeld 3.1, 8.1; goodluz 174.1; Gross, Shane 51.5; koya979 189.3; Lex-art 110.3; MattL_Images 250.5; Pres Panayotov 88.2; R Rusak 25.2. |Stickel, Stephanie, Fitou: 202.3, 202.4, 202.5, 202.6, 202.7, 202.8, 202.9, 202.10, 202.11, 202.12, 202.13, 202.14, 202.15, 202.16, 202.17, 202.18, 202.19, 202.20, 202.21, 202.22, 202.23. |stock.adobe.com, Dublin: absolutimages 11.1; Alexander, U. J. 213.4; alexlmx 84.3; antpkr 115.1; babimu 79.7; Bakirci, Hamiza 57.1; bildlove 130.5; bluedesign 202.1, 225.3; Bumann 130.3; Buttitta, Lorenzo 103.2; christopher-oliver 22.3; cmnaumann 153.5; Coprid 126.7; Ede, Hans und Christa 127.7; evafesenuk 106.5; ExQuisine 97.3; Fedoseeva, Svetlana 52.3; fotofabrika 191.1; gizem 91.3; Gosch, Ralf 75.1; grafikplusfoto 97.1; hanseat 188.2; Hubkin, Stanislav 52.2; IrisImages 91.1; Isoregina, Ksenia 133.5; Isselée, Eric 95.1; ivanods 121.1; johannesspreter 50.1; kasparart 149.2; kasto 21.2; Kramografie 86.2; lycidas84 247.1; Marco2811 24.1; Maridav 90.1; Mark Roper 126.9; Marén Wischnewski 126.4; Maxim_Kazmin 126.1; nastenka_peka 188.3; Noey smiley 250.6; pete pahham 101.1; Picture-Factory 87.2; pixelklex 129.3; Potapov, Alexander 22.5; psdesign1 184.6; rdnzl 126.2; riebevonsehl 3.2, 26.1; ronniechua 95.2; schulzfoto 4.3, 130.4, 200.1; Schwoab 126.3; SciePro 83.2; Seybert, Gerhard 246.1; Sirichai Puangsuwan 250.7; SlayStorm 126.5; sorrapongs 19.1, 21.1, 21.3, 25.1, 82.2, 92.1; st-fotograf 19.2; stockfoto 12.1; Teteline 22.6; veneratio 78.3; VICUSCHKA 167.1; Wylezich, Björn 98.1. |Valentinelli, Mario, Rostock: 78.1, 79.1, 79.2, 79.3, 79.4, 79.5, 79.6, 81.1, 82.3, 83.1, 84.1, 85.2, 85.3, 86.3, 87.1, 88.1, 89.1, 89.2, 89.3, 89.4, 89.5, 89.6, 90.2, 91.4, 92.3, 93.1, 93.2, 93.3, 93.4, 99.1, 99.2, 100.1, 106.1, 106.2, 106.3, 106.4, 107.1, 107.2, 107.3, 107.4, 107.5, 107.6, 108.1, 108.2, 110.1, 110.2, 111.1, 111.4, 112.1, 112.2, 112.3, 112.4, 113.1, 114.1, 114.2, 114.3, 114.4, 116.1, 118.2, 119.1, 121.5, 121.6, 122.1, 122.2, 122.3, 122.4, 123.1, 123.2, 123.3, 127.1, 127.2, 127.3, 127.4, 127.5, 127.6, 128.1, 128.2, 129.1, 130.1, 130.2, 130.6, 131.1, 131.2, 131.3, 132.1, 132.2, 132.3, 133.1, 133.2, 133.3, 133.6, 134.1, 135.1, 135.2, 135.3, 135.4, 136.1, 136.2, 136.3, 136.4, 137.1, 137.2, 137.3, 137.4, 138.1, 138.2, 138.3, 138.4, 138.5, 138.6, 139.1, 139.2, 139.3, 139.4, 139.5, 139.6, 140.1, 140.2, 140.3, 140.4, 140.5, 141.1, 141.2, 141.3, 141.4, 141.5, 142.1, 142.2, 142.3, 142.4, 142.5, 143.1, 143.2, 143.3, 143.4, 144.1, 144.2, 144.3, 144.5, 144.6, 145.4, 145.5, 145.6, 146.1, 146.2, 146.3, 146.4, 146.5, 146.6, 146.7, 147.1, 147.2, 147.3, 147.4, 147.5, 147.6, 147.7, 148.1, 148.2, 148.3, 148.4, 148.5, 149.1, 149.3, 150.2, 150.3, 150.4, 151.2, 151.3, 152.1, 152.2, 152.3, 153.1, 153.2, 153.3, 153.4, 153.6, 153.7, 153.8, 154.1, 154.2, 154.3, 154.4, 154.5, 154.6, 154.7, 154.8, 154.9, 154.10, 154.11, 155.1, 155.2, 155.3, 155.4, 155.5, 156.1, 156.2, 156.3, 157.1, 157.2, 157.3, 157.4, 158.1, 158.2, 158.3, 158.4, 158.5, 159.2, 160.1, 160.2, 160.3, 160.5, 160.6, 161.1, 161.2, 161.3, 161.4, 161.5, 161.6, 162.1, 162.2, 162.3, 162.4, 162.5, 163.1, 163.2, 163.3, 163.4, 166.1, 166.2, 166.3, 166.4,

166.5, 167.2, 167.3, 167.4, 167.5, 168.1, 168.2, 168.3, 169.1, 169.2, 169.3, 169.4, 169.5, 170.1, 171.1, 171.2, 171.3, 171.4, 171.5, 171.6, 172.1, 173.1, 173.2, 174.2, 174.3, 174.4, 174.5, 174.6, 175.1, 175.2, 175.3, 175.4, 175.5, 175.6, 176.1, 176.2, 177.1, 177.2, 177.3, 177.4, 177.5, 177.6, 178.1, 178.2, 178.3, 178.4, 179.1, 179.3, 180.1, 180.2, 181.1, 181.2, 181.3, 181.4, 182.1, 182.2, 182.3, 182.4, 182.5, 183.1, 183.2, 183.3, 183.4, 183.5, 184.1, 184.2, 184.3, 184.4, 184.5, 185.1, 185.2, 185.3, 186.1, 186.2, 186.3, 186.4, 186.5, 186.6, 187.1, 187.2, 189.1, 189.2, 189.4, 190.1, 190.2, 190.3, 191.2, 192.1, 192.2, 192.3, 193.1, 193.2, 193.3, 193.4, 194.1, 194.2, 195.1, 195.2, 195.3, 195.4, 195.5, 195.6, 196.1, 196.2, 196.3, 197.1, 197.2, 197.3, 198.1, 198.2, 198.3, 199.1, 199.2, 199.3, 203.1, 203.2, 203.3, 203.4, 203.5, 203.6, 205.1, 205.2, 205.3, 206.2, 206.3, 209.1, 210.1, 210.2, 211.1, 211.2, 212.1, 213.1, 213.2, 213.3, 214.1, 214.2, 215.3, 217.1, 219.1, 222.1, 222.2, 223.1, 223.2, 223.3, 223.4, 224.1, 224.2, 224.3, 224.4, 224.5, 224.6, 225.1, 225.2, 226.1, 226.2, 226.3, 226.4, 226.5, 226.6, 226.7, 226.8, 227.1, 227.2, 227.3, 228.1, 228.2, 228.3, 228.4, 228.5, 228.6, 229.1, 229.2, 229.3, 229.4, 229.5, 229.6, 230.1, 230.3, 230.4, 231.4, 232.1, 232.2, 233.1, 233.2, 233.3, 234.1, 234.2, 234.3, 234.4, 234.5, 235.1, 235.2, 235.3, 236.1, 236.2, 237.1, 237.2, 237.3, 237.4, 237.5, 237.6, 237.7, 237.8, 237.9, 238.1, 239.1, 239.2, 239.3, 239.4, 239.5, 240.1, 240.2, 240.3, 240.4, 241.1, 241.2, 241.3, 243.2, 243.3, 244.1, 244.2, 245.1, 245.3, 247.2, 247.3, 247.4, 248.1, 248.2, 248.3, 248.4, 248.5, 249.1, 249.2, 251.1, 251.2, 251.3, 251.4, 252.1, 252.2, 252.3, 252.4, 252.5, 252.6, 253.1, 253.2, 253.3, 253.4, 253.5, 253.6, 254.1, 254.2, 254.3, 255.1, 255.2, 256.1, 256.2, 256.3, 259.1, 260.1, 260.2, 260.3, 260.4, 262.1, 262.2, 262.3, 263.1. |Zacharias, Martin, Molfsee: 111.3, 129.2, 151.1, 170.2.